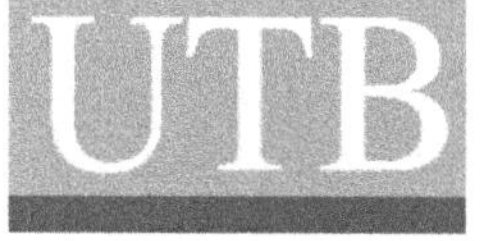 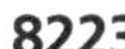 8223

Eine Arbeitsgemeinschaft der Verlage

Böhlau Verlag Köln · Weimar · Wien
Verag Barbara Budrich · Opladen · Farmington Hills
facultas.wuv · Wien
Wilhelm Fink · München
A. Francke Verlag · Tübingen und Basel
Haupt Verlag · Bern · Stuttgart · Wien
Julius Klinkhardt Verlagsbuchhandlung · Bad Heilbrunn
Lucius & Lucius Verlagsgesellschaft Stuttgart
Mohr Siebeck · Tübingen
Nomos Verlagsgesellschaft · Baden-Baden
Orell Füssli Verlag · Zürich
Ernst Reinhardt Verlag · München · Basel
Ferdinand Schöningh · Paderborn · München · Wien · Zürich
Eugen Ulmer Verlag · Stuttgart
UVK Verlagsgesellschaft · Konstanz
Vandenhoeck & Ruprecht · Göttingen
vdf Hochschulverlag AG an der ETH Zürich

Martina Pippal

Kunst des Mittelalters –
Eine Einführung

Von den Anfängen der christlichen „Kunst"
bis zum Ende des Hochmittelalters

3., durchgesehene Auflage

Böhlau Verlag Wien • Köln • Weimar

Gedruckt mit der Unterstützung durch das Bundesministerium
für Bildung, Wissenschaft und Kultur

Cover: Fragment der Kolossalstatue Konstantius d. Großen, nach 312;
ehemals in der Maxentiusbasilika, jetzt im Hof des Konservatorenpalastes; Rom (MC)

Die Deutsche Bibliothek – CIP-Einheitsaufnahme

Ein Titeldatensatz für diese Publikation ist
bei Der Deutschen Bibliothek erhältlich
ISBN (UTB)   **3-8252-8223-6**
ISBN (Böhlau)   **978-3-205-78649-8**

3., durchgesehene Auflage 2010
2., durchgesehene Auflage 2005
1. Auflage 2002
© 2002/2010 by Böhlau Verlag Ges. m. b. H. und Co. KG, Wien · Köln · Weimar
http://www.boehlau.at

Gedruckt auf umweltfreundlichem, chlor- und säurefreiem Papier

Druck: CPI Moravia Books, Czech Republic

Im Angedenken an meine Mutter
Mag. arch. Eugenie Pippal-Kottnig
(1921 Anschero Sudschensk, Tomsk, UdSSR – 1998 Wien)

Inhalt

5. Klassizismen von Kaiser Julianos Apostata bis Papst Sixtus III. (361–Mitte 5. Jh.)

6. Methexis statt Mimesis – Die Teilhabe am Göttlichen (5./6. Jh.)

12. Restauration: England unter dem Hause Wessex, das Römisch-Deutsche Reich unter den Ottonen (um 920–1024)

13. Imperium und Sacerdotium im Kampf (1024–1250)

Seit der ersten Auflage des vorliegenden Buches im Jahr 2002 haben sich zwei Tendenzen deutlich verstärkt: das Anschwellen der Bilderflut, die tagtäglich auf uns einströmt, und das Zerbrechen des Konsenses darüber, was landläufig Teil der Allgemeinbildung zu sein hat. Was letztere Tendenz betrifft, verschiebt sich der Schwerpunkt bekanntlich von den Geisteswissenschaften immer mehr hin zu den Naturwissenschaften, und letztlich wird primär jenes Wissen aufgenommen, das im täglichen Lebensvollzug praktisch anwendbar ist. Zugleich bedienen sich jene, die die angesprochene Flut produzieren, reichlich im Pool der in der Vergangenheit produzierten Bilder, wobei sie die seinerzeit mittels der visuellen Medien konstruierten Mythen oft mitschwingen lassen. Das konvergiert damit, dass alte Denk- und Empfindungskonstruktionen quasi von sich aus bis heute wirksam sind; gerade jene Epoche, die sich mit dem ersten Jahrtausend christlicher Kunst, also der Zeitspanne von der Wende vom zweiten zum dritten nachchristlichen Jahrhundert bis zur Wende vom 12. zum 13. Jahrhundert, deckt, war in der Produktion dieser durch Bilder ganz wesentlich mitbestimmter Denk- und Empfindungsmuster besonders fruchtbar. Dies alles zu sehen und die subkutane Wirkung des Mit- wie Nachschwingenden zu reflektieren setzt aber eine Menge an Allgemeinbildung im herkömmlichen Sinne voraus. So erscheint es schon von daher besonders sinnvoll, sich mit diesem Zeitraum und seiner Bildproduktion (damit ist auch Skulptur, Architektur etc. gemeint) auseinanderzusetzen.

Vorrangig richtet sich dieses Buch an Studierende der Kunstgeschichte und benachbarter Fächer, die am Anfang ihres Studiums mit einem enormen „Material", zahlreichen methodischen Ansätzen und alsbald auch mit dem irritierenden Faktum konfrontiert sind, dass es mehr Fragen als Antworten gibt, d. h., dass sich hinter jeder These eine Vielzahl offener Probleme hinsichtlich der Datierung, Lokalisierung, Verwendung, Bedeutung sowie der Rezeption der einzelnen Werke, Werkgruppen usf. verbirgt. Im vollen Wissen darum ist hier versucht, einen „roten Faden" durch das „Material" zu legen, das andernfalls als Labyrinth erscheinen mag. Nun haben es die berühmten „roten Fäden" so an sich, dass sie so oder auch ganz anders geführt werden können. Daher sei vorausgeschickt, dass hier die Aufmerksamkeit bewusst auf jene Werke gelenkt ist, die kunstimmanent entwicklungsgeschichtlich relevant erscheinen: auf Werke also, von welchen Neues seinen Ausgang nahm und die manchmal auch noch Jahrhunderte später Bezugspunkte waren. Um im Bild zu bleiben: Eben jene Punkte sind in der vorliegenden Publikation miteinander verbunden. Weil hier aber nicht nur ein Zeitraum von über einem Jahrtausend in

Rede steht, sondern zugleich ganz Europa und die an das Mittelmeer südlich und östlich angrenzenden Länder zu erfassen sind, bilden die roten Fäden quasi ein „Raumgitter", wie wir es von computergenerierten Körpern kennen.

Die herausgegriffenen und durch den Text miteinander vernetzten Werke werden im Folgenden zugleich als Stimme in einem Diskurs verstanden. Das heißt: Das Einzelwerk ist als in einem historischen, insbesondere kirchenhistorischen, aber auch geistesgeschichtlichen Kontext stehend gesehen. Dieses Umfeld wird daher nach Möglichkeit mit behandelt, weil nur auf diese Weise das einzelne Objekt erklärt und seine Funktion verständlich gemacht werden kann. Die Herangehensweise an das „Material" ist demnach eine interdisziplinäre oder, wie man heute sagt: transdisziplinäre.

Hinsichtlich der byzantinischen Kunst sei vorausgeschickt, dass sie im vorliegenden Buch nur bis zu dem die frühbyzantinische Epoche beendenden Bilderstreit (8. Jh.) behandelt ist und anschließend nur dort gestreift wird, wo sie auf West-, Mittel- und Südeuropa in besonderer Weise Einfluss nahm; indirekt geht diese Faktum schon aus unserem Untertitel hervor, der bei einer intensiveren Behandlung der byzantinischen Kunst „Von den Anfängen der christlichen ‚Kunst' bis zum Ende des Hochmittelalters respektive der mittelbyzantinischen Epoche" lauten müsste.

Dass die ersten beiden Auflagen des vorliegenden Überblickswerks in kurzer Zeit vergriffen waren, zeigt, dass es sich bei dem „Raumgitter" aus „roten Fäden" um ein Desiderat handelt. Am Institut für Kunstgeschichte der Universität Wien ist eine vier Semester dauernde Vorlesung, der sogenannte „Zyklus", als Einführung in die Kunst von der frühchristlichen Zeit bis in die Gegenwart für StudienanfängerInnen obligat. Wenngleich wegen des Stoffumfangs gefürchtet, wird der „Zyklus" von den Studierenden in der Regel als sehr nützlich empfunden; Gäste aus dem Ausland bedauern vielfach, dass ein derartiges Angebot an ihrer Heimatuniversität fehlt. Die Autorin liest im Rahmen des Kunstgeschichtestudiums an der Universität Wien den ersten Teil des „Zyklus", die vorliegende Publikation ist also eine Art „Skriptum" zur Vorlesung. Die *Power-Point*-Folien, die während der Vorlesung im Hörsaal gezeigt werden, stehen im Internet, wo sie den Studierenden zugänglich sind. Für diese ist mit dem Vorliegen des Buches und der *online*-Publikation des Bildmaterials in Kombination mit der alle vier Semester zyklisch stattfindenden Vorlesung also bereits der Schritt in Richtung *„blended learning"* – die didaktisch sinnvolle Kombination von internetbasiertem Lernen und synchronen Präsenzphasen (sprich: traditionellem Unterricht im Hörsaal) – getan.

Das geltende Copyright lässt es leider nicht zu, das Bildmaterial zur genannten Vorlesung allen, also auch den Studierenden anderer Universitäten sowie Interessierten außerhalb des Universitätsbetriebes, *via* Internet zu öffnen. Daher stellen die in unserem Buch enthaltenen Abbildungen eine kleine Auswahl der angesprochenen *stepping-stones* auch optisch vor; Verweise auf Wiedergaben der übrigen erwähnten Werke finden sich in den Anmerkungen, wobei hierfür primär solche Publikationen ausgewählt wurden, die in jeder einigermaßen gut sortierten Fachbibliothek stehen sollten. Hinzuweisen ist an dieser Stelle aber auch auf die zahlreichen, im Netz allgemein zugänglichen Bilddatenbanken.

Vorweg noch einige Erklärungen zum Titel des vorliegenden Buches und seinem Aufbau: Im Untertitel sind zwei Zeitgrenzen angesprochen, die *de facto* zwei völlig verschiedene Umfelder durchziehen. Unrer den „Anfängen der christlichen Kunst" ist selbstredend das erste Auftreten von Werken mit spezifisch christlichem Inhalt zu verstehen, während sich entlang der zeitlichen Naht zwischen Hoch- und Spätmittelalter *prima vista* nicht der Inhalt der Werke, sondern ihre Form geändert hat; der Inhalt blieb ein christlicher, während der Stil dem allseits bekannten Wandel von der Romanik zur Gotik unterlag. In dieser Kürze greift diese Definition freilich zu kurz, denn das neue gotische „Kleid" ist in Wahrheit das Ergebnis einer veränderten Weltsicht, die sich den Inhalt unter der Hand zurechtrückte. Die Form trifft ja immer eine Aussage, bestimmt den Inhalt also immer mit, so dass wir mit Fug und Recht vom Logos (λόγος: Sinn) des Stils sprechen können.

Blickt man auf die Zeit *nach* der angesprochenen Nahtstelle zwischen Hoch- und Spätmittelalter voraus, zeigt sich, dass der Stil der Welt der sichtbaren Dinge mit dem Entstehen der Gotik einen völlig neuen, die heilsgeschichtlichen Ereignisse als Primzahlen enthaltenden Stellenwert zugeteilt hat. Mit anderen Worten: Den heilsgeschichtlichen Geschehnissen, allen voran dem Erlösungstod Christi, kommt seit dem Spätmittelalter Historizität zu, wodurch sich zwischen dem/der Glaubenden und den heilgeschichtlichen Ereignissen eine schmerzhafte Distanz auftut, die es zu überbrücken galt und gilt. Ein Mittel dazu ist Empathie. Stichwort: Mystik. Die Hinwendung der Seele zu den Leiden des Herrn soll verhindern, dass der Mensch in den Abgrund hinabgezogen wird, der sich mit zunehmendem zeitlichen Abstand vom Heilsgeschehen unabwendbar weitet wie die Distanz zwischen einem ablegenden Schiff und Quai. Eine Funktion der Kunst nach der genannten Zeitnaht ist es folgerichtig, die durch den angesprochenen Abstand erzeugte Pein im Schmerz des aktiven Mitleidens aufzuheben. Kultisch eingebundene und der Privatandacht dienende Werke wie Mystikerkreuze, Christus-Johannes-Gruppen oder die Schöne Pietà suchen dieses Mitleiden des/der Glaubenden mit Maria und Christus, insbesondere mit dem Herrn während der Passion, zu stimulieren, damit das Mitleiden, da es *im* Individuum stattfindet, dem Menschen Halt gäbe wie der Mast dem Odysseus bei der Passage der Sireneninsel. Wer genau hinsieht, erkennt schon hier, an der Grenze zwischen Hoch- und Spätmittelalter, den Ansatz jenes Bruches, der in der Aufklärung zu einem nicht mehr zu kittenden werden sollte.

Die Vorausschau auf die spätere Entwicklung schärft den Blick auf die vorangehende, in diesem Buch in Rede stehende Epoche: Bis zum ausgehenden Hochmittelalter empfand sich der Christ als ein *sub gratia* (in der Zeit der Gnade) lebendes, das heißt: in das Heilswirken Gottes hineingenommenes Geschöpf. Er war noch *au quai,* um bei der oben gewählten Metapher zu bleiben. Von daher ist es legitim, den Zeitraum zwischen den Anfängen der christlichen Kunst und dem Ende des Hochmittelalters als Einheit zu betrachten, und von daher könnte das vorliegende Buch, das sich diesem Zeitraum widmet, auch „Die Kunst in der Zeit *sub gratia*" heißen. Ein anderer möglicher Titel wäre: „Der Schlaf des Aristoteles und die Kunst", weil die hier in Rede stehende Epoche sich ja mit jenem Zeitraum deckt, in welchem der Aristotelismus im Abendland auf weiten Strecken in einen Dornröschenschlaf versenkt war; die Entwicklung der neuen Weltsicht in der Scholastik und der Gotik sind ja von der Wiederentdeckung aristotelischen Denkens ab der Mitte des 12. Jahrhunderts nicht trennbar.

Zu erklären ist an dieser Stelle weiter, warum das Wort „Kunst" im Untertitel des vorliegenden Buches unter Anführungszeichen steht. – HANS BELTING nannte sein 1990 erschienenes Buch „Bild und Kult" im Untertitel „eine Geschichte des Bildes vor dem Zeitalter der Kunst", womit er zu Recht betonte, dass im Früh- und Hochmittelalter die Bilder, Ikonen etc. nicht als *Kunst*werke verstanden wurden. Zeitgleich mit dem Aristotelismus schlief also auch die Einschätzung des kultisch eingebundenen oder erzählenden Werkes als *Kunst*gegenstand respektive die des architektonischen Gehäuses als Teil der Baukunst. Von daher ist im Folgenden das Wort „Kunst" nach Möglichkeit vermieden.

Davon unberührt ist die Tatsache, dass das Selbstbewusstsein einzelner Entwerfer und/oder Ausführender gegenüber ihrem Können, das von ihnen selbst zweifellos in erster Linie als ein technisches verstanden wurde, schon im ausgehenden Hochmittelalter erwacht ist. Etwa bei Nicolaus von Verdun, dem lothringischen Goldschmied, der 1181 die aus Emailplaques bestehende Verkleidung der Kanzel für die Stiftskirche des reg. Augustiner-Chorherrenstiftes Klosterneuburg (Niederösterreich) vollendete (cf. Abb. 62) und anschließend an der Ausführung von zwei Schreinen für Köln (cf. Abb. 63) und Tournai wesentlich mitwirkte.

Um den Einzelwerken wie ganzen Entwicklungssträngen gerecht zu werden, worum sich dieses Buch bei aller Knappheit bemüht, ist es weiter notwendig, sich in die Rolle der Auftraggeber zu versetzen, das heißt: zu versuchen, deren Intentionen zu verstehen. Das setzt das genannte inter- oder transdisziplinäre Vorgehen, also die Einbeziehung des historischen, kirchenpolitischen und geistesgeschichtlichen, oft auch ökonomischen Kontextes voraus. Das Hineinschlüpfen in die Rolle der Auftraggeber ist besonders dort angesagt, wo uns das landläufige, durch die „Kunst" propagandistisch geprägte Denken des christlichen Abendlandes, das viele LeserInnen wohl ebenso mit der Muttermilch in sich aufgesogen haben wie die Verfasserin, beim Erkennen der Motivationen der *nicht-*

christlichen respektive *nicht*-orthodoxen (aus der Perspektive der Kirche also *nicht* rechtgläubigen) Auftraggeber im Wege steht. Notgedrungen wird Objektivität bei aller Anstrengung immer nur ein Ziel bleiben. Anzustreben ist dieses allemal. Der Kategorische Imperativ des/der KunsthistorikerIn muss also lauten: Beurteile die Werke stets so, als ob du ihr Auftraggeber respektive Schöpfer wärest und halte zugleich zu beiden die maximale Distanz!

Zu den im folgenden Text genannten Werken und Forschungsergebnissen die Sekundärliteratur anzugeben, würde den Rahmen dieses Buches sprengen. Angeführt ist daher Übersichts- respektive Einführungsliteratur zu den einzelnen Kapiteln, vereinzelt sind Publikationen zu Spezialthemen genannt, wenn diese im Text eigens angesprochen werden. Ein Index am Schluss unseres Buches ermöglicht das punktuelle Nachschlagen. Das Glossar, das die wichtigsten Fachbegriffe erklärt, wurde in dieser Auflage erweitert; im Text sind die Termini bei ihrer ersten Nennung in Klammern erläutert. Was erklärungsbedürftig ist, lehrt die Erfahrung: Tausende Einzelprüfungen, bei denen sich immer wieder zeigt, dass das von der Schule mitgebrachte Wissen, insbesondere über das erste Jahrtausend, immer dünner wird, förderten die Entscheidung der Autorin, im Zweifelsfalle lieber einmal zu oft auf die Herkunft und Bedeutung eines Begriffs hinzuweisen.

Zum Zustandekommen dieser Publikation hat eine lange Reihe von Kolleginnen und Kollegen, Freundinnen und Freunden ihren Beitrag geleistet, wofür ihnen allen hier herzlichst gedankt sei. Gedankt sei aber auch all jenen, die mich auf Corrigenda aufmerksam gemacht oder mich zu sinnvollen Ergänzungen angeregt haben: Hörerinnen und Hörern der Vorlesung, Leserinnen und Lesern aus dem In- und Ausland wie Rezensenten der ersten beiden Auflagen. Namentlich genannt seien (bei Weglassung der Titel) bloß Josef Birkenhauer, Johann Konrad Eberlein, Eva Maria Fuchs, Nikolaus Keusch, Eduard Kovacz, Herbert Kreisler, Elisabeth Olivares-Diaz und Helga Schmid.

Wien, im August 2010

1. Die Ausgangssituation (1. Jh. n. Chr.)

1.1. Jesus: „Das kristallklare Judentum"

Die frühesten Werke mit christlichem Inhalt, die auf uns gekommen sind, entstanden an der Wende vom 2. zum 3. nachchristlichen Jahrhundert, also erst rund 170 Jahre nach dem Tod des „Religionsstifters" Jesus von Nazareth. Das Fehlen früherer spezifisch christlicher Werke ist damit zu erklären, dass Jesus keineswegs die Absicht hatte, eine neue Religion zu gründen, geschweige denn eine, die sich mit aller Deutlichkeit vom Judentum absetzt (daher steht „Religionsstifter" im vorangehenden Satz unter Anführungszeichen). Dass Jesus an den Geboten, die das Volk Israel (רשיאל), welches sich als das Auserwählte Volk (Gen 12:1–3) sieht, aus seiner Perspektive – die im Folgenden eingenommen wird – direkt vom Herrn erhalten hatte, in keiner Weise rüttelte, betonte er etwa in Mt 5:1–20: *Denkt nicht, ich sei gekommen, um das Gesetz und die Propheten aufzuheben. Ich bin nicht gekommen, um aufzuheben, sondern zu erfüllen … Bis Himmel und Erde vergehen, wird auch nicht der kleinste Buchstabe des Gesetzes vergehen …* Was Jesus wollte, war ein reformiertes, das heißt: gereinigtes Judentum. Gereinigt insofern, als er den Glauben an den Gott Israels von falschen Auslegungen zu befreien suchte. Er wollte klarlegen, dass Jahwe (יהוה), den er vertraulich „*Abba*" (Vater) nannte, seinem Volk die Gebote gegeben hat, um den Menschen in ihrem Lebensvollzug zu helfen, nicht aber, um sie in ihrer Entwicklung zu behindern. Kurz: Es ging ihm darum, begreifbar zu machen, was der Vater mit den Geboten eigentlich wollte. Der Jesusforscher David Flusser brachte das auf den Punkt, wenn er sagte: „Jesus Christus, das ist kristallklares Judentum."[1]

Jesus war den jüdischen Gesetzen selbst unterworfen und er hat sich daran gehalten: Als Neugeborener wurde er wie alle jüdischen Knaben beschnitten (cf.: Lk 2:21), mit zwölf Jahren erklärte er sich gewissermaßen selbst zum Bar-Mizwa (בר מצוה: Gebotsverpflichteten), wenn er im Tempel von Jerusalem den Schriftgelehrten die Texte auslegte (cf.: Lk 2:41–52), und in die jüdische Tradition stellte er sich auch, wenn er als Wanderprediger Anhänger um sich scharte, sich von diesen als „*Rabbi*" (Meister) titulieren ließ und die jüdischen Feste mit ihnen feierte. Der „fundamentalistische" Zweig des Judentums, an dessen Beginn Jesus steht, brauchte folgerichtig keine eigene „Kunst". Jesus und seine Anhänger fanden mit den üblichen Gebrauchsgegenständen ihr Auslangen, und als Ort des Gebetes diente ihnen wie allen Juden der Tempel.[2]

1.2. Das (Reform-)Judentum – eine Wortreligion

Die Inexistenz von Bildern im Frühchristentum ist in diesem Sinne auch die logische Folge dessen, dass das Judentum eine Wortreligion ist. Die für das Auserwählte Volk gültigen Gesetze hatte Jahwe den Israeliten während der Wüstenwanderung auf dem Sinai offenbart, indem er zu Moses *redete* (Ex, Kap. 19–31) respektive sie auf die Tafeln *schrieb* (Ex 31:18). Der Mensch Moses empfing die Gebote demnach als *Wort*offenbarung. Gezeigt hat sich der Herr nie. Auch dann nicht, als er inmitten seines Volkes – zuerst im Offenbarungszelt (Bundeszelt), dann im Tempel von Jerusalem, der Ersteres ersetzte – wohnte. Er war dort, den Augen seines Volkes entzogen, im hintersten Raum, im *qodeš ha-qodešim* (קודש הקודשים: Allerheiligstes; Ex 26:33ff., 1 Kg 6:5 16, 19–23, 8:1–13), anwesend, der nur vom Hohepriester, und auch von diesem nur einmal im Jahr, am Versöhnungstag, betreten wurde. Dann kündigten Glöckchen am Saum des Kleides des Hohepriesters dessen Kommen an (Ex 28:32–35, 39:23–27; Lv 16:2, 14f.). Selbst den Namen Gottes auszusprechen, scheut man sich aus Ehrfurcht. Man nennt ihn „Adonai" (אינוד) – Herr!

Dem Herrn im Tempel von Jerusalem wendet sich der Betende von überall her zu. Ihn, sei es in Jerusalem selbst, sei es anderorts – es gab, wie KURT SCHUBERT betont,[3] auch außerhalb Jerusalems Tempel sowie jüdische Gotteshäuser (in Palästina „Synagogé" [συναγωγή: Versammlungsplatz], ansonsten, etwa in Ägypten, „Proseuché" [προσευχή: Stätte der Verehrung] genannt) –, durch ein Kultbild herbeizuzwingen, war für die Juden überflüssig, ja es wäre widersinnig gewesen. Pointiert formuliert: Was hätte ein Kultbild, wie es in den Tempeln der griechisch-römischen Götterwelt üblich war, bewirken können? Nichts, als dass es den „Blick" auf den unsichtbaren Herrn verstellt hätte. Die Nichtexistenz von Kultbildern im Juden- wie im frühen Christentum resultierte also aus der Vorstellung, die das Auserwählte Volk von seinem Gott hat. Und diese Vorstellung teilten die Jünger Jesu. Auch nach dem Tod ihres Meisters.

Dem Schweigen der Bilder steht die Eloquenz gegenüber, mit der das Volk Israels über die Taten des Herrn redet. Insbesondere in den fünf Büchern Mose und den „Büchern der Geschichte des Volkes Gottes", die ja eine einzige große Schilderung des Wirkens des Herrn in der Welt sind: Jahwes Taten werden gepriesen, von der Schöpfung bis in die jüngere Vergangenheit der jeweiligen Verfasser. Folgerichtig wurden nach dem Tod Jesu wiederum Texte, die Evangelien und die Apostelgeschichte, verfasst, um vom Leben und den Wundertaten, vor allem aber von der Auferstehung, der Himmelfahrt und der angekündigten Wiederkehr Christi zu erzählen.

1.3. Das Bilderverbot im Ersten Testament

Untrennbar mit der referierten Vorstellung des Auserwählten Volkes von seinem Gott verbunden ist das vom Herrn verhängte, am nachdrücklichsten am Anfang des Dekalogs (Zehn Gebote; Ex 20:1–5) formulierte Bilderverbot: *Ich bin der Herr, dein Gott ... Du sollst dir kein Bildnis noch irgend ein Gleichnis machen, weder des, das oben im Himmel ist, noch des, das unten auf Erden, oder des, das im Wasser unter der Erde ist. Bete sie nicht an und diene ihnen nicht ...* „Trotz aller Radikalität, mit der ... die Anfertigung von Bildern untersagt wird, darf doch nicht übersehen werden, daß ... der Dekalog letztlich nur das zur kultischen Verehrung geeignete Bild, das angebetet werden kann, verbietet. Es handelt sich also um kein Kunstverbot schlechthin ...“ (PETER MASER).[4] Dessen ungeachtet hat das Judentum an seiner reservierten Haltung gegenüber den Bildern prinzipiell festgehalten, allerdings nicht überall und zu allen Zeiten gleich rigoros. So wurde dem Verbot dort liberaler begegnet, wo entsprechende Rahmenbedingungen existierten, etwa in Alexandria: KURT WEITZMANN zufolge standen den in diesem kulturellen Schmelztiegel lebenden, griechisch gebildeten und assimilierten Juden ab dem 2. vorchristlichen Jahrhundert illustrierte Exemplare der Septuaginta (lat.: „siebzig“; Übersetzung des Ersten [Alten] Testaments ins Griechische) zur Verfügung; der sog. Pentateuch (πέντε: fünf, τεῦχος: Gefäß) und die anderen Bücher der Bibel waren dort ab dem 3. vorchristlichen Jahrhundert durch eine Kommission nach und nach ins Griechische übersetzt worden. Die illustrierte Septuaginta des 2. vorchristlichen Jahrhunderts rekonstruierte WEITZMANN aufgrund jüngerer Darstellungen; erhalten ist ein solches Exemplar nicht.[5] Selbst in Judaea dürfte im 2. vorchristlichen Jahrhundert die Herstellung von Bildern für das Judentum kein Problem mehr dargestellt haben, sofern diese nicht zur Verehrung geeignet waren.

Rund um die Lebenszeit Jesu scheint sich die Abneigung gegenüber Bildern im Judentum allerdings wieder verstärkt zu haben, wohl als Reaktion auf den römischen Kaiserkult. Die im 1. vorchristlichen Jahrhundert allgemein herrschende Heilserwartung hatte durch die Geburt des Wunderkindes Octavianus, des späteren Kaisers Augustus (reg. 31 v.–14 n. Chr.), einen starken Auftrieb erhalten. Dieser wurde – wie schon vor ihm Caesar – bereits zu Lebzeiten feierlich zum *divus* (Göttlichen) erklärt. Wenngleich es sich „hierbei weniger um einen religiösen Kult als vielmehr um eine durch Literatur und Kunst propagandistisch verbreitete Hoftheologie [handelte], die als Mittel der Politik diente und in zunehmendem Maß Ausdruck des absoluten Staates wurde“ (ELPIDIUS PAX),[6] erhielten Bilder und Statuen, die den vergöttlichten Kaiser repräsentierten, eine neue Bedeutung. Dass die Juden, die die Vergötterung eines Menschen mit aller Deutlichkeit ablehnen, ihr Bilderverbot nun wieder strenger befolgten, versteht sich von selbst. Die

Forschung geht heute davon aus, dass im 1. vor- sowie im 1. nachchristlichen Jahrhundert in Judaea keine jüdischen Bilder angefertigt wurden.[7] Dass unmittelbar nach Jesu Tod keine Kunst entstanden ist, die sich mit der Reformgruppe um Jesus von Nazareth verbinden lässt, ist also auch von daher erklärbar.

2. Die Anfänge der christlichen Kunst (2./3. Jh.)

2.1. Jesus = Christus

Ganz bewusst war bisher von „Jesus" die Rede, um damit die – historisch ja nachweisbare – Person zu erfassen. Freilich ist dieser Zimmermannssohn aus Nazareth für den gläubigen Christen – und jetzt wechsle ich bewusst den Standpunkt auf die Seite der Christen – Christus (Χριστός: der Gesalbte): der von den Juden erwartete Messias (משיח: der
Gesalbte), der „Menschensohn", Mensch und Gott zugleich, der von daher befähigt war,
Wunder zu wirken, aus dem Grab aufzuerstehen, in den Himmel aufzufahren und den Heiligen Geist als Beistand für die auf Erden Verbliebenen zu senden; für die Christen ist er
der Herr, der am Jüngsten Tag wiederkehren, zu Gericht sitzen und sein ewiges Reich, das
„Himmlische Jerusalem", errichten wird. Wenn wir die Lehre Jesu vorhin als „Reform-
judentum" bezeichnet haben, dann mit der Absicht, die Dimension der Kontinuität her-
auszustellen. Bei dieser Definition zu verharren, hieße freilich die Kernaussage Jesu beiseite zu lassen. Bekanntlich forderte dieser den Glauben daran, dass er der Messias sei,
von seinen Jüngern immerfort ein (Mt 9:6, 11:19 26–28, 16:14–17, 20:27–29; Mk 2:9–11,
3:10–12, 8:37–39, 9:30–32, 10:32–34; Lk 5:23–25, 7:33–35, 9:21–27, 10:21–23, 18:7–9,
19:9–11, 22:68–70; Jh 3:12–19 35–37, 5:18–20 26–28, 6:39–41, 8:27–29, 11:26–28 *et
passim*).

Dass sich, von den Jüngern Jesu abgesehen, die Majorität der Juden dessen Forderung verschloss, hängt damit zusammen, dass der von ihnen erwartete Messias ihrer Vorstellung nach ein politischer Erlöser ist, der sein Reich auf Erden errichten und damit Krieg
und Not ein Ende setzen wird. Damit lässt sich das Leben Jesu freilich nicht zur Deckung
bringen. Schon gar nicht sein Tod am Kreuz. Gerade durch diese Hinrichtungsmethode,
mit der damals die ärgsten Verbrecher zu Tode gebracht wurden, sah sich die überwie-
gende Zahl der Juden darin bestätigt, sich Jesu Anspruch entzogen zu haben. Dass die Anhänger der paganen Religionen ihm gegenüber offener waren, ist folgerichtig, weil ihnen die Idee vom Messias, der jede Unbill hienieden beseitigen wird, *a priori* fremd war.
Folgerichtig ist auch, dass in den von den Christen ab der Wende vom 2. zum 3. Jahrhundert in Auftrag gegebenen Werken die Messianität Christi und seine Wiederkehr am
Ende der Zeiten (cf. dazu Mt 24:27–30, 26:63–65; Mk 13:25–27, 14:61–63; Lk 17:23–25,
21:26–28 *et passim*) die Darstellungsthemen *par excellence* bildeten.

2.2. Die Ausbreitung des Christentums

2.2.1. Mission und Reaktion

Mit dem Anspruch Jesu, wonach alle Menschen an seine Messianität glauben sollten, war ein Verkündigungsauftrag verbunden, der durch das Pfingstwunder (Apg Kap. 2) – „die äußere Dokumentation der innerlich erfolgten Geisterfüllung der Jünger und die Proklamation der Universalität ihrer Verkündigungsaufgabe" (NIKOLAUS ADLER)[8] – besiegelt wurde. Durch das Pfingstgeschehen wurde auch die Mission der Nicht-Juden, also der Anhänger anderer im Imperium Romanum verbreiteter Religionen, zur Aufgabe der Apostel. Ein erstes Zentrum der Mission war das syrische Antiocheia (heute: Antakya, Türkei), wo noch in apostolischer Zeit der Name *christiani* (Christen) für die Jünger Jesu auftauchte (Apg 11:25–27).

In dieser Zeit setzte in der Apostelgemeinde der Streit darüber ein, ob Anhänger anderer Religionen vorerst zum Judentum übertreten müssten oder ob sie von dessen Gesetzen entbunden seien. Für die Männer fragte sich, ob sie, um Christen werden zu können, beschnitten werden müssen (Gen 17:10–14) oder nicht. Das sog. Apostelkonzil,[9] meist auf 48 n. Chr. datiert, entschied, dass die Taufe (ohne Beschneidung) genüge (cf. Apg Kap. 15). Die Argumentation für diese Entscheidung lieferte der Apostel Paulus, durch die der Durchbruch zu einer „gesetzesfreien" Mission der Anhänger anderer Religionen gelang: Das Gesetz war zwar für Paulus *heilig und gerecht und gut* (Röm 7:11–13), Ausdruck des heiligen Willens Gottes, gälte aber nicht für alle Zeiten, es sei vielmehr nur eine Episode im göttlichen Heilsplan (Röm 5:20). *Christus ist das Ende des Gesetzes* (Röm 10:4). Damit war in theoretischer Hinsicht der Boden dafür bereitet, dass die neue religiöse Bewegung außerhalb des jüdischen Bereiches Fuß fassen konnte. Entscheidend waren vor allem die 60er-Jahre des 1. Jahrhunderts: Die Christen zogen damals aus Jerusalem, dem ersten geistigen und organisatorischen Zentrum der Gemeinde, weg, wodurch sich das Christentum im hellenistischen Bereich ausbreitete. Paulus selbst unternahm zahlreiche Missionsreisen und hielt mit den Gemeinden durch Briefe weiter Kontakt. Deren Adressaten – Epheser, Thessalonicher, Korinther usf. – deuten den Horizont seiner Missionstätigkeit an.

Dass der „Staat" in der Gründung christlicher Gemeinden rasch eine Bedrohung sah, geht aus der Tatsache hervor, dass Kaiser Nero (reg. 54–68) im Jahr 64 n. Chr. in Rom Christen verbrennen ließ. Dieses Vorgehen speziell gegen diese zeigt, „daß damals wohl zum erstenmal das Christentum vom Staat als eigenständige, neue Religionsgemeinschaft betrachtet wurde ... Für das Christentum bedeutete dies zweierlei: Es konnte sich nicht mehr auf Privilegien berufen, die das Judentum seit Beginn der Kaiserzeit im römischen

Reich ... genoß; es mußte außerdem durch seinen Missionsauftrag den Wettkampf mit den anderen Religionen des römischen Reiches aufnehmen. Dazu gehörten, vom Judentum abgesehen, die griechische Götterwelt, die Mysterienreligionen ... und auch der Kaiserkult" (KARL LEO NOETHLICHS). [10]

Die Verfolgung, die den Christen insbesondere aufgrund ihrer Ablehnung des Kaiserkultes ins Haus stand, ahnend, verfasste ein Autor, der sich Johannes nannte, Ende des 1. nachchristlichen Jahrhunderts eine Art „Serienbrief" an sieben kleinasiatische Gemeinden, darunter an jene von Ephesos und Pergamon, in dem er das zu erwartende Pogrom und das Reich Gottes, in das die Standhaften schließlich eingehen würden, in suggestiven Bildern beschrieb. Auf diese Weise rief der Autor der sog. Geheimen Offenbarung (Johannesapokalypse) die Gemeinden auf, durchzuhalten, also von ihrem Glauben an Christus, selbst wenn sie dafür mit ihrem Leben bezahlen müssten, nicht abzufallen.

Aber nicht überall waren die Verfolgungen akut. So begann das Christentum da und dort in seinem neuen kulturellen Kontext Wurzeln zu schlagen – in einem Umfeld, in welchem der Umgang mit Bildern ein selbstverständlicher war. Der hellenistische Raum war davon ja in jeder Form erfüllt; ist das Judentum eine *Wort-* und damit eine *Buch*religion, waren es *Bild*religionen, die die pagane (heidnische) Welt prägten. Da die Christen dieser selbst entstammten, öffneten sie sich bereitwillig gegenüber der Bildwelt, auch der paganen, zumal sich dieser Schatz für die eigenen Zwecke ummünzen ließ.

2.2.2. *Das Spottkreuz vom Palatin*

Wie sehr die Christen in Rom, wo nach kirchlicher Tradition im 1. Jahrhundert unter zahllosen anderen Blutzeugen die „Apostelfürsten" Petrus und Paulus ihr Martyrium erlitten hatten, auch in der folgenden Zeit Anfeindungen ausgesetzt waren, bezeugt eine kleine Zeichnung vom ausgehenden 2. Jahrhundert, die wohl ein Soldat in die Wand einer Kaserne auf dem Palatin, einem der sieben Hügel Roms, ritzte: Vor einem Gekreuzigten, der durch einen Eselskopf als Jude charakterisiert und damit als Jesus identifizierbar ist, steht ein Christ, über den die Beischrift spottet: *„Alexandrinos betet zu seinem Gott".* [11] Der Autor des »Spottkreuzes vom Palatin« (Rom MNR) nahm also daran Anstoß, dass sein Kamerad Alexandrinos, wohl ein Grieche, jemanden als Gott anerkannte, der hingerichtet worden war, noch dazu auf die übelste Art. Dieses früheste auf uns gekommene Werk, das etwas Christliches thematisiert, entstand also mit dem Ziel, einen Christen zu hänseln.

2.3. Lockerung des Bilderverbots

2.3.1. Tempelzerstörung und Diaspora

Das im 2. *vor*christlichen Jahrhundert von den Juden schon einmal liberaler gehandhabte Bilderverbot wurde an der Wende vom 1. zum 2. *nach*christlichen Jahrhundert neuerdings gelockert. Bestanden wurde in der Regel bloß darauf, dass die Bilder nicht verehrt wurden. Die Aufgabe des puristischen Standpunktes stand in direktem Zusammenhang mit der Diaspora: Kaiser Titus (reg. 79–81) hatte den Aufstand der Juden gegen die römische Besetzungsmacht im Frühjahr des Jahres 70 endgültig niederwerfen lassen, indem er Jerusalem angriff. Die Stadt wurde weitgehend dem Erdboden gleichgemacht, der Tempel von den Soldaten in Brand gesetzt, nur die in Herodianischer Zeit (1. Jh. v. Chr.) errichtete Westmauer – auf Titus' Befehl – geschont, weshalb dieser Teil („Westmauer", „Klagemauer") erhalten blieb (Abb. 1). Unter den vom Kaiser und seinen Soldaten nach Rom zurückgebrachten Beutestücken befand sich auch die Menora (מנורה: der siebenarmige Leuchter) des Tempels, der im Vorraum zum *qodeš ha-qodešim* gestanden war (cf. Ex 26, 35). Er wurde im Triumphzug mitgetragen, wie das linke Relief im Durchgang des Titusbogens (Abb. 2),[12] der nach dem Tod des Kaisers zu dessen Erinnerung auf dem Forum Romanum errichtet wurde, bezeugt.

Die mit der Zerstörung Jerusalems einsetzende Diaspora bedeutete die Zerstreuung der Juden über den gesamten vorderen Orient, Kleinasien, Griechenland, Ägypten, Rom, Spanien, Gallien usf. Die Juden hatten mit der Vernichtung ihrer Hauptstadt und des Tempels freilich nicht nur ihre Heimat, sondern auch ihr religiöses und geistiges Zentrum verloren. Die pagane Umwelt, in der sie fortan zu leben gezwungen waren, führte zu der angesprochenen gelockerten Haltung gegenüber den Darstellungen. Das belegt ein Zwiegespräch, das um das Jahr 100 n. Chr. in Akko (Provinz Phoenicia) folgendermaßen stattgefunden haben soll: *Als Rabbi Gamliel … [dort] im Aphroditebad von Akko von Peroklos, dem Philosophen, gesehen wurde, fragte dieser den Meister, wie er dorthin habe gehen können, wo doch dort ein Standbild der Aphrodite aufgestellt sei. Der Rabban antwortete daraufhin nur kühl, die Aphroditestatue diene lediglich als Dekoration, außerdem stehe sie direkt am Urinal, wer aber würde vor seinem Gott urinieren. Und abschließend formulierte Gamilel das Grundprinzip im Umgang mit den Bildern: „Was wie ein Gott behandelt wird, ist verboten, was nicht wie ein Gott behandelt wird, ist erlaubt."[13]*

2.3.2. Die Synagoge von Dura Europos

Waren die Juden bereits an der Wende vom 1. zum 2. nachchristlichen Jahrhundert dazu übergegangen, an den Standbildern fremder und damit von ihnen nicht anerkannter Götter keinen Anstoß mehr zu nehmen, begannen sie im 3. Jahrhundert selbst mit der figuralen Ausmalung ihrer Gotteshäuser; dort ist nun, nachdem durch die Tempelzerstörung auch die Wohnung des Herrn vernichtet worden war, die *šekhina* (שכהני: Göttliche Gegenwart) gegeben, wenn mindestens zehn *gedolim* (גדולים, die Großen) anwesend sind: „Die bis dahin dem Tempel vorbehaltene Heiligkeit verteilte sich nunmehr auf die einzelnen Synagogen" (KURT SCHUBERT); ab dem späten 1. Jahrhundert n. Chr. hatte der Begriff *synagogé* – von Palästina ausgehend – den früher üblichen Begriff *proseuché* verdrängt.[14] Eine ausgemalte Synagoge des 3. Jahrhunderts ist in Dura Europos (Syrien) auf uns gekommen (heute: Damaskus, NM).[15] Ihre Entdeckung im Jahr 1932 warf die gesamte ältere Forschung über den Haufen, die vorher davon ausgegangen war, dass vor dem 12. Jahrhundert keine figurale jüdische Kunst existiert habe. Die am mittleren Euphrat gelegene Stadt war 165 n. Chr. von den Römern erobert und daraufhin zu einer östlichen Grenzfestung des Reiches mit einer kleinen Garnison ausgebaut worden. Als bald darauf die Sassaniden von der Wüste heranrückten, verstärkte die Bevölkerung von Dura Europos im Jahr 257 die Stadtmauer, indem sie sämtliche direkt an der Mauer gelegenen Gebäude mit Ziegeln, Steinen, Sand usw. auffüllte. Das betraf auch die erst kurz vorher fertiggestellte Synagoge – einige Plafondziegel tragen eine auf die Jahre 244/45 datierbare Stiftungsinschrift. Nach der Eroberung der Stadt durch die Perser im Jahr 265 wurde die Bevölkerung deportiert und die Stadt dem Verfall preisgegeben. Dank der ungewöhnlichen Verteidigungstechnik, „die Dura Europos gleichsam zu einem östlichen Pompeji macht" (URSULA SCHUBERT),[16] blieb die Stadt des mittleren 3. Jahrhunderts zum Teil unbeschädigt unter dem Wüstensand bis ins 20. Jahrhundert erhalten.

Die Innenwände der Durener Synagoge sind in Felder unterteilt, die Geschehnisse aus dem Pentateuch, beispielsweise die Auffindung des kleinen Mosesknaben im Nil (Ex 2:2–6) und Aharon beim Offenbarungszelt, sowie Propheten zeigen. Das Bundeszelt ist auf dem Fresko in Dura Europos mit dem Salomonischen Tempel gleichgesetzt, der in der Zeit der Wüstenwanderung, in welcher Aharon als Hohepriester fungierte, freilich *noch* nicht und in der Zeit, als die Fresken entstanden, nicht *mehr* existierte. Die Darstellung des Tempels ist insofern korrekt, als dieser einen Vorhof besitzt, vor dem die zur Opferung herbeigeführten Tiere warten. Die dargestellten Kultgeräte (cf. Ex, Kap. 25–40) stimmen indes weder hinsichtlich ihres Aufstellungsortes noch in ihrer Form mit dem biblischen Bericht überein. So befindet sich der siebenarmige Leuchter auf dem Fresko im Vorhof, obgleich er im Vorraum zum *qodeš ha-qodešim* stehen sollte. Die Bundeslade sehen wir indes im Vorraum, obgleich sie – von den Augen des Volkes verborgen – im *qo-deš ha-qodešim* stehen müsste (1 Kg 8:1–13).

Dass die Synagoge von Dura Europos mit figurativen Fresken ausgestattet wurde, ist ebenso auf den Einfluss des paganen Ambientes zurückzuführen wie einzelne dort verwendete Motive. So folgt der Tempel auf den Durener Fresken dem Typus des Peripteros (von *einer* Säulenreihe umstandene Tempelzelle), auf dessen Dach zwei Niken (geflügelte Siegesgöttinnen) als Akroterion (Giebelbekrönung) stehen. Ferner ist Aharon nicht durch eine aramäische, sondern eine griechische Beischrift identifiziert. Die Praxis, die Synagogen auszumalen, ist auch in einer Quelle des ausgehenden 3. Jahrhunderts beschrieben, wo es heißt: *In den Tagen des Rabbi Jochanan bar Nappacha fing man die Wände [der Synagogen] zu bemalen an, und er hinderte sie nicht.*[17]

2.4. Kirche = Gemeinde

2.4.1. Versammlungsräume

Jesus hatte – noch vor der Tempelzerstörung – betont, dass er mitten unter seinen Jüngern sei, wenn *zwei oder drei* in seinem Namen *versammelt* wären (Mt 18:19–21). Im Christentum war die Präsenz Gottes also von Anfang an nicht an den Tempel von Jerusalem oder ein anderes Kultgebäude gebunden, sehr wohl aber an die Gemeinde; „Kirche“ (ἐκκλησία [Ekklesia/Ecclesia]: die „Herausgerufene“) bedeutete die von Gott versammelte Gemeinde. Als die christlichen Gemeinden wuchsen, wurden größere Räume benötigt, in denen sich die Mitglieder versammeln konnten. Solche Gemeindezentren waren anfangs in private Wohnbauten integriert und von außen nicht sichtbar, was angesichts der Christenverfolgung – diese erreichte von der 2. Hälfte des 3. Jahrhunderts bis ins frühe 4. Jahrhundert traurige Höhepunkte – nicht weiter erklärt werden muss. Ein solches Gemeindezentrum mag sich in einem Wohnhaus des 3. Jahrhunderts bei der römischen Basilika S. Martino ai Monti erhalten haben.[18]

2.4.2. Taufraum und „Klappaltar“

Der Auftrag Jesu an die Apostel, zu taufen (Mt 28:19; Mk 16:16), Sünden zu vergeben (Jh 20:22–24) und beim Brotbrechen sein Gedächtnis zu feiern (indem er beim Abendmahl sagte: *Tut dies zu meinem Gedächtnis*; Lk 22:18–20), bildet den Keim, aus dem sich die Sakramente entwickelt haben. Für das Sakrament der Taufe, zu der sich in der Frühzeit *nota bene* der Erwachsene entschied und die als *immersio* (Untertauchen des Täuflings im Wasser; cf. Röm 6:4; Kol 2:12; Petr. 3:20 f.) vollzogen wurde, entstand schon in frühchristlicher Zeit ein eigener Raumtyp: der Taufraum. Ein um 230 datierbarer hat sich im sog. Christlichen Haus von Dura Europos (New Haven YUAG) erhalten.[19] An der Schmalseite eines im Grundriss rechteckigen Raums ist ein Taufbecken mit Baldachin fix aufgemauert.

Anders ist die Situation bei der Gedächtnisfeier, aus der sich allmählich die hl. Messe entwickelt hat. Im 3. Jahrhundert gab es hierfür noch keine eigenen Kulträume mit einem fixen Altar, vielmehr wurde in den Versammlungsraum ein Tisch zur Feier der Eucharistie hineingetragen, den man nach ihr wieder entfernte. Das erschwert der Forschung oft die Entscheidung hinsichtlich der Funktion entsprechender Räume. So muss letztlich auch beim erwähnten Haus bei S. Martino ai Monti die Frage, ob der große, gewölbte Raum im Erdgeschoss tatsächlich als frühchristliches Gemeindezentrum und konkret zur Abendmahlsfeier diente, offenbleiben.

2.5. Christliche Kunst "in the making"[20]

2.5.1. Elysium und Auferstehung

Das 3. Jahrhundert war für Erlösungsreligionen, wie ja auch das Christentum eine ist, ein günstiger Nährboden: „Die schwere militärische Bedrohung der Rhein-, Donau- und Euphratgrenze, die Mobilisierung immer neuer Soldaten, der dauernde Zwang zur Kriegführung gegen äußere Feinde oder rivalisierende Thronprätendenten und Armeeeinheiten untereinander bewirkten eine Militarisierung von Kaisertum und Gesellschaft insgesamt. In solcher Zeit wuchs das Bedürfnis nach persönlicher, fester Orientierung, nach Erlösung. Auf diesem Hintergrund erklärt sich der große Erfolg des Mithraskultes gerade bei den Soldaten in den Grenzprovinzen, die die Katastrophe am ehesten zu spüren bekamen (…). Aber auch das Christentum scheint von der Lage profitiert zu haben" (KARL LEO NOETHLICHS).[21] Jene, die sich dem Christentum zuwandten, bekannten ihren Glauben mittels der Fresken, mit denen sie ihre Grabkammern ausgestalten ließen, die in Rom und anderorts Teil der Gang- und Raumsysteme sind, die teils unterirdisch, teils in Berghängen angelegt wurden;[22] seit dem 16. Jahrhundert bürgerte sich für diese Coemeterien (Begräbnisorte) der Begriff „Katakomben" ein (*Catacumbas:* antiker Name jenes Ortes, wo sich das Coemeterium von S. Sebastiano in Rom befindet). Ab der Wende vom 2. zum 3. Jahrhundert kam es in den Coemeterien zur Darstellung von Figuren respektive Szenen aus der Hebräischen Bibel, die von Paulus als „Altes Testament" bezeichnet worden war (2 Kor 3:14). Wiedergaben aus dem Leben Jesu lassen sich indes nur selten finden. So erscheint um 200/210 im Zentrum der Flachdecke der sog. Sakramentskapelle der Calixtuskatakombe in Rom Daniel in der Löwengrube (Dan 6:7–29):[23] Der Prophet, der auf Geheiß des babylonischen Königs Nebukadnezzar in die Grube geworfen, dort aber von den Raubtieren nicht gefressen wurde, weil ein Engel deren Rachen verschloss (Dan 6:22 f.), steht für die Auferstehung Christi (Mt Kap. 28; Mk Kap. 16; Lk Kap. 24; Jh Kap. 20), die wiederum dem an Christus Glaubenden angesichts seines eigenen Todes Hoffnung gibt. Dieser weiß zwar, dass er wie jeder andere Mensch sterben wird, vertraut aber darauf, dass er – dank seines Glaubens an Christus – einst von den Toten auferweckt und in das Reich Gottes aufgenommen werden wird (cf. Jh 3:18). Auch die in der Sakramentskapelle in den Plafondecken dargestellten guten Hirten (schaftragende Hirten) und Orantinnen (Frauen mit betend erhobenen Händen) sind als Teil des christlichen Programms interpretierbar.

Indem hier das Jenseits angesprochen ist, schließt die christliche Ausstattung an die pagane Tradition an: Ein aus einem Grab in Caivano (Kampanien) stammendes Fresko aus der 1. Hälfte des 2. Jahrhunderts (Neapel MAN)[24] zeigt eine Insel, auf der sich Betende und die Teilnehmer eines Trinkgelages zusammengefunden haben; ein Schiff bringt Reisende von hier nach dort … In diesem Elysium ist jedem erlaubt, seinen Lieblingsbeschäftigungen nachzugehen, jeder ist im Gleichgewicht mit der Natur, lebt in Harmonie mit den Göttern. Alle Bewegungen sind langsam, alles ruht in sich selbst.

Aus der paganen Tradition stammt auch das Ausstattungsschema der Sakramentskapelle. Wie im Grab aus Caivano sind auch in den christlichen Grabkammern die Mauern und Gewölbe weiß getüncht, die Flächen durch schmale rote und grüne Linien in Felder gegliedert und in die Binnenfelder Landschaftsteile, Architekturversatzstücke, Figurengruppen respektive Einzelfiguren, Tiere und Pflanzen hineingesetzt. Rhythmus kommt in die Gesamtdisposition, weil Binnenfelder, die durch Figuren betont sind, mit solchen, in denen zarte Girlanden erscheinen, abwechseln. Das Ausstattungsschema der Grabkammern, der christlichen wie der paganen, stimmt wiederum mit dem der gleichzeitigen Profanräume – als Beispiel hierfür sei ein Haus bei S. Sebastiano[25] in Rom aus der 1. Hälfte des 3. Jahrhunderts genannt – überein. Auch der Stil der Ausmalungen ist in den Profan- und Sepulkralräumen, in paganen und christlichen, identisch. Folglich ist davon auszugehen, dass dieselben Malertrupps Wohnräume und Grabkammern ausmalten und in Letzteren je nach Wunsch des Auftraggebers pagane oder christliche Motive anwandten.

2.5.2. Die Christen – das Auserwählte Volk

Dass die Christen im 3. Jahrhundert bei den von ihnen in Auftrag gegebenen Ausstattungen ihrer Grabkammern inhaltlich frequent auf das Alte Testament zurückgriffen, zeigt, dass es eine spezifisch christliche Ikonographie noch nicht gab, weiters aber, dass sie sich, obgleich mittlerweile überwiegend nicht aus jüdischen Familien stammend, mit den Israeliten identifizierten. Darstellen ließen sie dabei durchwegs jene Ereignisse des Alten Bundes, die sich als Hinweis auf die zentralen christologischen Aussagen – das Erlöstsein aller an Christus Glaubenden durch seinen Opfertod, seine Auferstehung und als Konsequenz daraus die Auferweckung und das ewige Leben des/der Einzelnen – verstehen lassen. Dazu zählen neben dem genannten Daniel in der Löwengrube (Calixtuskatakombe) das Opfer Abrahams (Gn 22:1–19; z. B.: Via-Latina-Katakombe, Rom, 3. Viertel 4. Jh.),[26] die drei Jünglinge im Feuerofen (Dan Kap. 3; Priscillakatakombe, Rom, 2. Hälfte 3. Jh.),[27] der Meerwurf des Jona (Jona 1:4–2:11; Katakombe von SS. Marcellino e Pietro, Rom, spätes 3. Jh.)[28] usf. Beim Opfer Abrahams wird ja Isaak im letzten Moment durch das Eingreifen Gottes vom Tod bewahrt; die Bereitschaft des Vaters, seinen Sohn zu opfern, und das Über-Leben des Sohnes stellen die Beziehung zum Kreuzestod und zur Auferstehung Christi her. Auch die drei Jünglinge im Feuerofen, die nicht verbrannten, und der Meerwurf des Jona, bei dem schon anklingt, dass der Prophet vom Wal, der ihn nun verschluckt, nach drei Tagen unversehrt wieder ausgespien wurde, verweisen – aus soteriologischer (heilsgeschichtlicher) Perspektive (σωτήρ: Retter, Erhalter) – auf die Auferstehung Christi am dritten Tag nach seiner Hinrichtung. Aus diesem Blickwinkel verhalten sich die dargestellten alttestamentlichen und die in den Coemeterien nicht dargestellten neutestamentlichen Ereignisse wie Typus (τύπος: Gepräge, Bild; cf. Röm 5:14) und Antitypus (ἀντίτυπος: Entsprechung, Bild), das heißt: wie Siegelabdruck und Petschaft.

2.5.3. Hierarchie der Testamente und mehrfacher Schriftsinn

Diese typologische Beziehung zwischen alt- und neutestamentlichen Geschehnissen fußt im Neuen Testament: Jesus selbst stellte sie her, etwa wenn er seine Kreuzigung mit der Erhöhung der ehernen Schlange (Num 21:5–10; Jh 3:13–13) respektive seine Auferstehung mit der Errettung Jonas aus dem Bauch des Walfisches (Jona 1:4–2:11; Mt 12:39–42) in Verbindung brachte. Im Zuge der christlichen Missionstätigkeit im nichtjüdischen Bereich ab den 60er Jahren des 1. Jahrhunderts wurde aber der Unterschied zwischen Altem und Neuem Testament herausgearbeitet – man erinnere sich an das, was

Paulus über das Gesetz sagte. Später wendete sich das Blatt erneut als Reaktion auf die – auch im jüdischen und paganen Bereich belegte – „Gnostische Bewegung" (γνῶσις: Erkenntnis), die den Dualismus zwischen Altem und Neuem Testament forcierte, indem sie Ersteres negativ besetzte. Dieser Abwertung des Alten Bundes traten in der 2. Hälfte des 2. und in der 1. Hälfte des 3. Jahrhunderts die Theologen Irenaeus von Lyon (* Mitte 2. Jh., † nach 200), Clemens von Alexandria (* um 150, † vor 215) und Origenes (* um 185, † um 254) entgegen. Ihr Anliegen war es, die „Symphonie" der beiden Testamente quasi hörbar zu machen. Dabei erstrebten sie allerdings die Quadratur des Kreises, wenn sie versuchten, das Alte Testament zu rehabilitieren und zugleich anzudeuten, dass der Neue Bund den Alten Bund an Bedeutung und Heilskraft überstiege. Damit konstruierten sie eine Hierarchie der beiden Testamente, verbunden mit dem Postulat, der alttestamentliche Typus könne nur vom neutestamentlichen Antitypus her verstanden werden. Sie konnten sich hier auf Paulus berufen, der von der *Decke* gesprochen hatte, die auf dem *Herzen* der Juden läge und sie daran hindere, den eigentlichen *Sinn* des Alten Testaments zu erkennen (2 Kor 3:14 ff.).[29] Die Fresken der Coemeterien schreiben also nicht bloß die Identifikation der Christen mit dem Auserwählten Volk fest, sondern stellen zugleich das Postulat eines qualitativen Überstiegs auf: Erst durch Christus sei der Sinn des Alten Testaments offenbar geworden, erst jetzt könnten die Zeichen des Alten Bundes als Versprechen dessen erkannt werden, was im Neuen Bund in Erfüllung gegangen sei. In den Fresken der Coemeterien lässt sich also der dargestellte Typus (der Siegelabdruck) als Verweis auf das Eigentliche, das Heil bringende Geschehen des Neuen Testaments (auf das nicht dargestellte Petschaft), begreifen.

Von den genannten Theologen zählen Clemens von Alexandria und Origenes zur sog. Schule von Alexandria, deren Vertreter nicht dabei haltmachten, das Alte und Neue Testament zueinander in Relation zu setzen, sondern nach einem richtigen Zugang zu den Schriften schlechthin suchten. Sie nahmen das in den Texten Referierte zwar ernst, wollten aber hinter den geschilderten Ereignissen weitere Aussagen aufdecken. Dies aus der Überzeugung heraus, dass sich hinter dem – offensichtlichen – *sensus litteralis* (Wort-/Lit[t]eralsinn, historischer Sinn) der – verborgene – *sensus spiritualis* (Spiritualsinn, geistiger Sinn) befände, den es freizulegen gälte. Diese Art der Schriftauslegung geht auf die griechische Hermeneutik zurück, mittels derer man sich schon mit den Dichtungen Homers auseinandergesetzt hatte. Dass der aus dem Hellenismus ableitbare, also keineswegs neue exegetische Ansatz gerade in Alexandria, der am stärksten hellenisierten Stadt Ägyptens, in der die griechische Kultur mit den Kulturen des Vorderen Orients, nicht zuletzt mit dem Judentum, seit Jahrhunderten ein Amalgam bildete, auf das Christentum angewandt wurde, erscheint symptomatisch. Clemens von Alexandria kommt das Verdienst zu, als Erster „die christliche Offenbarung mit den Mitteln griechischer Bildung und Philosophie" interpretiert „und damit die christliche Theologie als Wissenschaft" begründet zu haben (KLAUS HELD).[30]

Der geistige Schriftsinn ist nach Ansicht der Alexandriner ein dreifältiger. Der genannte typologische (auch: „allegorische") Sinn bildet ihnen zufolge nur *eine* der drei Dimensionen des hinter dem Wortsinn verborgenen Spiritualsinns. Dieser umfasse zudem den anagogischen Sinn (ἀναγωγή: Hinaufführung), der auf die Messianität Christi und damit auf die Wiederkehr Christi verweise, sowie den tropologischen (moralischen) Sinn (τροπή: Wendung),[31] der die Relation zum Lebensvollzug des Einzelnen, also zu dessen Sündhaftigkeit, Tod und Auferstehung herstelle. Die Programme der Fresken in den Coemeterien sind also der visuell perzipierbare Niederschlag der zeitgleichen theologischen Reflexion. Vor dieser Folie erscheint die Jenseitsvorstellung, die in dem paganen Grab aus Caivano vermittelt wird, wo uns das Sein im Elysium als ein unbegrenzter Urlaub in einem unendlich großen *Club Méditerranée* vor Augen geführt wird, ziemlich flach. Vorstellbar ist daher, dass die Christen des 3. Jahrhunderts sich recht überlegen fühlten, wenn sie die komplexen Programme für ihre Grabkammern ausarbeiteten.

2.5.4. Christliche Kunst – ein Oberschichtphänomen

Die Malereien in den christlichen Coemeterien wurden von einer Oberschicht in Auftrag gegeben, die mit ihren Zeitgenossen, die an der Verehrung der griechisch-römischen Götterwelt festhielten, das Bedürfnis nach Repräsentation hinsichtlich ihres täglichen Lebens wie hinsichtlich ihrer Bestattung teilten. Auch sie ließen ihre Wohnhäuser und Grabkammern ausmalen, auch sie umgaben sich mit Skulpturen und wollten in skulptierten Sarkophagen bestattet werden. Derart finanziell potente, sozial und kulturell integrierte Christen waren ohne Zweifel die Auftraggeber der Jonasarkophage (z. B.: Kopenhagen NCG; Rom SMM; Abb. 4)[32] und der Jonagruppe (Cleveland CMA)[33] aus der 2. Hälfte des 3. Jahrhunderts. Wie bei den besprochenen Malereien in den christlichen Coemeterien verweist auch hier das alttestamentliche Thema – im Sinne der Schule von Alexandria – auf das neutestamentliche Geschehen, also auf die Auferstehung Christi. Für einen Sarkophag ist das Jonathema besonders passend, aber auch im häuslichen Ambiente, in dem die Clevelander Gruppe wohl aufgestellt war, wird sie als Zeichen der Hoffnung verstanden worden sein.

Bei den beiden Werken kann mit Fug und Recht von christlicher *Kunst* gesprochen werden, da der christliche Inhalt hier in Werken auftritt, deren künstlerische Qualität vom Auftraggeber und seinen kunstsinnigen Gästen respektive Hinterbliebenen sicherlich geschätzt wurde. Die Jonagruppe mag ursprünglich Teil einer Skulpturensammlung gewes sein, die ja den sozialen Status der wichtigen römischen Familien in wesentlichem Maße bestimmten. Jenseits ihres Inhalts waren derartige Werke also dank ihrer Qualität und ihres Typus (skulpturenbesetzter Sarkophag resp. Freiskulptur) Teil der paganen Welt. Auch ihr Stil ist mit dem bei paganen Kunstwerken angewandten identisch. Kurz: Es gibt keinen frühchristlichen Stil, der sich vom Stil paganer Werk absetzen würde. Zweifellos gilt hier analog zu den Freskenmalern, die in den Coemeterien tätig waren, dass die Bildhauer für Auftraggeber jedes religiösen Bekenntnisses arbeiteten und je nach Wunsch Christliches oder Paganes wiedergaben. Dabei stellten die Bildhauer die – für sie ja neuen – alttestamentlichen Ereignisse dar, indem sie passende Teile aus der paganen Ikonographie adaptierten. So orientiert sich die Figur des ruhenden Jona in Kopenhagen respektive in Santa Maria Maggiore (Abb. 4) – Jona schläft, nachdem ihn der Wal ausgespien hat, am Strand unter einer Rizinusstaude, die Gott für ihn hat wachsen lassen – unübersehbar an der Figur des ruhenden Endymion, dessen Mythos an zahlreichen Sarkophagen des 2. und 3. Jahrhunderts zu finden ist (z. B.: New York MM, Rom MC; Abb. 3):[34] Selene, die Göttin des Mondes, hat den jungen Schäfer in Schlaf versenkt, um ihn ungestört küssen zu können; sie steigt eben, von links herbeigefahren, aus ihrer *biga* (Wagen). Jona und Endymion stützen sich übereinstimmend auf ihren linken Arm und führen den rechten Arm jeweils über den Kopf. Beide überschlagen ihre Beine, beide sind nackt.

Bei den Auftraggebern christlicher Werke handelte es sich in der frühchristlichen Zeit durchwegs um Laien, doch müssen die Produkte „in gewisser Weise auch von den kirchlichen Autoritäten anerkannt worden sein ..., solange sie sich auf eine narrative Darstellungsweise beschränkten, also auf das bildnerische Nacherzählen der Heilsgeschichte des Alten und Neuen Testaments. Die eigentlichen theologischen Probleme, die die Bilder der Kirche noch bereiten sollten, waren zu jener Zeit noch nicht im Blick" (PETER MASER).[35]

2.5.5. Der Stilwandel in der Severischen Zeit

An dem in den Coemeterien üblichen Dekorationsprinzip – weißer Grund, Teilung der Flächen durch dünne Bänder in Einzelfelder, frei in diese gesetzte Figuren und Figurengruppen, Pflanzen, Tiere etc. – wurde in den christlichen wie in den paganen Grabkammern im 3. und 4. Jahrhundert festgehalten. Hinsichtlich des Stils lässt sich allerdings anhand der genannten, zwischen der 1. Hälfte des 2. Jahrhunderts und der 2. Hälfte des 3. Jahrhunderts entstandenen Fresken (Grab aus Caivano, Calixtus- und Priscillakatakombe) ein Wandel von einem malerischen zu einem stärker graphischen Idiom feststellen. In dem früheren kampanischen Fresko meint das neutrale Weiß des Grundes den

Dunst, der alles verbindet und der dem gesamten Szenarium Atmosphäre verleiht – eine Atmosphäre, die wir emotional unmittelbar erfassen. Erst in zweiter Linie setzt sich unser Blick auf den Landschaftsteilen, Einzelfiguren und Figurengruppen fest, die aus dieser „Ursuppe" auftauchen. Aus den Fresken der rund ein halbes Jahrhundert jüngeren Calixtuskatakombe ist diese Atmosphäre gewichen, die Räumlichkeit ist reduziert und damit der Illusionismus, der ja den Reiz der römischen Wandmalereien, insbesondere jener des 1. vor- und des 1. nachchristlichen Jahrhunderts,[36] ausmacht, aufgegeben. Die Figuren etc. erscheinen nun *vor* der neutralen weißen Grundfläche. Bei diesem Stilwandel handelt es sich, dies sei unterstrichen, um ein allgemeines Phänomen der Severerzeit (193–235), das in keinem Zusammenhang mit dem Inhalt (profan/sepulkral resp. pagan/christlich) steht.

2.5.6. Das Neue Testament als Darstellungsthema

Wie betont, wurden Szenen aus dem Leben Jesu im 3. Jahrhundert nur punktuell wiedergegeben. Eines dieser seltenen Beispiele ist der genannte, Mitte des 3. Jahrhunderts ausgemalte Taufraum des Christlichen Hauses[37] im syrischen Dura Europos, dessen Wände wie die der benachbarten Synagoge mit Fresken bedeckt sind. Entsprechend der Nutzung des Raums durch die Christen zeigen sie neben einer Adam-Eva-Szene (Gn Kap. 3) Christus als Guten Hirten (Jh 10:10–17), die Heilung des Gelähmten (Mt 9:1–7), die Samariterin am Jakobsbrunnen (Jh 4:6–29), Christus und Petrus auf dem Meer wandelnd (Mt 14:22–33) und die drei Frauen am Grabe, also den Ostermorgen (Mt Kap. 28; Mk Kap. 16; Lk Kap. 24; Jh Kap. 20), mit dem bis weit ins Hochmittelalter die in den Evangelien ja nicht referierte Auferstehung Christi umschrieben wurde. Der unübersehbar provinzielle Stil wurde wie jener der Synagogenfresken vom lokalen Umfeld beeinflusst. Dennoch sind die Durafresken von größter Bedeutung, weil kein anderes Gebäude über der Erde bekannt ist, in welchem Fresken mit neutestamentlichem Inhalt erhalten sind, die vor die Konstantinische Wende (313) datiert werden können. Alle anderen Wandmalerein befinden sich, sieht man vom Spottkreuz vom Palatin ab, in unterirdischen Coemeterien.

Was die römischen Nekropolen betrifft, ist der in das 1. Jahrzehnt des 3. Jahrhunderts datierbare schaftragende Hirte im Gewölbemittelfeld des sog. Cubiculums (kleine Kammer, Schlafgemach) des Guten Hirten der Domitillakatakombe[38] mit Vorsicht als Christus deutbar. Wie die Orantin ist der Gute Hirte ein Motiv, das im paganen und im christlichen Bereich gleichermaßen vorkommt; in Letzteren konnte das pagane Thema leicht übernommen werden, weil sich Christus ja selbst als den Guten Hirten bezeichnet hat (Jh 10:10–17). Auf sicheren Boden hinsichtlich der Deutung gelangt man bei der Darstellung »Taufe Jesu« (Mt 3:5–17; Mk 1:9) an der Wand derselben Kapelle, weiter bei einer Grabverschlussplatte von der Wende vom 3. zum 4. Jahrhundert (Rom MNR),[39] welche die Heilung der Gekrümmten in der Synagoge (Lk 13:11–17), die Bergpredigt (Mt Kap. 5), die Heilung eines Blinden (Mk 8:21–24 *et passim*) und die Heilung des Aussätzigen (Mt 8: 2–4; Mk 1:40–44; Lk 5:11–14) wiedergibt. Die Ikonographie ist hier unkonventionell, einige Darstellungen kommen auf späteren Sarkophagen nur noch selten, manche gar nicht mehr vor, was zeigt, dass in dieser Frühzeit bei neutestamentlichen Darstellungen weder für die Bildauswahl noch für die Ikonographie feste Normen existierten.

2.6. Zeit der Umbrüche

2.6.1. Orthodoxie und Gnosis

Die Kirche als komplexe, hierarchische Organisationsform mit Amtsträgern verschiedenster Rangordnung, die dem Volk dialogisch gegenübertreten, sollte sich erst später entwickeln. Die Struktur der Urkirche war – nachdem Jesus die Apostel mit Petrus an der Spitze als Nachfolger eingesetzt hatte (Mt 16:17–20) – anfangs eine lose und weitgehend demokratische. So ist der Apostelgeschichte zu entnehmen, dass bei wichtigen Fragen das Apostelkollegium befragt wurde (cf. Apg Kap 15). Das Bestehen der Gemeinden, die nach und nach entstanden, wurde durch Privatleute gesichert, nicht zuletzt, indem diese für Versammlungen und Eucharistiefeiern Räume in ihren Häusern zur Verfügung stellten. Hand in Hand mit der Vielzahl der Gemeinden ging eine Vielfalt an Meinungen über den Zugang zur Lehre Jesu. Manche christlichen Urgemeinden, etwa die dem Gnostizismus nahe stehenden, glaubten an den direkten, persönlichen Zugang des Menschen zu Christus und dem Vater; sie setzten auf erlösende und heilende Erkenntnis sowie eine persönliche Gotteserfahrung, fernab von jeder autorisierten Kirchenhierarchie. Heute, in einer Zeit einer wachsenden Skepsis gegenüber der Amtskirche, findet diese Ansicht neuerdings breites Interesse. Im 3. und 4. Jahrhundert waren die Sieger in der Auseinandersetzung zwischen Gnostikern und Orthodoxen (Rechtgläubigen; ὀρθός: aufrecht, wahr; δόξα: Glaube) die Orthodoxen. Letztere siegten, „da die Masse der Gläubigen die Anlehnung an eine hierarchische Ordnung und klare kanonische Lehre … der Mühsal der eigenen Suche und spirituellen Entwicklung" vorzog. „Die mystische Überzeugung, dass jeder Mensch seinen eigenen inneren Weg zur Wahrheit gehen müsse, war zweifellos eine Überforderung und führte somit folgerichtig zur Niederlage und Auslöschung. Die Schriften der Gnostiker gingen weitgehend verloren oder wurden

von der Kirche als ketzerische Äußerungen obskurer alexandrinischer Sekten verbrannt
… Man wußte fortan wenig über diese Ideen und das Wenige nur durch die antagonistisch
gefärbten Darstellungen der orthodoxen Gegner, vor allem des Bischofs Irenäus von Lyon.
… Als 382 die Kanonisierung des Neuen Testamentes unternommen wurde", auf die
zurückzukommen sein wird, „war das gnostische Schrifttum so gut wie ausgemerzt"
(Kurt Hoffmann).[40] Dass unser Wissen über diese gnostischen Gruppen heute wieder
größer und eine objektivere Beurteilung ihrer Intentionen möglich ist, verdanken wir unter
anderem dem Umstand, dass die Mönche des oberhalb Nag Hammadis am Nilufer gelegenen Sankt-Pachomius-Klosters (Oberägypten) ihren Schatz an gnostischen Schriften
in einem Tonkrug in einer nahe gelegenen Höhle an einem Abhang des Djebel-al-Tarit
versteckt haben, um ihn vor der offiziell verfügten Verbrennung zu bewahren. Diese
Schriften wurden 1945 aufgefunden, als ein Kameltreiber auf der Suche nach fruchtbarer
Erde für seinen Garten in der Höhle auf den Tonkrug stieß.

Die Gnostiker mit ihrer Suche nach einem persönlichen Zugang haben eine Dimension
des Christentums – wenigstens eine Zeit lang – bewahrt, die im orthodoxen Hauptstrang
verloren ging: Der englische in Südindien lebende Benediktiner Bede Griffith sagt über
diese Wendezeit plakativ, aber grundsätzlich richtig: „Das Christentum war ursprünglich
eine östliche Religion (wie praktisch alle Religionen), doch richtete es sich von Anfang an
vornehmlich nach Westen … Der heilige Paulus brachte es nach Kleinasien, Griechenland
und Rom. Das Ergebnis war eine westliche Religion … seine Theologie ist griechisch, die
Organisation römisch und der kulturelle Ausdruck europäisch."[41] Über die Ausbreitung des
Christentums im Westen war schon die Rede. Auf den griechischen Ursprung der christlichen Theologie verweist, dass der Evangelist Johannes ganz als Grieche dachte, weiter die
erwähnte Anwendung der zur Interpretation der homerschen Schriften entwickelten hermeneutischen Methode bei der Auslegung der Heiligen Schrift (Altes und Neues Testament)
in Alexandria. Griffiths Behauptung, „die Organisation [des Chris-tentums sei] römisch",
bezieht sich auf die Zeit nach der Konstantinischen Wende. Dazu später.

2.6.2. Militarisierung und „Reichsbewusstsein"

Wie erwähnt, wurde der „Staat" im 3. Jahrhundert aufgrund der Bedrohungen durch
äußere Feinde und rivalisierende Thronprätendenten zunehmend militarisiert. „Nun er-
trägt keine Gesellschaft über längere Zeit solcherart unverbrämte Militarisierung"; verschiedene Kaiser des 3. Jahrhunderts hatten daher schon versucht, „den rein militärischen
Charakter ihrer Herrschaft religiös (oder philosophisch …) zu untermauern. Das sollte ein
neues ,Reichsbewußtsein' schaffen …" (Karl Leo Noethlichs).[42] Daher wurde der Kult

bestimmter Götter forciert, aber auch der Kaiserkult. Beides trieb die Christen in die Defensive.

„Staat" steht hier unter Anführungszeichen, da dieser für uns heute etwas rein Säkulares ist. Im Imperium Romanum gab es aber selbstredend keinen *profanen* Staat, vielmehr war die in dessen Händen liegende Organisation von Militär und zivilem Leben mit dem religiösen Kult untrennbar verquickt. Diese Verbindung bestand ja während des ganzen Mittelalters und bis weit in die Neuzeit hinein. Erst nach dem Einschnitt, den die Aufklärung Mitte des 18. Jahrhunderts setzte, konnte eine Entwicklung hin zu einem Staat im modernen Verständnis, in dem Staat und Religion voneinander getrennt sind, beginnen.

2.6.3. Stilentwicklung in der (Porträt-)Skulptur

Die Stilentwicklung, die sich in der Skulptur des 3. Jahrhunderts parallel zur Stilentwicklung der Malerei vollzog und bei der die Bildhauer, damit auch die für christliche Auftraggeber arbeitenden, nach der Konstantinischen Wende anknüpfen konnten, lässt sich am besten anhand der Porträtskulptur aufzeigen. Das Porträt Kaiser Caracallas (reg. 211–217) im Museo Archeologico Nazionale, Neapel (Abb. 5),[43] wirkt noch „höchst naturalistisch und sinnlich in den Einzelformen und im Ausdruck unmittelbar und affekthaft" (MARIANNE BERGMANN).[44] Bei dem des Claudius Goticus (reg. 268–270) im Art Museum von Worcester, Mass.,[45] erscheint das Antlitz indes typisiert. Das heißt: entindividualisiert; der Blick des Herrschers hat etwas Unbestimmtes bekommen, die Stofflichkeit (Materialdefinition) des Haupt- und Barthaares sowie der Haut ist stark reduziert. Beim Porträt Kaiser Probus' (reg. 276–282) im Museo Capitolino, Rom,[46] ist die Organik noch weiter zurückgedrängt, die Einzelform betont, die Stofflichkeit noch stärker vernachlässigt. Zugleich wirkt der Herrscher asketisch, sein Blick hat etwas Visionäres. Den Höhepunkt in dieser Entwicklungslinie markiert das um 300–310 datierbare Porträt eines Unbekannten im Museo Nazionale, Chieti.[47] Seine Züge sind grob, die Augen seherisch geweitet. Die Individualität tritt hier, als handle es sich dabei um ein für den Betrachter gänzlich uninteressantes Akzidens, völlig in den Hintergrund. Thematisiert sind hier die *virtutes* (Tugenden) des Dargestellten, allen voran seine Stärke.

Dieser bedeutsame Stilwandel vollzog sich vor dem Hintergrund der schon angedeuteten innen- und außenpolitischen Umwälzungen: Caracalla, der kranke Sohn des Septimius Severus (reg. 193–211), hatte nach dem Ruhm eines Soldatenkaisers gestrebt. Nach dem Tod des letzten Kaisers aus der Severerdynastie (235) folgte tatsächlich eine Reihe von Soldatenkaisern, die ohne Einbeziehung des Senats (oberste Staatsbehörde) vom Heer ausgerufen worden waren, und auf diese, Mitte des 3. Jahrhunderts, die sog. Militäranarchie, in der eine Anzahl von Usurpatoren in den Provinzen auf den Schild gehoben wurden. Dieser Unbill setzte der Gotensieger Claudius ein Ende, der wie Kaiser Probus darum bemüht war, die von den Germanen und Persern bedrohten Grenzen wieder zu festigen und die Reichseinheit wieder herzustellen. Der Unbekannte, dessen Porträt in Chieti zu sehen ist, lebte bereits in jener Zeit, da Rom unter Diokletian (reg. 284–305) eine absolute Monarchie geworden war.

2.6.4. Plotin und der Neuplatonismus

Die zunehmende Missachtung des Individuums und des Körpers, die anhand der vier Porträtköpfe erkennbar ist, wird zeitgleich auch in der Biographie des Philosophen Plotin(os) (* 204/205, † 270) greifbar, die Porphyrios (* 234, † ?) im Jahr 301 verfasst hat. Plotin, in Ägypten geboren, leitete ab 244 mit großem Erfolg eine Philosophieschule in Rom. In den letzten Lebensjahren zog er sich in die Campagna zurück, wo er eine Philosophenstadt, „Platonopolis", gründen wollte. In seiner Biographie berichtet Porphyrios über Plotin: dieser *war der Art von Mann, die sich dessen schämt, im Leibe zu sein; aus solcher Gemütsverfassung wollte er sich nicht herbeilassen, etwas über seine Herkunft, seine Eltern oder seine Heimat zu erzählen. Einen Maler aber oder Bildhauer zu dulden, wies er weit von sich, er erklärte dem Amelius, der ihn um seine Einwilligung bat, daß ein Bild von ihm verfertigt werde: „Es soll also nicht genug daran sein, das Abbild zu tragen, mit dem die Natur uns umkleidet hat, nein, du forderst, ich soll freiwillig zugeben, daß ein Abbild des Abbildes von mir nachbleibe, ein dauerhafteres, als sei das Abbild etwas Sehenswertes!"*[48]
Die Schüler des Philosophen konnten den Gedankengängen ihres Lehrers offenbar nicht folgen. In ihrem Konservativismus verhaftet, suchten sie einen Weg, um von ihrem verehrten Lehrer, wie das in Rom nun mal Usus war, ein Bildnis zu erhalten. So ruhte Amelius nicht, bis es ihm gelang, einen Maler – geheim – in die Vorlesungen mitzubringen. Das Bild diente dann als Vorlage für eine Skulptur. Als Porträt Plotins wird von der Forschung – nicht unwidersprochen – ein Kopftypus angesehen, von dem mehrere Fassungen, unter anderem eine in Ostia aufgefundene, erhalten sind (2. Hälfte 3. Jh.; Ostia, MO).[49] Unabhängig von der Richtigkeit dieser Identifikation zeigt die referierte Geschichte paradigmatisch die veränderte Einstellung: Plotin, der „Vordenker", wehrte sich gegen die Herstellung eines Porträts, weil er in der hinfälligen, endlichen Hülle nichts Überlieferungswürdiges sah, ja er schämte sich, in ihr leben zu müssen, ging es ihm doch nur um das Eigentliche: das Göttliche. Plotins Ziel war Entmaterialisierung, spirituelle Durchdringung des Körperlichen. Dass er sich am Ende seines Lebens nicht mehr wusch, ist ein unappetitliches, aber aussagekräftiges Detail.

2.6.5. *Platonismus* versus *Neuplatonismus*

Die im „Höhlengleichnis" vorgestellte Lehre Platons (4. Jh. v. Chr.), wonach die uns umgebende, wahrnehmbare Welt bloß ein Abglanz (Schatten) der Wirklichkeit (Ideen) sei, hatte in den folgenden Jahrhunderten und in der Römischen Republik an Bedeutung verloren und erst im 1. nachchristlichen Jahrhundert wieder an Terrain gewonnen. Der im 3. Jahrhundert lebende Plotin, Hauptvertreter des Neuplatonismus, nahm, obgleich selbst noch nicht Christ, größten Einfluss auf die sog. Kirchenväter (Theologen der Frühzeit, die das christliche Lehrgebäude errichtet haben) und prägte das gesamte Früh- und Hochmittelalter. Das Gemeinsame von Platonismus und Neuplatonismus ist die Konzentration auf die Idee. Übereinstimmend geht es beispielsweise nicht um den einzelnen Menschen, sondern das Mensch*sein*, nicht um das Meer, sondern das Meer*sein* usf. Erst das Wissen um die Idee ließe uns das Konkrete, Einzelne wahrnehmen. „Kurz: ohne Ideen gäbe es für uns überhaupt keine Welt. Damit ist aber klar: Es gibt nicht bloß die Welt, die wir sehen, hören, tasten usw., die Welt unserer Erfahrung, sondern außerdem noch eine Welt von Ideen, in deren Licht wir die Erfahrungswelt überhaupt erst erkennen können. Durch die Ideen geht uns ein Licht auf, nämlich das Licht unserer Welterkenntnis überhaupt" (KLAUS HELD).[50] Das macht deutlich, dass der Platonismus und das Christentum füreinander wie geschaffen waren. Die „Vermählung" der beiden Ansätze sollte aber erst im 4. Jahrhundert erfolgen.

Hinsichtlich der Zielsetzung des Denkens innerhalb der gesellschaftlichen Realität driften Platonismus und Neuplatonismus allerdings auseinander: Zur Zeit Platons hatten die Menschen „die Grundlage für die Erfüllung ihres Lebens im öffentlichen, politischen Zusammenleben gesehen"; das ursprüngliche philosophische Motiv von Platons Überlegungen war daher „die Erneuerung des Zusammenlebens im griechischen Gemeindestaat". In der Krise der *polis* (πόλις: Stadt, Gemeinschaft) hatte Platon die Überzeugung: „Das Menschenleben muß auf die Dauer scheitern, wenn es keine Besonnenheit, Gerechtigkeit, Tapferkeit usw. mehr auf Erden gibt. Aber um wieder entschlossen gerecht, besonnen usw. handeln zu können, muß man erst einmal begriffen haben, wonach man sich dabei richten soll. Das heißt, man muß wissen, was das eigentliche ist: die Gerechtigkeit, die Tapferkeit usw. Alle etwa, die gerecht handeln, bieten damit zwar ein Beispiel für Gerechtigkeit. In den einzelnen Beispielen gerechten Verhaltens kommt aber etwas über diese Einzelbeispiele Hinausgehendes zum Vorschein: Die Gerechtigkeit überhaupt, das Gerechtsein selbst. Nur weil wir vorab zum Einzelfall eine Vorstellung des Gerechtseins überhaupt haben, kann uns irgendein Einzelfall als gerechtes Verhalten erscheinen" (KLAUS HELD).[51] Ganz anders Plotin. Er dachte gänzlich *un*politisch. Denken war in der Spätantike Privatsache geworden, abseits der Politik, an der der Einzelne kaum mehr Anteil haben konnte.

2.6.6. Die Spätantike aus kunsthistorischer Sicht

Die skizzierte formale Entwicklung, wie sie im Laufe des 3. Jahrhunderts stattfand, von einem fein durcharbeitenden, das Individuum charakterisierenden und zugleich idealisierenden Stil zu einer groben, typisierenden Darstellungsweise, der ein Zug zum Realismus eigen ist, wurde von der Forschung bis ins späte 19. Jahrhundert als eine negative gesehen. Man sprach von einem Niedergang, einem Verfall der antiken Kunst. Die Wende brachte der Wiener Kunsthistoriker ALOIS RIEGL, der erkannte, dass die alten Werte zugunsten von neuen aufgegeben worden waren; statt des älteren biologistischen Entwicklungsmodells, das ein Aufkeimen, Wachsen, eine Blüte und ein Verwelken in die formalen Entwicklungen hineinsah, entwarf RIEGL in seinem 1901 in Wien erschienenen Buch „Die spätrömische Kunstindustrie" ein dynamisches Entwicklungsmodell, wonach Altes stets durch Neues verdrängt wird; Fortschritt bedingt in dieser Sicht das In-Kauf-Nehmen des Verlustes anderer Werte. Von einer Qualifizierung bewusst Abstand nehmend sprach RIEGL von einem „Kunstwollen" als dem Movens des jeweils nächsten Entwicklungsschrittes. Erst mit diesem Ansatz war der Weg für eine vorurteilsfreie Auseinandersetzung mit der spätantiken Kunst freigemacht.

Die Forschung im 20. Jahrhundert befasste sich gelegentlich mit der Frage, worauf das jeweils Neue zurückzuführen sei. JOSEF STRZYGOWSKI beispielsweise sah primär einen Einfluss der östlichen Kunst gegeben,[52] während ERNST KITZINGER in seinem "Byzantine Art in the Making"[53] zwischen „außengesteuerten" und „innengesteuerten" Gründen für die Veränderung, also zwischen einem Einfluss von außen (aus dem Osten) und neuen Intentionen, unterschied. Meist beschränken sich die Autoren aber darauf, die formalen Veränderungen zu beschreiben, ohne nach Gründen zu fragen.

2.6.7. Zur Interdependenz von Stil und Philosophie

Mit Sicherheit hängt die beschriebene stilistische Entwicklung auch mit der Neuorientierung in der Philosophie zusammen. Im Unterschied zu den KunsthistorikerInnen, die vorsichtig sind, wenn es um die Frage dieser Abhängigkeit geht, scheut sich der Philosoph KLAUS HELD nicht, eine direkte Verbindung zu sehen. Als Merkmale der neuen, vom „Geist des Neuplatonikers Plotin" inspirierten Kunst nennt er: „den Verzicht auf plastische Lebensnähe und Perspektivität … die Vorherrschaft des Symbolischen, die Hierarchisierung der Bildwelt" etc. „Alle diese Züge" ließen sich, so HELD weiter, „als Ausdruck eines tiefgreifenden Umbruchs im spätantiken Daseinsgefühl interpretieren".[54]

Das neue Denken, das sich mit dem Begriff „Neuplatonismus" etikettieren lässt, war aus dem Osten gekommen: Plotin stammte ja aus Ägypten und hatte ein gutes Jahrzehnt in Alexandria beim neuplatonisch orientierten Philosophen Ammonios Sakkas (* ca. 175, † ca. 242) studiert, zu dessen Schülern auch Origenes gehört hatte. Doch ist es hier wohl wie mit Henne und Ei: Das Denken der in Rede stehenden Zeit wird auch von der Kunst, mit der die Denker konfrontiert waren, nicht unbeeinflusst geblieben sein.

3. Rom als absolute Monarchie (um 300)

3.1. Die „Tetrarchen"

3.1.1. Der Osten: Diokletian und Galerius

Selbst wenn alle Quellen, aus denen ein Bild über die historische Situation des Imperiums an der Wende vom 3. zum 4. Jahrhundert zu gewinnen sind, verloren wären, gäben uns die beiden, möglicherweise in Ägypten um 300 ausgeführten Tetrarchengruppen (τετράρχης: Vierfürst) in der Città del Vaticano (BAV)[55] und Venedig (an San Marco; Abb. 6)[56] eine klare Information darüber, dass sich im Römischen Reich während des letzten Viertels des 3. Jahrhunderts nicht nur der Stil, sondern auch die Politik verändert hat: Die Gruppe in Rom besteht aus zwei, jene in Venedig aus vier Herrscherfiguren, wobei je zwei einander umarmen. Die Männer sind untersetzt wiedergegeben, jene im Vatikan noch stärker als die an San Marco. Die Gesamtform ist geschlossen, die Organik zurückgedrängt, die Charakterisierung der Individuen in keiner Weise angestrebt. Vermittelt sind Werte wie *fortitudo* (Stärke) und *concordia* (Eintracht). Das Material, der durch die pharaonischen „Staatsaufträge" berühmte, außerordentlich harte und daher schwer zu bearbeitende Porphyr, trägt zu der geschilderten Wirkung zusätzlich bei. Stilistisch ist hier an die Endphase der anhand der vier Porträts skizzierten Entwicklung – die Tetrarchengruppen entstanden etwa gleichzeitig mit dem Unbekannten in Chieti – angeschlossen.

Die politische Aussage der Tetrarchengruppen erschließt sich vor dem historischen Hintergrund: Der 284 vom Heer zum Kaiser ausgerufene Aurelius Valerius Diocletianus (reg. 284–305) hatte unter Ausschaltung des Senats nach dem Muster der orientalischen Despotie die absolute Monarchie, das „Dominat", eingeführt. Auf diesem Wege suchte er das durch die Thronstreitigkeiten innenpolitisch und durch die Germanen- und Persereinfälle außenpolitisch angeschlagene Imperium vor dem Untergang zu bewahren. Er reformierte die Verwaltung sowie das Münzwesen und vergrößerte das Heer erheblich. Aus der Einsicht, dass es für einen einzigen Herrscher letztlich unmöglich sei, die gesamten Reichsgrenzen zu verteidigen und zugleich die Ruhe im Inneren aufrechtzuerhalten, erhob er 286 seinen Freund Maximianus „Herculius" zum Mitaugustus. Durch die Ernennung der Feldherren Constantius (I.) Chlorus und Galerius zu Caesaren sowie die Verehelichung des Letzteren mit einer seiner Töchter im Jahr 293 wollte Diokletian zudem die Thronfolge sichern. Maximianus regierte im Westen, Diokletian im Osten rund 20 Jahre. 305 folgten ihnen Constantius Chlorus und Galerius, die schon als Caesaren an der Herrschaft mitgewirkt hatten, als Augusti nach. Unter Diokletians Leitung gelang es den vier Herrschern tatsächlich, das Ansehen des Reiches wiederherzustellen.

Rom hörte damals auf, Residenz zu sein. Diokletian residierte in Nikomedeia (heutiges İzmit, am Marmarameer, Türkei), Maximian in Mailand, Galerius in Sirmium (heutiges Sremska Mitrovica, bei Belgrad, Serbien und Montenegro), später in Thessalonike (heutiges Saloniki, Griechenland), Constantius (I.) Chlorus („der Blasse") in Trier. Dass die Tetrarchen wie ein Mann das Staatsgefüge zusammenhalten, ist die propagandistische Aussage der Porphyrgruppen in Rom und Venedig. Die imperiale Repräsentationskunst bezeugt damit, dass der Neuplatonismus, ungeachtet dessen, dass der einzelne Bürger aus der Politik längst ausgeschaltet war, das gesamte Denken der Zeit fermentiert hat. Auch das der Herrschenden. Die auf der Ebene der Philosophie formulierte Hochschätzung der Tugenden, unter anderen der Tapferkeit *(fortitudo),* ist eines der wesentlichen Momente der Tetrarchengruppen, ja sie ist hier im Dienste des Staates gewissermaßen absolut gesetzt.

Angesichts des Pluralismus in religiösen Fragen, der mittlerweile im paganen Imperium Platz gegriffen hatte (Stichwort: Pantheon in Rom),[57] durch den der religiöse Kult als integrativer Faktor mehr und mehr ausfiel, versuchte Diokletian durch das Forcieren des Kaiserkultes eine Kraft zu schaffen, die den inneren Zusammenhalt des Reiches gewährleisten sollte. Die Christen mussten die von Diokletian geforderte göttliche Verehrung freilich verweigern, was sie – ungeachtet der kulturellen Integriertheit jener, die der sozialen Oberschicht angehörten – zu Staatsfeinden machte. So gesehen musste Diokletian den Kampf gegen diese „subversive" Kraft aufnehmen, wollte er die Unterhöhlung des Gebäudes „Staat" verhindern. Um die Jahrhundertwende kam es zu einer „Säuberung" im Heer, 303/304 befahl Diokletian eine allgemeine Christenverfolgung: Ein erstes Edikt ordnete die Zerstörung der Kulträume, die Auslieferung der heiligen Bücher und die soziale Degradierung der Christen an. Das noch im selben Jahr erlassene zweite und dritte Edikt bestimmten die Gefangensetzung der Kleriker bzw. die Bestrafung durch den Tod bei Opferverweigerung. Das vierte Edikt vom Frühjahr 304 enthielt den allgemeinen Opferbefehl für die Christen mit Strafandrohung der Bergwerksarbeit oder Hinrichtung. Durch diese Situation war der Schaffung von Werken mit christlichem Inhalt der Boden entzogen.

Dass Diokletian für die christliche Kunst dennoch bedeutsam wurde, ist dem Umstand zu verdanken, dass unter ihm entstandene Werke später für solche mit christlichem Inhalt anregend wurden. Auch die diokletianische Architektur hat spätere christliche Bauwerke direkt oder indirekt beeinflusst. Zu diesen rezipierten Werken zählt die Freskierung des Kaiserkultraumes in Luxor (Oberägypten): Nachdem Diokletian Ägypten, wo ja die Wiege der christlichen Theologie stand, 296 unterworfen hatte, wurden die Christen dort mit besonderer Grausamkeit verfolgt. Über 100 Hinrichtungen sollen täglich stattgefunden haben. Um dem Kaiserkult einen entsprechend repräsentativen Rahmen zu geben, ließ Diokletian im monumentalen Amuntempel der ehemaligen pharaonischen Metropole Luxor[58] einen Kaiserkultraum einrichten: In pharaonischer Zeit war der End- und Höhepunkt der lang gestreckten Tempelanlage der Kultraum mit dem Standbild des Gottes Amun Re und dem Sanktuar mit dessen Barke gewesen. Diokletian ließ die Anlage kappen, indem er das in der Mittelachse gelegene Tor zum Kultraum durch eine kleine Apsis (Nische über halbrundem Grundriss) zumauern und den dem Kultraum vorgelagerten, querrechteckigen Raum zum Kaiserkultraum umgestalten ließ.[59] Die ägyptischen Reliefs an den Wänden verschwanden unter einer dicken Putzschicht, die zum Träger großfiguriger Fresken wurde.[60] Aufgrund von Aquarellen des 19. Jahrhunderts, die die diokletianischen Fresken von Luxor festhalten, ist folgendes Programm rekonstruierbar: An der Eingangswand war rechts und links der Tür, die der Apsis gegenüberliegt, jeweils ein Zug gerüsteter Soldaten dargestellt, der sich wohl an beiden Seitenwänden (belegt ist nur der Zug an der Ostwand) in Richtung Apsis fortsetzte. Die Hauptwand war dem Kaiser und seinen Mitregenten vorbehalten: In der durch zwei Säulen flankierten Apsisrundung erschienen die vier Herrscher – Diokletian und Maximian, flankiert von den Caesaren Galerius und Constantius Chlorus – als überlebensgroße, stehende Gestalten in purpurnen Mänteln. Alle Häupter umzogen hellgelbe, die Herrscher aus der irdischen Sphäre heraushebende Nimben (*nimbus*: Wolke). Diokletian, die zweite Figur von links, war durch die – die Weltherrschaft symbolisierenden – Insignien Langzepter und Sphaira (Welt- resp. Himmelskugel) über seine Mitregenten gestellt. In der Apsiskalotte (Viertelkugel), dem höchstrangigen Ort des Kultraumes, erschien der höchste Gott selbst: Iupiter, im Verständnis der „Hoftheologie" Diokletians himmlischer Vater. Als schwingenbreitender Adler hielt er einen goldenen, juwelenbesetzten Kranz in seinen Fängen als Zeichen dafür, dass er seinem „Sohn" und irdischen Stellvertreter den Sieg schenkt. Links und rechts der Mittelnische waren höfische Szenen dargestellt. Das linke Fresko zeigte die beiden Augusti auf einem goldenen, gemmenbesetzten Thron mit Suppedaneum (Fußschemel). Links hielt ein Träger das *vexillum* (Fahne, Signalflagge) mit velierten Händen (*velum*: Tuch). Das Bedecken der Hände als Zeichen der Ehrfurcht vor dem heiligen Gegenstand – wie der Kaiser galten in der Spätantike auch seine Insignien als heilig – war ein persischer Brauch, der in tetrarchischer Zeit in das römische Hofzeremoniell übernommen worden war. Einzelne hier vorkommende Motive begegnen uns später mit neuen inhaltlichen Implikationen in der christlichen Ikonographie wieder.

Von späteren christlichen Werken respektive Kirchen her erweisen sich zwei weitere diokletianische Bauten als vorbildhaft: die Diokletiansthermen in Rom, in deren Ruinen

1563–1566 die Kirche Sta Maria degli Angeli nach den Plänen Michelangelos eingebaut wurde,[61] und der Diokletianspalast im illyrischen Spalato (heute: Split, Republik Kroatien),[62] der Heimat des Kaisers. Nachdem Diokletian 305 abgedankt hatte, zog er sich in die Hafenstadt Salona (heute: Solin) zurück, wo er unterhalb der Stadt, direkt am Meer, seinen Alterssitz errichten ließ. Die ausgedehnte, befestigte Anlage, in der sich später die Stadt Split „eingenistet" hat,[63] besteht aus zwei im rechten Winkel aufeinander stehenden Prachtstraßen, von denen der Decumanus (beim römischen Lager die auf das Prätorium [Amtshaus des Provinzstatthalters] zulaufende Hauptstraße) auf den quer gelagerten Palast mit einer monumentalen Fassade[64] hinführt. Im Hof, der die Via Decumana (oberer Abschnitt des Decumanus) östlich flankiert, erhebt sich das ursprünglich frei stehende Mausoleum für den Kaiser: ein Zentralbau über achteckigem Grundriss (heute: Kathedrale von Split). Auf die Diokletiansthermen und auf die Palastfassade sowie den Typus des Mausoleums in Split wird zurückzukommen sein. Alle diokletianischen Werke bezeugen ein ambivalentes Verhältnis zum Osten: Einerseits wurde die Macht in die östliche Hälfte des Reiches verlagert und die orientalische Staatsform samt Repräsentationsformen, Insignien und ikonographischen Spezifika kopiert, andererseits blieben die Perser der außenpolitische Feind Nummer eins.

Diesen nachhaltig zu schlagen, gelang Galerius (reg. 293–311), dem Caesar für die Ostprovinzen, im Jahr 298. Darauf zog an dieser gefährdetsten Grenze des Reiches für 50 Jahre Ruhe ein. In Thessalonike, das Galerius um 300 als Residenz diente, wurde zu dessen Ehre zwischen 297 und 305 ein Ehrenbogen[65] in Form eines Quadrifrons errichtet, dessen Spezifika in der Gegenüberstellung mit dem Titusbogen auf dem Forum Romanum (nach 81 n. Chr.) deutlich werden. Während der Titusbogen architektonisch klar gegliedert und die beiden Reliefs, die den Triumphzug nach der Niederschlagung des Jüdischen Aufstandes schildern, im Durchgang angebracht sind (wer diesen durchschreitet, zieht quasi im Triumphzug mit), wirkt der Galeriusbogen wie eine von Reliefs zu Gänze überzogene, amorphe, durch Ornamentbänder nur wenig gegliederte Masse; die Trennleisten und die mit plastischen Formen dicht gefüllten Relieffriese scheinen dieselbe Konsistenz zu besitzen. Bei den Gewändern sind die Falten – teils mit dem Drillbohrer – graphisch eingetragen.

Interessanterweise sollte gerade dieser Triumphbogen für Galerius, wie Diokletian ein brutaler Christenverfolger, für ein christliches Hauptwerk des 5. Jahrhunderts zu einem wichtigen Anreger werden (cf. Abb. 15). Auch dazu später. Ein in Thessalonike um 300 entstandener, in Zusammenhang mit dem Kaiserpalast stehender, massiver Zentralbau mit acht in die Mauermasse eingetieften Nischen („Füllnischenbau")[66] wird von der Forschung als Mausoleum für Galerius gedeutet, das allerdings nie als solches genützt wurde. Vom Typus her steht es dem Diokletiansmausoleum in Split nahe.

3.1.2. Der Westen: Maximian und Constantius (I.) Chlorus

Constantius (I.) Chlorus (reg. 293–306) beherrschte Gallien und Britannien von Trier *(Augusta Treverorum)* aus, das seit 286 als Regierungsort der westlichen Reichshälfte diente. 293 wurde er von dem in Mailand residierenden Mitaugustus Maximian zwecks Sicherung der Erbfolge adoptiert, nachdem er mit diesem durch die Heirat mit Maximians Stieftochter bereits verwandtschaftlich verbunden war. Für die Entstehung der christlichen Kunst ist Constantius Chlorus indirekt von größter Bedeutung, weil er durch seinen den Christen gegenüber verhältnismäßig toleranten Standpunkt für das Engagement seines Sohnes Constantinus (Konstantin I., d. Gr.) für das Christentum den Weg bereitet hat; Constantinus war aus Constantius' Verbindung mit der Gastwirtin Helena (* ca. 249, † 329) hervorgegangen.

Maximian (reg. 286–305) war indes wie sein Freund Diokletian ein energischer Christenverfolger. 305 dankte er, gleichzeitig mit Diokletian, zugunsten seines Sohnes Maxentius ab. Constantius Chlorus starb 306 in Eburacum (heute: York, Großbritannien).

4. Konstantinische Wende und „Verstaatlichung" des Christentums (1. Hälfte 4. Jh.)

4.1. Mulvische Brücke und „Toleranz-Edikt"

4.1.1. Die Maxentiusbasilika als Machtgebärde

Kaiser Konstantin I. (reg. 306–337) verdankt seinen Beinamen „der Große" der Tatsache, dass er das Christentum zu einer privilegierten Religion erhob und das Reich zu vereinigen vermochte. Als er 306 in York nach dem Tod seines Vaters Constantius Chlorus zum Imperator über die Westprovinzen ausgerufen wurde, fungierte Galerius als Kaiser über die Ostprovinzen, ab 308 unterstützt vom Mitaugustus Licinius (reg. 308–324). 307 erkannte Galerius Konstantin als Augustus an, nachdem dieser Maximians Tochter Fausta geehelicht hatte. Maxentius, Faustas Bruder, gelang es vorderhand, sich in Italien und Afrika an der Macht zu halten. Zur Dokumentation seines Anspruchs ließ Maxentius ab 307 auf dem Forum Romanum eine kolossale Basilika (Abb. 8)[67] errichten. Der mit 80 x 60 Metern größte Innenraum der Antike, heute eine Ruine, bestand aus dreimal drei gewölbten Jochen, die eine aus Mittelschiff und zwei Seitenschiffen bestehende Halle bildeten. Der Eingang befand sich im Osten, zum Kolosseum hin, eine monumentale Apsis diesem gegenüber im Westen. Wie die anderen Basiliken war auch die Maxentiusbasilika das Zentrum des öffentlichen Lebens; Verhandlungen, Akte der Rechtsprechung etc. fanden hier statt.

Der Anspruch, der hinter dem mächtigen Bau steht, äußert sich nicht nur in den Ausmaßen, sondern auch im Typus: Hinsichtlich der Hallenform mit Wölbung schließt die Maxentiusbasilika an die römischen Thermenanlagen an, allen voran an die unter Kaiser Caracalla (cf. Abb. 5)[68] respektive die unter Diokletian[69] errichteten, während Basiliken üblicherweise einem anderen und vergleichsweise schlichteren Schema folgten. Ein Beispiel hierfür ist die zwischen 210 und 216 entstandene Basilika (Abb. 7)[70] auf dem von Kaiser Septimius Severus seinem afrikanischen Geburtsort Leptis Magna (östlich von Tripolis, Libyen) gestifteten Forum.[71] Sie besaß den usuellen „basilikalen Querschnitt". Das heißt: Der heute nur teilweise erhaltene, aber gut rekonstruierbare Raum war dreischiffig, das Mittelschiff über die begleitenden Seitenschiffe hochgezogen und durch Fenster in den Hochschiffwänden (Mittelschiffwände oberhalb der Seitenschiffe) eigens belichtet. Die Seitenschiffe bestanden aus zwei Geschossen, die sich durch Kolonnaden

(Säulen mit Gebälk) zum Hauptschiff öffneten. Dieses mündete an beiden Schmalseiten in je eine Apsis. Davon abgesehen war die Severische Basilika ungewölbt, wohl mit einer Kassettendecke abgeschlossen.

4.1.2. Das vexillum Christi

Von Machtgebärden, wie die Maxentiusbasilika eine ist, unbeeindruckt, verfolgte Konstantin die Absicht, seinen Schwager zu stürzen. Das gelang ihm 312 in der Schlacht an der Mulvischen Brücke (lateinisch: *pons mulvus* [Tiberbrücke nördlich Roms]; italienisch: Ponte milvo).[72] Der Sieg wurde dem bekannten Ereignis zugeschrieben, das der christliche Schriftsteller und Rhetor Lactantius (* um 250, † 325 [?]) in seinem Traktat *„De mortibus persecutorum"* (*„Rache Gottes an Christenverfolgern"*) und Eusebios von Kaisareia (Caesarea; heute: el Kaisarije, Israel, ca. 40 km südlich von Haifa; * um 260/264, † um 339/340) in seiner Konstantinsvita berichteten: Lactantius zufolge sei Konstantin in der Nacht vor der Schlacht ermahnt worden, das Christogramm (Christusmonogramm: die griechischen Buchstaben „X" [„Chi"] und „P" [„Rho"] für „Χριστός" [*„Chr*istos"]) an den Schilden seiner Soldaten anbringen zu lassen. Eusebios schrieb später, am Himmel sei dem Herrscher ein Kreuz mit der Beischrift τούτῳ νίκα (lat.: *in hoc vince [in diesem {Zeichen} siege!]*) erschienen, worauf Konstantin, so Eusebios, auf das *vexillum* ein weiteres Feldzeichen in Form des Christogramms aufstecken ließ – und siegte! Maxentius ertrank im Tiber. Psychologisch gesehen war das ein kluger Schachzug, konnte Konstantin doch, indem er das Christogramm auf den Schilden anbringen und/oder die Standarte setzen ließ, das Heer, in dem sich sicher zahlreiche klandestine Christen befanden, unter diesem Zeichen versammeln.

Das *vexillum Christi*, die Standarte mit dem aufgesteckten Christogramm, die auch *„tropaion"* (τὸ τρόπαιον: Siegesdenkmal, das auf dem Schlachtfeld errichtet wird) respektive *„labarum"* (λάβαρον, λάβωρον: Fahne) heißt, soll nach der Schlacht von einer Ehrenwache von 50 Soldaten eskortiert worden sein und wurde offenbar bald durch eine prunkvolle Kopie ersetzt. Beide *vexilla*, Original wie Kopie, sind verloren. Beschreibungen zufolge bestand Letztere aus einem goldenen, mit den Bildnissen Konstantins und seiner Söhne geschmückten Kreuz und einem darauf aufsitzenden Kranz aus Perlen und Edelsteinen, der das Christusmonogramm umschloss; am Querbalken hing ein Purpurtuch mit Fransenborte. Dieses Siegeszeichen Christi wurde oftmals dargestellt, beispielsweise Mitte des 4. Jahrhunderts auf dem sog. Passionssarkophag in der Città del Vaticano MPC (Abb. 9).[73] Das in der zentralen Arkade erscheinende *vexillum* hat hier die Form einer zarten *crux hastata* (Langkreuz), auf der ein – das Christogramm rahmender – Lorbeerkranz, der uns als Siegeszeichen vom Kaiserkultraum in Luxor bekannt ist, aufsitzt.

4.1.3. Religionsfreiheit und Privilegien

Schon im Jahr nach der Schlacht, 313, erließ Konstantin das sog. Toleranzedikt von Mailand (rechtlich gesehen kein wirkliches Edikt), mit dem er das Christentum offiziell anerkannte. Die Verfolgung der Christen durch den „Staat" war damit eingestellt. Da Konstantin das Mailänder Übereinkommen auch mit Licinius, dem Augustus der Ostprovinzen, verhandelt hatte, trat es für das gesamte Imperium in Kraft. Den Christen und der Kirche räumte Konstantin sogar eine Reihe von Privilegien ein: Unter anderem wurde die Sonntagsheilung eingeführt und den Bischöfen Gerichtshoheit verliehen. Damit war der erste Schritte in Richtung „Verstaatlichung" des Christentums getan.

Lactantius, den alternden christlichen Gelehrten, berief Konstantin um 317 als Erzieher seines Sohnes Crispius nach Trier. Dort hatte Konstantin um 310 ein „Regierungsviertel" aus dem Boden stampfen lassen. Sein Zentrum war die berühmte *aula palatina* (Palastaula; heute: ev. Kirche zum Erlöser):[74] ein lang gestreckter, reich durchfensterter Saal mit Apsis und Kassettendecke, der mit allen technischen und künstlerischen Finessen ausgestattet war. Eine Hypokaustanlage (Bodenheizung) und tubulierte (mit Röhren versehene) Mauern, durch welche die warme Luft hochstieg, sorgten für ein angenehmes Raumklima, die Verkleidung der Innenwände mit Marmorinkrustationen, Fresken und Goldglasmosaiken verliehen dem Thronsaal die entsprechende repräsentative Note.

4.1.4. Der Konstantinsbogen

Unmittelbar nach der Schlacht an der Mulvischen Brücke, zwischen 312 und 315, ließ der römische Senat unweit von Kolosseum und Forum Romanum einen breit gelagerten Triumphbogen mit drei Durchfahrten errichten,[75] um Konstantins Sieg über Maxentius zu verherrlichen. Durch die Anwendung eines modernen Stils, der mit jenem der Tetrarchengruppen (cf. Abb. 6) verwandt ist, und den Inhalt der Reliefs, etwa bei der »Schlacht an der Mulvischen Brücke«[76] und beim *»Congiarium«* (Geldspende),[77] sind die Tugenden des Herrschers – Stärke gegenüber dem Feind und Wohltätigkeit gegenüber dem Volk – betont. Darauf verweisen auch die mitverwendeten Spolien (ältere, von anderen Bauten stammende Skulpturen), vor allem acht, von einem 128/138 datierbaren Jagdmonument Kaiser Hadrians (reg. 117–135) stammende Relieftondi (Rundbilder),[78] die nun an den beiden Stirnseiten des Bogens erscheinen und Konstantin mit dem Friedenskaiser des 2. Jahrhunderts auf eine Ebene heben. In der Gegenüberstellung von »*Congiarium*« und hadrianischen Tondi wird ein Stilunterschied greifbar, der kaum größer denkbar ist: Zwar ist den hadrianischen und konstantinischen Reliefs ein repräsentativer Charakter und die – damit in Zusammenhang stehende – Isokephalie (Anordnung der Köpfe auf einer Höhe) gemeinsam, doch befindet sich die dargestellte Menschengruppe in den älteren Tondi in einem Tiefenraum, aus dem Bäume, Pferdeköpfe etc. wie aus dem Nebel auftauchen, während im neuen Relief die Figuren eng aneinandergereiht und schichtenförmig auf die Grundfläche appliziert sind. Tiefenraum gibt es hier keinen. Auch im Figurenstil ist der Unterschied eklatant: Auf den hadrianischen Tondi sind die Protagonisten elegant proportioniert, organisch durchgestaltet, in fein gefältelte, weich modellierte Gewänder gehüllt. Auf dem konstantinischen Fries sind sie indes extrem untersetzt, Körper, Gliedmaßen und Köpfe klobig, die Bewegungen hölzern, die Faltentäler der Gewänder mittels Drillbohrer skizzenhaft eingetragen. Im Sinne von ALOIS RIEGL steht eine haptische (greifbare) Reliefstruktur einer optischen (graphischen) gegenüber, wobei Letztere an die Reliefs am Galeriusbogen in Thessalonike anschließt. Dass sich die Bildhauer der angesprochenen Stilunterschiede zwischen den hadrianischen und den konstantinischen Reliefs bewusst waren, belegen jene beiden neu angefertigten Tondi, die auf den Schmalseiten des Konstantinsbogens die acht vorhandenen ergänzen:[79] Selene (Luna; die Mondgöttin) darstellend, wie sie auf ihrer *biga* über dem Okeanos (das Meer) an der Ostseite des Bogens auf- und an seiner Westseite absteigt, sind sie in einem historisierenden Stil ausgeführt, ohne ihre Entstehungszeit, das frühe 4. Jahrhundert, zu verleugnen. Wenn HELGA VON HEINTZE moniert, „die Komposition fügt sich nur mühsam in das Rund; die Arbeit wirkt hart und ungeschickt",[80] klingt noch das Präjudiz des 19. Jahrhunderts mit, als habe RIEGL seine „Spätrömische Kunstindustrie" nie geschrieben. Tatsächlich besitzen die zwei neuen Tondi im Vergleich zum »*Congiarium*« weitaus mehr Raum, wozu noch freiere Bewegungen und ein dialogisches Körper-Gewand-Verhältnis kommen. Hier haben die Bildhauer ihren Stil also bewusst an den der Spolien aus dem 2. Jahrhundert angepasst. Einen retrospektiven Stil wandten sie überdies dort an, wo es zu erzählen galt, etwa von der Schlacht an der Mulvischen Brücke.[81] Das Kampfgeschehen ist in einem weit lebendigeren Stil wiedergegeben als die Geldspende.

Während in der älteren Literatur für die Verwendung der Spolien und den plakativen Stil – ANDRÉ GRABAR sprach sogar von „stämmigen und häßlichen Gestalten", die er „nordische[n] oder auch balkanische[n] Provinzwerkstätten" zuschreibt[82] – oft Zeitmangel angeführt ist, lässt sich beides aus den genannten Absichten, Konstantin durch die Parallelsetzung mit Hadrian als Herrscher des Friedens zu definieren und durch den modernen Stil seine Stärke *(fortitudo)* zu betonen, erklären. Gerade in dem beim »*Congiarium*« angewandten Stil manifestieren sich ja die im frühen 4. Jahrhundert fraglos positiv besetzten Momente wie Ordnung, Kraft, Festigkeit usf. Dass Konstantin diese garantierte, beweist nicht zuletzt die Tatsache, dass er 310, zwei Jahre vor der Schlacht an der Mulvischen Brücke und dem Baubeginn des Konstantinsbogens, seinen Schwiegervater Maximian, zugleich Adoptivvater seines eigenen Vaters, dazu brachte, sich in Masillia (Marseille) selbst den Tod zu geben, nachdem dieser im Heer eine Meuterei hervorgerufen hatte. Durch den Stilmix am Konstantinsbogen mag darüber hinaus auch ein universaler Machtanspruch erhoben worden sein; *de facto* hatten Rom und der Senat im 3. Jahrhundert ihre Bedeutung ja zusehends eingebüßt. Denkbar ist schließlich auch, dass durch den Einbau der Spolien und den historisierenden Stil für den in Rom ja fremden Herrscher eine Tradition konstruiert wurde. Hinweise auf das Christentum wird man am Konstantinsbogen hingegen vergeblich suchen.

4.1.5. Die Ambivalenz in Konstantins Leben

Konstantin war durch das Erlebnis an der Mulvischen Brücke, das in der Beschreibung des Lactantius wohl nicht zufällig an das Damaskuserlebnis Pauli erinnert (Apg 9:3–9), und sein Engagement für die Kirche, das folgen sollte, gewissermaßen zum Christen geworden. Taufen ließ er sich aber erst am Totenbett, 337 in Nikomedeia. Der Zeitpunkt des Sakraments verführt zu Missinterpretationen: Da mit der Taufe die Vergebung der Sünden verbunden ist, erschien ein möglichst später Tauftermin erstrebenswert. Freilich ist einzuräumen, dass Konstantins Orientierung tatsächlich zeitlebens ambivalent blieb: Obgleich Beschützer und Förderer des Christentums, Bauherr der ersten monumentalen Kirchen – der Begriff „Kirche" wurde erst in dieser Zeit auf das Kirchen*gebäude* übertragen – und Initiator des ersten ökumenischen Konzils in Nikaia (heute: Isnik, Türkei), blieb er doch der spätantike Herrscher schlechthin, ausgestattet mit einem starken Instinkt für die Macht. Ja er hat das von Diokletian eingeführte Dominat (Alleinherrschaft) sogar noch ausgebaut. Im Zuge dessen ließ er – zwecks Verherrlichung seines Sieges über Maxentius – die von diesem errichtete Basilika umgestalten und sich selbst darin als monumentale Sitzfigur darstellen. Der Eingang der Basilika wurde nach Süden, an die Via Sacra (Hauptstraße des Forums), verlegt, dem neuen Eingang gegenüber eine zweite Apsis und in der vorhandenen Westapsis die Kolossalfigur Konstantins – wohl anstelle einer Statue Maxentius' – errichtet.[83] Anders als im Kaiserkultraum in Luxor erschien Konstantin nun allein in der Apsis, zudem dreidimensional und in gigantischer Größe von ca. 10 m. Die Herrscherfigur war aufgemauert, nur der Kopf und die Extremitäten bestanden aus Marmor und sind daher (im Hof des Konservatorenpalasts) erhalten (cf. Cover).[84] Wenn die Vermutung der Forschung, wonach die Konstantinsfigur der Maxentiusbasilika in ihrer Rechten das *vexillum* gehalten hat, zutrifft, war hier zum ersten Mal innerhalb der kaiserlichen Repräsentationskunst ein direkter Hinweis auf Christus gegeben. Die überlieferte Inschrift des Apsisbogens, *„durch göttliche Eingebung"*, die „bewußt undeutlich gehalten" (URS PESCHLOW)[85] war, lässt an der Richtigkeit dieser Annahme freilich zweifeln. Hinsichtlich der Funktion des Baus gab es jedenfalls keine Änderung: Er diente weiterhin profanen Zwecken.

4.2. Konstantin d. Große als Alleinherrscher

4.2.1. Byzantion – Konstantinopel

324 nahm Konstantin auch noch die zweite Hürde: Er besiegte Licinius, den Augustus der östlichen Provinzen, in Adrianopel (heutiges Edirne, Westtürkei, unmittelbar an der bulgarischen Grenze). Als Vorwand diente ihm die Tatsache, dass Licinius in Missachtung des „Mailänder Edikts" 320 gegen Christen vorgegangen war. Der „letzte Kampf um die Universalherrschaft" erhielt so „den Charakter eines Religionskrieges" (JOSEPH VOGT).[86] Mit dem Sieg über Licinius, der im folgenden Jahr wegen Hochverrats hingerichtet wurde, war Konstantin Alleinherrscher über das wiedervereinigte Imperium.

In Byzantion (heutiges Istanbul), das durch den Sieg über Licinius an Konstantin gefallen war, ließ dieser – die strategisch günstige Lage der Stadt am Bosporus erkennend – die Stadtmauer ab 328 ausbauen, wodurch er das ursprüngliche Areal vervierfachte. 330 wurde die Stadt zur Hauptstadt des Ostens erhoben. Und wieder zeigt sich die angesprochene Ambivalenz: Konstantin, der den Krieg gegen den Kaiser der Ostprovinzen im Namen Christi geführt und im folgenden Jahr, 325, am Konzil von Nikaia teilgenommen hatte, ließ sich 328 in Byzantion auf einer ihm zu Ehren errichteten Säule zu Pferd mit der Strahlenkrone des Helios (Sonne, Sonnengott) als *sol invictus* (die unbesiegbare Sonne) darstellen. Das Monument ist verloren, aufgrund einer provinziellen, bei Padua gefundenen Bronzestatuette (Wien KHM)[87] aber vorstellbar. Aus dem Geist des Kaiserkultes ist auch die Idee geboren, die Stadt am Bosporus anlässlich ihrer Einweihung und Erhebung zur Hauptstadt des Ostens nach ihrem „Gründer" zu nennen; durch die Generation nach Konstantin wurde Konstantinopel dann panegyrisch zum *Zweiten Rom* respektive *Neuen Rom* hochstilisiert. In dieselbe Kerbe schlug der Senat, wenn er Konstantin noch zu Lebzeiten die Apotheose (Erhebung [zu den Göttern]) zuteil werden ließ, indem er ihn zum *divus* erhob. Auch hat Konstantin den paganen Kult nicht verboten. Ja, er behielt sogar zeitlebens die Funktion des *pontifex maximus* (Oberster Priester) des paganen Kultes bei, was deutlich macht, dass die „Konstantinische Wende" keine abrupte Neuorientierung bedeutete, sondern den Beginn der Durchdringung zweier Ideen, die einander aus heutiger Perspektive ausschließen, nicht aber aus der des 4. Jahrhunderts. Ja, es bedurfte vielmehr der geballten Kraft eines Kaisers vom „alten Schlag", um dem Christentum mit solcher Vehemenz zum Durchbruch zu verhelfen, wie das durch Konstantin geschehen ist.

4.2.2. Rom, Lateransbasilika, Alt-St. Peter und „Helenamausoleum"

Wie man sich die ersten Versammlungsräume der Christen mit großem Fassungsvermögen vorzustellen hat, verdeutlicht die als „Unterkirche" teilweise noch erhaltene Kirche S. Crisogono in Rom,[88] die im 5. Jahrhundert, also schon *nach* dem „Mailänder Edikt" errichtet wurde. Dieser Nutzbau einfachster Machart, vergleichbar einer Industriehalle unserer Tage, war ein Saalraum mit offenem Dachstuhl, drei Toren und Gängen entlang der Längsseiten. Die Situation änderte sich schlagartig, wo der Kaiser selbst als Bauherr respektive „Sponsor" auftrat. Noch im Jahr des „Toleranzediktes", 313, wurde in Rom der Grundstein für die dem hl. Johannes Ev. gewidmete Basilika, heute: S. Giovanni in Laterano,[89] gelegt. Den zum Privatvermögen des Kaisers gehörenden Bauplatz hatte dieser dem Bischof von Rom geschenkt, nachdem die Liegenschaft, von der Teile einst dem römischen Adelsgeschlecht der *Laterani* gehört hatten, kurz vorher konfisziert worden war. Auf ihr wurde der erste monumentale christliche Kirchenbau aufgeführt. Er ist unter der barocken Haut des mittleren 17. Jahrhunderts weitgehend erhalten und durch ältere Veduten, etwa eine Gaspard Poussin zugeschriebene, gut vorstellbar. Für die neue Bauaufgabe musste aber erst ein passender Bautypus gefunden werden. Der pagane Tempel mit der engen *cella* (Tempelzelle) kam ja als Vorbild ebenso wenig in Frage wie der große, aber puristische Saal wie jener von S. Crisogono. Da der neu zu errichtende Bau primär die Versammlung der christlichen Gemeinde und die gemeinsame Eucharistiefeier ermöglichen sollte, griff man jenen Typus auf, der als Ort des öffentlichen Lebens und damit von Versammlungen diverser Art schon bisher diente: die Basilika. So lässt sich S. Giovanni i. L. mit jener in Leptis Magna hinsichtlich der monumentalen Ausmaße und des basilikalen Querschnittes direkt vergleichen. Über die Severische Basilika geht die Lateransbasilika aber durch ihre Fünfschiffigkeit und die Einführung eines – wenngleich nur kleinen – Querschiffes hinaus. Andererseits besitzt S. Giovanni i. L. nur eine Apsis und keine Emporen. Durch die Beschränkung auf *eine* Apsis und die Einführung des Querhauses besitzt die Lateransbasilika nun eine klare Ausrichtung. Vor der Apsis standen schriftlichen Nachrichten zufolge schwere silberne Statuen, die in zwei figurenreichen

Gruppen angeordnet waren. Eine davon zeigte den auf einer *sella* (Amtsstuhl) sitzenden, von den zwölf Aposteln umgebenen Christus, was an das imperiale Thronbild im Kaiserkultraum von Luxor erinnert. Auch ihr Aufstellungsort ist von dort deduzierbar. Stifter der Figuren war der Kaiser selbst.

Einen ganz neuen Akzent setzte die zweite unter Konstantin errichtete Basilika: St. Peter,[90] die, da sie ab 1507 dem bramanteschen Neubau weichen musste, unter „Alt-St. Peter" firmiert. Zwischen 315 und 349 wurde sie über dem Grab des hl. Petrus, der ja in Rom das Martyrium erlitten hatte, aufgeführt. Die Erbauung der Peterskirche an dieser Stelle war allerdings dadurch erschwert, dass das Grab des Apostelfürsten inmitten einer paganen Nekropole lag, und Friedhöfe auch in der Antike unantastbar waren. Dass man den Friedhof im Falle von St. Peter dessen ungeachtet zugeschüttet hat, geschah sicherlich auf kaiserlichen Befehl. Erst nach der Planierung des Bauplatzes konnte die Basilika und ein ihr vorgelagertes Atrium (Vorhof) errichtet werden. Alt-St. Peter hatte wie die Lateransbasilika fünf Schiffe, war aber im Unterschied dazu „gewestet" (Apsisausrichtung nach Westen statt wie üblich nach Osten, Richtung Sonnenaufgang, wo die Wiederkehr Christi erwartet wird). Dabei ist sie so positioniert, dass das Petrusgrab unterhalb der Nahtstelle von Apsis und Querhaus liegt, wobei Letzteres jenes der Lateransbasilika größenmäßig übertrifft.

Kaiser Konstantin dürfte ursprünglich den Wunsch gehabt haben, in Rom beigesetzt zu werden. Zu diesem Zwecke ließ er wohl das große, mit Mosaiken und Marmorinkrustationen reich ausgestattete Mausoleum[91] errichten, das mit einem, vielleicht schon in Konstantinischer Zeit entstandenen Gedächtnisbau zu Ehren der beiden römischen Blutzeugen Marcellinus und Petrus verbunden war. An dessen Stelle wurde unter Siricius, Bischof von Rom (reg. 384–399), der sich als Erster amtlich als „Papst" (von πάππας [Vater]), bezeichnete, eine Basilika zu Ehren der beiden Märtyrer erbaut, die mit ihrer Nordostmauer, die der Apsis gegenüberlag, an den Grabbau anschloss.[92] Die Basilika ist zerstört, das Mausoleum, selbst eine Ruine, steht heute frei. Aus Syene (heute: Assuan) wurde ein aus Porphyr gearbeiteter Sarkophag importiert, der an allen vier Fronten Schlachtenszenen zeigt (heute: Città del Vaticano MV).[93] Später disponierte Konstantin hinsichtlich seines Bestattungsortes offensichtlich um – entsprechend der Machtverschiebung in Richtung Osten wollte er in Konstantinopel begraben werden – und überließ sein römisches Mausoleum samt Sarkophag seiner Mutter Helena. Das erste Konstantinsmausoleum lässt die beiden Faktoren, die Konstantins Leben bestimmt haben – das kaiserliche, aus der paganen Tradition entwickelte Repräsentationsbedürfnis und das Engagement für den christlichen Glauben – neuerdings zutage treten. Beides erscheint hier *nota bene* als miteinander versöhnt, indem das Mausoleum mit dem christlichen Memorialbau verwachsen war; vorausgesetzt, Letzerer bestand tatsächlich schon in Konstantinischer Zeit.

4.2.3. Palästina: Grabes- und Geburtskirche

Neben Rom galt Konstantins Interesse dem Heiligen Land: den Orten, wo Jesus Christus zur Welt gekommen, gestorben und auferstanden war. Kontantins Mutter Helena brach nach Palästina auf mit der Absicht, das Kreuz Christi zu finden. Dass Helena zuerst Gastwirtin war, bevor sie die Konkubine Constantius' Chlorus wurde, berichtet Bischof Ambrosius von Mailand (reg. 374–397). Nach Eusebios von Kaisareia, dem „Vater der Kirchengeschichte" und Panegyriker Konstantins d. Gr., wurde Helena unter dem Einfluss ihres Sohnes Christin und betrieb dann mit diesem gemeinsam die großen Bauprojekte im Hl. Land. Eusebios ist es auch, der die bekannte Legende von der Kreuzauffindung überliefert: Bei der Suche nach dem wahren Kreuz Christi habe sich Helena der Hilfe eines Juden bedient, der den Platz kannte, wo es vergraben lag. Aufgefunden wurden dort freilich drei Kreuze: nicht nur jenes Jesu, sondern auch die der beiden Schächer (cf.: Mt 27:44; Mk 15:27). Die Frage, welches der drei Kreuze jenes des Herrn war, konnte geklärt werden, als ein Begräbniszug vorbeikam: Im Moment, da man dem Verstorbenen das Kreuz Christi auflegte, wurde der Tote lebendig. Ein Stück vom Kreuz Christi, das sich als Heil bringend bereits im Zuge seiner Auffindung erwiesen hatte, nahm Helena nach Rom mit, womit der Grundstein für die Verehrung von Sekundärreliquien gelegt war; im Unterschied zu Primärreliquien, unter welchen man die Leichname der Heiligen versteht (St. Peter ist so gesehen ein monumentaler Schrein über einer Primärreliquie), handelt es sich bei Sekundärreliquien um Gegenstände, Kleider usf., mit denen Heilige in Berührung gekommen sind. Das Kreuz Christi, an dem Jesus gestorben ist, nimmt im Rahmen dieser Kategorie den ersten Platz ein.

In Jerusalem selbst ließen Konstantin und seine Mutter Helena die sog. Grabeskirche (Anastasiskirche)[94] errichten, die wie ein monumentaler Schrein zwei Sekundärreliquien verklammert: den Golgothahügel als Ort der Hinrichtung Jesu Christi und sein Grab als den Ort seiner Auferstehung. Erhalten sind von diesem konstantinischen Bau nur Mauerreste. Eine Beschreibung durch Eusebios und Pilgerberichte geben aber eine gute Vorstellung. Die Grabeskirche war demnach eine komplexe Anlage, die von Osten her vom *cardo maximus* (auch: Via Principalis: im römischen Lager die den Decumanus kreuzende Hauptstraße) betreten wurde. An ein rechteckiges Atrium schloss eine fünfschiffige Basilika an, deren Seitenschiffe wie in Leptis Magna zweigeschossig waren. Im Westen hatte die Basilika ihr „Haupt" (Eusebios): eine Apsis über dreiviertelkreisförmigem Grundriss, die von zwölf die Apostel symbolisierenden Säulen umstanden und mit einer Kalotte überwölbt war. In diesem „fragmentierten" Zentralbau (RICHARD KRAUTHEIMER)[95] dürfte das Kreuz Christi in einer von Konstantin gestifteten Fassung aus Edelmetall aufgestellt gewesen sein. Durch Türen in den Stirnseiten der Seitenschiffe, also seitlich der

Apsis, betrat man ein zweites rechteckiges Atrium, in dessen Südostecke sich der Golgothahügel befand. An das Atrium schloss im Westen ein weiteres Atrium, nun über rundem Grundriss, an, in dessen Zentrum sich das Grab Christi mit dem Eingang in Richtung Sonnenaufgang erhob. Das jüdische Felsengrab war im Zuge des konstantinischen Baues auf kreisrund, also auf ein Mausoleum westlichen Zuschnitts getrimmt, zudem durch einen baldachinförmigen Aufsatz ausgezeichnet worden. Im 3. Viertel des 4. Jahrhunderts dürfte das runde Atrium zur sog. Anastasisrotunde ausgebaut worden sein.

Der Kult erstreckte sich auf die gesamte konstantinische Anlage: Die Messe fand in der Basilika statt, aber gepredigt und gesungen wurde auch in den Höfen. Prozessionen bewegten sich von einem Ort zum anderen: von der Basilika zum Golgothahügel, am Ostermorgen vom Kalvarienberg zum Grab und wieder zurück in die Basilika. Jeder Ort hatte seine Funktion. Konstantin und seine Mutter haben also eine monumentale Bühne für ein gigantisches religiöses „Spektakel", dessen *know-how* der höfischen Repräsentation entlehnt war, geschaffen.

Eine weitere Anlage ließ Konstantin vor 333 über der Geburtsgrotte in Bethlehem[96] errichten. Sie wurde im 6. Jahrhundert durch den erhaltenen justinianischen Bau[97] ersetzt, so dass nur die Grundmauern und der mosaizierte Fußboden des konstantinischen Baus auf uns gekommen sind. Dieser bestand von West nach Ost aus einem quadratischen Atrium, einer fünfschiffigen Basilika und einem Oktogon mit kegelförmigem (?) Dach. Der Zentralbau überbaute die Geburtsgrotte, in welche die Pilger hinabsehen konnten. Der Typus des Oktogons ist in diesem Fall nicht auf das Mausoleum, sondern wahrscheinlich auf das Heroon (Tempel für Halbgötter), das in der Antike oft die Form eines Zentralbaus besaß, zurückzuführen.

4.2.4. Konstantinopel: Die Apostelkirche als Kaisermausoleum

Mit der Errichtung der zweiten Grablege Konstantins, der sog. Apostelkirche,[98] in Konstantinopel wurde entwicklungsgeschichtlich ein über das Helenamausoleum entscheidend hinausführender Schritt vollzogen. Denn hier hat man das Mausoleum des Kaisers quasi in das Zentrum einer Kirche *hinein*verlegt. Damit übertraf dieser Bau an inhaltlicher Dichte noch jene Projekte, die Konstantin und Helena im Heiligen Land gemeinsam betrieben hatten. Die Apostelkirche in Konstantinopel musste im 6. Jahrhundert einem justinianischen Neubau, dieser wiederum einer Moschee weichen (1469), doch lässt sich aufgrund der eusebianischen Beschreibung eine hinlängliche Vorstellung gewinnen: Die Kirche stand inmitten eines weiten Hofes und hatte einen kreuzförmigen Grundriss. An eine Vierung, die von einem durchfensterten Tambour (runder Kuppelunterbau) und einem kegelförmigen (?) Dach überhöht war, schlossen vier, im Querschnitt basilikale Arme an; der Arm, in den der Eingang führte, mag etwas länger gewesen sein als die drei anderen. Die Wände waren mit Marmor verkleidet, die Schiffe mit vergoldeten Kassettendecken abgeschlossen, und in der Vierung, die durch Tambourfenster mit vergoldeten Gittern gut belichtet war, stand der Sarkophag des Kaisers, umgeben von den Epitaphien (Gedenktafeln) der zwölf Apostel. Konstantins Leichnam befand sich also nach dessen Beisetzung im Zentrum eines – durch den Grundriss – konstituierten Kreuzes, das sowohl an das *vexillum Christi* als auch das von der Kaiserinmutter aufgefundene und von Konstantin selbst in der Grabeskirche wieder aufgerichtete Kreuz Christi denken lässt. Die Apostelepitaphien definierten den Herrscher als *isapostolos* (ἰσαπόστολος: apostelgleich). In dieselbe Kerbe schlug Konstantins Panegyriker Eusebios, wenn er Konstantin als *eine Art gemeinsamen Bischof* für die christlichen Kirchen bezeichnete; tatsächlich nahm der Kaiser „im ganzen staatlichen Bereich eine dem Bischofsamt entsprechende Führungsaufgabe in Anspruch" (JOSEPH VOGT).[99] Durch die eusebianische Definition war er aber darüber hinaus in gewisser Weise mit dem Bischof von Rom, also mit dem von Christus als Stellvertreter eingesetzten Apostel Petrus und dessen Nachfolgern, gleichgesetzt. Über Umwege definierten Eusebios und das ikonologische Konzept der Apostelkirche Konstantin mithin als Stellvertreter Christi auf Erden, was wiederum in der Beziehung zwischen Iupiter und dem Kaiser, wie sie in Luxor greifbar wurde, seine pagane Parallele hat. Als 356/357 tatsächlich Reliquien der Apostel nach Konstantinopel gebracht wurden, hat man den Leichnam des 337 verstorbenen Kaisers in ein separates, an die Kirche anschließendes Mausoleum – einen runden, überkuppelten Bau, der damit dem usuellen Typus folgte – transferiert.

4.3. Nach dem »Durchzug durch das Rote Meer«

4.3.1. Die „Umgangsbasilika"

Da die Märtyrer aus christlicher Perspektive die Erlöserkraft Christi durch ihren Märtyrertod noch verstärkt haben, hofften die Christen auf die *intercessio* (Heil bringendes Eingreifen) der Blutzeugen, woraus wieder ihr Wunsch erwuchs, sich in der Nähe der Märtyrer, die in den meist unterirdischen Coemeterien am Stadtrand Roms beigesetzt waren, bestatten zu lassen. Das wurde nach dem „Edikt von Mailand" offiziell möglich und führte im Laufe des 4. Jahrhunderts zu einer starken Erweiterung der vorhandenen Gang- und Kammersysteme. In der Nähe der sich nun ausdehnenden Gemeindefriedhöfe wurden ab dem 2. Viertel des 4. Jahrhunderts große Basiliken erbaut, die heute fast vollständig zerstört sind.

Sie standen mit den Märtyrergräbern in Beziehung, konnten aber auch reine Memorialbauten sein. Interessanterweise folgen sie alle dem Typus der „Umgangsbasilika": einer dreischiffigen, querschifflosen Basilika, bei der die Seitenschiffe um die Apsis herumgezogen waren. Ihn vertraten S. Sebastiano an der Via Appia antica (ursprüngliches Patrozinium: Petrus und Paulus; 1. Hälfte 4. Jh.),[100] S. Lorenzo f. l. m. (= *fuori le Mura*: außerhalb der Mauern; um 330),[101] S. Agnese f. l. m. (um 350)[102] sowie die genannte, mit dem Helenamausoleum verbundene Kirche SS. Marcellino e Pietro (zwischen 384 und 399).[103]

4.3.2. Das Constantiamausoleum

Gemeinsam mit der Umgangsbasilika S. Agnese f. l. m. wurde um 350 das Mausoleum für Constantia (* um 320, † 354), die älteste Tochter Kaiser Konstantins d. Gr., errichtet.[104] Der Bau, seit 1254 eine Kirche (Sta Costanza), ist wie die älteren Mausoleen für Diokletian, Galerius (?) und Konstantin respektive Helena ein Zentralbau, besitzt aber einen basilikalen Querschnitt und war mit der nördlich davon befindlichen, nur rudimentär erhaltenen Umgangsbasilika durch eine Vorhalle verbunden. Neu ist beim Constantiamausoleum auch die theatralische Inszenierung des Sarkophags (jetzt Città del Vaticano MV, vor Ort eine Kopie),[105] der in einer Nische gegenüber dem Eingang stand und von oben belichtet war. Wie der „Helenasarkophag" besteht auch der Constantiasarkophag aus Assuanporphyr. Dargestellt sind Kelterszenen, die im Hinblick auf die Eucharistie als christlich interpretiert werden können, ohne dass dies zwingend ist. Inhaltliche Eindeutigkeit fehlt auch den Mosaiken, die das Gewölbe des Umgangs überziehen (jene des Hauptraumes sind verloren):[106] Szenen aus der Weinherstellung wechseln mit floralen Motiven, Tieren, Gefäßen usf.[107] Eindeutig christologisch ist indes der Inhalt jener Mosaiken, die die Kalotten zweier kleiner, in der Querachse situierter Apsiden auskleiden. Jenes in der linken Apsis gibt die *traditio legis* (Übergabe der Macht), also die Übergabe der Schlüssel an Petrus (Mt 16:19), wieder, die der Apostelfürst mit velierten Händen, die wir von Luxor kennen, übernimmt,[108] während das Mosaik in der rechten Apsis den *secundus adventus* (Wiederkehr Christi am Jüngsten Tag; Mt 24:27–30, 26:63–65; Mk 13:25–27, 14:61–63; Lk 17:23–25, 21:26–28) antizipiert.[109] Der mit einem goldenen Gewand bekleidete, die Hand zum Gruß erhebende und wie die Kaiser in Luxor nimbierte Christus ist hier über die Wolken herbeigeschritten. Die Apostelfürsten Petrus und Paulus begrüßen ihn als Friedensfürsten, Ersterer mit den auf seinem *rotulus* (Schriftrolle) erscheinenden Worten „*Dominus pacem dat*" (der Herr gibt den Frieden). Dem Paradiesesberg, der sich unter den Füßen Christi erhebt, entströmen die vier Paradiesesströme (Phison, Geon, Tigris, Euphrat).

Auf politischer Ebene war der Friede in der Errichtungszeit des Mausoleums bereits zerbrochen: Konstantin d. Gr. hatte das Imperium in seinem Sterbejahr (337) auf seine drei Söhne Konstantin II., Constantius II. und Constans aufgeteilt; Konstantins Tod bedeutete somit eine neuerliche Reichsteilung. Auf sie folgte der Kampf der drei Brüder untereinander. Konstantin II. fiel 340 in der Schlacht gegen Constans, der Augustus im Westen wurde, während Constantius II. fortan den Osten beherrschte.

4.3.3. Neue Themen in den Coemeterien der Christen

Nach dem „Edikt" manifestierte sich das neue Selbstverständnis der Christen auch auf den Fresken der Coemeterien, etwa auf jenen in der Katakombe an der Via Dino Compagni (Via Latina)[110] aus dem 3. Viertel des 4. Jahrhunderts. Wenn hier der Durchzug der Israeliten durch das Rote Meer (Ex 14:9–31) dargestellt ist, der zeigt, dass diese trockenen Fußes an Land gelangten, während die ihnen nachsetzenden Truppen des Pharaos in den Fluten ertranken, lässt sich das so verstehen, dass sich die Christen nach dem „Edikt" im Imperium geschützt fühlten, während die gottlosen Kaiser, nicht zuletzt jene der tetrarchischen Zeit, umgekommen waren; man erinnere sich bloß an Maxentius, der in den Fluten des Tiber ertrunken war, oder den Selbstmord des Maximian. Lactantius hat sich diesem Thema in seinem Traktat *„De mortibus persecutorum"* gewidmet, in dem er nachzuweisen versuchte, dass jeder christenverfolgende Herrscher eines gewaltsamen Todes gestorben sei. Die Christen empfanden sich also, wie die Fresken der Via Latina-Katakombe verdeutlichen, weiterhin als das Auserwählte Volk.

Am eindrücklichsten ist diese Identifikation im sog. Cubiculum B der Via Latina-Katakombe, wo eines der Fresken den Priester Pinchas zeigt, wie er Zimri und Kozbi aufgespießt auf einem Speer trägt (Nm 25, 8 et passim; Abb. 10). Pinchas hatte die beiden bei unerlaubtem Geschlechtsverkehr *in flagranti* ertappt und mit seinem Speer durchbohrt. Dadurch gelang es ihm, den Zorn Gottes von Israel abzuwenden. Das Geschehen trug sich in der Zeit der Wüstenwanderung zu, in welcher der Herr den Israeliten verboten hatte, sich mit anderen Völkern zu vermischen. Dessen ungeachtet brachte Zimri die Medianiterin Kozbi ins Lager mit. Als der Priester Pinchas dies erfuhr, ging er ins Frauenzelt, fand die Liebenden dort und durchbohrte sie während ihres Beischlafes. Die Darstellung fußt ikonographisch sicher auf einer spätantik-jüdischen Vorlage, denn, wenn dieses Geschehen im christlichen Bereich dargestellt wird (wir kennen nur spätere Bilder), hält sich die Wiedergabe an den Text: Die Liebenden werden dann durchbohrt, während sie auf ihrem Lager liegen. Davon weicht das Katakombenfresko insofern ab, als Pinchas die Durchbohrten hier auf seinem Speer trägt. Das heißt, er trägt sie – als Abschreckung – durchs Lager. Zudem ist das Paar auf der Waffe gewissermaßen fixiert und es blutet nicht. Diese Momente sind im Buch Numeri nicht zu finden, sehr wohl aber in der rabbinischen Auslegung der Schriftstelle, wonach die referierte Geschichte mit sechs (in einer anderen Fassung mit zwölf) Wundern verbunden war. Zu diesen zählt, dass der Herr dem Arm des Pinchas die Kraft gab, die beiden Durchbohrten hochzuheben, dass der Herr dem Holz des Speeres so viel Halt gab, dass er beide tragen konnte, dass die beiden nicht am Speer herunterrutschten, sondern fest an ihrer Stelle blieben, und dass sie nicht bluteten, so dass der Priester nicht verunreinigt wurde. Der genetische Weg muss in diesem Fall also vom alttestamentlichen Text zur jüdischen Auslegung, von dieser zur – nicht erhaltenen – jüdischen Darstellung und von dort zur christlichen Darstellung geführt haben.

4.3.4. Die Passion Jesu aus anagogischer Sicht

Mitte des 4. Jahrhunderts wird die Passion Jesu darstellbar, während sein Leiden und Sterben bis dahin ja nur indirekt auf der typologischen Ebene angeklungen waren. Bei dem schon genannten Passionssarkophag von der Mitte des 4. Jahrhunderts (Città del Vaticano MPC; Abb. 9) rahmen vier der fünf die Stirnseite des Sarkophages gliedernden Arkaden Szenen aus der Passion Jesu. Dargestellt sind die Gefangennahme (Mt 26:57 ff. *et passim*) oder die Auslieferung an Pilatus (Mt 27:1 ff. *et passim*), Pilatus, der sich die Hände in Unschuld wäscht (Mt 27:24 *et passim*), die Dornenkrönung (Mt 27:27 ff.) und die Kreuztragung Christi (Mt 27:31). Die Szenen sind dabei nicht in Leserichtung von links nach rechts, sondern von der Mittelarkade erst nach rechts, dann nach links außen angeordnet. Die Mittelarkade, schon aufgrund ihrer Position das Zentrum der Sarkophagfront, ist durch diese Abfolge der Szenen erneut zum Mittelpunkt gemacht. In ihr erscheint das *vexillum Christi:* das Siegeszeichen Christi, mit dem Konstantin d. Gr. die Schlacht an der Mulvischen Brücke gewonnen haben soll, als Zeichen des auferstandenen und ewig herrschenden Christus. Auf ihn verweisen auch die auf dem Querbalken sitzenden Vögel und die zwei unter dem Kreuz hockenden Soldaten, die Pilatus bekanntermaßen vergeblich einsetzte, um das Grab Christi zu bewachen (Mt 27:64–66). Das *vexillum* im Zentrum der Sarkophagfront lehrt uns, auch die Passion Jesu von einem anagogischen Blickpunkt aus zu betrachten (insofern ist die Bezeichnung „Passionssarkophag" für die ganze Sarkophaggruppe in Wahrheit unpassend). Von diesem wird auch verständlich, warum Jesus von den Soldaten nicht mit einer Dornenkrone, sondern mit einem Siegeskranz gekrönt wird: Das Ereignis der Verspottung ist quasi auf die ewige Herrschaft Christi transparent.

Dieses Konzept begegnet in noch weiter ausgearbeiteter Form auf dem um 360 datierbaren Sarkophag des 359 verstorbenen Stadtpräfekten Junius Bassus (Città del Vaticano TSP).[111] Dem sozialen Status des Auftraggebers entsprechend ist hier die Sarkophagfront nicht bloß durch eine Reihe, sondern gleich durch zwei Reihen von Arkaden gegliedert, zudem sind die Flanken des Sarkophags und der Deckelrand mit Reliefs überzogen, die Kelterszenen respektive Szenen aus dem Leben eines römischen Beamten zeigen. An der Sarkophagfront erscheinen indes alt- und neutestamentliche Szenen, *prima vista* kunterbunt zusammengemixt. Dargestellt sind (oben, von links nach rechts:) das Isaakopfer (Gn 22:1–19), die Gefangennahme Petri (?; Apg 12:2–4), der thronende Christus, die Gefangennahme Christi (Mt 26:46–50) und Christus vor Pilatus (Mt 27:12–14), (unten:) Hiob auf dem Misthaufen (Hiob), der Sündenfall (Gn 3:1–6), Christi Einzug in Jerusalem (Mt 21:1–11), Daniel in der Löwengrube und die Gefangennahme Pauli (Apg 21:27). Das kompositorische wie inhaltliche Zentrum bildet der thronende, von zwei Aposteln begleitete Christus, dessen Füße auf dem – aus Luxor bekannten – Suppedaneum ruhen. Die Jünger flankieren den Herrn wie Höchstbeamte. Der imperiale Schemel, der nun von Caelus (Himmelsgott) getragen wird, verleiht der Thronszene zudem eine kosmologische Dimension. Der »Einzug Christi in Jerusalem« unter dem Thronbild markiert den Beginn der Passion, nimmt aber – anagogisch betrachtet – den *secundus adventus* vorweg. Von den beiden Szenen in der Mittelachse ausgehend, erweisen sich auch die übrigen Szenen als auf der anagogischen Ebene situiert, zugleich als typologisch miteinander verschränkt: Der Sündenfall ist ja – aus christlicher Perspektive – die Voraussetzung für das Erlösungswerk Christi, die Gefangennahmen (Jesu, Petri [?], Pauli) und das anschließende Gericht (Pilatus) bilden notwendige Leiden, die zur ewigen Seligkeit führen. Hiob wurde, nachdem er durch das Tal der Tränen ging, gesund. Daniel entstieg unbeschadet der Löwengrube. Auch Isaak entging dem Tod. Alle verweisen aus christlicher Perspektive auf die Auferstehung Christi, und alles ist im Hinblick auf den im Sarkophag Bestatteten – das heißt: auf seine Verstrickung in die Sünde, das von ihm erduldete Leid, seinen Tod, seine Zuversicht auf Erlösung und seine Hoffnung auf Auferstehung – ausgesprochen und somit auch tropologisch lesbar.

Der hohe Anspruch dieses Werks, also der seines Auftraggebers, manifestiert sich auch im Stil. Die Entwicklung, die in den Tetrarchengruppen (cf. Abb. 6) und dem Konstantinsbogen kulminiert hatte, ignorierend, ist hier auf die Skulptur des 2. nachchristlichen Jahrhunderts zurückgegriffen. Wie am Junius-Bassus-Sarkophag Raum zur Verfügung steht, den die voll plastischen und stark bewegten Protagonisten nutzen, wie das Gewand ihre Körper umhüllt, ihre weich „modellierte" Oberfläche mit dem Spiel von Licht und Schatten rechnet und sinnlich wahrgenommen werden will, und wie *last, not least* die Emotionen der Figuren überzeugend vermittelt sind – all das lässt sich mit den Reliefs am

Sockel der nach 161 n. Chr. errichteten Ehrensäule des Antoninus Pius (reg. 138–161; Città del Vaticano MV)[112] vergleichen. Offenbar ließ der römische Höchstbeamte bewusst an die zweihundert Jahre ältere Kunst anknüpfen, damit der neue Inhalt, zu dem er sich bekannte, in einem althergebrachten und damit gesellschaftlich akzeptierten Kleid auf- träte.

5. Klassizismen von Kaiser Julianos Apostata bis Papst Sixtus III. (361–Mitte 5. Jh.)

5.1. Das Christentum im Gegenwind

5.1.1. Der Klassizismus unter dem „Abtrünnigen"

Kaiser Flavius Claudius Julianus (Julianos), der Sohn eines Stiefbruders Konstantins d. Gr., war nur zwei Jahre an der Macht (reg. 361–363), versuchte aber in dieser kurzen Zeit das Ruder *in puncto* Religion noch einmal herumzureißen. Die Zeitgenossen beschrieben ihn – gewissermaßen entschuldigend – als schwärmerischen Prinzen, der im Christentum nur mangelhaft unterrichtet gewesen wäre, so dass er sich zur griechischen Literatur und Religion hingezogen fühlte. In diese vom Eunuchen Maronius eingeführt, wandte er sich dem Neuplatonismus, aber auch dem Mithraskult zu. Ab 361 bekannte er sich offen zur paganen Religion und propagierte diese auch in seinen Schriften. Dass er vom Christentum abfiel, trug ihm seinen Beinamen „*Apostata*" (ἀποστάτης: der Abtrünnige) ein.

Außenpolitisch fiel seine Herrschaft in eine turbulente Zeit: 357 hatten die Franken Xanten, Köln und Bonn erobert. Julian bewährte sich im selben Jahr als Feldherr in der Abwehr der Alemannen bei Straßburg. 360 von seinen Soldaten zum Kaiser ausgerufen und nach dem Tod Constantius' II. allgemein anerkannt, ging er sogleich an die Reform der Staatsverwaltung und Hofhaltung sowie an die Erneuerung der paganen Kulte und Kultstätten. Noch im Jahr seines Amtsantrittes erließ er ein Gesetz, das den Christen, selbst dem christlichen Klerus, ihre Privilegien nahm. Obgleich er keine Christenverfolgung anordnete, kam es in Ägypten und Syrien zu blutigen Ausschreitungen. Schwerwiegend waren die 362 erlassenen Gesetze, die die Christen aus dem Schuldienst, der kaiserlichen Verwaltung und der Garde ausschlossen. Als Ziel schwebte dem Kaiser eine pagane Kirche nach christlichem Muster vor, an deren Spitze er selbst als *pontifex maximus* stehen wollte. Gegen die Christen, die „*Galiläer*", versuchte Julian zudem indirekt vorzugehen, indem er den Wiederaufbau des Tempels von Jerusalem in Angriff nehmen ließ. Damit zündelte er am Verhältnis zwischen Christen und Juden. Das Tempelprojekt scheiterte rasch. Im Frühjahr 363 nahm er den von seinen Vorgängern begonnenen Perserkrieg wieder auf, dang erfolgreich bis Ktesiphon vor, wurde aber beim Rückzugsgefecht tödlich verwundet.[113] Als letztes Wort wird ihm in den Mund gelegt: *Galiläer* (d. h. Christus), *du hast gesiegt.*[114]

Das Engagement des – aus christlicher Perspektive – „Abtrünnigen" für die paganen Kulte dürfte auch einen stilistischen Rückgriff auf den Klassizismus des 1. und 2. nachchristlichen Jahrhunderts befördert haben. wenngleich es schwierig ist, Werke präzise in seine Regierungszeit zu datieren, ist davon auszugehen, dass Julian seine Kult- und Religionspolitik auch mittels einer bewusst angwandten Kunstpolitik durchzusetzen suchte.[115]

5.1.2. Retrospektive Tendenzen in der byzantinischen Toreutik

Pagane Kulte lebten auch noch in der zweiten Hälfte des 4. Jahrhunderts fort, als sich das Blatt unter Kaiser Theodosius d. Gr. (reg. 379–395) längst wieder zugunsten der Christen gewendet hatte. Der Kult der Fruchtbarkeitsgöttin Kybele und ihres orientalischen Geliebten Attis erreichte gegen 400, also nachdem das Christentum bereits zur Staatsreligion erhoben worden war, sogar einen Höhepunkt. Das Bekenntnis zum paganen Kult ging mit der Anwendung eines extrem retrospektiven Stils Hand in Hand, etwa auf der sog. Parabiagoplatte (Mailand SAL),[116] einer in Konstantinopel (?) in der zweiten Hälfte des 4. Jahrhunderts hergestellten Silberplatte (Abb. 11). Kybele und Attis sitzen hier auf ihrem von einem Löwengespann gezogenen Wagen, während Helios (Sol) und Selene (Luna; cf. Abb. 3) mit ihren Wagen über den Himmel fahren. Unterhalb des Liebespaars lagern ein Flussgott mit Schilfrohr, Okeanos mit Ruder und Gaia (Personifikation der Erde) mit Füllhorn. Auffallend sind das positive Körperbewusstsein der im Raum agierenden Protagonisten und die leichten, die Körper umspielenden Gewänder sowie die entspannten Bewegungen, womit an Werke auf der Stilstufe der sog. Tazza Farnese, einen 100 v. Chr. (?) entstandenen Kameo (Neapel MAN),[117] angeschlossen wurde. Silberplatten in der Art der Parabiagoplatte – teils mit paganem, teils mit christlichem Inhalt – wurden in Konstantinopel bis ins 7. Jahrhundert produziert, wobei einige Werkstätten konsequent in einem antikisierenden Stil arbeiteten. Der Entstehungszeitpunkt der Produkte der Toreutik (Kunst der Silberverarbeitung) ist daher, wie JA. I. SMIRNOV 1909 erkannte,[118] nur mittels ihrer Punzen eruierbar.

5.1.3. Die pagane Opposition in Rom

Auch der römische Stadtadel hielt zäh an den paganen Kulten fest und drückte sein sich daran hochrankendes Überlegenheitsgefühl in der Thematik, aber auch in einem extrem rückwärts gewandten Stil der von ihm in Auftrag gegebenen Werke aus. Kronzeuge dafür ist das „Familiensilber" der Familie der *Turcii,* deren Mitglieder damals höchste Ämter bekleideten; die einstigen Eigentümer des 1793 auf dem Esquilin in Rom gefundenen Silberschatzes (London BM)[119] waren leicht zu identifizieren, da ihr Monogramm auf den

Silbergegenständen erscheint. Vier Möbelbeschläge, die wohl an den Armlehnen von Stühlen befestigt waren, zeigen die vier Personifikationen der wichtigsten Städte des Reiches, darunter Rom und Konstantinopel. Erstere ist gerüstet, Konstantinopel trägt als Zeichen von Frieden und Fruchtbarkeit das Füllhorn.

In den 80er Jahren des 4. Jahrhunderts kam es dann in Rom zu einem regelrechten „Kulturkampf", der sich an der Victoriastatue in der Senatskurie[120] entzündet hatte. Diese war dort hinter den Konsuln, die entlang der Schmalseite des Raumes saßen, gestanden (die Stühle der Senatoren waren entlang der Längswände aufgereiht), bevor sie Kaiser Gratian (reg. 375–383), ein kompromissloser Verfechter der Orthodoxie, 382 entfernen ließ. Nach Gratians Tod trat der stadtrömische Senatssprecher Symmachus 384 mit einem Bittgesuch an Valentian II. (reg. 375–392) heran, *die entfernte Siegesgöttin möge wieder aufgestellt werden, damit jedes Senatsmitglied – soweit es wolle – nach altem Brauch vor Sitzungsbeginn vor ihr seine Weihrauchkörner verbrennen könne (…).*[121] Sein Ansuchen blieb erfolglos, nicht zuletzt aufgrund einer Intervention des Mailänder Bischofs Ambrosius. Der römische Stadtadel bekannte sich dessen ungeachtet auch weiterhin zu seinem Glauben.

Wohl anlässlich einer Hochzeit zwischen einem Mitglied der Symmacherfamilie und einem der – gleichfalls dem paganen Kult treu gebliebenen – Nicomacherfamilie entstand zwischen 388 und 394 ein Elfenbeindiptychon, auf dessen Flügeln, nämlich jeweils auf einer *tabula ansata* (angeheftete Inschriftentafel), in gediegener römischer Majuskel („Großbuchstabenschrift") die Namen der beiden Familien erscheinen (Abb. 12).[122] Derartige Diptychen aus Elfenbein besitzen an der Innenseite vertiefte Felder, in denen eine Wachsplatte lag, in die mit einem Griffel Notizen gemacht und wieder gelöscht werden konnten. Derartige antike „Notebooks" wurden anlässlich wichtiger Ereignisse, zu denen Hochzeiten und insbesondere der Amtsantritt der Konsuln zählten, verschenkt. Das Symmacher- und Nicomacherdiptychon bündelt das religiöse Bekenntnis der beiden Adelsfamilien wie ein Brennglas: Die Symmachertafel (London VA) zeigt eine vor einem Altar stehende Priesterin, die ein Weihrauchkorn aus einer Dose nimmt, um es ins Feuer zu werfen. Eine Altardienerin bringt eine Schale mit Früchten und einen Kantharos (Becher mit zwei hochgezogenen, geschweiften Henkeln) herbei. Die Opferszene findet unter einem Eichenbaum, dem heiligen Baum Iupiters, statt. Die Nicomachertafel (Paris MC; Abb. 12) stellt eine Priesterin der Demeter (Fruchtbarkeitsgöttin) dar, die vor einem Rundaltar, auf dem ein Opferfeuer lodert, steht und eine gesenkte, brennende Fackel trägt. Neben ihr wächst eine Pinie, der heilige Baum Kybeles.

Das religiöse Bekenntnis ist hier aber auch über die stilistische Schiene transportiert. So steht den Figuren Raum zur Verfügung, in dem sie ihre körperliche Präsenz und ihre Bewegungen entfalten können. Bei der Nicomachertafel ist zudem die Organik der Priesterin – ihre prallen Brüste wie ihr vorgewölbter Bauch – augenfällig, wodurch sie der Livia (?) auf der »Apotheose Kaiser Augustus'« aus dem 1. nachchristlichen Jahrhundert in Ravenna (MN)[123] nahesteht. Die Priesterin auf dem Symmacherflügel stellte ERNST KITZINGER überzeugend dem sog. Amalthearelief (Città del Vaticano MV)[124] aus dem 2. nachchristlichen Jahrhundert gegenüber.

Während die Aussage des Diptychons in inhaltlicher und stilistischer Hinsicht eine völlig klare ist, geht aus Quellen hervor, dass das Engagement des römischen Stadtadels für den paganen Kult keineswegs von Intoleranz oder gar Starrsinn geprägt war. Vielmehr suchte man „… das Göttliche in allen seinen Erscheinungen, um sein Geheimnis zu erfassen".[125] Darin lässt sich eine Offenheit auch gegenüber dem Christentum erkennen, dessen Ausschließlichkeitsanspruch man aber ablehnte. Im Hinblick darauf schrieb Symmachus in seiner *„3. Relatio"*: *Auf einem einzigen Wege kann man das nicht, zu solch einem großen Geheimnis des Göttlichen gelangen (uno itinere non podest perveniri ad tam grande secretum).*[126] Die Anhänger der paganen Kulte erkannten offenbar, dass das Christentum eine Reihe von Defiziten aufweist: So kennt es ja keine Verehrung der – in paganen Augen von Göttern, Nymphen etc. belebten – Natur und sie hat das weibliche – in der paganen Religion in den Göttinnen, Priesterinnen, Nymphen usf. präsente – Moment ausgeschaltet. Als orientalische Religion ist sie reine Männersache. Die negativen Auswirkungen der Unterwerfung der Natur, die im jüdisch-christlichen Glauben durch den Auftrag *Macht Euch die Erde untertan* (Gn 1:28) scheinbar legitimiert ist, sollte erst im 20. Jahrhundert in vollem Ausmaß erkannt werden; im selben Zeitraum klärte sich der Blick auf die Tatsache, dass die Frauen mittels des Christentums durch zwei Jahrtausende aus der Kultur als Subjekt weitgehend ausgesperrt waren.

Die betonte Körperlichkeit der Priesterin auf der Nicomachertafel lässt sich darüber hinaus als indirekte Kritik an der Leib*feindlichkeit* des Christentums verstehen, die sich auch in der Abschaffung der Olympischen Spiele durch den Kaiser 393 manifestiert. Sie hatte im Christentum Tradition: Gegen die „Hure Babylon", also gegen Sexualität und Hedonismus, gegen den Sieg des Körpers über den Geist, ja gegen die Maßlosigkeit schlechthin, hatte schon der Autor der Geheimen Offenbarung am Ende des 1. Jahrhunderts gewettert, der das pagane Rom als die Inkarnation aller Laster ansah.

Zudem muss dem Christentum ein gerüttelt Maß Wissenschaftsfeindlichkeit attestiert werden. Besonders bei den ungebildeten Anhängern war sie verbreitet. So dürften für die Zerstörung der Serapeionsbibliothek in Alexandria fanatisierte Christen verantwortlich gewesen sein. Die – aus zwei Teilen bestehende – unter den Ptolemäern im 3. vorchristlichen Jahrhundert aufgebaute Bibliothek war in der Folge für die Ausbreitung des griechischen Geistes und damit auch für die Entwicklung der Wissenschaft, auch die der Theologie wesentlich geworden. Die größere Bibliothek mit ca. 700 000 Buchrollen war schon 47 v. Chr. einem Brand zum Opfer gefallen. Die Verbrennung der kleineren Bibliothek mit ca. 40 000 *rotuli* im Jahr 391 dürfte auf das Konto von Christen gegangen sein, die auf diesem Wege die pagane Welt auszulöschen suchten.

Ein Herumreißen der Entwicklung, wie das der pagane römische Stadtadel in religiöser Hinsicht intendierte, war in den 80er-Jahren des 4. Jahrhunderts freilich nicht mehr möglich. Zu tief hatte sich das Christentum bereits eingewurzelt. Als dann Kaiser Theodosius d. Gr. einige Jahre später die paganen Kulte verbot (391) und das Christentum zur Staatsreligion erhob (394), war den paganen Kulten automatisch jede finanzielle Unterstützung durch den Staat entzogen. Die Fürsorge für die Gottesdienste und die Erhaltung der alten Kultstätten ging damit in die Obhut der entsprechend orientierten Aristokratie über, die ihr Bekenntnis auch weiterhin unbeirrt formulierte, etwa um 400 auf dem Flügel eines Diptychons (London BM),[127] der die Apotheose eines römischen Senators zeigt: Zwei geflügelte Genien tragen den Verstorbenen in den Himmel. Antichristlicher kann man sich nicht äußern. Gut vorstellbar, wie die Christen angesichts einer derartigen Selbstvergötzung in Abscheu erstarrten.

5.2. Im Aufwind

5.2.1. Das Apsismosaik der Ecclesia Pudentiana

5.2.1.1. Das hermeneutische Modell bei Hieronymus

Jüngsten Forschungsergebnissen zufolge wurde am Beginn des 5. Jahrhunderts (zwischen 402 und 417), also nach der Herstellung des Symmacher- und Nicomacherdiptychons, die Apsiskalotte einer kleinen saalraumförmigen römischen Kirche, die in das Haus, das einst einem gewissen Pudens gehört hatte, eingebaut worden war, mit einem Mosaik überzogen (Abb. 14).[128] Wie aus Luxor bekannt, ist die dekorierte Apsiskalotte Teil der kaiserlichen Repräsentationskunst, und wie in der tetrarchischen Anlage meint die Kalotte auch im christlichen Bereich den Himmel. An die Stelle Iupiters ist freilich Christus getreten. Seine Situierung in der Apsiskalotte lässt sich mit dem hermeneutischen Modell, wie es der christliche Philosoph Sophronius Eusebius Hieronymus (* um 347, † 420) vorstellte, in Relation setzen. Der – später als einer der vier lateinischen Kirchenlehrer verehrte – Gelehrte hatte das Auslegungsmodell der Alexandriner aufgegriffen, wonach hinter dem historischen Schriftsinn ein geistiger Sinn verborgen sei, der seinerseits in einen typologischen (allegorischen), einen tropologischen (moralischen) und einen anagogischen Sinn einteilbar wäre. Dabei verglich er die einzelnen Schriftsinne mit den Teilen eines Gebäudes: Dessen Fundament müsse, so betonte Hieronymus in seinem Isaiaskommentar, immer der wörtliche Sinn sein; erst darauf könne die Interpretation aufbauen: *super fundamenta spirituale extruere aedificium.* Der typolgische Sinn, also die Relation von Altem und Neuem Testament, bilde die Mauern des Gebäudes. Diese seien mit dem tropologischen Sinn gleichsam getüncht. Darüber wölbe sich der anagogische Sinn. Die Darstellung im Apsisgewölbe der *Ecclesia Pudentiana* macht es wahrscheinlich, dass Hieronymus solche Werke vor seinem geistigen Auge hatte, als er sein hermeneutisches Modell ausarbeitete.

5.2.1.2. Die Messianität Christi

Christus ist auf dem Mosaik der *Ecclesia Pudentiana* mit allem Nachdruck als Messias definiert: Er thront in einem goldenen Gewand voller Würde auf dem edelsteinbesetzten Goldthron mit rotem Polster, den wir aus Luxor kennen. Sein Haupt ist nimbiert – auch das ein aus Luxor geläufiges Motiv – und die Apostel flankieren den Herrn wie Höchstbeamte. Hier ist also das gesamte Repertoire der Herrscherikonographie auf Christus übertragen. Damit ist Bild geworden, was das 325 abgehaltene Konzil von Nikaia zum Dogma erhoben hatte, nämlich die Wesens*gleichheit* (ὁμοούσιος: eines Wesens) des Sohnes mit dem Vater. Durch die Beschlüsse des „Nicaenums I" und der darauf folgenden Konzilien wurde an der „Kodifizierung" der Lehre gearbeitet, aus den einzelnen Bausteinen nach und nach das gesamte christliche Glaubensgebäude errichtet. Das eröffnete der Kirche die Möglichkeit, außerhalb davon Stehende fernzuhalten.

Die Konzilien wurden jeweils aufgrund eines konkreten Anlasses einberufen, jenes von Nikaia etwa, um damit der Lehre des in Alexandria wirkenden Priesters Areios (* 260, † 336), der dort seit ca. 315/317 seine Lehre hinsichtlich des *Wesens* Christi vortrug, zu begegnen. Für Areios gab es nur einen einzigen, höchsten und wahren Gott: den Vater. Christus sei vom Vater *vor* der Zeit gezeugt worden. Das heißt: Christus hätte einen Anfang – Areios nennt ihn γεννηθείς (gezeugt) – und sei nicht mit dem Vater ewig. Er sei demnach ein wesensmäßig *anderer* als der Vater, nämlich veränderlich und fehlbar. Das war für die Majorität der Geistlichkeit Häresie. Da die lokalen kirchlichen Stellen mit Areios nicht fertig wurden, berief Konstantin 325 das Konzil von Nikaia ein, welches das Dogma von der Wesens*gleichheit* des Sohnes mit dem Vater als Antwort auf die Thesen des Areios formulierte. Der „Häretiker" wurde verbannt, Gleiches widerfuhr seinen Anhängern.

Zu der im Nicaenum I festgelegten Glaubenswahrheit bekennt sich das Mosaik der *Ecclesia Pudentiana* auch durch die Stadtkulisse hinter dem thronenden Herrn, die für Jerusalem steht. Mittig ragt hier auf dem Golgothahügel eine *crux gemmata* (mit Edelsteinen besetztes, von einer Perlenreihe eingefasstes Kreuz) auf, also das wahre Kreuz Christi, das Konstantin d. Gr. in der Apsis der Grabeskirche in einer Edelmetallfassung wieder aufrichten hatte lassen. Indem das Gemmenkreuz in der römischen Darstellung vor einem von feurigen Wolken überzogenem Himmel, dem Himmel am Tag der Wiederkehr Christi, erscheint, ist es auch schon das „Zeichen des Menschensohnes", das den *secundus adventus* Christi am Jüngsten Tag ankündigen wird (Mt 24:30, 26:63–65; Mk 13:26, 14:61–63; Lk 21:27). In der Stadt Jerusalem, wie sie in der Apsis der *Ecclesia Pudentiana* abgebildete ist, wird folglich schon das Himmlische Jerusalem (Hebr 12:22; Offb 3:12, 21:2 10) sichtbar. In dieser ewigen Stadt hat der Herr seinen Thron bereits bestiegen, um mit den Aposteln als Beisitzer Gericht zu halten (Mt 19:28). Das Apsismosaik fasst also die Anamnese (Vorgeschichte), in diesem Fall: das dogmatisch bis zu seiner Konzeption Erreichte, zusammen.

5.2.1.3. Apokalyptische Wesen und Evangelien

Aus dem in der *Ecclesia Pudentiana* als aufgewühlt dargestellten Wolkenhimmel heraus tauchen die vier apokalyptischen Wesen, die der Ezechielvision zufolge mit dem Herrn am Jüngsten Tag erscheinen werden (Ez Kap. 1). Sie hatten, kurz bevor das Mosaik in Angriff genommen wurde, eine neue und fortan verbindliche Bedeutung bekommen: Auf dem 381 abgehaltenen Konzil von Konstantinopel („Konstantinopel I") waren unter anderem die vier – etwa zwischen 60 und 120 verfassten, schon seit ca. 200 n. Chr. als authentisch geltenden – Evangelien offiziell zu solchen erklärt worden. Bereits vor Konstantinopel I hatte man wiederholt versucht, die vier Evangelientexte mit den vier Lebewesen, die der Prophet Ezechiel in seiner Vision geschaut hatte, in Verbindung zu bringen. Allgemein akzeptiert wurde aber erst die Zuteilung durch Hieronymus in dessen Ezechielkommentar, wonach der Mensch das Symbol des Matthäus, der Löwe das Symbol der Markus, der Stier jenes des Lukas und der Adler das des Johannes ist.

Seine Autorität verdankte Hieronymus nicht zuletzt der Tatsache, dass er über Auftrag von Papst Damasus (reg. 366–384) eine revidierte Bibelübersetzung vorgelegt hatte, wobei er die Texte möglichst aus der Originalsprache ins Lateinische übersetzte. Seine *„Vulgata editio"*, meist *„Vulgata"* genannt, welche die ältere Übersetzung, die *„Vetus latina"*, verdrängte, blieb im Westen für das ganze Mittelalter die Bibelübersetzung schlechthin; erst die Übersetzungen in die Landessprache während der Reformation (Martin Luther) machten ihr den Platz streitig.

5.2.1.4. „Heidenkirche" und Judenkirche

Die „Apostelfürsten" Paulus und Petrus, die im Apsismosaik der *Ecclesia Pudentiana*
Christus zunächst sitzen, werden von zwei hinter ihnen stehenden Frauengestalten, den
Personifikationen der „Heidenkirche" und der Judenkirche, mit Märtyrerkronen gekrönt,
weil sich Petrus um die Missionierung der Juden annahm, während sich Paulus den Anhängern der paganen Religionen zuwandte und das Christentum auf diesem Wege zur
„Weltreligion" gemacht hat. Der Begriff „Heidenkirche" ist der dafür geläufige. „Heide"
ist aber ein germanisches Wort, das Waldmensch bedeutet, weshalb es bei der Behandlung der frühchristlichen Zeit hier stets vermieden wurde und erst in Zusammenhang mit
der frühmittelalterlichen Mission gebraucht werden wird. Jenseits dieses terminologischen
Problems wird deutlich, dass das Apsismosaik der *Ecclesia Pudentiana* nicht bloß das
dogmatisch, sondern auch das kirchenpolitisch bis zu seiner Entstehung Erreichte zusammenfasst.

5.2.1.5. Stilrückgriff als Mittel der Überzeugung

Dem christlichen Betrachter erlaubt das Apsismosaik der *Ecclesia Pudentiana* die durch
die beiden Konzilien 325 und 381 „freigelegten" Glaubenswahrheiten zu schauen. Zur
Darstellung dieser Dogmen als Fakten wurde ein suggestiver Stil gewählt: Wir blicken
in den bühnenartigen Tiefenraum, in dem das Apostelkollegium mit dem mächtigen thronenden Christus im Zentrum Platz genommen hat, während uns aus dem wolkenzerfetz-
ten Himmel die wuchtigen apokalyptischen Wesen, zugleich Repräsentanten der vier
Evangelien als Fundament des christlichen Glaubens, geradezu bedrohlich entgegen-
kommen. Figuren wie Tiere sind körperlich präsent, Erstere in ihren Proportionen dem
klassischen Kanon angenähert, Gewänder und Inkarnat (Haut, insbesondere des Gesichts)
besitzen stoffliche Qualität. Zwecks Suggestion wurde also auf alte Stilmittel zurückgegriffen, die im 3. Jahrhundert zurückgedrängt und in der tetrarchischen sowie der Konstantinischen Zeit fast gänzlich abgelehnt worden waren. Von daher zeigt sich, dass sich
die Klassizismen unter Julianos Apostata (cf. Abb. 11) und im Milieu des paganen römischen Adels (cf. Abb. 12) einerseits und im christlichen Bereich der Theodosianischen (?)
Zeit andererseits (cf. Abb. 14) nicht sosehr durch die angewandten Mittel, sondern durch
ihre Ziele unterscheiden. In der *Ecclesia Pudentiana* war offensichtlich in erster Linie maximale Überzeugungskraft angestrebt. Damit verband sich wohl der Wunsch, dem seitens
des römischen Adels über den Stil angemeldeten Rückbezug auf die Tradition, verbunden mit dessen sozialem Anspruch, durch die Verwendung derselben Mittel entgegenzu-

treten, wie das vergleichbar schon um 360 durch den Sarkophag des Junius Bassus geschehen war.

5.2.1.6. Die Genese der hl. Pudentiana

Die Kirche im einstigen Haus des Pudens ist der hl. Pudentiana (Sta Pudenziana) gewidmet. Damit fragt sich, wieso eine außerhalb Roms wenig bekannte Heilige schon in Theodosianischer Zeit durch eine Kirche aufgewertet wurde und weshalb das Thema des Apsismosaiks nicht auf das Patrozinium Bezug nimmt. – *De facto* wurde das heutige Patrozinium erst nachträglich, nämlich nach der Konstruktion der Heiligen, mit der Kirche verbunden. Die Basis dafür war, dass das Wohnhaus, in dem später die Kirche eingerichtet wurde, früher einem gewissen Pudens gehört haben soll. In dieses wurde im 2. Jahrhundert eine Thermenanlage – ein lang gestreckter Raum mit einer abgeflachten Apsis – eingebaut, die ab dem späten 4. Jahrhundert als Kirche genutzt wurde. Diese behielt dem römischen Usus folgend den *titulus* (Titel) vom einstigen Eigentümer des Hauses bei; man spricht diesbezüglich von „Titelkirchen“. Im Zuge der Neunutzung des Bades wurde die flache Apsiskalotte mit der besprochenen musivischen Auskleidung versehen.

Einige Forscher haben den ursprünglichen Hauseigentümer mit jenem Pudens identifiziert, den Paulus in seinem zweiten, in Rom verfassten Brief an Timotheus nennt. Paulus schreibt darin: *Beeil dich, komm noch vor dem Winter! Es grüßen dich Eubulus, P u d e n s, Linus, Klaudia und alle Brüder* (2 Tim 4:21); ob der Hauseigentümer Pudens tatsächlich der im Brief erwähnte Freund Pauli war, muss hier unbeantwortet bleiben. Der Titel der Kirche hielt sich jedenfalls lange. Noch 499 – Jahrzehnte nach der Entstehung des Mosaiks – ist vom „*titulus Pudentis*“ die Rede. Langsam begannen sich um Pudens Legenden zu ranken: Er sei römischer Senator gewesen, habe dem hl. Petrus Gastfreundschaft gewährt und zwei Töchter, Pudentiana und Praxedis, gehabt. Pudentiana kam in den Ruf, eine christliche Jungfrau gewesen zu sein, und man begann das Grab einer Potentiana in der Priscillakatakombe als ihr Grab zu verehren. Im 5./6. Jahrhundert bekam dann die Geschichte von der jungfräulichen Christin, welche die Tochter des Pudens gewesen und in der Priscillakatakombe bestattet worden sei, so weit Konturen, dass Pudentiana als frühchristliche Heilige angesehen wurde und die *Ecclesia Pudentiana* zur Kirche der hl. Pudentiana „mutierte“.[129] – Übrigens leitet sich auch bei der genannten römischen Kirche „S. Crisogono“ das Patrozinium vom *titulus* her, das später mit einem Chrysogonus, der unter Diokletian bei Aquileja das Martyrium erlitten haben soll, in Verbindung gebracht wurde.

5.2.2. S. Paolo f. l. m. – die Basilika des „Heidenapostels"

Zu Ehren des „Heidenapostels" Paulus, der einen wesentlichen Beitrag dazu geleistet hatte, dass das Christentum zu *der* Religion des Imperiums werden konnte, zudem mit der christlichen Gemeinde Roms in Briefkontakt gestanden und hier das Martyrium erlitten hatte, ließen Valentian II. (reg. 375–392) und Theodosius (reg. 379–395) ab 386 eine unter Konstantin d. Gr. errichtete Basilika außerhalb der Stadtmauern vergrößern.[130] Dadurch war die Paulusbasilika (auch: „Basilica Ostiense") größenmäßig mit der sog. Basilica Ulpia (107–113)[131] am Trajansforum gleich auf, zugleich wurde sie zur größten christlichen Basilika nach Alt-St. Peter. Jener folgte S. Paolo f. l. m. auch hinsichtlich der Fünfschiffigkeit. Das Langhaus wurde nach einem Brand im Jahr 1823 erneuert, auch die vom Feuer verschont gebliebenen Teile[132] unterzog man damals einer großzügigen Restaurierung. Die Basilika besitzt daher heute eher das Flair des 19. als das des späten 4. Jahrhunderts.

5.2.3. Die „Reidersche Tafel"

Auf pagane Werke wie den genannten Diptychonflügel mit der Apotheose des Senators antwortete in inhaltlicher Hinsicht ein um 400 in Rom entstandenes Elfenbeinrelief, die sog. Reidersche Tafel (ehem. Sammlung Reider, heute: München BNM),[133] indem sie den Ostermorgen und Christus als den zum Vater in den Himmel Aufsteigenden (Apg 1:9–11) zeigt. „Nur einer wurde in den Himmel versetzt: Christus!" – sagt dieses Relief. Sein Stil ist dessen ungeachtet ein klassizistischer, was das Faktum, dass der Stilrückgriff nicht automatisch mit einer propaganen, also antichristlichen Aussage verbunden sein musste, unterstreicht. Die heute isoliert verwahrte „Reidersche Tafel" war sicherlich auf dem Einband eines Codex angebracht. Der neue Typus „Codex" begann im ausgehenden 4. Jahrhundert den *rotulus* zu verdrängen. Das fortan verwendete Material, Pergament (enthaarte, geglättete, ungegerbte und unter Spannung getrocknete Tierhaut), war nicht nur haltbarer als Papyrus (entrindetes Stengelmark der Papyruspflanze, das in dünne Streifen zerschnitten, kreuzweise verklebt und getrocknet wurde), sondern erlaubte auch eine neuartige Ausstattung der Handschriften, unter anderem mit Deckfarbenbildern. Nach dem Beschreiben und Bemalen der Doppelblätter wurden diese zu Lagen zusammengeheftet, zum Codex gebunden und dieser durch einen aus zwei Holzplatten bestehenden Einband geschützt. Gelegentlich griff man hierbei auf den Typus des antiken Diptychons zurück, wenn man auf dem Vorder- und Rückendeckel des Einbandes reliefierte Elfenbeinplatten montierte. Die Platte in München stammt sicher von einem solchen durch Elfenbeinplatten nobilitierten Einband; ob von der Vorder- oder der Rückseite, ist ungewiss. Legitim ist die Vermutung, dass es sich bei dem zugehörigen, heute verlorenen Codex um ein Evangeliar (die Texte der vier kanonischen Evangelien) gehandelt hat.

5.3. Die Hofkunst Theodosius' d. Großen

5.3.1. Das Theodosiusmissorium

In der Zeit, als sich Theodosius die Macht noch mit den Augusti Valentian II. und Arkadios teilte, entstand in Konstantinopel das sog. Theodosiusmissorium (Madrid AH; Abb. 13; *missorium:* Schüssel, Teller, von *mittere* im Sinne von „[Speisen] auftragen").[134] Derartige Silberplatten dienten wie die Elfenbeindiptycha als Ehrengeschenke an Höchstbeamte. Auf diesem Wege dürfte das Missorium nach Spanien gelangt sein. Der Anlass für seine Herstellung werden die *Dezennalien* (das zehnjährige Regierungsjubiläum) Theodosius' im Jahre 388 gewesen sein. Die Platte zeigt den vor einer Palastfassade, die an jene des Diokletianspalastes in Split erinnert, thronenden Theodosius, flankiert von den gleichfalls thronenden Augusti, beschützt von einer Garde germanischer Soldaten. Im unteren Drittel der Scheibe lagert die von Genien umschwirrte Abundantia (Personifikation des Überflusses).

Wie beim Apsismosaik der *Ecclesia Pudentiana* sind auch auf dem Theodosiusmissorium die Figuren in ihren Proportionen dem klassischen Kanon angenähert und – ungeachtet der Flachheit des Reliefs – körperlich präsent. Ja, die weitgehend entblößt und entspannt daliegende Abundantia besitzt das Selbstbewusstsein von Gestalten der klassischen Antike. Retrospektiv wirkt auch die feine Oberflächenmodellierung. Ein ikonographischer Rückgriff ist der Nimbus, der Theodosius' Haupt hinterfängt; dieser aus Luxor bekannte Bestandteil der spätantiken Herrscherikonographie war ja inzwischen auf Christus übertragen worden. Zugleich mit den klassizistischen Momenten begegnet aber auch eine moderne, aus der Konstantinischen Zeit ableitbare Tendenz, auf deren Konto die Positionierung des Kaisers in der Mittelachse, seine Frontalität sowie die größenmäßige Abstufung zwischen ihm und den Mitaugusti im Sinne der „Bedeutungsperspektive" bzw. „Bedeutungsproportion" (besserer archäologischer Terminus) gehen. Sie schreibt die Hierarchie fest. Das alles ist untrennbar mit einer zukunftsweisenden Raumstruktur verbunden: Obgleich die Thronenden und die Garde so angeordnet sind, als säßen Erstere respektive stünde Letztere in einer Apsis, wobei sich Theodosius am tiefsten Punkt befindet, ist die ganze Figurengruppe auf den Palast so appliziert, als wären die Figuren und die Architektur aus räumlich konzipierten Darstellungen ausgeschnitten und dann Schicht für Schicht auf den planen Grund „geklebt" worden. Man denkt an Zeitungsausschnitte, Spielkarten etc. bei einer Collage. An die Stelle des antiken Tiefenraums, der in der Spätphase des 2. pompejanischen Stils (um 19 v. Chr.)[135] seinen Höhepunkt erreicht hatte, ist im Theodosiusmissorium also das eingetreten, was WILHELM KOEHLER – im Hinblick auf die karolingische Kunst – „Schichtenraum" nannte.[136] Das Bild entwickelt sich von der Grundfläche schichtenförmig in Richtung Betrachter. Folglich „schweben" die Protagonisten respektive Gegenstände nie, selbst dann nicht, wenn sie keinerlei Bodenkontakt haben. Das gilt bei der Madrider Platte beispielsweise für den rechts außen stehenden Gardisten, dessen Füße sich oberhalb der Säulenbasis befinden. Die im Theodosiusmissorium fassbare strukturelle Neuorientierung wurde für das gesamte Mittelalter von höchster Bedeutung, weil fortan mittels des „Schichtenraums" die Kategorie „Raum", die unser tägliches Leben bestimmt, innerbildlich außer Kraft gesetzt werden konnte. Das eröffnete wiederum die Möglichkeit, auf geistige Zusammenhänge, jenseits unserer empirisch wahrnehmbaren Welt, hinzuweisen. Der „Schichtenraum" ist so gesehen Teil eines auf die *anagogé* orientierten, vom neuplatonischen Denken herkommenden Konzepts. Im konkreten Fall wird durch die auf dem Theodosiusmissorium gegebene Relation zwischen Architektur und Figuren – die drei Kaiser thronen vor *einem* Palast, obgleich sie an verschiedenen Orten des Reichs residierten – die Behauptung aufgestellt, dass das Reich von den drei Herrschern gemeinsam und in voller Eintracht regiert werde. Die in den Tetrarchengruppen (Abb. 6) schon einmal ausgesprochene Idee ist also auf der Silberplatte mit anderen Worten nochmals formuliert. Christliches sucht man auf ihr vergeblich.

5.3.2. Der Theodosiusobelisk

Ganz und gar in die Tradition antiker Imperatoren stellte sich Theodosius auch, wenn er um 390 im Hippodrom von Konstantinopel[137] einen Obelisken – aus der altägyptischen Perspektive der Sonnenstrahl des Sonnengottes Amun Re und damit ein Machtsymbol – aufstellen ließ. Mit dieser Absicht hatten sich hinsichtlich Konstantinopel schon Konstantin d. Gr. und Julianos Apostata getragen, und vor diesen hatte bereits Augustus einen Obelisken aus Heliopolis (bei Kairo) bringen und im Circus Maximus in Rom aufstellen lassen.[138] Unter Theodosius wurde nun ein Obelisk aus dem Tempel von Karnak,[139] der unmittelbar neben dem von Luxor liegt, nach Konstantinopel verbracht. Sein Gegenstück – Obelisken waren ursprünglich je paarweise aufgestellt – verblieb in Karnak. Ein Obelisk aus Luxor sollte 1833 als Geschenk des Vizekönigs Mechmed Ali nach Paris gelangen, wo er seit 1836 die Place de la Concorde beherrscht.

Den Sockel für den Obelisken aus Karnak bilden zwei Marmorblöcke, von denen der obere Kaiser Theodosius und seine Familie samt Hofstaat zeigt, während der untere den Transport des Monolithen nach Konstantinopel und seine Aufstellung in der Hauptstadt schildert.[140] Stilistisch sind die Reliefs ambivalent: Die Formen sind geschlossen, die Körper weich modelliert und damit retrospektiv. Die isokephale Aufreihung der Figuren und der *horror vacui* (Angst vor Freiraum: dichte Anordnung) schließen indes an Konstantinisches an. Dieses für die stadttheodosianische Hofkunst typische, an das Nebeneinander verschiedener Stile unter Konstantin d. Gr. erinnernde Stilamalgam sollte wohl veranschaulichen, dass Theodosius der Garant für ein gefestigtes Imperium war. Kurz darauf, 394, ein Jahr vor seinem Tod, sollte es ihm tatsächlich gelingen, das ganze Reich in seiner Hand zu vereinen.

5.4. Klassizismus auf Mailänder Art

Mailand, seit dem ausgehenden 3. Jahrhundert Residenz der Kaiser Westroms und wie Konstantinopel mit dem *epitheton ornans* (Beinamen) *„Roma secunda“* (zweites Rom) versehen, war bestrebt, an diesem Ruf durch Architektur und figurale Werke zu feilen. Die Mittel dafür waren Monumentalität und Stilrückgriff. Greifbar werden sie im Sakralbereich: Nach der Meinung vieler Forscher wurde die Kirche S. Lorenzo,[141] ein Zentralbau von römischen Dimensionen und römischer Monumentalität, im 3. Viertel des 4. Jahrhunderts errichtet. Ein an diese Kirche anschließender Annexbau, S. Aquilino, erhielt etwa gleichzeitig eine musivische Ausstattung,[142] die Christus als jugendlichen Lehrer inmitten der Apostelschar, vor goldenem Hintergrund sitzend, zeigt. Retrospektiv sind hier die körperliche Präsenz der Figuren und ihre Disposition im Bildraum. In dieselbe Kerbe schlägt die Skulptur: Die Figuren auf dem sog. Stadtsarkophag in S. Ambrogio in Mailand[143] und auf den Fragmenten der Holztür derselben Kirche (heute in deren Museum)[144] vom Ende des 4. Jahrhunderts sind ausgeprägt körperlich und in geradezu klassisch drapierte Gewänder gehüllt. Zu den Neuerungen des 4. Jahrhunderts zählt indes der Typus der Märtyrerkapelle, wie ihn die Kapelle für den hl. Viktor,[145] einen lokalen Märtyrer, bei S. Ambrogio vertritt. Der kleine Bau über kreuzförmigem Grundriss besitzt tonnengewölbte Kreuzarme und eine von einer Kuppel überhöhte Vierung.

Die wichtigste Persönlichkeit Mailands im 4. Jahrhundert war der schon erwähnte Bischof Ambrosius, der später wie Hieronymus als Kirchenlehrer verehrt werden sollte. Eine Konfrontation zwischen Bischof Ambrosius und Kaiser Theodosius d. Gr. im Jahr 390 verdeutlicht, wie sehr sich die Stellung der Kirche, das heißt des hohen Klerus, in der Zwischenzeit gefestigt hatte: Nachdem der Herrscher in Thessalonike 7000 aufständische Bürger im Zirkus hatte hinrichten lassen, zwang Ambrosius den Kaiser zur öffentlichen Buße. Die Kirche hatte sich also mittlerweile als höchste moralische Instanz etabliert. Damit konvergiert, dass in Mailand, aber auch in Rom um 380 die ersten Mönchsgemeinschaften im Westen entstanden.

5.5. Die Einnahme Roms und die „Sixtinische Renaissance"

5.5.1. Der Groll der Götter

Nach dem Tod Theodosius' d. Gr. im Jahr 395 wurde das Imperium endgültig geteilt: Theodosius' Sohn Honorius (reg. 393–423) wurde Kaiser über den Westen, sein Bruder Arkadios (reg. 395–408) Herr über den Osten und damit der erste oströmische Kaiser. Das Eindringen der Germanen war nun nicht mehr aufzuhalten. Die Westgoten fielen in Italien ein, konnten zwar zurückgeschlagen werden, dennoch sah man sich gezwungen, die Hauptstadt von Mailand nach Ravenna, eine schwerer einnehmbare Hafenstadt an der Adria, zu verlegen (402). Schon wenige Jahre später überquerten die Vandalen, Alemannen und Alanen den Rhein, die römischen Garnisonen zogen von Britannien ab, Vandalen, Alanen und Sueben drangen auf die Iberische Halbinsel vor und wurden wenig später von den Westgoten, die die gesamte Halbinsel besetzten, nach Afrika abgedrängt. Kurz davor, 410, kam es zum „GAU". Mehr als das, denn diesen „Unfall" hatte niemand für möglich gehalten: Die Westgoten eroberten Rom. Die *Roma aeterna* (ewiges Rom), deren Verteidigungsanlagen seit langem nicht mehr in Schuss gehalten worden waren, lag ohnmächtig da, musste Brandschatzung über sich ergehen lassen, und Flüchtlingsströme ergossen sich – teils auf Getreideschiffen – nach Nordafrika.

Der römische Adel, den alten Göttern treu, glaubte die Schuldigen zu kennen: Die Christen hätten Rom auf dem Gewissen, weil sie die Einstellung des paganen Kults veranlasst hatten. Die Götter hätten daher, da ihnen die gebührende Verehrung versagt wurde, ihre schützende Hand von Rom weggezogen. Große christliche Theologen der Zeit hatten gegen diese Argumentationslinie schon vor dem Fall Roms Stellung genommen, etwa Ambrosius von Mailand, aber auch der Spanier Aurelius P. Clemens Prudentius (* 349, † 405). Nun, nach dem Fall Roms, nahm der Berber Aurelius Augustinus (* 354, † 430), Anhänger des Neuplatonismus und Schüler von Bischof Ambrosius, mittlerweile seines Zeichens Bischof des nordafrikanischen Hippo Regius (heute: Annaba, Algerien) und später als Kirchenlehrer verehrt, seinen großen apologetischen Traktat *„De civitate Dei"* (*„Vom Gottesstaate"*; 413–26) in Angriff, in dem er ein Weltmodell entwarf, in dem er den Niedergang Roms als eine Notwendigkeit am Weg zur Errichtung des

Gottesstaates darstellte. Damit suchte Augustinus jene Zusammenhänge darzulegen, die für ihn die wahren waren. Das Apsismosaik der *Ecclesia Pudentiana* (Abb. 14) wurde eben in dieser Zeit als apologetische Geste ausgeführt. Als Augustinus bald nach dem Abschluss seines *opus magnum* im Jahre 430 in seiner Bischofstadt starb, standen die Vandalen *ante portas*.

5.5.2. Santa Maria Maggiore: die Theotokosbasilika

5.5.2.1. Das Konzil von Ephesos

Scheinbar um dem weiblichen, durch das Christentum aus der Religion hinausgedrängten Moment wieder Platz einzuräumen, *de facto* aber aus christologischen Gründen, ließ Papst Sixtus III. (reg. 432–440) in Rom eine große Basilika zu Ehren der Gottesmutter (heute: „Santa Maria Maggiore") errichten.[146] Anlass dafür war die Definition Mariä als Gottesgebärerin am 3. Konzil, jenem von Ephesos (heute: Ruinenstadt bei Selçuk, Türkei). 431 war dort zum Dogma erhoben worden, dass Maria nicht nur den Menschen Christus, sondern auch den *Gott* geboren habe. Damit wurde Maria auf eine ähnlich hohe Ebene wie die, auf der ihr Sohn steht, hinaufgehoben. Von daher erklärt sich, dass schon ein Jahr nach dem Konzil, 432, in Rom der Spatenstich für die große Basilika – nach der Lateransbasilika, Alt-St. Peter und S. Paolo f. l. m. die vierte große Basilika Roms – erfolgte (cf. Abb. 15). Sie ist – anders als die drei eben genannten Basiliken mit Apostelpatrozinien – nur dreischiffig und zudem querschifflos[147] (ein schmales Querhaus wurde erst im 13. Jahrhundert eingefügt). Das Mittelschiff war ursprünglich heller; um den Raum zu rhythmisieren, wurde im Barock jedes zweite Obergadenfenster zugemauert.[148]

Die rasch hochgezogene Marienbasilika erhielt eine reiche musivische Ausstattung, wobei die Einzelszenen, anders als bei den Ausstattungen der Coemeterien aus dem 3. und 4. Jahrhundert, systematisch angeordnet wurden. In den hochrechteckigen Wandfeldern unterhalb der Langhausfenster sind Ereignisse des Alten Testaments geschildert,[149] wobei der Handlungsstrang auf der Südwand (die Kirche steht Richtung Nordwest) von der Apsis zum Eingang und auf der Nordwand vom Eingang wieder zum „Triumphbogen" – wie die Wand, die das Langhaus nach Osten abschließt und ursprünglich die Apsis rahmte, in Analogie zu den antiken Ehrenbogen heißt – verläuft (Abb. 15). Die Wiedergabe der Geschichte des Auserwählten Volkes lässt sich auf die Ausstattungen antiker Paläste zurückführen, auf deren Wänden die Heldentaten der Kaiser festgehalten waren. Die Ikonographie der Langhausbilder dürfte, wie KATRIN KOGMAN-APPEL[150] betonte, auf den Illustrationen einer *Vetus-latina*-Handschrift, also einer Bibel in der alten Übersetzung vor ihrer Revision durch Hieronymus, basieren, wobei die Miniaturen der Handschrift wiederum durch jüdische Vorlagen beeinflusst worden sein dürften.

Der Triumphbogen zeigt Geschehnisse des Neuen Bundes.[151] Die streifenförmige, an der Struktur des Galeriusbogens in Saloniki orientierte Gliederung ließ auch hier eine stringente Anordnung der Einzelszenen zu. Sie präsentieren Maria in der »Verkündigung« (Lk 1:26–38) als Kaiserin: thronend, von einer Engelgarde flankiert, gekrönt, in einem goldenen, reich mit Perlen und Edelsteinen besetzten Kleid, die Füße auf einem Suppedaneum. Das Christuskind in der »Epiphanie« (Mt 2:1–12) als „Dauphin": auf dem kaiserlichen Thron sitzend, von der Engelgarde bewacht. Dieser tiefe Griff in die Kiste der imperialen, aus Luxor bekannten Repräsentationsmotive dient in Santa Maria Maggiore zur Veranschaulichung des im Konzil von Ephesos beschlossenen neuen Dogmas, mit dem der „häretischen" Meinung des Konstantinopler Erzbischofs Nestorios (* nach 381, † um 451 im Exil; reg. 428–431) widersprochen worden war. Die Konzilsväter sind Nestorios allerdings über Gebühr aggressiv begegnet; mittlerweile sind viele seiner Aussagen neu interpretiert und durchaus als orthodox erkannt worden. In Ephesos wurde Nestorios aber bezichtigt, wie Areios Christus die Fähigkeit zur Sünde zugeschrieben zu haben. *De facto* leugnete Nestorios die „Hypostatische Union": Er bestritt, dass in Christus Gott und Mensch in einer „Hypostase" (ὑπόστασις: Substanz) *vereinigt* wären. Beides sei, so Nestorios, in Christus zwar vorhanden, aber unvermischt. Daraus folgerte er im Hinblick auf Maria, sie habe zwar Christus, den *Menschen,* geboren, nicht aber den *Gott.* Maria nannte er daher χριστοτόκος (Christotokos: *Christus*gebärerin), nicht aber θεοτόκος (Theo tókos: *Gottes*gebärerin). Das Konzil von Ephesos, das Nestorios verurteilte, erhob zum Dogma, dass Maria die *Gottes*gebärerin, die *Theo* tókos sei. Das wurde unmittelbar darauf in Rom durch die monumentale Marienkirche samt ihren Mosaiken festgeschrieben.

5.5.2.2. Der „historische" und der „anagogische" *modus*

Bei den Mosaiken kamen zwei gänzlich verschiedene Stile zur Anwendung: Bei den alttestamentlichen Bildern im Langhaus[152] dominiert ein illusionistischer Stil, der weite Landschaften mit reich bewegten Figuren kennt. In den neutestamentlichen Szenen am Triumphbogen hingegen agieren monumentale Figuren „langsam" in einem seichten Bildraum. Auch das Gold ist unterschiedlich eingesetzt: In den Langhausbildern erscheint es sparsam, „pointillistisch", um das Flirren der heißen Luft über der Ebene anzudeuten, während der weitaus größere Teil des Hintergrundes von einer vom Grün ins Gelb changierenden Landschaft und dem blauen Himmel eingenommen wird. Am Triumphbogen ist das Gold hingegen zu einer die Figuren weitgehend hinterfangenden Fläche ausgedehnt, Himmel und Landschaft sind zu schmalen Himmels- respektive Bodenstreifen geschrumpft. Der am Triumphbogen angewandte Stil verhilft den Darstellungen aus dem Neuen Bund zu repräsentativer Wirkung, während der im Langhaus angewandte den Szenen einen narrativen Zug verleiht. Früher hat die Forschung die stilistische Divergenz mit einem Zeitunterschied erklärt: Die Langhausmosaiken seien, so meinte man, vor den Mosaiken des Triumphbogens ausgeführt worden; Letztere wirkten dementsprechend moderner. Mittlerweile gilt aber als erwiesen, dass die musivische Ausstattung an allen drei Wänden gleichzeitig erfolgte. Daher ist anzunehmen, dass die beiden Stile, besser: *modi* (Arten, Weisen),[153] bewusst gewählt wurden; offenbar sah man im narrativen *modus* den für alttestamentliche Geschehnisse adäquaten und in der raumnegierenden, repräsentativen Darstellungsweise die für die neutestamentlichen Szenen passende. Hier kann mit Fug und Recht vom λόγος (Logos: Sinn) des Stils gesprochen werden, da der narrative Stil die Geschehnisse des Alten Bundes als etwas Vergangenes definiert, während die „Glaubenswahrheiten" am Triumphbogen dank des hier angewandten *modus* präsentischen Charakter besitzen. Im Hinblick auf das Denkmodell der Schule von Alexandria und Hieronymus kann also bei den Langhausmosaiken von einem „historischen" *modus* und bei den Triumphbogenmosaiken von einem „anagogischen" *modus* gesprochen werden. Eine indirekte Unterstützung dieser Definition findet sich bei Augustinus, dem Bischof von Hippo, der ja erst 430, im Jahr vor dem Konzil von Ephesos, gestorben war. Augus-tinus hatte in seinen *„Confessiones"* („Bekenntnisse"; 397/8) versucht, das Wesen Chris-ti zu definieren, indem er es im Hinblick auf die Zeit betrachtete: Die Zeit verfliegt, sagt Augustinus, auch die längste Zeit sei nichts *als eine Kette vieler flüchtiger Augenblicke*, die vergangene Zeit sei nicht mehr und damit Nichts, die zukünftige Zeit ist noch nicht und damit Nichts, und die Gegenwart ließe sich nicht fassen. Der ungreifbar abschnurrenden Geschichte stünde die ewige Gegenwart Christi gegenüber: In Christus sei Vergangenheit und Gegenwart und Zukunft gegenwärtig.[154]

5.5.3. Die Aneignung der kaiserlichen Sakralbauten

Nicht nur Neubauten, sondern auch seit dem 4. Jahrhundert bestehende Sakralbauten wurden in Rom während der 1. Hälfte des 5. Jahrhunderts ausgestaltet. Dadurch wurden diese auf kaiserliche Initiative oder mit kaiserlicher Unterstützung errichteten Bauten neu interpretiert. Zugleich fand ihre Aneignung durch die Kirche statt. Dies betrifft vor allem die Basiliken Alt-St. Peter und S. Paolo f. l. m. Die konstantinische Basilika von Alt-St. Peter war ein großer, aber schlichter Bau gewesen, dessen Inneres man im beginnenden 5. Jahrhundert mit Fresken überzog. Diese gingen bei dem vom „*Maestro Ruinante*", Donato Bramante, initiierten Abriss von Alt-St. Peter zwar verloren, sind aber durch Nachzeichnungen des 17. Jahrhunderts (Città del Vaticano BAV, Cod. Barb. 4406) fassbar.[155] Ihnen zufolge zeigten die Hochschiffwände ein typologisches Programm: das Alte Testament auf der – von der Apsis aus – linken Wand (Nordwand) war mit dem Neuen Testament auf der rechten Wand (Südwand) konfrontiert. Die Ereignisse folgten jeweils kontinuierlich aufeinander, eine direkte In-Beziehung-Setzung typologisch zusammengehöriger Ereignisse (z. B.: »Aufrichtung der Ehernen Schlange« [Num 21:5–10] und »Kreuzigung Christi« [cf. Jh 3:13–13]) gab es nicht; sie sollte erst im Hochmittelalter erfolgen. Dass die Mauern durch Darstellungen zu Aussageträgern gemacht wurden, erinnert an das hieronymische Denkmodell, wonach ja der typologische Spiritualsinn die Mauern des Sinngebäudes bildet. Von daher lässt sich sagen: Für den in der Kirche Befindlichen, das heißt: für den in die Gemeinschaft der Christen *Eingebundenen* und für den im Kircheninneren *Sich-Aufhaltenden,* wird der von den Exegeten freigelegte typologische (allegorische) Spiritualsinn des gesamten christlichen Lehrgebäudes sichtbar. Die deutliche Herausstellung der typologischen Beziehungen zwischen Altem und Neuem Bund in Alt-St. Peter war zugleich die Antwort auf die schon früher aufgeworfene Frage nach der Bedeutung des Alten Testaments. Die Anhänger des Persers Mani (* 216, † 277), dessen – aus christlichen, zoroastrischen, buddhistischen und chinesischen Vorstellung geklitterte – „Lehre des Lichts" (sog. Manichäismus) Rom zu Beginn des 4. Jahrhunderts erreicht hatte, forcierten die latente Tendenz zur Abwertung des Alten Bundes, indem sie von „zwei Prinzipien" (Licht/Finsternis, Geist/Körper) und zugleich von einem dreistufigen Weltprozess ausgingen: Der „Vater der Größe" (Gott) habe die Welt aus Licht- und Finsterniselementen geschaffen (was einer negativen Bewertung der Schöpfung und somit des Alten Bundes gleichkommt), aus welcher der „Glanz-Jesus" zuerst Adam erlöst habe und nach und nach jene Menschen befreie, die dem Ruf der „Lichtapostel" (zu denen vor Mani unter anderen Buddha, Zoroaster, der irdische Jesus und Paulus gehören) folgen und sich zur manichäischen Kirche bekennen. „Das Endziel ist die Befreiung des Lichts (= Geistes) aus der materiellen Schöpfung, die am Weltende als ‚Klumpen' zurückbleibt und keine neue Aktivität entfalten kann" (KURT RUDOLPH).[156] Gegen diesen radikalen Dualismus war Augustinus, zwischen 373 und 382/383 selbst Anhänger des Manichäismus, mit Vehemenz aufgetreten, indem er auf die allegorische Zusammengehörigkeit von Altem und Neuem Bund hinwies.

Auch die zwischen 1277 und 1290 von Pietro Cavallini im Hinblick auf das *anno santo* (Heiliges Jahr) von 1300 erneuerte, infolge des Brandes von 1823 zerstörte, aber in Kopien des 17. Jahrhunderts (Città del Vaticano BAV, Cod. Barb. 4406) ebenfalls überlieferte Freskenausstattung von S. Paolo f.l.m.[157] lässt sich mit dem Denkmodell Hieronymus' in Verbindung bringen. Im Langhaus waren hier neben Geschehnissen des Alten Testaments ([von der Apsis aus] linke Wand/ Südwand) Szenen aus der Apostelgeschichte (rechte Wand/ Nordwand) dargestellt. Da die Apostel als Blutzeugen ein *exemplum virtutum* (Tugendbeispiel) geben, waren sie als Leitbild für jeden Christen gemeint. Aus der Perspektive der Schule von Alexandria gehören die Martyrien zur tropologischen Ebene. Die Wände der Paulusbasilika sind also dem Denkmodell Hieronymus' folgend mit dem tropologischen Sinn *bemalt*.

Um einen Neubau handelte es sich indes bei dem zwischen 432 und 440 errichteten Baptisterium bei S. Giovanni in Laterano,[158] das an die Stelle eines vorkonstantinischen, 410 zerstörten Nymphäums (den Nymphen geweihtes Quellheiligtum) trat. Wie dieses war auch das sog. Lateransbaptisterium (S. Giovanni in Fonte) ein Zentralbau. Der Typus „Baptisterium" war nach der „Konstantinischen Wende" entwickelt worden, indem man jenes des Caldariums (Warmbad römischer Bäder) mit dem des Mausoleums verquickte. Das lag nahe, da ja die Taufe in Form der *immersio* vollzogen wurde, und mit der Taufe aus christlicher Perspektive der *alte Mensch* stirbt und für den Getauften ein neues Leben beginnt: *Der alte Mensch* wird Paulus zufolge *ausgezogen*, der neue Mensch *angezogen* (Kol 3:8–10). Die musivische Ausstattung[159] des Lateransbaptisteriums stellt das Christentum als blühenden Garten vor: Saftige grüne Akanthusranken breiten sich vor einem dunkelblauen Grund aus. Der Stil der Mosaiken ist dezidiert retrospektiv, was sie zu einem Hauptwerk der „Sixtinischen Renaissance" (RICHARD KRAUTHEIMER)[160] macht.

Dass als Auftraggeber nun nicht mehr der Kaiser (gelegentlich mit seinen Mitkaisern), sondern der Papst auftrat, ist die logische Konsequenz der historischen Ereignisse: Nach der Verlegung der Hauptstadt des Weströmischen Reiches erst nach Mailand, dann nach Ravenna (402) und der Einnahme und Plünderung Roms durch die Westgoten (410) war die *aeterna* zwei Kräften überlassen worden: dem Stadtadel und dem Papsttum.

5.5.4. Stilpluralismus im römischen Nationalepos

Adlige, die an ihrer paganen Haltung weiter festhielten, waren wohl die Besteller von illustrierten „Aeneis"-Texten, von denen sich zwei Exemplare des frühen 5. Jahrhunderts in der Biblioteca Apostolica Vaticana erhalten haben. Beide Abschriften des Vergilschen Epos vertreten den neuen Typ des mit Deckfarbenminiaturen ausgestatteten Codex. Der Stil der Bilder ist in den beiden Exemplaren indes gänzlich verschieden. So ist im sog. Vergilius Romanus (Città del Vaticano BAV, Cod. Vat. lat. 3867)[161] der Schichtenraum, wie er beim Theodosiusmissorium (Abb. 13) auftrat, konsequent angewandt. Die Protagonisten sind hier klobig und mit graphischen Mitteln wiedergegeben, was die Miniaturen in die Nähe konstantinischer Werke rückt. Die Bilder des sog. Vergilius Vaticanus (Città del Vaticano BAV, Cod. Vat. lat. 3225; Abb. 16)[162] sind hingegen in einem illusionistischen Stil ausgeführt. Die Miniatur »Selbstmord Didos« (die karthagische Königin entleibte sich ja, nachdem ihr Geliebter Aeneas sie verlassen hatte)[163] erlaubt uns einen Einblick in ein guckkastenähnliches, nach oben durch eine perspektivisch wiedergegebene Kassettendecke abgeschlossenes Interieur, das die voluminöse Bettstatt der karthagischen Herrscherin aufzunehmen imstande ist. Noch stärker ist die Suggestion jener Bilder, die Geschehnisse in freier Natur schildern. So ist das Meer in der »Abfahrt der Schiffe« weit und die Luft voller Atmosphäre, was auf die römische Malerei der Zeitenwende[164] zurückverweist. Doch hat die strukturelle Entwicklung, die mittlerweile stattgefunden hat, auch hier ihre Spuren hinterlassen. Der Raum ist in den Bildern des Vergilius Vaticanus aus raumhaltigen respektive plastischen Schichten zusammengesetzt, ohne dass ein echtes Raumkontinuum entstünde. Beispielsweise ist die Tür, durch welche gleich die Hofdamen in das Gemach Didos eintreten werden (dies das Thema einer weiteren Miniatur), nicht in die linke, verkürzt gegebene Schmalwand eingeschnitten, sondern kulissenartig bildparallel vor die raumgreifende Architektur gestellt. Auch tritt ja die Perspektive in der simplen Form der Parallelperspektive auf. Beides ist nicht neu, sondern war schon der Malerei der frühen Kaiserzeit inhärent, allerdings hat man seinerzeit die parallelperspektivischen Einzelteile derart gekonnt kombiniert und die Übergänge zwischen den Schichten so geschickt verschliffen, dass die Suggestion damals eine nahezu perfekte war. Im 5. Jahrhundert wirken die Schichten inklusive der parallelperspektivischen Teile indes unvermittelt übereinandergelegt. Wie viele Qualitäten aus der frühen Kaiserzeit die Vergilius-Vaticanus-Miniaturen dennoch enthalten, zeigen die »Kämpfenden Stiere« im Vergleich mit den »Bukolika« des Vergilius Romanus. Bewegen sich die Tiere im Vergilius Vaticanus wie jene auf dem Fußbodenmosaik aus der Villa Hadriana bei Tivoli (1. Hälfte 2. Jh.; Città del Vaticana MV)[165] frei in einer tiefenräumlichen Landschaft, erscheinen die Pflanzen, Tiere und Figuren im Vergilius Romanus wie Abziehbilder.

Das beweist, dass verschiedene Stile – besser: *modi* – für die Illustration desselben Inhalts zur Verfügung standen. Möglicherweise sollte der Text durch den im Vergilius Romanus verwendeten *modus* aktualisiert werden, während der Stil des Vergilius Vaticanus, der historische Ereignisse in einem Raum-Zeit-Kontinuum stattfinden ließ, als ein „werkgerechter" angesehen wurde. Hinsichtlich des Vergilius Romanus ist also denkbar, dass es pagane Auftraggeber gab, die eine illustrierte „Aeneis" besitzen wollten, die nicht altbacken aussah, sondern deren Bilder das altehrwürdige Epos vielmehr in einer modernen, plakativen, ja derben Diktion erzählten, derer sich sonst die Christen, etwa am Triumphbogen von Santa Maria Maggiore (Abb. 15), bedienten.

5.6. Ravenna als Hauptstadt

5.6.1. Dombaptisterium und kaiserliches Mausoleum

Gleich nachdem Kaiser Honorius, der Sohn Theodosius' d. Gr., seine Residenz aus strategischen Gründen 402 von Mailand nach Ravenna verlegt hatte, wurde die bis dahin wenig bedeutende Hafenstadt zur neuen Hauptstadt Westroms aufgemöbelt. Zu den ersten Neubauten zählt das beim Dom errichtete Baptisterium:[166] ein weiträumiges Oktogon mit Kuppel. In den 20er Jahren folgte die Errichtung des Mausoleums der kaiserlichen Familie (Abb. 17):[167] für Kaiser Honorius und dessen Schwester Galla Placidia (* um 390, † 450) sowie für deren Sohn Valentinian III. (reg. 424–455). Obgleich der Sarkophag Galla Placidias leer blieb – sie dürfte in Rom bestattet sein –, ist der Bau als „Mausoleum der Galla Placidia" geläufig. Galla Placidias Biographie ist beeindruckend und hinsichtlich der politischen Umstände vielsagend: 414 heiratete sie den Westgoten Athaulf, den Schwager Alarichs, der 410 Rom erobert hatte. Nach Athaulfs Ermordung in Spanien im Jahr nach der Hochzeit kehrte Galla Placidia nach Ravenna zurück und heiratete einen römischen Feldherrn, der später als Mitregent (Konstantius III.) fungierte. Schließlich regierte sie im Namen ihres Sohnes Valentinian, der schon fünfjährig in Rom zum Augustus erhoben worden war. 450 starb Galla Placidia ebendort, nachdem das Weströmische Reich – nach massivem Straucheln – im 2. Viertel des 5. Jahrhunderts noch einmal Boden unter den Füßen bekommen hatte.

Interessanterweise greift das verhältnismäßig kleine kaiserliche Mausoleum in Ravenna den Typus der Märtyrerkapelle auf, der vorher in Mailand bei der Viktorkapelle fassbar wurde. Wie jene besitzt auch der ravennatische Grabbau einen kreuzförmigen Grundriss, tonnengewölbte Kreuzarme und eine überkuppelte, von einem gedrungenen Turm überhöhte Vierung. Der Rückbezug auf Mailand ist auch im Patrozinium – das Mausoleum ist dem hl. Laurentius gewidmet – greifbar. Auf das Constantiamausoleum in Rom verweist indes das Faktum, dass der ravennatische Bau mit einer Kirche (Sta Croce; zerstört)[168] verbunden war. Um 440 wurde das Innere des Mausoleums zur Gänze mit Mosaiken überzogen (Abb. 17),[169] die stilistisch dem Klassizismus, der im späten 4. Jahrhundert in Mailand geläufig gewesen war und jenem, der zeitgleich, im 2. Viertel des 5. Jahrhunderts, in Rom im Rahmen der „Sixtinischen Renaissance" aktuell war, nahestehen. Der auf der dem Eingang gegenüber befindlichen Stirnwand wiedergegebene Patron und sein Folterinstrument, der Rost, sowie ein Kasten, in dem die vier Evangelien liegen, wirken körperlich respektive plastisch und werfen den Tiefenraum noch zusätzlich betonende Schatten.[170] Der Kasten mit den vier Evangelien, die ja im Konzil von Konstantinopel (381) als kanonisch erklärt worden waren, lassen sich als Hinweis auf den Beitrag verstehen, den Galla Placidias Vater Theodosius d. Gr. für die Orthodoxie geleistet hat, indem er das Konzil einberief.

Die Stirnwand des Nordarms des Mausoleums zeigt grüne, saftige Akanthusranken vor blauem Grund, die am Wasser aufwachsen.[171] Hirsche sind zum Saufen gekommen, was auf den 2. Vers des 42. (Vulgata: XLI) Psalms *quemadmodum desiderat cervus ad fontes aquarum, ita desiderat anima mea ad te, Deus (So wie der Hirsch lechzt nach dem Wasserquell, so sehnt sich meine Seele nach Dir, o Gott)* anspielt. Der Akanthus stimmt mit jenem im Lateranbaptisterium eng überein. Möglicherweise geht er dem römischen zeitlich sogar voraus. Der Typus und das Patrozinium des kaiserlichen Mausoleums in Ravenna sowie die in seinen Mosaiken vorkommenden Motive und der Stil betonen also gleichermaßen die Kontinuität zwischen Rom, Mailand und Ravenna als Hauptstädte des Westens. Dies sicher mit der Absicht, die Katastrophe von 410 zu überspielen – ungeachtet der kurzen Ehe Galla Placidias mit einem Verwandten des Urhebers.

Um 458 wurde das Innere des Dombaptisteriums mit Stuck und Mosaiken überzogen,[172] die ihm eine kostbare Wirkung geben. Die musivische Ausstattung täuscht vor, die dunkelblaue Kuppel besäße wie die des Pantheons[173] in Rom im Zenit ein *opaion* (ὀπαῖον: Rauchloch, Öffnung), durch das wir in eine andere Realitätssphäre blickten, wo vor Goldgrund die Taufe Christi wie ein Theaterstück auf einer Bühne stattfände: Christus steht im Wasser, in dem rechts die Personifikation des Flusses Jordan sitzt, während links am Ufer, Christus zugewandt, Johannes der Täufer steht, Wasser aus einer Schale über das Haupt des Täuflings gießend (die Stelle ist restauriert) und die *crux gemmata,* zugleich eine *crux hastata,* als Insigne des Messias in seiner velierten Linken haltend. Auf Christus senkt sich die Taube des Heiligen Geistes herab, der im Konzil von Konstantinopel 381 als dritte göttliche Person anerkannt worden war. Der illusionistische Stil, der sich um die Wiedergabe von Raumtiefe, Körperlichkeit und Oberflächenwerten bemüht, betont die historische Kontinuität.

5.6.2. Die losgelöste „Romidee"

In dieselbe Kerbe schlägt die Ablösung der Romidee vom konkreten Ort – die logische Konsequenz der Verlegung der Hauptstadt zuerst nach Mailand, dann nach Ravenna. Dass „Rom" fortan das Synonym für die westliche Reichshälfte bildete, belegt etwa ein im weströmischen Bereich in der 2. Hälfte des 5. Jahrhunderts (?) entstandenes Elfenbein-diptychon, das die Personifikationen von Rom und Konstantinopel zeigt (Wien KHM).[174] Als das Diptychon geschnitzt wurde, hatte sich die von der *urbs aeterna* abgelöste Ro-midee bereits neuerlich zu bewähren gehabt: Mitte des 5. Jahrhunderts hatte Rom ein zwei-tes Desaster erlebt: Die – von den Westgoten aus Spanien abgedrängten – Vandalen wa-ren 455 von Nordafrika aus mit Schiffen in Richtung Italien aufgebrochen und hatten nach ihrer Landung in der Tibermündung vierzehn Tage lang die Ewige Stadt geplündert. Im selben Jahr erwirkte Papst Leo I., d. Gr. (reg. 440–461), von den Hunnen nur mit Not die Schonung der römischen Bevölkerung.

6. Methexis statt Mimesis –
Die Teilhabe am Göttlichen (5./6. Jh.)

6.1. Ephesos

6.1.1. Eutropioskopf und Johannesbasilika

Während die politisch gebeutelte westliche Reichshälfte darum kämpfte, durch Anknüpfen an Motivik und Stilmittel der Vergangenheit ihren Machtanspruch aufrechtzuerhalten, konnte sich Ostrom weit gelassener dem Ziel der Vergeistigung hingeben. Das trug dazu bei, dass sich das Weströmische und das Oströmische Reich, seit dem Tod Theodosius' d. Gr. 395 politisch getrennt, auch kulturell unwiderruflich auseinanderentwickelten. „Vergeistigung" wurde in Byzanz durch das Verfolgen jener Ziele angestrebt, die durch das – neuplatonisch fermentierte – Christentum ausgesteckt waren. Im persönlichen Bereich bedeutete dies den Versuch, bei der Lebensführung konsequent dem Pfad der Tugenden zu folgen, indem man sich vom *mundus*, von der Welt der sichtbaren Dinge, fernhielt. Punktuell trug in diesem Milieu sogar der Platonismus noch einmal späte Früchte, wenn sich in Ephesos Mitte des 5. Jahrhunderts ein reicher Bürger namens Eutropios für die *polis* engagierte, indem er den Ausbau einer Straße finanzierte. Auch der Lohn, den der Wohltäter erhielt, entstammte dem Fundus der Vergangenheit: Eutropios wurde ein Denkmal im öffentlichen Raum in Form eines Porträtkopfes (Wien KHM; Abb. 18)[175] gesetzt. Das formale Konzept ist freilich neuplatonisch geprägt und damit zukunftsweisend. Dank der Zurückdrängung der Individualität und der Entstofflichung der Materie bildet das idealische Bildnis den Spiegel des tugendhaften Abgebildeten. Darin löst der Eutropioskopf die Forderungen Plotins ein, der im 3. Jahrhundert einen Diskurs über das Porträt eröffnet hatte, in welchem das Bildnis grundsätzlich schlechter wegkam als der Lebende, den es wiedergibt. Nicht aber wegen mangelnder Ähnlichkeit; das Problem der *mimesis* (μίμησις: Nachahmung) war schon bei Plotin kein Thema mehr. Vielmehr beantwortete Plotin seine rhetorische Frage *Warum ist ein wenig schöner Mensch, der lebt, schöner als ein schöner, der im Bild dargestellt ist?* mit dem Hinweis auf die Tatsache, dass *der konkret Vorhandene eher Gegenstand des T r a c h t e n s ist. Das aber ist er, weil er S e e l e hat; und dies wieder, weil er gewissermaßen vom Licht des Guten überstrahlt ist und durch diese Strahlen wach geworden ist und sich emporgeschwungen hat und mit emporhebt, was in ihm ist, und dieses nach seinen Kräften ebenfalls gutmacht und aufweckt.*[176]

Der Eutropioskopf wirft zugleich ein Schlaglicht darauf, welch große Rolle die klein-asiatischen Städte im 5. Jahrhundert gespielt haben; erinnert sei etwa daran, dass in Ephesos das 3. Konzil (431) getagt hatte. Bald nach diesem – für die Dogmatik wie für die Kirchenpolitik gleichermaßen wichtigen – Ereignis wurde dort auf dem Aya-Soluk-Hügel eine monumentale, heute zerstörte Kirche zu Ehren des hl. Johannes Ev. errichtet.[177] Ihre Vierung ist wie bei Alt.-St. Peter über dem Grab des Heiligen positioniert. Anders als in Rom und wohl im Rückgriff auf die konstantinische Apostelkirche in Konstantinopel schlossen an die Vierung in Ephesos aber vier Basiliken an.

6.2. Syrien

6.2.1. Kloster St. Simeon/Qal'at Sam'āt

Das kreuzförmige Grundrisskonzept der Johanneskirche von Ephesos wurde auf-gegriffen, als man ab 470/80 in Qal'at Sam'āt (Syrien) das sog. *martyrium* (Grabkirche eines christlichen Märtyrers) errichtete, das gemeinsam mit dem zugehörigen Kloster das grandioseste Beispiel dieser wichtigen Phase des syrischen Sakralbaus bildet (Abb. 20).[178] Die nur als Ruine erhaltene, aber gut rekonstruierbare Kirche übertraf ihr ephesisches Vorbild durch noch immensere Ausmaße von 90 respektive 80 Metern. Die vier Arme, alle mit basilikalem Querschnitt, und das zentrale, weiträumige und möglicherweise mit einem Zeltdach überdeckte Oktogon dienten zur Aufnahme der Pilgermassen, die zu jenem Ort strömten, an dem der Asket und Eremit Symeon (Simeon Bar-Apollon; 389/390[?]–459) fast 40 Jahre seines Lebens als Stylit (Säulenheiliger) verbracht hatte. Pilgermassen waren schon zu Symeons Lebzeiten hierher gekommen, weshalb er sich, um der Belästigung durch die Besucher zu entgehen, auf eine Säule zurückzog, auf der er fortan, jedem Wetter ausgesetzt, lebte. Von der Säule – sie war anfangs ca. drei Meter hoch und wurde allmählich auf ca. 20 Meter erhöht – ist im Zentrum des Oktogons ein Stumpf noch erhalten.[179] Um sie herum wurde nach Symeons Tod das *martyrium* wie ein monumentaler Schrein aufgeführt. In der konsequenten Abwendung des Styliten von der Welt, diesem freiwillig auf sich genommenen Martyrium vor den Augen der Glaubensbrüder, mani-festiert sich das für diese Zeit typische Streben nach *methexis* (μέθηξις: Teilhabe) am Göttlichen durch Selbstentäußerung. Die Pilger buhlten ihrerseits – auf einer etwas niedrigeren Stufe – um diese Teilhabe, indem sie den „Märtyrer", der den Weg der Selbstentäußerung quasi stell vertretend für sie beschritt respektive beschritten hatte, verehrten. Die geradezu aggressive Abqualifizierung der Welt der sichtbaren Dinge, die ja hinter der Abwendung vom *mundus* steht, bildete freilich den Keim, aus dem im entsprechenden Umfeld rasch häretische Blüten wachsen konnten – im 12. Jahrhundert beispielsweise in Form der kathartischen Bewegung.

6.3. Ravenna unter den Ostgoten

6.3.1. Das Ende des Weströmischen Reichs

476 stürzte Odoaker, ein Führer germanischer Söldnertruppen, den letzten weströmischen Kaiser Romulus Augustulus (reg. 475–476). Damit erlosch das Weströmische Reich. Odoaker verteilte das Land an seine Truppen, tastete aber die vorhandenen politischen und religiösen Einrichtungen nicht an. In diesem Sinne nützte er auch Ravenna als Hauptstadt. Seine Herrschaft war aber nicht von langer Dauer. Bereits 493 wurde Odoaker vom Ostgoten Theoderich ermordet, der das Ostgotenreich in Italien begründete. Das Reich Theoderichs in Italien hatte eine Rechtsgrundlage, somit auch Odoakers Ermordung, denn die Goten hatten die Herrschaft über Italien aus der Hand des oströmischen Kaisers Zenon (reg. 474–491) erhalten. Sie mussten sich das Land allerdings selbst erobern. Danach herrschte der Gotenkönig (reg. 493 [497 kaiserliche Anerkennung] bis 526) als legitimer Vertreter des oströmischen Kaisers in Italien wie Odoaker von Ravenna aus. Das Ostgotenreich sollte bis zur Mitte des 6. Jahrhunderts existieren, 554 wurde es durch die Byzantiner beseitigt.

Die Einwanderung der Ostgoten in Italien erfolgte am Ende der sog. Großen Völkerwanderung (375–489), wobei im Auge zu behalten ist, dass diese „Völker" keineswegs ethnisch homogen waren, wie man aus dem nationalistischen Geist des 19. Jahrhunderts heraus lange annahm. Vielmehr ist unter „Volk" eine politische Gruppe zu verstehen, die durch ein spezifisches Gemeinwesen, „kulturelle" Codes und übereinstimmende Ziele zusammengeschweißt war; in ein „Volk" konnte man sich folglich auch „hineinoptieren", was wieder erklärt, warum ganze Völker wie die Awaren nach einer strategischen Niederlage völlig verschwinden konnten.

6.3.2. Kontinuität und Abgrenzung

Hinsichtlich Kirchenbau und -ausstattung schlossen die Ostgoten an die letzte Phase des Weströmischen Reiches an. Wiederum wurde in Ravenna Kontinuität beschworen. Der religiöse Bereich war allerdings durch das Faktum verkompliziert, dass die neuen Herrscher dem Arianismus anhingen, der – durch das Konzil von Nikaia keineswegs völlig ausgemerzt – bei den germanischen Völkern, die sich vom Subordinationismus offenbar angesprochen fühlten, eine Art Nachblüte erlebte. Exegetische Prinzipien und Liturgie waren bei den Arianern und den Katholiken indes gleich. Um in der Hauptstadt die Sakralbauten der autochthonen orthodoxen Bevölkerung nicht anzutasten, wurde gegen 500 für die politische Führungsschicht ein zweites, kleineres Baptisterium, das „Baptisterium der Arianer",[180] errichtet. Im Typus folgt es dem älteren „Baptisterium der Orthodoxen". Auch seine Anfang des 6. Jahrhunderts ausgeführte musivische Ausstattung (Abb. 19)[181] orientiert sich am Vorbild, legt aber den Finger auf die Glaubensunterschiede, indem Johannes der Täufer im Wölbungszenit nun nicht mehr das dem Täufling gehörende Gemmenkreuz in Händen hält, sondern sich auf seinen eigenen Hirtenstab stützt. War also Christus im Dombaptisterium durch die *crux gemmata* als wesens*gleich* mit dem Vater definiert worden, tritt uns Jesus jetzt, da das Insigne fehlt, als ein vom Vater wesensmäßig Verschiedener entgegen. Erst durch seinen Lebensweg ist er in den Augen der Arianer diesem ähnlich geworden. Verkürzt gesagt: Christus wurde aufgrund seines Wohlverhaltens während der Taufe vom Vater „adoptiert".

Auch ein Stilunterschied trennt die beiden Mosaikausstattungen, zwischen deren Entstehung ein halbes Jahrhundert liegt: Der auf den theodosianischen Klassizismus rekurrierende Illusionismus der älteren Mosaiken ist im Baptisterium der Arianer einer raumlosen, graphischen, ja plakativen Darstellungsweise gewichen; die Spannung zwischen drei ganz unterschiedlichen, zart bewegten Protagonisten wurde zugunsten einer symmetrischen und damit repräsentativen Anordnung der Figuren aufgegeben. Auch die Relation zum Betrachter ist eine andere. Erblickt der im Dombaptisterium Stehende die Taufe Christi als ein in einem anderen Raum stattfindendes Geschehen, dringt im jüngeren Baptisterium der Taufakt – hinsichtlich des Wesens Christi zugleich ein Rechtsakt – in den Betrachterraum ein, weil die Darstellungsweise nun dem beim Theodosiusmissorium (Abb. 13) schon angewandten Schichtenprinzip folgt. Ergo der Raum des Gläubigen mit jenem, in dem die Heilsgeschichte abläuft, identisch ist. Distanz ist unmöglich, *participatio* (der lateinische Begriff für *methexis*) zwingend.

Weiter ließ Theoderich um 500 eine dem Erlöser geweihte Palastkirche, eine dreischiffige, mit Mosaiken gänzlich ausgekleidete Basilika, errichten.[182] Auf den Hochschiffwänden wechseln oberhalb der Fenster Szenen aus dem Leben Christi mit Baldachinen ab, welche die Propheten, die zwischen den Fenstern stehen, überspannen.[183] Unterhalb der Fenster war je eine große, sich von West nach Ost bewegende Prozession wohl gotischer *nobili* (Würdenträger) wiedergegeben: Die an der Südwand zog vom Palast Theoderichs zum thronenden Christus, jene an der Nordwand vom Flottenstützpunkt Classis (*classis:* Flotte) zur thronenden Gottesmutter mit dem Christuskind.[184] Die beiden Züge wurden Mitte des 6. Jahrhunderts abgeschlagen, nur die topographischen Angaben, Palast und Hafen, sowie die beiden Zielpunkte „im Himmel", Christus und Maria mit dem Kind, blieben damals unberührt.

Vor dem königlichen Palast ließ Theoderich ein Reiterstandbild von sich selbst aufstellen. Damit rekurrierte er ebenso auf die römische Tradition wie mit der Berufung des römischen Staatsbeamten Flavius Magnus Aurelius Cassiodorus (* um 485, † 580), der in Ravenna von 507 bis 511 die königlichen Schreiben und Erlasse stilisierte; der in Scylaceum (Squillace, Kalabrien) geborene Cassiodor hatte durch einen auf den Gotenkönig gehaltenen *panegyricus* (Lobgedicht, -rede) dessen Aufmerksamkeit auf sich gezogen.

In die römische Tradition stellte sich Theoderich letztlich auch mit seinem bei der Hauptstadt errichteten Mausoleum,[185] das dem Typus des Zentralbaus folgt. Allerdings ist es zweigeschossig (der Sarkophag steht im Obergeschoss) und durch einen Monolithen wie durch einen gigantischen Deckel (11 m Durchmesser, ca. 300 Tonnen) verschlossen. Dieser macht den Eindruck, Riesen hätten ihn auf den turmartigen Grabbau gehievt. Schwer beeindruckt von dem darin Bestatteten waren offenbar nicht nur Theoderichs Zeitgenossen, lebt er doch als Hauptheld der Sage von Dietrich von Bern (= Verona) im hochmittelalterlichen nordischen Sagenkreis fort, demzufolge Dietrich-Theoderich immense Kräfte besessen, ja schon im Jünglingsalter – je nach Fassung der Sage: einen oder zwei – Riesen bezwungen hat.

Die Tradition wurde in Ravenna aber nicht nur vom arianischen Herrscher, sondern auch vom orthodoxen Erzbischof fortgeschrieben. So schloss die unter Petrus II. (reg. 494–519) errichtete erzbischöfliche Kapelle[186] durch den kreuzförmigen Grundriss an ältere Bauten in Mailand und Ravenna, hinsichtlich der Mosaikausstattung an Vorbilder in Rom und vor Ort an. Beispielsweise tauchen die schon bekannten grünen Ranken vor blauem Grund neuerlich auf. Der Stil der Mosaiken entspricht hingegen dem bei den gleichzeitig über Auftrag des Hofes ausgeführten Ausstattungen. Offensichtlich waren dieselben Mosaizisten in arianischen und in orthodoxen Bauten tätig. Keineswegs indifferent und für die rauen Zeiten typisch ist indes der Inhalt: So geben die Mosaiken Christus als Kaiser und siegreichen Krieger wieder: In goldener Feldherrentracht und purpurfarbener Chlamys (χλαμύς: Reitermantel) mit Rundfibel tritt er – auf Psalm 91 (XC):13 *(super aspidem et basiliscum calcabis conculcabis leonem et draconem: du schreitest über Löwen und Ottern, trittst auf Löwen und Drachen)* rekurrierend – auf den Nacken eines Löwen und auf den Kopf einer Schlange. Damit ist die Aussage des Psalmisten von Jahwe auf Christus übertragen, folglich dessen Wesensgleichheit mit dem Vater betont und zugleich die Auferstehung Christi – Löwe und Otter bedeuten selbstredend den Tod – thematisiert.

6.4. Rom

6.4.1. SS. Cosma e Damiano und der Primat Petri

Unmittelbar vor seinem Tod († 526) griff Theoderich in die Kirchenpolitik Roms ein. Als sich die Kurie, in welcher eine nach Byzanz orientierte Partei einer gotischen gegenüberstand, nach dem Tod von Papst Johannes I. (reg. 523–526) auf keinen Nachfolger einigen konnte, setzte der Gotenkönig den römischen Diakon Felix als Papst ein, der als Felix IV. (reg. 526–530) den Stuhl Petri bestieg. Felix hatte 519 an einer Delegation nach Konstantinopel teilgenommen und dort sicherlich angesichts des beim Blachernenpalast (Palastviertel im Norden Konstantinopels) befindlichen, Kosmas und Damian gewidmeten Pilgerziels und Spitals einen starken Eindruck von dem im Osten weit verbreiteten Kult dieser beiden Heiligen gewonnen: Der Legende nach waren sie Zwillingsbrüder und Ärzte gewesen, die unter der Regierung Kaiser Carinus' (reg. 283–285) in Kilikien (Südosten Kleinasiens) durch einen eifersüchtigen Kollegen umgebracht worden waren. Für den Diakon Felix waren sie keine Unbekannten, hatte man sie im Westen doch schon im 4. Jahrhundert in den Messkanon aufgenommen. Nach seinem Amtsantritt als Papst ließ Felix in Rom zwei pagane Oratorien (Bethäuser) auf dem Forum zu einer Kirche umbauen, die er dem heiligen Brüderpaar weihte. Das spiegelt sich auch im Programm des Apsismosaiks (Abb. 22)[187] wider: Zentrales Thema ist der *secundus adventus,* bei dem die beiden Brüder dem Herrn – der über rote und blaue Wolken schreitend, in ein goldenes Gewand gehüllt, die Rechte grüßend erhoben wie zur kaiserlichen Audienz erscheint – von Petrus und Paulus zugeführt werden. Hier ist wieder einmal die Quadratur des Kreises versucht worden: Papst Felix IV. wollte den Kult der beiden Heiligen aus dem Osten in Rom zur Blüte bringen, zugleich aber festschreiben, dass die Apostelfürsten, die in Rom schon viel früher das Martyrium erlitten haben und von daher weit länger das Ohr des Herrn hätten, die höhere Position bekleideten. Um dies zu veranschaulichen, stehen die Protegierenden auf dem Mosaik näher beim Herrn als die Protegierten. Auch sind Erstere der Bedeutungsproportion folgend größer wiedergegeben als Letztere. Deutlicher könnte der Anspruch auf den Primat Petri nicht erhoben sein. Stilistisch greift das Mosaik auf den Klassizismus der Theodosianischen und nachtheodosianischen Zeit zurück: Die organischen und schweren Figuren besitzen höchste Präsenz, sind in locker um ihre Körper drapierte Gewänder gehüllt und bewegen sich selbstbewusst, Schlagschatten werfend im Raum.

6.5. Konstantinopel vor Justinian d. Großen

6.5.1. Umwidmungen paganer Bauten

Wie im Westen – exemplarisch war eben vom Umbau zweier paganer Oratorien zur Kirche SS. Cosma e Damiano die Rede – wurden auch im Osten nach und nach pagane Tempel, Grabbauten sowie profane Repräsentations- und Nutzbauten dem christlichen Kult übergeben. Beispielsweise weihte man um 500 das Mausoleum in Thessalonike, das wahrscheinlich der Christenverfolger Galerius um 300 für sich hatte errichten lassen, als Kirche des hl. Georg.[188] Mit der Funktionsveränderung ging ein Umbau Hand in Hand: Eine Apsis kam hinzu, die Kuppel und die Nischen wurden mit Mosaiken überzogen.[189] Ein Teil der Forschung vertritt die Meinung, die Umwidmung und der damit verbundene Umbau samt musivischer Ausstattung wären schon im späten 4. Jahrhundert, also bereits in Theodosianischer Zeit, erfolgt. Dagegen sprechen aber inhaltliche und stilistische Momente der Mosaiken, worauf zurückzukommen sein wird. Dass sich der genaue Zeitpunkt der Umwidmung beim sog. Galeriusmausoleum nicht präzise feststellen lässt, ist kein Einzelfall. Gewiss ist, dass die Umwidmungswelle zwischen dem 4. und dem 7. Jahrhundert ihren Höhepunkt erreichte, nicht nur im gesamten Oströmischen Reich, sondern auch im Westen. Im Osten spielten die Heiligtümer Griechenlands logischerweise eine besondere Rolle. Fast immer wurden sie zu christlichen Kirchen umfunktioniert. Das gilt auch für die Tempel auf der Akropolis (wörtlich: „Oberstadt") von Athen: den Parthenon (Tempel der Stadtgöttin Pallas Athena Parthenos; Parthenon: „Jungfrauengemach") sowie das Erechteion (Tempel für 13 Gottheiten und Heroen [Halbgötter] an der Stelle des Palastes des mythischen Königs Erichtonios) und das Hephaisteion (Hephaistos-Tempel).

Zu den Profanbauten, die als christliche Sakralräume weiter genutzt wurden, zählt die Werkstatt des griechischen Bildhauers Phidias in Olympia,[190] wo dieser um 432–430 v. Chr. die monumentale Statue des Zeus für den Haupttempel[191] geschaffen hatte. Um dem Bildhauer die Arbeit zu erleichtern, hatte man damals am Ort eine Werkstatt errichtet, welche die gleiche Breite wie die *cella* des Tempels, für den die Statue bestimmt war, besaß und zudem mit Arbeitspodien entlang der Seitenwände ausgestattet war. Zu einem nicht näher bekannten Zeitpunkt nach der Abschaffung der Olympischen Spiele durch Kaiser Theodosius d. Gr. (393) wurde die Phidiaswerkstatt in eine Kirche umgewidmet. Zur architektonischen Adaptierung zog man teils Spolien heran. Das Sanktuarium (Ort der Eucharistiefeier) erhielt einen erhöhten Fußboden und wurde durch – neu hergestellte – Schranken vom Gemeindebereich abgetrennt.

6.5.2. Klassizismus in der Skulptur

Kurz nachdem Odoaker dem Weströmischen Reich den Garaus gemacht hatte (476), wandte der Osten seinen Blick hinsichtlich der formalen Mittel abermals zurück in Richtung Vergangenheit, wodurch hier an der Wende vom 5. zum 6. Jahrhundert ein Klassizismus entstand, der in seiner Ausgeprägtheit jenen der Theodosianischen Zeit noch übertrifft. Der formale Rekurs ist sicher Ausdruck des Selbstbewusstseins, konnte sich Konstantinopel doch nun ohne Einschränkung als das neue Rom fühlen. Greifbar wird dieser Stilrückgriff beispielsweise um 500 im sog. Attischen Engel, einem Flügel eines Elfenbeindiptychons (London BM),[192] und im sog. Prinzensarkophag (Istanbul AM).[193] Die monumental und organisch wirkenden, in frei über die Körper gelegten Stoffe gehüllten und weich „modellierten" Figuren verweisen auf die augusteische Kunst, ja sogar auf die klassische Kunst Griechenlands zurück. Auch ikonographisch sind beide Werke Ausdruck des oströmischen Selbstverständnisses: Indem der Erzengel Michael unter einer Arkade Stufen herabschreitet, dabei die von einem Kreuz bekrönte Sphaira (Himmels- sowie Weltkugel), das Insigne Christi, in seiner Rechten und das Langszepter, das Insigne der Höchstbeamten, in seiner Linken führt, ist er als zum engsten „Mitarbeiterkreis" Christi gehörig definiert, wobei die hier veranschaulichte Relation zwischen Gott und den Engeln die Hierarchie am Hof von Konstantinopel widerspiegelt. Und wenn die beiden Engel auf dem Prinzensarkophag, der wohl für ein Mitglied der kaiserlichen Familie hergestellt wurde, das seit der Schlacht an der Mulvischen Brücke in höchsten Ehren stehende *tropaion* präsentieren, verweisen sie auf das Faktum, dass dieses vom „Stadtgründer" Konstantin d. Gr. von Rom nach Konstantinopel gebracht worden war. Dieses Selbstverständnis Ostroms, das in dem um 500 forcierten Klassizismus fassbar ist, wird auch durch Quellen belegt. Das Byzantinische Reich wurde von den Zeitgenossen als das Römische Reich bezeichnet, die Einwohner von Konstantinopel nannten sich stets Römer. Der in Italien herrschende Theoderich war ja *nota bene* bloß König der Ostgoten; zu einer Wiederbelebung des Weströmischen Reiches als Imperium (Kaiserreich) war es ja nicht gekommen.

6.5.3. Retrospektive Momente in der Codexillumination

Retrospektive Momente bestimmen auch die stadtkonstantinopolitanische Codexillumination um 500 und im frühen 6. Jahrhundert. So gehen die sehr lebendigen Schlachtendarstellungen in der um 500 entstandenen sog. Ilias Ambrosiana, einem illustrierten Exemplar des Homer'schen Epos (Mailand BA, Inv. Nr. F 205 P inf.),[194] sicher auf ältere Vorlagen zurück. Auch die Bilder in dem auf 512 datierbaren sog. Wiener Dioskurides (Wien ÖNB, Cod. Med. gr. I),[195] einem illustrierten Exemplar eines Traktates über Heilpflanzen, den der kilikische Arzt Pedanios Dioskurides im 1. nachchristlichen Jahrhundert unter dem Titel Περὶ ὕλης ἰατρικῆς (lat.: *„De Materia Medica" [„Über Medizin"]*) verfasst hat, sprechen für die Verwendung älterer Vorbilder. ANDRÉ GRABAR erwog sogar, dass die Bilder des Wiener Dioskurides nach einem illustrierten Exemplar des 1. Jahrhunderts n. Chr., also aus der Entstehungszeit des Traktates, kopiert worden seien. Die bekannteste Darstellung der Handschrift zeigt den Autor mit der *heuresis* (Personifikation der Erfindung):[196] Der Arzt hat die Mandragorawurzel entdeckt, deren fatale Wirkung an dem Hund erkennbar wird, der eben zu seinen Füßen verendet.

6.5.4. Der repräsentative modus

Neben dem ausgeprägten Klassizismus wurde in Konstantinopel im frühen 6. Jahrhundert in einem zweiten *modus* gearbeitet, bei dem man innerhalb der Skulptur zwar ebenfalls um Plastizität und weiche Oberflächenbehandlung bemüht war, zugleich aber auch auf repräsentative Wirkung der Darstellung und somit der Dargestellten abzielte. Das belegen beispielhaft zwei um 500 datierbare, in Florenz (MN)[197] respektive in Wien (KHM)[198] verwahrte Elfenbeinreliefs, die eine Kaiserin wiedergeben, sowie das sog. Anastasiosdiptychon von 517 (Paris BN; Abb. 21).[199] Die in Florenz und Wien Dargestellte wird in der Regel als Kaiserin Ariadne, die mit jenem Kaiser Zenon, der Theoderich in Italien als König eingesetzt hat, und nach Zenons Tod (491) mit Kaiser Anastasios I. (reg. 491–518) verheiratet war, identifiziert. Bei beiden Exemplaren wird die rahmende Arkade von einer Melonenkuppel überdacht, und beide Male trägt die Kaiserin den kaiserlichen Ornat samt Kronhaube. Das Exemplar in Florenz zeigt sie aber als Stehende, jenes in Wien als Thronende. Strukturell folgen beide Reliefs der Grammatik des Schichtenraums: Die Figur ist in die Architektur wie in einen Rahmen eingefügt, das Spatium zwischen Figur und Architektur auf schmale, verschattete „Raumgräben" reduziert, welche die wie von zwei Glasscheiben auf „Polsterplastizität" flach gedrückten Teile voneinander trennen.

Das etwas jüngere Anastasiosdiptychon in Paris zeigt den Konsul Anastasios, der unter dem Kaiserpaar Ariadne und Anastasios im Jahr 517 im Amt war, bei der Eröffnung der Zirkusspiele. Sie gehörte zu den offiziellen Pflichten der *consules* und wurde vollzogen, indem der Konsul die *mappa* (Taschentuch, Serviette) in die Arena warf. Auch beim Anastasiosdiptychon umgibt der Stil den Funktionär und sein Tun mit einer repräsentativen Aura. Übergroß dargestellt thront der Konsul auf der *sella curulis* (Faltstuhl), die zu den Insignien des Konsuls zählte, hinterfangen von einer Thronarchitektur, die durch die Wiedergabe der Stadtgöttinnen Roma und Constantinopolis einen universalen Machtanspruch erhebt. Über den Personifikationen erscheinen zwei Niken und oberhalb des Giebels in drei *clipei* (Medaillons) das Kaiserpaar und der andere amtierende Konsul, Pompeijus. Die *tabula ansata* nennt den Namen des die Spiele eröffnenden Amtsträgers. Die Konsulardiptychen waren Ehrengeschenke anlässlich von Amtsantritten, Regierungsjubiläen und anderen wichtigen Ereignissen. Für die Kunstwissenschaft sind sie zugleich wichtige Datierungshilfen, da sie die Namen der amtierenden Konsuln, deren Amtszeiten Cassiodor in einer Liste zusammengestellt hat, tragen.

Im Unterschied zu den Konsulardiptychen, die aus zwei hochrechteckigen Platten bestanden, stammen die Ariadnetafeln in Florenz und Wien von zwei fünfteiligen Diptycha, bei denen die beiden Deckel aus drei vertikalen und zwei horizontalen Elfenbeinplatten zusammengesetzt waren. Diese aufwendige Form war dem Kaiser vorbehalten. Zu den beiden Ariadneplatten müssen also ursprünglich je vier weitere Reliefs, zwei hochrechteckige und zwei queroblonge, gehört haben. Stilistisch stehen die Ariadnereliefs den Mosaiken in Hagios Georgios in Saloniki[200] nahe. Gemeinsam sind die Tendenz zur Wiedergabe der Figuren in strenger Frontalität und in geordneter Abfolge, der Zug zur ornamentalen Verfestigung der Einzelformen und zur weichen Oberflächenmodellierung sowie die Vorliebe für große Augen mit seherischem Blick. Das spricht für die Entstehung der musivischen Ausstattung des Galeriusmausoleums am Beginn des 6. Jahrhunderts. Unterstützt wird diese These durch den hierarchischen Aufbau des Kuppelmosaiks: In der untersten Zone stehen Märtyrer in der genannten strengen Frontalität, in der Zone darüber formten 24 Gestalten, möglicherweise die 24 Ältesten (Offb 4:4–10, 5:5–14, 7:11–13, 11:16, 14:3), eine Prozession, und das Medaillon im Kuppelzenit zeigte den schreitenden, also in den Himmel aufsteigenden oder wiederkehrenden Christus. Die Transitorik nimmt also von unten nach oben zu, und alle Zonen sind vom Goldgrund hinterfangen, der das göttliche Licht wiederzugeben sucht.

6.5.5. (Pseudo-)Dionysios Areopagites

Die beiden das Kuppelmosaik der Georgskirche von Saloniki bestimmenden Momente, hierarchische Ordnung allen Seins und göttliches Licht, sind auch die Pole, um welche an der Wende vom 5. zum 6. Jahrhundert die Gedanken des (Pseudo-)Dionysios Areopagites ihre Schleifen zogen. Diesem zufolge führt die hierarchische Ordnung allen Seins von Gott über die Engel zum Menschen und von da zur Materie Stufe für Stufe *hinunter,* während die Gotteserkenntnis des Menschen von unten nach oben schrittweise, stufenweise *auf*steigt. Auch die Gotteserkenntnis sei eine geordnete, wobei diese nicht eigentlich Erkenntnis, sondern mystische Erfahrung wäre. Hierbei spielt das Licht, das beim Areopagiten für Gott steht, eine große Rolle. Der Einzelne wird ihm zufolge gereinigt, *erleuchtet,* wenn er in seiner Erkenntnis zu Gott aufsteigt. Diese Grundideen klingen schon in den Titeln der Werke des Areopagiten an, von denen die Abhandlung Περὶ τῆς οὐρανίας Ἱεραρχίας *(„Von der himmlischen Hierarchie")* das bekannteste ist. Dionysios Areopagites versuchte, eine Philosophie des Christentums zu schaffen, wobei er allen seinen Werken *einen* Gedanken zugrunde legte: die negative Theologie. Das heißt, er stellte bloß fest, was über Gott *nicht* ausgesagt werden kann. Gott sei nicht bestimmbar, nicht benennbar. Auf die Vereinigung des Gläubigen mit dem Unnennbaren zielt seine „mystische Theologie". Gott wird vom Areopagiten jenseits des Guten und des Seins gestellt: „Dieser Gott wird im ‚lichten Dunkel' geehrt; einfach und unwandelbar bleibt er im Schweigen verborgen. Wir vereinen uns ihm, indem wir Abschied nehmen von allen Bildern, Wörtern und Begriffen. Wir erkennen ihn durch Nichterkennen. Einswerden heißt verstummen" (KURT FLASCH).[201] Von den Werken Dionysios Areopagites, die von Schriften Kaiser Zenons beeinflusst sind, ist erstmals 532 in Konstantinopel die Rede, was ihre Entstehung am Beginn des 6. Jahrhunderts wahrscheinlich macht. Eine Entstehung in der Hauptstadt ist denkbar. Die Tatsache, dass die wichtigsten Momente in den Schriften des Dionysios Areopagites, Hierarchie und göttliches Licht, in der musivischen Ausstattung der Georgioskirche von Saloniki ebenfalls auftauchen, stützt die Datierung der Mosaiken ins frühe 6. Jahrhundert. FRIEDRICH GERKE betonte in diesem Sinne, dass „in der Rotunde von Saloniki … der oberste Himmel des *logos,* die himmlische Kirche und die irdische Kirche in einer Abstufung dargestellt [ist], wie sie Dionysios Areopagita theologisch begründet hat".[202]

Allerdings ist die zeitliche Ansetzung der Schriften des Areopagiten ihrerseits schwierig, weil sich ihr Autor als der in der Apostelgeschichte erwähnte Paulusschüler Dionysios ausgab, der sich bekehrte, als Paulus auf dem Athener Areopag („Areshügel", nordwestlich der Akropolis gelegener Felsen, Tagungsort des obersten Rates) predigte (Apg 17:34). Daher sein Beiname „Areopagites". Die Schriften des sog. Areopagiten erreichten im oströmischen Bereich gleich nach ihrem Auftauchen größtes Ansehen, weil man die Autorschaft des Paulusschülers für bare Münze nahm und daher glaubte, die Werke stammten aus dem 1. nachchristlichen Jahrhundert, seien also in besonderem Maße authentisch. Heute weiß man um die Fakten Bescheid, weshalb der Autor jetzt als „Pseudo-Dionysios Areopagites" bezeichnet wird. Die Entlarvung gelang aber erst spät, im Mittelalter waren der vermeintliche Paulusschüler und sein Werk von allergrößtem Einfluss.

6.6. Die Zeit Kaiser Justinians d. Großen

6.6.1. Außen- und Kulturpolitik in einer Wendezeit

Auch Ostrom blieb von der Völkerwanderung auf die Dauer nicht unberührt. Wiederholt wurde es in Kampfhandlungen verstrickt. Die Hunnen beispielsweise ließen sich nur durch Abschlagszahlungen hinter den Reichsgrenzen halten und nützten diese Situation weidlich aus. Die Vandalen wiederum, die, wie ausgeführt, 455 von Nordafrika aus bis nach Rom vorgedrungen waren und die Ewige Stadt zwei Wochen lang geplündert hatten, setzten ihre Raubzüge anschließend gleich bis Griechenland fort. Die größte Bedrohung für Byzanz stellen aber – wie schon im 3. Jahrhundert – die Perser dar. Das, obgleich immer wieder Waffenstillstände zwischen dem persischen Großkönig und dem byzantinischen Kaiser ausgehandelt wurden, da beiden bewusst war, dass ihnen ein Feind gegenüberstand, den zu besiegen außerhalb der Möglichkeiten lag. Das ging bis zu dem schier kuriosen Punkt, dass der byzantinische Kaiser, als er sein Hinscheiden nahen sah und wusste, dass er einen noch unmündigen Sohn hinterlassen würde, den persischen Großkönig zum Vormund des Kindes einsetzte. Damit band er ihm die Hände. Indem der Feind die Rolle des Vormunds akzeptierte, gab er indirekt das Versprechen ab, das gegnerische Reich bis zur Volljährigkeit des Mündels nicht zu attackieren.

So geschehen am Anfang des 5. Jahrhunderts, als der persische Großkönig über Bitte des oströmischen Kaisers Arkadios (reg. 395–408) die Vormundschaft über dessen unmündigen Sohn, den späteren Kaiser Theodosios II. (reg. 408–450), übernahm. Um 520 wiederholte sich die Geschichte mit umgekehrten Vorzeichen. Nun hatte der persische Großkönig einen unmündigen Sohn, worauf er den oströmischen Kaiser um die Übernahme der Vormundschaft bat, da er selbst innenpolitisch nicht sicher im Sattel saß und daher versuchte, sich wenigstens den äußeren Feind eine Zeit lang vom Halse zu halten. Kaiser Justin I. (reg. 518–527) war dem Plan zugetan, lehnte schließlich aber, bedrängt von seinen Ohrenbläsern, ab. Damit erwuchs den Byzantinern ein erbitterter Feind. Es folgte der Kriegsausbruch an der Ostgrenze. Nach Erfolgen und Misserfolgen auf beiden Seiten kam es erst 532 zum Friedensschluss.

Mittlerweile war in Konstantinopel auf Kaiser Justin Kaiser Justinian (reg. 527–565) gefolgt, der gemeinsam mit seiner Frau Theodora herrschte. Zwei Jahre nach seinem Amtsantritt, also 529, schloss Justinian die Philosophenschule in Athen sowie den letzten Tempel des pharaonischen Kultes in Ägypten: jenen von Philae.[203] Im selben Jahr, 529, gründete in Italien Benedikt von Nursia das Kloster Monte Cassino (Kampanien), das zum Zentrum und Ausgangspunkt des benediktinischen Mönchstums wurde, welches das Abendland bis um 1100 konkurrenzlos bestimmen sollte (erst an der Wende zum

12. Jahrhundert traten andere Orden neben den Benediktinern auf). Die Klöster wurden ab der Ordensgründung durch Benedikt Träger der Bildung, indem sie über Klosterschulen, Bibliotheken und Skriptorien verfügten. In den Schreibwerkstätten wurden die Codices geschrieben und illustriert, nachdem Pergament und Schreibmaterialien – überwiegend in klostereigenen Werkstätten – hergestellt worden waren. Handschriften wurden von anderen Klöstern, mit denen man verbrüdert war, zum Kopieren ausgeborgt respektive an diese verliehen, oft über mehrere hundert Kilometer hinweg. Mönche, aber auch Laien fungierten als Boten. Indem die Klosterschulen und -bibliotheken jene „Relaisstationen" formten, wo der Austausch von Bildungsgut stattfand, monopolisierten sie das Wissen bis ins ausgehende Hochmittelalter. Erst mit der Gründung der ersten Universitäten im ausgehenden 12. Jahrhundert (Bologna und Paris) trat diesbezüglich eine Liberalisierung ein.

529 war, so gesehen, ein wichtiges Jahr, da in Byzanz über kaiserlichen Befehl wesentliche Teile der antiken Welt mit Putz und Stingl ausgerissen wurden, während im Westen eine neue Welt in Form des Mönchtums Wurzeln schlug. Im Datum „529" sehen daher manche Forscher den „Stichtag" für das Ende der Spätantike und den Beginn des Mittelalters. Bei aller Signifikanz der Ereignisse waren die Übergänge aber nie so abrupt, wie sie der/die HistorikerIn und der/die KunsthistorikerIn der Ordnung halber gerne vorfänden. Auch Justinian war nicht der erste Kaiser des Mittelalters. Vielmehr lebte er – wie schon Konstantin d. Gr. respektive Theodosius d. Gr. – in zwei einander überlappenden Epochen gleichzeitig. Auch er war wie die Genannten ein großer Förderer des Christentums und zugleich ein spätantiker Herrscher *par excellence*. Das Christentum profitierte von ihm insofern, als er zahllose Kirchen erbauen ließ, ein spätantiker Machtmensch war Justinian dort, wo es um Territorialansprüche und Repräsentation ging. Dass der Kirchenbau seinerseits Ingredienz seines Machtanspruchs war, versteht sich von selbst. – Übrigens war auch Justinians Zeitgenosse Cassiodor wie der Kaiser ein Wanderer in zwei Welten: Da er sich mit Aristoteles auseinandersetzte, wird er gern als letzter Römer und erster Scholastiker bezeichnet.

6.6.2. Konstantinopel: Hagios Sergios und Bakchos, Hagia Sophia

Die Herrschaft Justinians wäre beinahe beendet gewesen, bevor sie recht begonnen hat, denn 532 brach im Hippodrom von Konstantinopel ein Aufstand gegen Beamte des Kaisers und damit mittelbar auch gegen den Kaiser selbst aus. Da die Protestierenden mit dem Ruf „νίκα" (*nika*: Sieg) loszogen, firmiert diese Volkserhebung unter „Nika-Aufstand". Die ganze Stadt war auf den Beinen und große Teile Konstantinopels brannten nieder.

Auch die konstantinische Hagia Sophia wurde ein Opfer der Flammen. Belisar, ein General des Kaisers, der sich mit wechselndem Erfolg auch schon gegen die Perser verdient gemacht hatte, gelang es während des Aufruhrs, das Blatt für den Kaiser zu wenden und den Aufstand niederzuwerfen. Im Anschluss daran wurden 30 000 Aufständische hingerichtet.

Gleich darauf ließ Justinian die Hauptstadt wieder aufbauen, im Zuge dessen auch die Errichtung der Hagia Sophia (Abb. 24)[204] in Angriff nehmen. Das war keine Rekonstruktion des konstantinischen Vorgängerbaues, vielmehr wuchs in nur wenig mehr als fünf Jahren eine völlig neuartige, gigantisch große Kirche aus dem Boden. Arbeiter von überall her wurden in kleinen effizienten Arbeitsgruppen organisiert – ein Meisterstück an „Logistik"! Die Architekten, Anthemios von Tralles und Isidoros von Milet, waren von der kleinasiatischen Küste gekommen. Neu an diesem Bau ist, dass er gänzlich vom R a u m und vom L i c h t her konzipiert ist. Der Grundriss ist dem Quadrat angenähert. Dominant ist die große, zentrale, auf vier massiven Pfeilern aufruhende Kuppel, deren Schub auf die an den zentralen Raum anschließenden Halbkuppeln und von da weiter auf die Apsis respektive den Narthex (Vorraum) abgeleitet wird. Diese sukzessive Schubableitung ist auch am Außenbau sichtbar.[205] Ganz anders im Inneren: Hier verschmelzen die zentrale Kuppel und die anschließenden Halbkuppeln optisch miteinander zu einer einheitlichen Gewölbeschale, die den Raum, den sie überspannen, als Einheit erfassen lassen. Die tragenden Elemente, allen voran die vier Kuppelpfeiler, sind im Inneren nicht spürbar, da ihre Massivität hinter den Wänden verborgen ist. Zwischen den Mauern respektive Stützen und den verschiedenen Gewölbeschalen gibt es keine Trennung; alles wächst optisch zu einer scheinbar dünnen, den Raum umschließenden Haut zusammen. Die Hauptkuppel scheint, da ihr Fuß durch einen Kranz dicht gestellter Fenster durchbrochen ist, zu schweben. Aber auch die Halbkuppeln, Apsiden und Außenmauern sind stark durchfenstert, so dass das von überall eindringende Licht sämtliche Raumteile miteinander verquickt.

Die Idee, den Schub der Hauptkuppel über kleinere Halbkuppeln abzuleiten, war in der Hofkirche Hagios Sergios und Bakchos (jetzt: Küçük Ayasofya Camii)[206] bereits angelegt. Sie hatte Justinian unmittelbar nach seinem Amtsantritt 527 in Angriff nehmen lassen. Ihre Struktur ist im Vergleich zu jener der Hagia Sophia einfacher: In einen quadratischen Raum, der quasi die äußere Raumhülle bildet, sind acht Pfeiler eingestellt, die die Kuppel tragen. Zwischen ihnen weitet sich der achteckige Zentralraum durch „Apsiden" und „Nischen" über halbkreisförmigem respektive rechteckigem Grundriss aus, die durch zweigeschossige, gitterartige Arkadenstellungen, welche die Kommunikation des erweiterten Zentralraums mit der umschließenden Raumhülle ermöglichen, lose begrenzt sind.

6.6.3. Justinian als Triumphator

Nachdem Justinians General Belisar 532 den sog. Nika-Aufstand niedergeschlagen hatte, wurde er vom Kaiser gegen die Vandalen beordert. Dazu hatte der oströmische Kaiser ein gewisses Recht, hatte sich der germanische Stamm doch ohne „Einladung" in Nordafrika, also auf ehemaligem Reichsgebiet, niedergelassen. Das im Unterschied zu den Ostgoten, die Kaiser Zenon ja in seiner Vertretung nach Italien geschickt hatte. Gegen die Vandalen agierten die Byzantiner von Sizilien aus, von wo es Belisar rasch gelang, die völlig überrumpelten Germanen zu schlagen und ihren König gefangen zu setzen. Belisar kehrte mit dem gefangenen Vandalenkönig und reicher Beute nach Konstantinopel heim. Dort ließ Justinian einen Triumphzug ausrichten. Triumphzüge nach Schlachten waren mittlerweile eine Seltenheit geworden. Belisar konnte sich geschmeichelt fühlen. Allerdings wird ihm die Freude schnell vergangen sein, da der Triumphzug zum Werkzeug seiner Demütigung wurde: Belisar durfte nicht, wie bisher üblich, zu Pferd oder auf dem Wagen stehend in die Stadt einziehen – letzteren Usus belegt beispielsweise eines der Reliefs im Durchgang des Titusbogens auf dem Forum Romanum[207] und die Gemma Augustea (Wien KHM)[208] –, sondern er hatte während des Triumphzuges zu Fuß zu gehen. Aber es kam noch besser: Als Belisar dem Kaiser und der Kaiserin den gefangenen Vandalenkönig vorführte, musste sich nicht bloß der besiegte Germane in Demut vor Justinian und Theodora ganz zu Boden werfen, nein, das Gleiche wurde auch von Belisar gefordert. Prokopios von Kaisareia (* ca. 500, † ca. 562), der Belisar während aller Feldzüge als eine Art Flügeladjutant begleitet hat, vermerkte dies mit Bitterkeit und schrieb dieses Novum Theodora zu. Die Kaiserin hätte den Gestus der Proskynese (προσκύνεσις: Anbetung), der aus dem persischen Großkönigtum stammte, in Konstantinopel neu eingeführt.

Prokopios' Bitterkeit ist verständlich, war doch Justinian selbst auf keinem der Kriegsschauplätze je zu sehen gewesen. Es war Belisar, der all diese Erfolge errungen hatte. Wahrscheinlich hielt Justinian seinen Feldherrn gerade deshalb nieder, gab ihm das doch die Möglichkeit, Belisars Erfolge für sich selbst umzumünzen. Tatsächlich ist die Wirkung der *public relations,* die Justinian für sich betrieb, bis heute aufrecht; in jedem kurzgehaltenen Geschichtswerk findet sich die Bemerkung, dem oströmischen Kaiser Justinian d. Gr. sei es gelungen, weite Teile des ehemaligen Imperiums wieder unter seine Herrschaft zu bringen. Die Werbekampagne lief auch über die Schiene der figuralen Werke, wie der erhaltene Flügel eines fünfteiligen, also kaiserlichen Elfenbeindiptychons (Paris ML; Abb. 23)[209] bezeugt, das in den 530er-Jahren in Konstantinopel hergestellt worden sein dürfte. Das nach einem Vorbesitzer „Barberinidiptychon" genannte Werk zeigt auf der Mittelplatte Justinian, hoch zu Roß, als Triumphator über den Erdkreis: Der Kaiser, dem eine kleine, auf der Weltkugel balancierende, ihm den Siegeskranz reichende Nike voranschwebt, reitet in militärischer Kleidung, also als Feldherr, auf den Betrachter zu. Dabei sticht er, während Gaia den Steigbügeldienst ausführt, seine Lanze vor einem Barbaren in skythischer Tracht in den – wiedereroberten – Boden. Hier sind also drei zeitliche Momente (Aufsitzen, Vorwärtsreiten in der Schlacht und *adventus*) zusammengezogen, um die Behauptung aufzustellen, die ganze Erde unterwerfe sich dem byzantinischen Kaiser, der den Feind im Osten und Süden besiegt hat. Das besiegeln die tributpflichtigen Vertreter von Asien und Afrika, welche im Querfeld unter der zentralen Platte Gaben herbeibringen und sie vor dem Herrscher niederlegen. Christus, in der oberen Querplatte im *clipeus* mit der *crux hastata,* Helios und Selene erscheinend, segnet diese Konstellation. Im Senkrechtfeld links der Mitteltafel tritt ein hoher Militär an den Kaiser heran, diesem eine kleine Nike überbringend, die sich gleichfalls anschickt, den Kaiser den Siegeskranz zu reichen. Dass der *per pedes* nahende Feldherr Belisar meint, liegt auf der Hand. Der auf dem Barberinidiptychon inhaltlich erhobene Anspruch des Kaisers wird auch über das formale Konzept des Reliefs geltend gemacht: Das im Galopp nach rechts gestellte Pferd und sein Reiter sowie die Personifikationen und der Barbar im Zentrum wölben sich plastisch hervor, sprengen den Rahmen, dringen in den Betrachterraum ein, besitzen dadurch höchste Präsenz. Das Relief der herum angeordneten Platten ist indes flach, und die Figuren sind hier dem Rahmen subordiniert. Die Randreliefs (jenes rechts der Zentralplatte ist verloren) besitzen daher einen weit niedrigeren Realitätscharakter.

Die im Barberinidiptychon fassbare Ideologie spricht aus zwei weiteren, von Justinian aus PR-Gründen in Auftrag gegebenen Werken: Ein zwischen 534 und 538 datierbares Goldmedaillon (Paris CM)[210] zeigt den Kaiser als siegreichen Feldherrn, reitend, während die Personifikation des Ruhmes, den der Kaiser seinem Reich bringt, ihm voraneilt. In monumentaler Form brachte ein Reiterstandbild, das Justinian in Konstantinopel im Augustéon, einem Hof südlich der Hagia Sophia, aufstellen ließ, diesen Anspruch zum Ausdruck; es ist verloren, aber möglicherweise in einer Nachzeichnung des 15. Jahrhunderts fassbar.[211]

6.6.4. Ravennas Sympathie für Byzanz

Wollte sich Justinian tatsächlich uneingeschränkt Herr über den Erdkreis nennen, wie uns die steigbügelhaltende Gaia auf dem Barberinidiptychon weismachen will, war freilich noch ein Stück Arbeit zu tun. Vor allem musste das Ostgotenreich in Italien beseitigt werden, das dort allerdings, wie ausgeführt, nicht nur rechtmäßig bestand, sondern stets Sympathie gegenüber Byzanz bekundete – unter anderem, indem in die Bauten der Hauptstadt Spolien aus Byzanz integriert und ein für Konstantinopel typisches Ziegelformat verwendet wurde. Dieses Nahverhältnis blieb auch nach dem Tod Theoderichs bestehen. Bestes Beispiel hierfür: San Vitale (Abb. 25).[212] Der Bau der Kirche dürfte vom lokalen Bankier Julianus Argentarius finanziell unterstützt worden sein, denn es wurden hier die – für Konstantinopel typischen – langen und schmalen Ziegel verwendet, die bei anderen von Julianus gesponserten Bauten gleichfalls zu finden sind. Der Auftrag für San Vitale ging von der katholischen Diözese, nicht vom arianischen Hof aus; die Monogramme der Initiatoren, Erzbischof Ecclesius' (reg. 521–532) und Erzbischof Victors (reg. 538–545), erscheinen auf den Kapitellen des Erdgeschosses. RICHARD KRAUTHEIMER zufolge ist San Vitale kurz nach der Inangriffnahme von Hagios Sergios und Bakchos und kurz vor der Hagia Sophia (Abb. 24) geplant, das Fundament eventuell vor 532, sicherlich vor 538 gelegt worden. Der Hauptteil der Arbeit folgte ab 538. Zu Recht wird San Vitale als Schwesterbau von Hagios Sergios und Bakchos angesehen, greift die ravennatische Kirche doch das Doppelschalenkonzept auf: Wieder ist ein achteckiger Hauptraum in einen Umgang eingestellt, wiederum weiten die sieben, zwischen den acht Pfeilern des Hauptraumes eingespannten und in Säulenstellungen aufgelösten Wände den Mittelraum aus, indem sie in den Umgang zurückweichen. Bei San Vitale spricht KRAUTHEIMER diesbezüglich von einem „billowing into the enveloping ring",[213] was deutlich macht, dass die ravennatische Kirche auch schon die neue Membranstruktur der Hagia Sophia rezipierte. San Vitale ist damit die einzige Kirche außerhalb Konstantinopels, die den frühen justinianischen Kirchen in der Hauptstadt typusmäßig und stilistisch gleichkommt. Allerdings existieren auch Unterschiede. Vor allem ist das „Gewölbe" von San Vitale keine aufgemauerte Kuppel, sondern ein aus hohlen, bodenlosen, ineinandergesteckten Tonflaschen aufgebautes Klostergewölbe (aus gekrümmten, durch Grate voneinander getrennten Flächen zusammengesetzt). Zudem waren der Umgang und die Emporen ursprünglich ungewölbt. Beides spricht dafür, dass San Vitale von lokalen Baumeistern und weitgehend mit lokalem Material ausgeführt wurde. Auch im Architekten sieht KRAUTHEIMER einen westlichen Meister. Dieser muss aber über die Architektur im Osten bestens informiert gewesen sein.

6.6.5. Der Krieg der Byzantiner gegen die Ostgoten

Justinian, der sich mit dem Gedanken trug, die Ostgoten anzugreifen und die Apenninenhalbinsel dem Byzantinischen Reich gänzlich einzuverleiben, suchte nach einem Grund für einen Krieg. Ihn lieferten die Goten selbst, da sie nach dem Tod König Theoderichs (526) keinen potenten Nachfolger fanden, Streitigkeiten um die Thronfolge ausbrachen und die neue, sich bedrängt fühlende Königin sich an Justinian um Schutz und Hilfe wandte. Als sie von den eigenen Leuten gefangen genommen wurde, war Justinian ein Grund für einen Angriff auf dem Präsentierteller serviert: Angeblich, um die Königin zu befreien, griffen die Byzantiner die Goten an. Justinian schickte Belisar ein weiteres Mal in den Krieg. Der Feldherr agierte von Süden aus, nahm zuerst Rom. Einem Aufruf des Papstes Silverius (reg. 536–537) folgend, welcher der Bevölkerung zuredete, die Stadt kampflos zu übergeben, öffneten die Römer die Tore. Am 9. Dezember 536 marschierten die Byzantiner von Süden in die Stadt ein, am selben Tag verließen die gotischen Soldaten Rom durch das Nordtor. Belisar konnte Justinian die Schlüssel der Stadt nach Konstantinopel schicken. Die Stadtmauern wurden befestigt, Lebensmittel herbeigeschafft.

6.6.6. Die neue Apostelkirche

Möglicherweise war es just in diesem Jahr (536), dass Justinian in Konstantinopel ein neues Bauprojekt in Angriff nehmen ließ: s e i n e Apostelkirche.[214] Über die üppige Kirchenbautätigkeit des Kaisers, von der letztlich kein Fleck im Reich sicher war, wie dies HANS-GEORG BECK prägnant formulierte,[215] hat der Historiograph Prokopios das panegyrische Werk Περὶ κτισμάτων (lat.: *„De aedificiis"*, *[„Über die Bauten"]*) verfasst. Sein lobhudelnder Ton legt die Annahme nahe, Justinian selbst oder ein Angehöriger des Hofes, der sich mit dem Buch beim Kaiser einschmeicheln wollte, habe den Auftrag dazu gegeben. Die Beschreibungen der Bauten durch Prokopios sind vor allem dann eine wertvolle Hilfe für die Kunstgeschichte, wenn der Bau verloren ist. Dies gilt auch für die Apostelkirche, die Justinian an der Stelle des konstantinischen Baus – jener Kirche also, in der Konstantin d. Gr. im Kreis der zwölf Apostel bis zum Jüngsten Tag ruhen wollte – hatte errichten lassen. 1462 trugen dann die Türken die justinianische Apostelkirche ab, um an ihrer Stelle die Fatih-Moschee errichten zu können, die ihrerseits im 18. Jahrhundert zugunsten der erhaltenen, noch größeren Fatih-Moschee demoliert wurde.

Alle verfügbaren Informationen über die Apostelkirche Justinians zusammengenommen, lässt sich über den 550 geweihten Bau sagen, dass er wie der Vorgängerbau einen kreuzförmigen Grundriss mit einem längeren Arm gegenüber der Apsis besaß, dass aber alle Kreuzarme und die Vierung durch Kuppeln überwölbt waren. Fenster in der Vierungskuppel belichteten das Zentrum der Kirche, in dem eine im Grundriss kreuzförmige Kanzel stand. Die anderen Kuppeln waren fensterlos, gesamthaft muss die Kirche also ziemlich dunkel gewesen sein. Ein Eindruck von der verlorenen justinianischen Apos-

telkirche lässt sich heute aus jenen Bauten gewinnen, welche die Struktur des justinianischen Baus übernommen haben. Das sind die zwischen 548 und 565 errichtete, weitgehend zerstörte, jüngst aber teilweise wieder aufgebaute justinianische Johanneskirche in
Ephesos (Abb. 27)[216] und die Markuskirche in Venedig,[217] ein Bau des 11. Jahrhunderts.

6.6.7. Die Einnahme Ravennas

Nach der Einnahme Roms setzte Belisar den Feldzug nach Norden Richtung Ravenna
fort. 540 stand er mit seinen Truppen *ante portas*. Bis ganz Italien in der Hand Ostroms
war, sollte es allerdings noch über ein Jahrzehnt dauern. Die Hauptstadt nahmen die Byzantiner ein, ohne dass sie Schaden litt. Was für die KunsthistorikerInnen ein Grund zur
Freude ist, hat in Wahrheit einen wenig ehrenhaften Grund: Die Goten, von ihrem eigenen König Vitigis (reg. 536–540) enttäuscht und zugleich mit Bewunderung für Belisar
erfüllt, suchten diesen, als er mit seinen Truppen vor Ravenna lag, in seinem Lager auf
und boten ihm die gotische Königskrone an, darüber hinaus sogar die Kaiserkrone über
Westrom, wofür freilich die Rechtsgrundlage fehlte. Belisar sollte zugleich schwören, keinem Goten etwas zuleide zu tun. Nach der Eidesleistung wollten die Gesandten zusammen mit Belisar und den römischen Truppen in Ravenna Einzug halten. „Belisar beschwor
alles, was man von ihm verlangte. Nur was das Kaisertum betraf, wollte er diesen Eid in
Ravenna vor Vitigis persönlich und vor den Großen der Goten leisten. Die Goten muß-
ten annehmen, daß die Übernahme des Kaisertums in einem feierlichen Rahmen in der
gotischen Hauptstadt selbst vor sich gehen solle. So zog also Belisar mit seinem Heer ohne
Kampf in Ravenna ein" (HANS-GEORG BECK).[218]

Ob Belisar tatsächlich mit dem Gedanken liebäugelte, die Kaiserwürde Westroms anzunehmen oder sein Interesse bloß vortäuschte, wird ewig ein Geheimnis bleiben. Sein
Historiograph Prokopios stellte es so dar, als sei es Belisar nicht im Traume eingefallen,
den Kaiser Ostroms, seinen Herrn Justinian, zu hintergehen. Angst vor Justinians Rache
mag Belisars Bescheidenheit genährt haben. Tatsache ist jedenfalls, dass, nachdem dieser
in Ravenna eingezogen war, von seiner Seite von Kaiser- und Königswürde nicht mehr die
Rede war. Er hatte es sich mittlerweile anders überlegt oder aber zuvor, was wahrscheinlicher ist, einen Meineid geschworen. – Belisar ließ den Ostgotenkönig und die Großen des
Reiches gefangen setzen und konnte, als er kurz darauf von Justinian nach Konstantinopel zurückbeordert wurde, wiederum mit einem gefangenen König und ungeheuren Schät-
zen dort erscheinen. Mit einer gefangenen Königin obendrein. Ostgotische Fibeln, Nadeln
und Anhänger, Sattelbeschläge usf. aus der 1. Hälfte des 6. Jahrhunderts, die in diversen
Museen verwahrt werden,[219] können einen Eindruck von dem Schatz geben, den Belisar

bei seiner Ankunft in Konstantinopel im Gepäck hatte. Doch diesmal gab es dort keinen Triumphzug, nicht einmal einen *per pedes*. So bot sich auch keine Gelegenheit, die Beutestücke wie früher üblich im Triumphzug mitzutragen und damit dem Volk zu präsentieren. Justinian ließ stattdessen die Schätze im Palast ausstellen, wo sie von einer kleinen Schar von Erlauchten, der *crème de la crème*, bestaunt werden durften.

554 wurde Italien zur Provinz des Oströmischen Reiches. Aus militärischen Erwägungen heraus wurden zwei „Exarchate" geschaffen: Sizilien und Ravenna. Sizilien bekam eine direkt Konstantinopel unterstehende Zivilverwaltung. In Ravenna wurde als erster „Exarch" (ἔξαρχος: ab dem 6. Jh. Oberbefehlshaber einer großen militärischen Einheit) der Eunuch Narses eingesetzt. Nicht etwa Belisar – wohl auch das eine Warnung Justinians, sein Feldherr möge sich keinen Kamm schwellen lassen. Cassiodor, dessen Zug zum Opportunismus spätestens hier offenkundig wird, übersiedelte 540 nach Konstantinopel.

6.6.8. Die Adaptierung der arianischen Bauten

Ravenna musste nun rasch den Charakter einer repräsentativen „Außenstelle" des Byzantinischen Reiches erhalten. Umgehend adaptiert wurde erwartungsgemäß die Hofkirche Theoderichs, in welcher die Krönung Belisars zum Gotenkönig hätte stattfinden sollen. Nachdem alles anders gelaufen war, als von den Goten erwartet, ließen die Byzantiner nun jene Teile der Mosaikausstattung der gotischen Palastkirche abschlagen, die – zwischen den Darstellungen des Palasts und des Hafens einerseits und der beiden „himmlischen Szenen" andererseits – den ostgotischen Hofstaat gezeigt haben dürften. Im Palast selbst wird Theoderich mit seiner engsten *entourage* und Garden wiedergegeben gewesen sein; eine Hand ist dort vor einer Säule auch jetzt noch sichtbar. Die älteren Prozessionen wurden Mitte des 6. Jahrhunderts durch zwei lange Reihen von Märtyrerinnen (im Norden) respektive Märtyrern (im Süden) ersetzt.[220] Bereits 561, nur wenige Jahre nach der Eliminierung des ostgotischen Königreichs, konnte die ursprünglich arianische Erlöserkirche dem katholischen Kult übergeben werden. Auch das neue Patrozinium ist Programm: Die Kirche wurde nun Martin, also einem Heiligen, den man insbesondere wegen seiner Verdienste um die Verbreitung des christlichen Glaubens und um die Bekämpfung von Ketzern verehrte, gewidmet. Das heute gültige Patrozinium, S. Apollinare Nuovo, erhielt die Kirche erst im 9. Jahrhundert, als Reliquien des hl. Apollinaris, auf den noch zurückzukommen sein wird, aus der Kirche im Hafen, S. Apollinare in Classe, in die Martinskirche überführt wurden. Das vorher arianische Baptisterium widmeten die Byzantiner der Gottesmutter.

6.6.9. Ein inhaltlicher kick down: San Vitale und S. Apollinare in Classe

San Vitale befand sich bei der Machtübernahme Ravennas durch die Byzantiner noch im Bau. Nach ihrer Fertigstellung 545 wurde die Kirche 546–548 mit Marmor in der Sockelzone und mit Mosaiken in den oberen Bereichen ausgestattet. Zwei Momente sind dabei auffällig: die Bezugnahme auf das Kaiserpaar und eine neue inhaltliche Stringenz des Gesamtprogramms. Justinian und Theodora bilden, monumental auf der Nord- respektive der Südwand des Presbyteriums dargestellt,[221] die Zentren zweier in Richtung Osten sich bewegender Prozessionen, wobei sie gewissermaßen als Akolythen (Kleriker mit niederen Weihen) fungieren, indem sie die Patene respektive den Kelch zum Altar bringen. Dem Kaiser gehen der – von diesem eingesetzte – Erzbischof Maximian von Ravenna (reg. 546–556/557) mit einer kleinen *crux gemmata* in Händen und zwei Diakone mit einem Evangeliar im perlen- und edelsteinbesetzten Einband respektive mit einem Weihrauchfass voran. Beamte und die kaiserliche Garde folgen; einer der Schilde zeigt das Christogramm. Der Kaiserin voran schreiten zwei Höchstbeamte. Hofdamen folgen ihr. Theodoras Mantel ist mit einer gestickten Bordüre besetzt, die – wohl in Anspielung auf die Gabendarbringung des Kaiserpaares – die Epiphanie zeigt; möglicherweise haben Justinian und Theodora der Kirche S. Vitale einen Kelch und eine Patene gestiftet.

Die beiden Mosaiken mit dem Herrscherpaar bilden quasi die Basis eines in inhaltlicher Hinsicht stufenförmig organisierten und zugleich auf den Altar bezogenen Gesamtprogramms: Zu Seiten des Altares sind in zwei zur Erdgeschosszone gehörigen Lunetten vier alttestamentliche, sämtlich auf die Eucharistie verweisende Szenen wiedergegeben: im Norden der Besuch der drei Engel bei Abraham und Sarah beim Baum Mamre (Gn Kap. 18) sowie das Isaakopfer (Gn 22:1–19),[222] im Süden die Opfer Abels (Gn 4:4) und Melchisedeks (Gn 14:18; Ps 110 [CIX]:4).[223] Wie bei den beiden Bildern mit dem Kaiserpaar sind auch bei den Szenen aus dem Alten Bund Narration und Repräsentation miteinander verschränkt. Letztere ist durch die Orientierung der beiden Einzelszenen auf die Mittelachse gegeben: Abraham bewegt sich beim Servieren des Bratens nach rechts und wendet sich beim Isaakopfer nach links, Abel und Melchisedek legen ihre Gaben von links und rechts auf einem gemeinsamen Altar nieder. Das Zentrum bildet einerseits der „Gartentisch" mit den Broten unter dem Baum Mambre, andererseits der Altar mit dem Kelch und zwei Broten (ein drittes legt der Hohepriester eben darauf nieder), wobei sich der Tisch mit den Broten auf jener Wand, an der wir Justinian mit der Patene sehen, befindet, während der Altar mit dem Kelch auf der Seite Theodoras, die den Kelch trägt, erscheint. Die drei Engel und die drei Brote sind zudem als Hinweis auf die Dreifaltigkeit, die im Konzil von Konstantinopel 381 definiert worden war, zu verstehen. Auf dieses Thema war man in Ravenna sensibilisiert, denn der römische Staatsmann und Philosoph Anicius Manlius Severinus Boethius (* 475/480, † 524), der ab 522 unter dem Ostgotenkönig am ravennatischen Hof als ranghöchster Minister gewirkt hatte, dann aber bei diesem in Ungnade fiel und hingerichtet wurde, hatte dazu zwei theologische Traktate, *„Quomodo trinitas unus deus ac non tres dii"* (*„Die Trinität ist ein Gott, nicht drei Gottheiten"*) und *„Utrum pater et filius et spiritus sanctus de divinitate substantialiter praedicentur"* (*„Ob ,Vater', ,Sohn' und ,Heiliger Geist' wesenhafte Aussagen über die Göttlichkeit darstellen"*), verfasst, womit er dem radikalen Arianismus, der eine in drei Stufen gegliederte Trinität behauptete, entgegengetreten war.

Die Zone, die sich in San Vitale über den alttestamentlichen Darstellungen befindet, ist dem Neuen Bund gewidmet: Hier erscheinen die vier Evangelisten, die schon seit Konstantinischer Zeit dargestellt worden waren, in Verbindung mit den sie inspirierenden Evangelistensymbolen.[224] Damit wurde ein altes Motiv, nämlich die Inspiration des Autors durch seine Muse respektive die Heuresis – man denke bloß an das Autorenbild des Wiener Dioskurides –, ins Christliche übertragen. Im Gewölbezenit des Presbyteriums (Altarraum), direkt über dem Altar, erscheint schließlich das Lamm Gottes in einem von Engeln getragenen Lorbeerkranz vor goldgestirntem Himmel,[225] das den auf dem Altar in den Eucharistischen Gaben real präsenten Christus als das *agnus Dei* (Lamm Gottes) definiert und außerdem den Finger auf den – aus christlicher Perspektive gegebenen – qualitativen Überstieg des Alten Testaments durch das Neue Testament legt. Ihn aufzuzeigen, war ja den christlichen Theologen schon seit frühchristlicher Zeit ein wichtiges Anliegen gewesen.

Die klare Konstruktion des Programms mit stufenförmigem Aufstieg und dem schlusssteinartigen *agnus Dei* lässt daran denken, dass die Schriften des Pseudo-Dionysios Areopagites während der Konzeption und Ausführung der musivischen Ausstattung von San Vitale nur 30, vielleicht 40 Jahre alt und erst seit wenigen Jahren im Gespräch waren. Der Versuch des Areopagiten, alles in eine hierarchische Ordnung zu bringen, hat in San Vitale seine unübersehbare Parallele. Hier wie dort existierte das Bestreben, die – in den Augen der christlichen Theologen – wahre Mechanik des von Gott mit Gnade erfüllten Seins sichtbar zu machen. Formal schließen die Mosaiken von San Vitale an die Entwicklung der Jahrhundertwende, also an den graphischen, raumlosen, hieratischen („heiligen", „priesterlichen") Stil an, der uns um 500 im Baptisterium der Arianer (Abb. 19) sowie in der erzbischöflichen Kapelle begegnet und für die Wiedergabe komplexerer Zusammenhänge besonders geeignet ist. Durch die Klarheit, die aus diesem formalen Konzept resultiert, lösen die Mosaiken von San Vitale die von Boethius in seinem – im Kerker verfassten – Traktat *„De consolatione Philosophiae"* (*„Die Tröstung durch die Philosophie"*) erhobene Forderung ein, im Sinne der stoischen Philosophie, für die Selbstbeherrschung zentral ist, alle Gemütsbewegungen durch die Vernunft zu überwinden.

Bereits vor der Einnahme Ravennas durch die Byzantiner war zwischen 532 und 536 im Hafen von Ravenna die Basilika S. Apollinare in Classe begonnen worden.[226] Auch dieser Bau war durch den Privatmann Julianus Argentarius finanziell unterstützt worden. Dass man hierfür Säulen und Kapitelle aus Konstantinopel importierte und Ziegel verwendete, die in dem erwähnten schmalen Format hergestellt worden waren, bezeugt auch in diesem Fall, wie sehr sich Ravenna in gotischer Zeit als Teil des Oströmischen Reiches empfunden hatte. Unter den neuen Machthabern wurde die Kirche fertig gestellt und der Triumphbogen sowie die Apsis mit Mosaiken überzogen (Abb. 26).[227] 549 weihte Erzbischof Maximian die Basilika. Gewidmet wurde sie dem hl. Apollinaris, dessen Reliquien hier verwahrt wurden. Das Patrozinium ist auch in diesem Fall Programm: Bischof Apollinaris von Ravenna (reg. um 200) wird als der erste Bischof der Stadt verehrt, dessen Lebenszeit man ins 1. Jahrhundert zurückverlegte. Er galt als Petrusschüler und Märtyrer oder zumindest einer, der die Drangsale der Verfolgung zu durchleiden gehabt habe. Man glaubte folglich, die Reliquien eines frühchristlichen Blutzeugen oder doch mindestens eines *confessors* (Bekenners) zu besitzen und mit deren Verehrung an die frühe – orthodoxe – Geschichte Ravennas anknüpfen zu können.

Die musivische Ausstattung thematisiert am Triumphbogen den *secundus adventus:* Der Herr erscheint im *clipeus* vor den blauen und roten Wolken des Jüngsten Tages, die wir von den Apsiden der *Ecclesia Pudentiana* (Abb. 14) und der Kirche SS. Cosma e Damiano (Abb. 22) kennen. Christus zugewandt tauchen die vier apokalyptischen Wesen ähnlich wie in der *Ecclesia Pudentiana* aus den Wolken auf. In der Zone darunter wandern die Seligen in Form von Schafen dem Herrn entgegen. Die Apsisausstattung spricht die Wiederkehr des Herrn ein zweites Mal an: Das Mosaik suggeriert, dass aus der Kalotte ein riesiges, mit einer sog. hieratischen Borte (aus Gold, mit zwei Perlen, einem Edelstein, zwei Perlen usf. besetzt) eingefasstes *opaion* ausgeschnitten wäre, durch das wir auf einen gestirnten Himmel blicken. Vor diesem erscheint die *crux gemmata:* das Zeichen des Menschensohnes, das die Wiederkehr Christi ankündigt (Mt 25:31–46 *et passim*). Wie um diese Zusammenhänge zu besiegeln, ist das Zentrum des Gemmenkreuzes mit einem *clipeus,* der Christus als Brustbild zeigt, besetzt. Die *crux gemmata* verquickt die Wiederkehr Christi zugleich mit jenem historischen Ereignis, bei welchem den drei Lieblingsjüngern, Johannes, Petrus und Jakobus, noch zu Jesu Lebzeiten gewährt war, einen kurzen Moment die Göttlichkeit Christi zu schauen: mit der Verklärung auf Tabor (Mt 17:1–13). Moses und Elias, mit denen Christus auf dem Berg redet, erscheinen im Apsismosaik dem Herren zugewandt – wie die Evangelistensymbole am Triumphbogen – vom Himmel her als Halbfiguren. Die drei Apostel, die bei der Verklärung anwesend waren, treten als Schafe auf. Die *dextera Dei* (Rechte Gottes) oberhalb des Kreuzes steht für die Stimme des Vaters (Mt 17:5). Die idealische Landschaft, in welche das Geschehen eingebettet ist, nimmt das Paradies, das der Messias bei seiner Wiederkehr einrichten wird, vorweg.

Indem die Verklärung auf Tabor, die zu den am stärksten anagogisch orientierten Ereignissen des Neuen Testaments gehört, in S. Apollinare in Classe mit der Wiederkehr Christi verschränkt ist, werden hier alle anderen Darstellungsinhalte in die endzeitliche Dimension hineingenommen. Auch der Titelheilige: der hl. Bischof Apollinaris. Als Märtyrer oder *confessor* hat er, so die Aussage des Mosaiks, schon jetzt Anteil am Paradies. Als Hirte, als welcher er als Bischof Ravennas fungierte, weidet er darin bereits seine Lämmer. Kurz: Die historische Ebene klingt im Mosaik zwar an, wird aber vom denkbar lautesten anagogischen Akkord übertönt. In der Überlagerung von Sinnschichten stellt das Mosaik von S. Apollinare in Classe einen unerreichten Höhepunkt dar, der nochmals zeigt, in welcher Intensität die Kirche darum rang, ihre Sicht von der Mechanik des von Gott durchdrungenen Seins zu vermitteln. Formal führt auch das Apollinarismosaik die in Ravenna stattgefundene Entwicklung in Richtung Raumlosigkeit, graphischer Durchstrukturierung des Körpers etc. weiter. Davon, dass derart komplexe Inhalte, wie die in der Hafenkirche vermittelten, nur in einem derart abstrakten Stil ausgesprochen werden können, war schon die Rede.

6.6.10. Ephesos: Die neue Johanneskirche

Knapp vor Theodoras Tod (548) veranlasste das Kaiserpaar den schon kurz erwähnten Neubau der Johanneskirche in Ephesos (Abb. 27),[228] der den in der 1. Hälfte des 5. Jahrhunderts errichteten Bau ersetzte. Die bis 565 aufgeführte zweite Johanneskirche übertraf den Vorgängerbau durch ihre Ausmaße: Sie hatte eine Länge von 125 m. Auch die Struktur war eine neue: Zwar wurde der Grundriss in Form eines lateinischen Kreuzes vom Vorgängerbau übernommen, der Innenraum nun aber aus einem Hauptraum und einer diesen umfangenden Raumhülle zusammengesetzt. Kurz gesagt: Die Idee von Hagios Sergios und Bakchos und der Hagia Sophia (Abb. 24) wurde in Ephesos auf eine Kirche über kreuzförmigem Grundriss übertragen.[229] Der Hauptraum bestand aus quadratischen Jochen, die jeweils von einer Kuppel überwölbt waren. Die Kuppelstruktur trat auch am Außenbau deutlich in Erscheinung. Heute sind, wie erwähnt, von diesem gigantischen Bauwerk nur noch Ruinen erhalten;[230] Erdbeben und die Zerstörung der Stadt durch den zentralasiatischen Eroberer Timūr im Jahr 1402 haben das Ihre dazu beigetragen.

Hinsichtlich der Bautätigkeit Justinians fallen mehrere Momente auf: die Verwendung verschiedenster Bautypen, die Vorliebe für gigantische Dimensionen und den Wölbungsbau. Die letzteren beiden Momente vermitteln den Eindruck, Justinian wollte römischer sein als alle christlichen Kaiser vor ihm, indem er erstens alle älteren Bauten größenmäßig in den Schatten stellte – der Innenraum der Maxentiusbasilika (Abb. 8) war mit einer lichten Länge von 80 m der größte der Antike – und indem er zweitens auf den Wölbungsbau vor Konstantin d. Gr. – hier ist nochmals die Maxentiusbasilika zu nennen – zurückgreifen ließ.

6.6.11. Perserkrieg und Kirchenbau im „Nahen Osten"

Während Ravenna zur Hauptstadt des Exarchates „herausgeputzt" wurde, beorderte Justinian seinen Feldherrn Belisar erneut an die Ostgrenze. Auch diesmal waren hier die Erfolge der Byzantiner den Persern gegenüber limitiert, doch konnte sich Byzanz damit brüsten, Palästina gehalten zu haben. In der Folge ließ Justinian in diesem Gebiet Kirchen bauen – unter anderem in Bethlehem, wo die konstantinische Geburtskirche nach 560, sicher vor 635, ersetzt wurde.[231] Das bekannteste Beispiel für die justinianische Bauinitiative im „Nahen Osten" ist aber das zwischen 548 und 560/65 errichtete Katharinenkloster auf dem Sinai. Die Apsis der Klosterkirche wurde mit einem Mosaik verkleidet,[232] das wie jenes in der Apollinariskirche im Hafen von Ravenna die Verklärung Christi auf Tabor zeigt, aber weit stärker auf die historische Dimension des Geschehens abzielt: Nun treten Moses und Elias ganzfigurig auf, Christus erscheint in menschlicher Gestalt, weiß gekleidet und von einer Mandorla (mandelförmiger Nimbus) umschlossen, die Jünger stürzen erschreckt zu Boden. Die Symbolik wie die Vielschichtigkeit des ravennatischen Werks fehlt. Auf das Phänomen, dass im palästinensisch-syrischen Raum, dem hier das Katharinenkloster zugeschlagen werden kann, konkreter, historischer gedacht wurde als im Exarchat und in Konstantinopel, wird zurückzukommen sein.

6.6.12. Prokopios' „Historíai" und „Anékdota"

Prokopios von Kaisareia, Belisars „Flügeladjutant" und Autor des Werkes „Über die Bauten", hat seinen Herrn fast überallhin begleitet und über alle Kriege eine Chronik, die Ἱστορίαι (lat.: „Bella" [„Kriege"]), angelegt. 552 schloss er die Arbeit am letzten Buch ab. Verbittert darüber, dass Justinian seinen Herrn immer wieder erniedrigt hatte, erweiterte er das Geschriebene 550 oder 558/559 um ein weiteres Buch: die Ἀνέκδοτα („Anékdota"), in denen er mit dem Kaiserpaar, insbesondere mit Theodora abrechnete: Sich die Hände reibend, stellte er die Kaiserin als die verkommenste Hure aller Zeiten dar, die, bevor sie Justinians Frau geworden sei, als Prostituierte gearbeitet habe, ja nackt im Zirkus aufgetreten wäre.[233] Aber auch mit seiner Enttäuschung über Belisar hielt Prokopios nun nicht mehr hinter dem Berg. Veröffentlicht wurden die *„Anékdota"* aus verständlichen Gründen erst nach Justinians und Belisars Tod (beide † 565).

6.6.13. Die Ikonen

Die schon angesprochene Sehnsucht, an der göttlichen Gnade zu partizipieren, führte in frühbyzantinischer Zeit zur raschen Entwicklung des religiösen, tragbaren Tafelbildes: der Ikonen (εἰκών: Bild). Erste Exemplare waren schriftlichen Quellen zufolge schon im 4. Jahrhundert geschaffen worden. Sie zeigten Christus, die Apostel und diverse Szenen. Technisch schlossen sie an die enkaustischen (in Wachs gebundene Farbpigmente) Mumienporträts,[234] wie sie in Ägypten üblich waren, an. Die ersten erhaltenen Ikonen stammen aus dem 6. Jahrhundert. Den reichsten Schatz an frühen Ikonen besitzen das Katharinenkloster auf dem Sinai und die Eremitage in St. Petersburg;[235] dazu kommen Exemplare des 7. Jahrhunderts in Rom.

Da man durch die Ikonen an der vom Urbild – also letztlich von Christus – ausgehenden Gnade Anteil zu haben suchte, sah man die Wirksamkeit der Ikonen als von der Genauigkeit der Kopie abhängig an, ausgehend von der Idee, dass die Kraft vom Urbild über die Ähnlichkeit auf das erste Bild übergegangen wäre und von diesem *via* Ähnlichkeit auf jede weitere Kopie überginge. Je getreuer die Kopie, desto höher das Ausmaß der *methexis,* war die Devise. Dass dies (neu-)platonisch gedacht ist, liegt auf der Hand. Umgekehrt zielte die dem Bild erwiesene Verehrung auf das Urbild: also auf die Heiligen, Maria und Christus. Durch die Verehrung wiederum partizipiere, so die damals herrschende Meinung, der Gläubige am göttlichen Urbild. Damit schließt sich der Kreis. Aufgrund der Idee, die Kraft werde auf dem Weg der Ähnlichkeit von Urbild zum Abbild vermittelt, haben sich zahlreiche fixe Ikonentypen entwickelt, mit deren Katalogisierung und Zuordnung sich ganze Generationen von KunsthistorikerInnen und ByzantinistInnen befasst haben. Von der angesprochenen Grundidee her ist auch verständlich, dass sich um die allerersten Ikonen, die den Ausgangspunkt der langen Reihen von Kopien bildeten, bald Legenden rankten: Der hl. Lukas habe die Madonna (Gottesmutter mit dem Christuskind), ein anderer Maler – auf Betreiben König Abgars V. von Syrien (reg. 4 v. Chr.–7 n. Chr., 13 –50 n. Chr.) – Christus als Erwachsenen porträtiert, ja Christus habe das Werk selbst vollendet, indem er sein Antlitz in das Tuch gedrückt habe, das Schweißtuch der Veronika überliefere die Züge Christi etc. etc. HANS BELTING hat sich damit in seinem Buch „Bild und Kult" (München 1990) ausführlich befasst.

Zu den ältesten erhaltenen Ikonen zählt die Petrusikone des Sinaiklosters:[236] Das „Porträt" des Apostelfürsten wird von einer Thronarchitektur hinterfangen, über der in *clipei* die Büsten von Christus und Maria sowie die eines jugendlichen Heiligen, der mit Vorsicht als Johannes Ev. gedeutet werden kann, erscheinen. Die Nische oder Thronarchitektur und die drei kleinen Rundbilder mit den Büsten der „Vorgesetzten" und des „Kollegen" gehen auf die Konsulardiptychen wie das besprochene Anastasiosdiptychon von 517 (Abb. 21) zurück, was deutlich macht, dass der Prozess der Übertragung von Repräsentationsmotiven in die christliche Ikonographie nicht auf die Zeit unmittelbar nach der Konstantinischen Wende beschränkt war. Stilistisch steht die Petrusikone des Sinaiklosters auf derselben Stufe wie der sog. Codex Purpureus Rossanensis (Rossano BE),[237] auf den zurückzukommen sein wird, was ihre zeitliche Ansetzung in die zweite Hälfte des 6. Jahrhunderts nahe legt. Aufgrund ihrer Ausführung in Enkaustik wurde Ägypten als Entstehungsort erwogen.

Erst im 7. Jahrhundert dürfte die – gleichfalls im Katharinenkloster verwahrte – Ikone entstanden sein, die Maria mit dem Kind, flankiert von den heiligen Theodor und Georg (Sinai KK), zeigt.[238] In diesem Fall denkt die Forschung an eine Ausführung in Konstantinopel. Interessant ist diese Ikone nicht zuletzt aufgrund des Faktums, dass bei ihrer Herstellung verschiedene *modi* angewandt wurden. So erscheinen die Madonna und die hll. Theodor und Georg streng frontal; Letztere tragen ein mit Ornament flächig überzogenes Gewand, das ähnlich auf einem den hl. Demetrius zeigenden, um 650 datierbaren Mosaik in Hagios Demetrios in Saloniki[239] zu finden ist, wenngleich die Reduktion des Körperlichen dort über jene auf der Ikone anzutreffende noch hinausgeht. Die Engel, die auf der Ikone hinter der Madonna und den Heiligen erscheinen, sind indes – auf die Antike zurückgreifend – stark bewegt, ja von geradezu „impressionistischer" Wirkung. Das setzt die Ikone in Relation zu einem stadtrömischen Werk des 7. Jahrhunderts: zum „Schönen" respektive „Pompejanischen" Engel in Sta Maria Antiqua auf dem Forum Romanum,[240] ohne dass die beiden Engel auf der Ikone den lyrischen Zug ihres römischen Kollegen besäßen.

Über die Art der Verwendung und die immense Bedeutung, welche die Ikonen ab dem 6. Jahrhundert besessen haben, sind wir durch zahlreiche Quellen unterrichtet:[241] Beispielsweise schrieb Kaiser Herakleios (reg. 610–641) seine Thronbesteigung der Hilfe einer Marienikone zu, die er in der Folge auf seinem Schiff auf seiner Flagge mit sich führte; anzunehmen ist, dass die verehrte Ikone auf der Fahne wiedergegeben war. Dieselbe von Kaiser Herakleios verehrte Marienikone dürfte, so vermutet BELTING, im Auftrag des Patriarchen (Kirchenoberhaupt) auf die Stadttore von Konstantinopel gemalt worden sein, als die Awaren 626 die Stadt belagerten. Die Marienbilder traten damit die Tradition der alten Götterbilder an, welche – aus paganer Perspektive – als *propylaioi* (προπύλαιοι:

Türhüter) die Stadt vor Feinden und Krankheiten geschützt hatten. Aber auch im privaten Bereich waren die Ikonen, insbesondere jene, die Maria mit dem Kind darstellten, ab dem 7. Jahrhundert heimisch. Man entzündete vor ihnen Kerzen, Lampen und Weihrauchkörner. Man kniete vor ihnen nieder, küsste sie, wusch sie, kleidete sie. Auch das war die Fortführung einer alten Tradition. Schon vor den *lares* (Hausgöttern) der Antike hatten Lichter gebrannt. Eine besondere Konjunktur erreichten die Ikonen in den Klöstern und Kerkern: in den Mönchs- und Gefängniszellen, und eine ganz besondere Rolle spielten sie in den Zellen der Eremiten. Eine Episode vom Gebrauch einer Ikone in einer Einsiedlerzelle wirft ein bezeichnendes Licht auf das Verständnis, das man von diesen Bildern in Mönchskreisen hatte. Berichtet wird von einem Eremiten, der vor dem Antritt einer Reise das Marienbild bat, in seiner Abwesenheit selbst dafür zu sorgen, dass die Kerze nicht herunterbrenne. Von hier war es nicht weit zu jenem Punkt, wo man die Ikone als etwas Handelndes, Wunderwirkendes ansah, das beispielsweise imstande war, Kranke zu heilen. An diesem Punkt kippte die Entwicklung wieder in jene Richtung, wo das Bild als etwas Heiliges angesehen wurde, wie das für die Götterfiguren der Antike, aber auch für die Kaiserbilder und -statuen gegolten hatte, deren göttliche Verehrung vor der Konstantinischen Wende eingefordert worden war, wogegen sich gerade das Christentum so vehement gewehrt hatte. Auf der Hand liegt außerdem, dass das natürliche Beziehungsbedürfnis der – sich der sexuellen Enthaltsamkeit verschreibenden – Mönche zum weiblichen Geschlecht durch die „handelnden" Ikonen amphitryonartig sublimiert wurde.

6.6.14. Erzähl- und Argumentationsstrukturen

In Wien und in Rossano (Kalabrien) werden zwei ins 6. Jahrhundert datierbare, illuminierte Purpurcodices verwahrt, also Handschriften, bei denen die einzelnen Pergamentblätter in Purpur (Sekret der Purpurschnecken) getaucht und erst anschließend beschrieben und bemalt wurden. Das legt die Vermutung nahe, dass die Codices in kaiserlichem Auftrag entstanden sind. Ihre Lokalisierung ist umstritten, Konstantinopel wird aufgrund der hohen Qualität als Entstehungsort erwogen. Auch ihre Datierung schwankt in der Forschung, eine Ansetzung Mitte des 6. Jahrhunderts, eventuell in das 3. Viertel des 6. Jahrhunderts, wird nicht weit fehlgehen. Bei der sog. Wiener Genesis (Wien ÖNB, Cod. theol. gr. 31)[242] handelt es sich um das Fragment einer illustrierten Genesis (Erstes Buch des Alten Testaments), die 48 von ca. 220 rekonstruierbaren Seiten umfasst. Die Darstellungen sind ungerahmt direkt auf das rote Pergament, das auch die Schrift trägt, gesetzt und erzählen die im Text referierten Geschehnisse mit optischen Mitteln ein zweites Mal. Die

Handlungen und Handlungsteile finden auf einer Art Bühne statt, die aus einem oder aus zwei sich über die volle Breite des Schriftspiegels ausdehnenden Landschaftsstreifen besteht; wo zwei Terrainstreifen existieren, sind sie auf einer Seite miteinander verbunden. Das ist beispielsweise bei der Darstellung des Endes der Sintflut (Gn 6:8–8:22, bes.: 8:3–22)[243] der Fall, die zeigt, wie die Menschen und Tiere – jeweils paarweise – die Arche, die auf dem Berg Arrarat auf Grund gelaufen ist, verlassen. Noah vollzieht währenddessen das Brandopfer, nach dem der Herr mit ihm seinen Bund schließen wird (Gn, Kap. 9). Die Handlungsteile, die im Text aufeinander folgten, laufen in der Miniatur simultan ab. Gleiches gilt für die Geschichte der Rebekka (Gn 24:1–22).[244] Die Genesis schildert, dass Abraham seinen Großknecht aussandte, um eine Frau für seinen Sohn Isaak zu finden. Der Knecht nahm zu diesem Behufe zehn von Abrahams Kamelen und Schmuck auf die Reise mit. Als er zur Stadt Nahors – auf der Miniatur der Wiener Genesis rechts oben dargestellt – kam, wartete er an der Quelle – links in der „Kurve“ zwischen oberem und unterem Terrainstreifen durch eine Quellnymphe charakterisiert – auf die Frauen, die abends dorthin kamen, um Wasser zu schöpfen. Wir sehen, wie Rebekka mit dem geschulterten Krug, von der Stadt Nahors herkommend, sich der Quelle nähert. Der Text referiert, der Knecht habe das Mädchen, nachdem es Wasser geschöpft hatte, gebeten, aus ihrem Krug trinken zu dürfen, worauf sie ihm nicht bloß zu trinken gab, sondern sich zudem anbot, so viel Wasser zu schöpfen, dass auch die Kamele ihren Durst löschen könnten. Die Miniatur inkludiert auch den darauf folgenden Handlungsteil: Das weitere Wasserschöpfen ist erledigt, die Kamele saufen schon.

Die narrativen Qualitäten der Miniaturen verweisen ebenso auf die Antike wie die Lebendigkeit der Erzählweise, die Organik und Bewegtheit der Figuren und Tiere – man beachte nur die plastisch durchgestalteten Kamele mit den Glanzlichtern auf den Höckern – und die Integration der Quellnymphe. Es ist damit wahrscheinlich, dass die Illustrationen der Wiener Genesis auf einer älteren Vorlage, vielleicht des 4. Jahrhunderts, basieren. Andererseits ist auch die Handschrift des 6. Jahrhunderts ein Kind ihrer Zeit, etwa, wenn es in der Darstellung der Rebekkageschichte keine Verbindung zwischen dem grünen Terrain links und der Stadt Nahors rechts oben gibt, oder die Stadt zudem im Vergleich zu den Protagonisten viel zu klein wiedergegeben ist. Wahrscheinlich war sie auf der Vorlage als in weiter Entfernung liegend gezeigt. Nun ist sie isoliert auf den Purpurgrund „appliziert“. Der bei den Figuren verwandte antikisierende Stil täuscht also darüber hinweg, dass die Miniaturen strukturell schon dem – zukunftsweisenden – „Schichtenraum“ verpflichtet sind.

In dem wohl etwas jüngeren Codex Purpureus Rossanensis[245] (Rossano BA), einem fragmentierten Tetraevangeliar (alle vier Evangelien umfassend), wurden die Darstellungen ebenfalls ohne Rahmen auf den Purpurgrund gesetzt, doch ist hier Narration mit

Argumentation verbunden. Wiedergegeben sind sowohl Ereignisse aus dem Leben Jesu als auch vom Herrn erzählte Gleichnisse. Zur ersten Gruppe gehört beispielsweise die »Heilung des Blinden« (Jh 9:1–11): Christus legt dem Blindgeborenen Teig auf die Augen, der Blinde geht auf Geheiß Jesu zum Teich Siloah und wäscht sich, worauf er sehend wird. Die Herumstehenden erkennen den Blindgeborenen und fragen ihn nach der Ursache seiner Heilung … Dieses Geschehen ist auch auf der Miniatur kontinuierlich erzählt. Gleiches trifft auf die Darstellung des Gleichnisses von den klugen und den törichten Jungfrauen (Mt 25:1–13) zu: Die klugen Jungfrauen hatten, als sie auf den Bräutigam, also Christus, warteten, Öl für ihre Lampen bei sich; als der Bräutigam um Mitternacht kam, waren sie bereit, ihn zu empfangen. Die törichten aber, die kein Öl mitgenommen haben, versuchen nun vergebens, eines zu kaufen. Endlich gelingt es ihnen, aber nun ist das Tor hinter den klugen Jungfrauen und dem Bräutigam bereits geschlossen … Die Darstellungen des Codex Purpureus Rossanensis weisen hinsichtlich der kontinuierlichen Erzählweise ebenfalls auf ein älteres Vorbild zurück, allerdings wurde das Terrain bei diesem Rezeptionsprozess – anders als bei der Wiener Genesis – zu einem schmalen Streifen, ja zu einem Strich, die Tiefe des Bildraums damit auf ein Minimum reduziert, so dass die Figuren und Figurengruppen in ein direkteres Verhältnis zur Schrift treten. Text und Darstellungen besitzen folglich einen ähnlichen Realitätscharakter und können einander von daher in der Argumentation gegenseitig unterstützen. Diese neue Möglichkeit ist im Codex Purpureus Rossanensis ausgereizt, indem unterhalb der Szenen aus dem Leben Jesu respektive unterhalb der Darstellungen der Gleichnisse jene Propheten wiedergegeben sind, die – aus der christlichen Perspektive – auf die Wunder, Gleichnisse etc. schon vorausgewiesen haben. Sie erscheinen als Büsten, als stünden sie wie Redner hinter einer Kanzel, auf deren Front die Weissagungen geschrieben stehen. Altes und Neues Testament, Weissagungen und Erfüllungen der Prophetien sind damit in eine enge Relation gesetzt. Folglich kann der Leser und Betrachter einerseits als Zuschauer die Narration, zum Beispiel die Geschichte der Blindenheilung oder der klugen und törichten Jungfrauen, wie ein vor seinen Augen ablaufendes Theaterstück verfolgen, andererseits aber zwischen Altem und Neuem Bund zwecks Überprüfung der gegenseitigen Verweise hin- und herwandern, ohne Bruchlinien überwinden zu müssen. Selten spricht man so zutreffend von „illuminierten" Codices wie in diesem Fall, denn die Darstellungen sind es, die hier den geistigen Sinn, welcher der Schule von Alexandria zufolge hinter dem historischen Sinn *verborgen* ist, *erhellen*.

6.7. Syrien

6.7.1. Codexillumination und Theologie

Ganz anders ist das Konzept, das dem sog. Rabulascodex (Florenz BML, Cod. Plut. I, 56)[246] zugrunde liegt. Das im Kloster Zagba (am Euphrat, Syrien) im Jahr 586 von einem Mönch namens Rabulas geschriebene Evangeliar beinhaltet eine Reihe von Bildern von Ereignissen des Neuen Testaments, etwa der Himmelfahrt Christi[247] und des Pfingstgeschehens,[248] die uns hier in einer ikonographisch so ausgereiften Form begegnen, dass ihnen bereits eine lange Entwicklung vorausgegangen sein muss. In den Einzelbildern liegt der Schwerpunkt beim historischen Schriftsinn, ikonographische Verweise auf andere Sinnebenen sind selten. Möglicherweise gibt es diesbezüglich eine Verbindung zu der in Antiocheia beheimateten exegetischen Tradition, die sich primär mit dem *sensus litteralis* beschäftigt hat. Sie suchte – darin den Gegenpol zur Schule von Alexandria bildend – nicht nach der in den Texten verborgenen Vielschichtigkeit und Komplexität, sondern strebte vielmehr danach, das in der Heiligen Schrift geschilderte Ereignis im seinerzeitigen historischen Kontext zu verankern und aus diesem heraus zu verstehen. Den einfachen, klaren Darstellungen des Rabulascodex ist nur durch das angewandte formale Konzept – die Kompositionen werden von Symmetrie, Ruhe und Ordnung bestimmt – ein anagogischer Zug verliehen, der sie als im göttlichen Heilsplan verortet ausweist.

Neben den neutestamentlichen Szenen beinhaltet das Rabulasevangeliar sog. Kanontafeln, die auf Eusebios von Kaisareia (den Historiographen und Panegyriker Konstantins d. Gr.) zurückgehen. Eusebios hatte die vier Evangelien in 1162 nummerierte Abschnitte, sog. Perikopen ($\pi\epsilon\rho\iota\kappa o\pi\acute{\eta}$: abgetrenntes Stück), unterteilt, die in der Messe verlesen werden. (Vor dem 2. Vatikanischen Konzil [1962–65] verlas man jährlich dieselben Perikopen, seitdem existiert in der katholischen Kirche ein Dreijahreszyklus). Jene Abschnitte, die bei allen vier Evangelisten, respektive nur bei dreien oder zweien von ihnen, schließlich nur bei einem Autor vorkommen, stellte Eusebios zu insgesamt zehn Listen, den sog. Kanontafeln, zusammen. Im Rabulasevangeliar sind diese in zukunftsweisender Art durch Arkaden gerahmt, zudem den einzelnen Kolumnen Darstellungen des jeweiligen Evangelienverfassers zugeordnet.

6.8. Ägypten – die Kopten

6.8.1. Der dogmatische Sonderweg

Die Christen Ägyptens, die Kopten (ألقبط [al-Qubṭ/al-Qibṭ] für griech. Αἰγύπτιος [ägyp-tisch]), haben einen Sonderweg beschritten, nicht bloß aufgrund der exponierten geographischen Lage, in der sie lebten und leben, sondern primär deshalb, weil sie dem im Konzil von Chalkedon (heute: Kadiköy, asiatischer Teil Istanbuls) 451 festgeschriebenen Dogma auswichen. Die Beschlüsse von Chalkedon waren die logische Folge der Konzilien von Nikaia (325) und Ephesos (431): War im Konzil von Nikaia – Areios widersprechend – die Wesensgleichheit Christi mit dem Vater und in Ephesos – Nestorios entgegentretend – die Gottesmutterschaft Mariä zum Dogma erhoben worden, galt es in Chalkedon, die Beschlüsse von Ephesos zu ergänzen; Nestorios hatte es ja abgelehnt, Maria als Theotokos anzusprechen, weil er bestritt, dass in Christus das göttliche und das menschliche Wesen vermischt wären. Die Diskussion über das Wesen Christi und insbesondere über die Art, wie Gott und Mensch in Christus verbunden sind, hielt aber über Ephesos hinaus an. Um sie zu beenden, wurde zwei Jahrzehnte später, 451, vom Konzil von Chalkedon die sog. Hypostatische Union, die Verbindung von Gott und Mensch, das Vorhandensein zweier Naturen in einer Person, in einer „Hypostase", zum Dogma erhoben. Das lehnten die Kopten ab: Es sei eben nicht so, dass sich die göttliche und die menschliche Natur in Christus vermischt hätten wie Wasser und Wein, vielmehr sei die Relation von Gott und Mensch der Vereinigung von Seele und Leib vergleichbar. Bei Christus stünde anstelle der menschlichen Seele der Logos. Die Abtrennung der koptischen Kirche hatte schon vor dem Konzil von Chalkedon eingesetzt, Träger der Bewegung waren vor allem die Mönche. Im 6. Jahrhundert versuchte Kaiser Justinian I., d. Gr., die Kopten wieder mit der orthodoxen Kirche zu vereinigen – vergeblich, nicht zuletzt deshalb, weil Justinians Gattin Theodora den Separatismus der ägyptischen Mönche unterstützte.

6.8.2. Architektur und figurale Kunst

Die koptischen Mönche lebten und leben in großen Klöstern, inmitten der Wüste. In der Frühzeit adaptierten sie vielfach alte ägyptische Tempelanlagen für ihre Zwecke. Bei den neuen Klöstern handelte es sich um ausgedehnte Anlagen – Agglomerationen von Sakral-, Wohn- und Wirtschaftsräumen, in denen, anders als bei anderen Klöstern im übrigen Osten wie Westen, die Kirchen nicht dominieren. Auch die Malerei und Kleinkunst, vor allem Elfenbeinarbeiten der Kopten sind spezifisch, aber nicht wegen ihres Inhalts, sondern weil in ihnen Byzantinisches so überformt ist, dass es einen volkstümlichen Charakter aufweist. Mit anderen Worten: Die Kopten führten – ikonographisch und stilistisch an die allgemeine Entwicklung in Ostrom anschließend – die für sie liturgisch notwendigen Werke auf einer niedrigeren künstlerischen Stufe aus; die dargestellten Figuren wirken oft untersetzt, ja disproportioniert, Gesichter und Gewänder sind grob, graphisch, plakativ. Das zeigt etwa die Christus und den heiligen Abt Menas darstellende, im 6. oder 7. Jahrhundert entstandene Ikone aus dem Kloster von Bawît (Mittelägypten; Paris ML).[249] Aber nicht immer ist der volkstümliche Zug derart ausgeprägt, wie das im 7. Jahrhundert entstandene Fresko mit der Himmelfahrt Christi, ebenfalls aus Bawît (Kairo KM), belegt.[250] Seine untere Zone steht ikonographisch der erwähnten Ikone mit Maria und den heiligen Theodor und Georg im Katharinenkloster, seine obere Zone der Miniatur »Himmelfahrt Christi« im Rabulasevangeliar nahe.

Durch die Isolation der Kopten vom Hauptstrang der Entwicklung der oströmischen Kunst verstärkte sich die Tendenz zum Volkstümlichen, ja Provinziellen in den folgenden Jahrhunderten weiter, wobei keine einheitliche koptische Kunst entstand, sondern in der Frühzeit, also *grosso modo* zwischen dem 4. und dem 8. Jahrhundert, ein großer Pluralismus existierte, und zwar auf allen Ebenen: auf jener der Ikonographie, des Stils und der Technik. Dieses heterogene Erscheinungsbild ist das Ergebnis von zahlreichen, unterschiedlichsten Einflüssen, denen die koptische Kunst damals unterlag. So gut wie keine Auswirkung darauf hatte hingegen die altägyptische, also pharaonische Kunst. HILDE ZALOSCER, die sich mit der koptischen Kunst von einem marxistisch orientierten Standpunkt aus befasst hat, erklärte dies aus der „sozial-religiösen Funktion der Kunst im pharaonischen Ägypten und ... ihrem Verhältnis zur Masse des Volkes", das heißt: „aus der völligen Beziehungslosigkeit dieses Volkes zur Kunstproduktion seiner Zeit, wie großartig diese auch gewesen sein mag ... So allein konnte es geschehen, daß mit dem Zusammenbruch des pharaonischen Reiches und mit dem Verschwinden der Auftraggeber, der Pharaonen, und der eigentlichen schöpferischen Geister eine Kunst, die an Dauer und Monumentalität kaum ihresgleichen hatte, fast spurlos verschwand, ohne ein Erbe zu hinterlassen und ohne auf kommende Jahrhunderte zu wirken."[251] Das wirft die Frage auf, ob neben der offiziellen pharaonischen Staatskunst eine Volkskunst existiert hat, die auf die koptische Kunst einen Einfluss genommen hat. Spuren davon gibt es keine. In den kulturellen Zentren, insbesondere in Alexandria, war die kulturelle Entwicklung von einer sozialen Oberschicht getragen worden, an der das breite Volk, das zum Christentum überging, offenbar keinen Anteil hatte; die soziale Kluft scheint dort unüberbrückbar gewesen zu sein. Die koptische Kunst entstand daher, so ZALOSCER, in einem kulturellen Vakuum, das die Pharaonen und dann die Ptolemäer, die griechischen Herrscher über Ägypten, hinterlassen hatten.

Das, was wir „koptische Kunst" nennen, war *nota bene* nicht an das Christentum gebunden, sondern fand auch außerhalb des religiösen Bereichs Verwendung. ZALOSCER sah in ihr daher das „Manifest-Werden des ägyptischen Volkes. Sie ist in demselben Maße wie die pharaonische Kunst eine autochthone ägyptische Kunst, aber von einer anderen Gesellschaftsschicht getragen. Die pharaonische Kunst war die Kunst der obersten Gesellschaftsschicht, eine aristokratische Kunst gewesen, die koptische war die [Kunst] des ägyptischen Volkes."[252]

7. Neue Machtstrukturen im Westen (5.–8. Jh.)

7.1. Gallien – Westgoten und Franken

7.1.1. Politische Umbrüche

Die – wie die Ostgoten arianischen – Westgoten wanderten nach der Einnahme Roms (410) nach Südgallien weiter, wo sie Toulouse, Narbonne und Bordeaux eroberten. Von dort breiteten sie sich nach Spanien aus. In Narbonne fand die erwähnte Heirat zwischen Athaulf (reg. 410–415) und der Kaisertochter Galla Placidia statt, die deutlich macht, wie sehr auch die Westgoten um Kontinuität bemüht waren. Der Hof befand sich in Toulouse, wo im 5. Jahrhundert ein geradezu römischer Atem wehte. Das bezeugt die Kirche Notre-Dame de la Daurade:[253] Von der Forschung ins 4. oder 5. Jahrhundert datiert, kann sie noch im Auftrag Roms oder schon im Auftrag der neuen Herrscher, der Westgoten, aufgeführt oder zumindest fertig gestellt und ausgestattet worden sein. Der Bau ist nicht mehr erhalten, aber aufgrund eines Stiches und einer Beschreibung des 17. Jahrhunderts rekonstruierbar. Demnach war die Anlage im Grundriss ein Polygon, das sich an fünf Seiten zu Rechtecknischen öffnete. Den Wänden war eine dreigeschossige Arkatur, von der reliefierte Säulen erhalten sein dürften (New York MM),[254] vorgelegt. Die Wandflächen zwischen den Stützen waren mit Mosaiken überzogen, die in der untersten Zone Gestalten aus dem Alten Testament, in der mittleren Zone Erzengel, Propheten sowie Apostel und in der obersten Etage Szenen aus der Kindheit Christi zeigten. Das vollständige Auskleiden von christlichen Bauten mit Mosaik hatte bereits Tradition; man denke bloß an das Mausoleum Constantias in Rom. Die Stringenz des für die Daurade überlieferten Programms der Mosaikausstattung spricht dafür, dass diese erst im 5. Jahrhundert ausgeführt wurde. Die neuen Herrscher in Toulouse dürften also – wie wenig später jene in Ravenna – an der römischen Tradition direkt angeknüpft haben. Auch die genannten, vermutlich aus der Daurade stammenden Säulchen schließen an Antikes an, wobei aber die Plastizität und der vegetabile Charakter der Ranken zurückgedrängt ist. Zum Netz geworden, überspannen sie den Säulenkern wie ein Damenstrumpf.

Ab dem ausgehenden 5. Jahrhundert wurde Gallien zunehmend von dem Stamm der Franken bestimmt. Vorher im Gebiet des heutigen Belgiens und der heutigen Niederlande ansässig, waren sie als Föderaten des Imperiums (vertraglich an dieses gebunden) schon zwischen dem 3. und dem 5. Jahrhundert mit dem Christentum in Kontakt gekommen, wobei sie aufgrund ihres Nahverhältnisses zum Reich auf der katholischen Seite standen. Gegen Ende des 5. Jahrhunderts brachen sie unter der Führung des Merowingers

Chlodwig (* 466, † 511) aus ihren alten Gebieten auf und eroberten Gallien. Dabei verdrängten sie die Westgoten weitgehend aus Südgallien, die sich nur im Gebiet der heutigen Provence festkrallen konnten. Von den drei genannten Städten verblieb nur Narbonne in westgotischen Händen; Toulouse und Bordeaux wurden fränkisch. Von der geschilderten Rückeroberungskampagne Justinians d. Gr. blieb Gallien unberührt.

7.1.2. Kontinuität des Christentums

Das Christentum besaß in Gallien eine relativ große Kontinuität von der Spätantike bis ins Mittelalter. Für seine Frühzeit maßgeblich war, dass die Provinz in tetrarchischer Zeit dem Caesaren und späteren Augustus Constantius Chlorus unterstanden war, der die christenfeindlichen Edikte Kaiser Diokletians in seinem Herrschaftsgebiet nicht mit der von diesem geforderten Härte exekutierte. Diesem toleranteren Milieu entwuchs ja auch der Sohn des „blassen" Constantius: der spätere Kaiser Konstantin d. Gr. In den Gebieten, die im frühen 5. Jahrhundert zum – arianischen – Reich von Toulouse gehörten und ab der Wende vom 5. zum 6. Jahrhundert unter die Herrschaft der – katholischen – Franken kamen, überlagern sich in religiöser Hinsicht also mehrere Schichten. Diese spiegeln die Sakralbauten wider, etwa das Baptisterium Saint-Jean in Poitiers (rég. Aquitaine; Abb. 28):[255] Zuerst existierte ein römischer Bau, dessen Fundamente Mitte des 4. Jahrhunderts verwendet wurden, um eine Taufkirche zu errichten. Diese dürfte aus dem querrechteckigen Saal, der an ein Querschiff erinnert, sowie aus einer Vorhalle bestanden haben. Der Taufraum scheint in der 1. Hälfte des 5. Jahrhunderts von den arianischen Westgoten übernommen worden sein, die ihn wieder aufgaben, als die Franken unter Chlodwig 507 Aquitanien eroberten. Nun wurde der Taufraum wieder für den katholischen Kult adaptiert, wobei man die Mauern aufstockte und drei Apsiden hinzufügte: eine polygonale, aber in ein Rechteck eingeschriebene für den Altar im Osten und zwei rechteckige Apsiden im Süden und Norden (diese beiden im 10. Jahrhundert durch halbrunde ersetzt). Außen wurde die erhöhte Mauer mit einer Gliederung versehen, die antike Elemente – Rund- und Dreiecksgiebel sowie Pilaster mit korinthisierenden Kapitellen – beinhaltet, welche aber in eine neue Syntax gebracht sind. Statt den Anspruch zu erheben, tragende und lastende Teile zu sein (schon in der Antike war das Verhältnis von Tragen und Lasten oft nur vorgetäuscht worden), strukturieren sie – stark verflacht – das Aufgehende (= aufgehendes Mauerwerk) in dekorativer Weise. Zugleich ist das bereits in der Antike nachweisbare Interesse an der Polychromie und der „Stofflichkeit" der Oberfläche[256] aufgegriffen und forciert worden. Durch das Ausnützen der unterschiedlichen Farben und Wirkungen von Stein und Ziegeln sowie die Kombination von glatten Flächen mit reliefierten Gliederungselementen entstand eine subtile, zukunftsweisende Struktur. Das Baptisterium von Poitiers zeigt also beispielhaft, dass auch die Franken bei aller Neuorientierung mit der römischen Tradition nicht brachen, sondern Kontinuität anstrebten.

7.1.3. Die irofränkische Klosterbewegung

Das Christentum, das in Gallien bis ins ausgehende 6. Jahrhundert auf den Bischöfen und ihren – in Entsprechung zur römischen Verwaltung – streng hierarchisch organisierten Diözesen abgestützt war, wurde um 600 durch eine zweite Struktur unterfangen: durch jene der Klöster. Dies erfolgte im Rahmen einer Missionsbewegung, die vom insularen Bereich, den heutigen Britischen Inseln, ausging. Große Bedeutung kam hierbei dem irischen Mönch Columban (d. J., † 615) zu, der die Idee, das Christentum über die Klöster zu festigen, aus seiner Heimat mitbrachte. Unter Columbans Einfluss entwickelte sich in Gallien die sog. irofränkische Klosterbewegung, deren Effizienz daran ablesbar ist, dass das Land am Ende des 7. Jahrhunderts bereits von einem Netz von etwa 550 Klöstern – zu denen etwa das zwischen 630 und 655 gegründete Kloster Jouarre (rég. Île-de-France)[257] gehört – überspannt war, in denen eine Regel befolgt wurde, welche die irisch geprägte Regel Columbans mit der Regel des hl. Benedikt von Nursia verband. Letztere hatte mittlerweile in Papst Gregor d. Gr. (reg. 590–604), der als vierter lateinischer Kirchenlehrer verehrt wird, einen großen Unterstützer gefunden; erst durch Papst Gregor war dem benediktinischen Mönchstum zum Durchbruch verholfen worden. Kurz gesagt, in Gallien fusionierten die irische Columbanregel und das römische Benediktinertum. Bemerkenswert ist, dass es den Klöstern Galliens gelang, ihre Autonomie zu bewahren, obgleich das Konzil von Chalkedon festgesetzt hatte, dass sich die Klöster dem Bischof unterzuordnen hätten. In Gallien blieben sie vom Bischof exempt, sowohl was die Einsetzung des Abtes als auch Fragen der Klosterzucht betraf; manchmal waren die Klöster sogar gegenüber „staatlichen" Einrichtungen immun. Das bildete die Basis für den Aufstieg der Klöster Frankreichs zu geistigen Zentren von größter Bedeutung und damit zu „Kulturträgern" von höchstem Rang.

7.1.4. Der Weg zum „konkreten" Relief

Das Aufgreifen der römischen Tradition bei gleichzeitiger Überformung des Vorgefundenen nach eigenen Intentionen, oben hinsichtlich der Toulouser Kirche Notre-Dame de la Daurade besprochen, wird beispielhaft bei den fränkischen Sarkophagen greifbar, etwa bei einem des mittleren 6. Jahrhunderts in Bordeaux (Saint-Seurin)[258] und einem in der zweiten Hälfte des 6. Jahrhunderts entstandenen in Toulouse (MA; Abb. 29).[259] Auf ältere römische Exemplare geht die Gliederung mit Arkaden, die Motivik, etwa das Christogramm im Lorbeerkranz in der zentralen Arkade des Sarkophages in Bordeaux, zurück. Neu ist hingegen, dass nun auch das Dach als Relieffläche dient, der Sarkophag also zur Gänze mit Reliefs überzogen ist. Auf dem Walmdach des Sarkophages in Bordeaux ist das Christogramm repetiert. Ansonsten dominieren hier die schon aus frühchristlicher Zeit bekannten Lebensbäume als Zeichen der Hoffnung. Beim Sarkophag in Toulouse sind diese das bestimmende Thema. Gemeinsam ist beiden Sarkophagen die Tendenz zur Übersetzung sämtlicher plastischer Elemente, also der Motive in den Binnenflächen ebenso wie der architektonischen Gliederungselemente, ins Zweidimensionale. Binnenfeldmotive und Rahmung sind jetzt quasi aus ein und demselben Stoff gemacht. Beides dient, statt wie bisher in ein dialogisches Verhältnis zu treten, zur Gestaltung der Gesamtfläche.

Das Zurückdrängen von Raum und Plastizität bei gleichzeitiger Betonung der Grundfläche konstituieren ja eine seit dem 3. Jahrhundert vorhandene und sich wellenartig verstärkende Tendenz. Die besprochenen Sarkophage legen damit die Frage nahe, ob dieses Stilphänomen vom „Kunstwollen" der germanischen Stämme ausgelöst oder zumindest stimuliert wurde oder ob jene vielmehr die Nehmenden waren. Angesichts der Komplexität des Problems muss jede Antwort die wirkliche Situation vereinfachen. Unbestritten ist, dass die angesprochene Stiltendenz mit dem „Kunstwollen" der Germanen, das bei diesen primär in der Metallverarbeitung (bei Schmuck, Waffen etc.) greifbar wird, konvergierte. Zu betonen ist aber im selben Atemzug, dass dieses Zeitstilphänomen keineswegs auf jene geographischen Bereiche beschränkt ist, in welche die germanischen Völker eingewandert waren. So findet es sich in der in die Bauten eingebundenen Skulptur im 6. Jahrhundert auch im Bereich Ostroms, zum Beispiel auf der Peloponnes und in Palästina, nämlich auf Kapitellen der Leonidasbasilika in Korinth-Lechaion (Anfang 6. Jh.)[260] sowie auf einem Relief aus Askalon (6. Jh.; Jerusalem IM),[261] ja schon um 400 in Nordafrika, etwa auf einem Säulensockel in Theveste (Tebessa, Algerien),[262] also geraume Zeit, bevor die Vandalen in dieses Gebiet kamen. Sicher ist also, dass diese Stiltendenz von der Peripherie, nicht vom Zentrum, das heißt: von Rom, ausging. In Italien selbst lässt sich der Stil in ausgeprägter Form erst relativ spät, nämlich im 8. Jahrhundert, also zweihundert Jahre nach den Sarkophagen in Bordeaux und Toulouse und sogar erst vierhundert

Jahre nach den Sockelreliefs aus dem Gebiet des heutigen Algerien nachweisen. Die Tendenz zur Verflachung, zur ornamentalen Vervielfachung ehemals aussagetragender Motive wie des Christogramms, sowie zur strukturellen Gleichschaltung von Gliederungs- und Füllmotiven wurde also von den in die Randgebiete des Imperiums neu eingewanderten germanischen Stämmen aufgegriffen und forciert, weil sie in die Richtung ihrer eigenen Auffassung von plastischer Oberflächengestaltung ging. Hatte die römische Antike bei der Ausführung von Reliefs jeder Art immer auf Suggestion abgezielt, etwa auch die genannten hadrianischen Tondi am Konstantinsbogen, diente im fränkischen Bereich die Gestaltung zur Betonung der Oberfläche, nicht zu ihrer Verleugnung. Die Intentionen der „konkreten Kunst" respektive „konkreten Poesie" seit dem 2. Jahrzehnt des 20. Jahrhunderts im Hinterkopf, könnte man die Entwicklung in dem Zeitraum, in welchem sich auf dem Gebiet des ehemaligen Weströmischen Reiches neue Machtstrukturen ausbildeten, als eine Entwicklung hin zum „konkreten Relief" bezeichnen.

7.1.5. Klassizismus unter den Franken

Neben der Tendenz hin zum „konkreten Relief" dürfte es in Gallien unter den Franken punktuell auch eine retrospektive Tendenz gegeben haben, die aufgrund ihrer Ausgeprägtheit ein Gegengewicht zum zeitgleichen Klassizismus in Byzanz zu bilden scheint. An der Antike orientiert ist dabei nicht nur der Stil, sondern auch das Thema, beispielsweise das eines Flügels eines Elfenbeindiptychons (Paris ML).[263] Hier verweisen schon der Typus des Objekts und das dafür verwendete Material auf die römische Tradition zurück und zugleich auf deren gleichzeitige Verwendung in Ostrom hin. Das Elfenbeinrelief, das von der Forschung ins 5. oder 6. Jahrhundert datiert und mit Vorbehalt nach Gallien lokalisiert wird, zeigt dreimal übereinander die Inspiration des Dichters durch seine Muse, also ein paganes Thema, und ist in einem retrospektiven Stil ausgeführt, der sich unter anderem in der Bejahung des Raumes äußert, etwa wenn sich beim obersten Paar der Dichter zu der von hinten an ihn herantretenden Muse zurückwendet.

7.2. Die Iberische Halbinsel – das Reich der Westgoten

7.2.1. Metallverarbeitung

Die von Südgallien auf die Iberische Halbinsel vordringenden und von dort die Vandalen nach Nordafrika abdrängenden Westgoten brachten die Halbinsel rasch unter ihre Gewalt. Das belegen ergrabene Nekropolen und andere Bodenfunde von Arbeiten des 6. und 7. Jahrhunderts. Letztere zeigen auch, dass die von den Westgoten hergestellten Metallarbeiten mit den von den Ostgoten in Italien produzierten eng übereinstimmen. Direkt vergleichbar sind etwa die Adlerfibeln aus dem Fund von Alovera (Guadalajara; 6. Jh.; Madrid MAN)[264] und jenem von Domagnano (Mitte 6. Jh.; Nürnberg GNM).[265] Eine Besonderheit der Westgoten stellen indes die Votivkronen (Madrid MAN), die von Herrschern und hohen Würdenträgern gestiftet und in den Kirchen über den Altären aufgehängt wurden, dar.[266] Die erhaltenen Kronen gehören schon der Zeit nach der „Bekehrung" der Westgoten zum Katholizismus an, die um 586 auf Initiative Papst Gregors d. Gr. erfolgt ist.

7.2.2. Architektur und Skulptur am Bau

Die aus westgotischer Zeit auf der Iberischen Halbinsel auf uns gekommenen Kirchen zeigen, dass das „Kunstwollen" ihrer Erbauer jenem, das sich anderthalb Jahrhunderte vorher in Byzanz exemplarisch in der Hagia Sophia (Abb. 24) manifestiert hatte, diametral entgegenstand: Die westgotischen Kirchen in Spanien sind klein, aus schachtartigen, von dicken Mauern umschlossenen Raumzellen zusammengesetzt und schwach belichtet. Dadurch besitzen die Sakralbauten den Charakter von Fortifikationsanlagen, beispielsweise die aus dem ausgehenden 7. Jahrhundert stammende Kirche San Pedro de la Nave (Provinz Zamora; Abb. 30).[267] Für den Eindruck mitbestimmend ist die Oberflächengestaltung, die jener im fränkischen Bereich, etwa am Baptisterium Saint-Jean in Poitiers (Abb. 28) konstatierten, nahesteht. In San Pedro de la Nave sind einzelne Steinlagen und Gesimse sowie die zu Blöcken „kristallisierten" Kapitelle zart reliefiert, wodurch sie zu den glatten Mauerflächen in ein Spannungsverhältnis treten. Die Kapitelle seitlich des Altars zeigen das Abrahamsopfer[268] und Daniel in der Löwengrube,[269] also alttestamentliche Ereignisse, die in einer typologischen Beziehung zum Opfertod und zur Auferstehung Christi stehen. Die Figuren etc. sind hier konsequent ins Zweidimensionale übersetzt. Gleiches gilt für Darstellungen von Themen des Neuen Testaments, etwa die Himmelfahrt und/oder Wiederkehr Christi auf einem Kapitellrelief in der ehemaligen Klosterkirche Santa María in Quintanilla de las Viñas (Provinz Burgos; Ende 7. Jh./Anfang 8. Jh.).[270] Auch hier ist jede Illusion vermieden, die Darstellung ein im Betrachterraum befindliches Piktogramm.

7.2.3. Der Ashburnham-Pentateuch

Die Forschung hat wiederholt erwogen, dass der sog. Ashburnham-Pentateuch respektive Pentateuch von Tours (Paris BN, Nouv. Acq. lat. 2334; Abb. 31),[271] ein Fragment der lateinischen Fassung der fünf Bücher Mosis, auf der Iberischen Halbinsel im 7. Jahrhundert entstanden sei. Um 800 befand sich die Handschrift im nordfranzösischen Kloster Saint-Amand, wo sie ergänzt wurde. Vom beginnenden 9. bis zum 19. Jahrhundert lag sie im bedeutenden Kloster Saint-Martin in Tours (rég. Centre, Loiretal), auf das zurückzukommen sein wird. Die auf den insgesamt 129 *folia* (Blättern) befindlichen 18 Vollminiaturen (ganzseitige Miniaturen), welche dem Text entsprechend Geschehnisse des Alten Bundes wiedergeben, bilden den umfangreichsten alttestamentlichen Zyklus der spätantik-frühmittelalterlichen Codexillumination. Sie geben entweder ein einziges Geschehnis, zum Beispiel die Sintflut, wieder oder vereinigen mehrere Szenen, wobei auch in diesem Fall ein geschlossenes Bild entsteht, das sich erst bei näherem Hinsehen als aus mehreren Szenen zusammengesetzt erweist. Das trifft etwa auf die Miniatur mit der Gesetzgebung auf Sinai (Ex, Kap. 19-31) und dem Offenbarungszelt (Ex, Kap. 35–40)[272] zu (Abb. 31). Einzelne ikonographische Spezifika sind, wie unter anderem URSULA und KURT SCHUBERT herausgearbeitet haben,[273] nur aus der talmudischen Auslegung (Talmud: Sammlung der Gesetze und religiösen Überlieferungen des nachbiblischen Judentums) erklärbar. Beispielsweise ist nur dort im Hinblick auf die Sintflut von ertrunkenen Riesen die Rede, die auf der genannten Miniatur im Ashburnham-Pentateuch auftauchen. Auch die Wiedergabe von Sinai und Offenbarungszelt in einem einzigen Bild knüpft bei der rabbinischen Auslegungstradition an, in welcher der Berg Sinai mit dem Bundeszelt gleichgesetzt wird. Wegen der naturgetreuen Wiedergabe der Kamele, zum Beispiel auf der Miniatur, welche die – aus der Wiener Genesis schon bekannte – Geschichte von Isaak und Rebekka schildert, ist neben Spanien auch Nordafrika als Entstehungsort vorgeschlagen worden. Dass manche Bilder des Ashburnham-Pentateuchs jenseits der Lokalisierungsproblematik bis heute faszinieren, hängt wohl mit ihrer formalen Nähe zur Kunst des 20. Jahrhunderts (Paul Klee, Friedensreich Hundertwasser) zusammen.

7.3. Italien – Rom und die Langobarden

7.3.1. Roms „legitimistische Politik"

Rom, als Sitz des Papstes unter den byzantinisch dominierten Städten ein Sonderfall, betrieb, wie das Apsismosaik von SS. Cosma e Damiano (Abb. 22) und die „Konstruktion" frühchristlicher Märtyrer und Märtyrerinnen, beispielsweise der „hl. Pudentiana" (5./6. Jh.), bereits gezeigt haben, stets eine legitimistische Politik. Was immer Rom tat, tat es mit einem festen Blick auf die Frühzeit des Christentums, das heißt: im Hinblick auf die Leistungen, welche die *urbs aeterna* für das Christentum erbracht hatte. Dieses Movens steht auch hinter dem durch Papst Gregor d. Gr. durchgeführten Umbau von Alt-St. Peter: Die konstantinische Basilika war, wie erinnerlich, so ausgelegt worden, dass der Hauptaltar präzise über dem Grab Petri liegt. Um mit diesem Tuchfühlung nehmen zu können, grub man sich um 600 an die darüber befindliche Ädikula (Aufbau in Form einer Tempelfront) gewissermaßen heran, indem man entlang der Apsisrundung einen ringförmigen Stollen aushob und vom Apsisscheitel einen Stichstollen zu deren Rückseite führte.[274] Diese „Ringkrypta" von St. Peter ist der Ahn aller Krypten, die im Hochmittelalter in den großen Hallenkrypten[275] ihre Blüte erreichen sollten.

7.3.2. Papst Gregor d. Gr.: Missionar, Reformator, Theoretiker

Der Umbau des Altarbereichs von Alt-St. Peter und eine Reihe anderer Anstrengungen kann nicht darüber hinwegtäuschen, dass in Rom schon im späten 6. Jahrhundert ein kultureller Niedergang eingesetzt hatte. Zwar war Rom „politisch-rechtlich noch immer eine byzantinische Stadt mit einer byzantinischen Reichskirche" (HANS KÜNG),[276] doch wurde unübersehbar, dass der Papst im Osten immer mehr Einfluss verlor, da er gegen den Patriarchen von Konstantinopel nicht ankam; hier keimte schon jene Pflanze, deren Wurzeln später die Spaltung zwischen der lateinischen und der Ostkirche bewirken sollten. Wollte der Papst nicht zu einem unbedeutenden Lokalbischof verkommen, musste er ein neues Einflussgebiet gewinnen. Er fand es im Westen und im Norden: Gregor d. Gr. kommt das Verdienst zu, sich mit den Germanen, Kelten usf. auseinandergesetzt, ja sie als Partner akzeptiert zu haben. Davon, dass es ihm gelang, die Westgoten in Spanien zum „Übertritt" vom Arianismus zum Katholizismus (586) zu bewegen, war schon die Rede. Seinem Versuch, über eine Wiederbelebung der Kirche im Frankenreich nördlich der Alpen Einfluss zu gewinnen, war indes nur mäßiger Erfolg beschieden. Durchschlagskräftiger war er bei den Langobarden in Italien selbst und bei den Angelsachsen im südenglischen Bereich. Auf beides wird zurückzukommen sein.

Als Kirchenlehrer wird Papst Gregor d. Gr. auch aufgrund der von ihm durchgeführten Liturgiereform sowie wegen seines umfangreichen theologischen Schrifttums verehrt. So schuf er revidierte Fassungen des Missales (Texte für die Messe) und des Sakramentars (Texte für den Vollzug der Sakramente) sowie Kommentare zu Teilen der Heiligen Schrift, unter anderem zum Buch Hiob: die „*Moralia in Iob* ". Seine Briefe hat man zu einem Kompendium, dem sog. *„Registrum Gregorii"*, zusammengefasst. Von den Umständen seiner Zeit wurde er zudem herausgefordert, sich hinsichtlich der Stellung der bildenden Kunst innerhalb der Kirche zu äußern. Dieser Text Gregors d. Gr. ist von größter Bedeutung, weil Stellungnahmen zu der angesprochenen Problematik aus dem Früh- und Hochmittelalter rar und meist Repetitionen von Gregors Aussagen sind. Dieser reagierte auf Fälle von Bilderanbetung und -sturz, die sich zu seiner Zeit vor allem in Südgallien ereignet haben sollen. Er betonte daraufhin, die Funktion der Malerei sei die Darstellung von Ereignissen und die Illustration von Doktrinen. Das heißt, Gregor setzte die Aufgabe des christlichen Bildes klar von der einstigen Funktion der paganen Kultstatuen ab, die verehrt, also angebetet worden waren. Zugleich teilte er der Kunst eine „soziale" Aufgabe zu, wenn er betonte, die Bilder dienten der Belehrung der *illitterati* (des Lesens Unkundige). Gerade diese Bemerkung ist im Mittelalter oft wiederholt worden und findet sich bis heute gelegentlich, wenn die Aufgabe der Malerei im Mittelalter diskutiert wird, besonders bei populärwissenschaftlichen Autoren. Tatsächlich war der mittelalterlichen Geistlichkeit die Bildung der *illitterati* – sieht man von der Kärrnerarbeit der Missionare einmal ab – sicher kein vordringliches Anliegen. Die Darstellungen dienten vielmehr in der Regel zur Artikulation bestimmter Überzeugungen und zur Anmeldung konkreter Ansprüche. Ihre Adressaten waren daher selbstredend die Gebildeten. Kurz: Die „Konversation" auf der Ebene der Bilder fand in erster Linie zwischen Verwaltern des Wissens und der Macht statt. Die Belehrung der *illitterati* diente wohl in der Regel als Vorwand, um die Herstellung von Kunst, das heißt: den damit verbundenen materiellen Aufwand, zu rechtfertigen.

7.3.3. Rom – eine Provinzstadt

Erstaunlich spät, nämlich erst 609, wurde das Pantheon, also jener kaiserzeitliche Tempel (vornehmlich aus Hadrianischer Zeit, 2. Jh. n. Chr.), der seinerzeit errichtet worden war, um alle Götter aller Völker des Reiches aufnehmen und auf diese Weise als integrativer Faktor wirken zu können, durch den auf Papst Gregor d. Gr. folgenden Papst, Bonifaz IV. (reg. 608–615), als christliche Kirche geweiht. Gewidmet wurde sie aus typologischen Gründen – weibliche Gottheiten und Heroen wurden in der Antike oft in Zentralbauten verehrt – Maria und allen Märtyrern. Im 7. Jahrhundert, Rom war damals längst zu einer Provinzstadt abgesunken, sticht zudem ein Werk von hoher Qualität hervor, das belegt, dass hochrangige Arbeiten auch in dieser Zeit, wenngleich nur punktuell, entstehen konnten: der schon erwähnte „Schöne" respektive „Pompejanische Engel" in Sta Maria Antiqua auf dem Forum Romanum. Die Kirche wurde zwischen dem 6. und dem 8. Jahrhundert mehrfach ausgemalt.[277] In Anlehnung an die ägyptischen Papyri, die mehrmals abgeschabt und neu beschriftet wurden, spricht die Forschung bei dem am besten erhaltenen Teil der Wandmalereien von einer „Palimpsestwand".[278] Aus der Art, wie die Fresken hier übereinander liegen, ergibt sich eine relative Chronologie, die es zulässt, den genannten Engel ins 7. Jahrhundert zu datieren. Die weiche Modellierung seines Kopfes, der verwendete malerische Duktus (Linien-, Pinselführung) sowie der lyrische Ausdruck des Gesichts weisen auf die Antike zurück, wobei diese Momente auf dem Umweg über Byzanz, wo es auch im 7. Jahrhundert Rückgriffe gab, nach Rom vermittelt worden sein könnten.

Bezeichnend dafür, dass Rom mittlerweile in die Rolle der Nehmenden geraten war, ist die Einführung der Ikonen, also eines im Osten entwickelten Typus. Mit dem Datum der Weihe des Pantheons als Marienkirche (609) lässt sich die sog. Pantheonikone (Rom, Pantheon)[279] in Verbindung bringen. Ins 7. Jahrhundert datierbar ist auch die Marienikone in Sta Francesca Romana[280] auf dem Forum Romanum.

7.3.4. Die Eroberungsstrategie der Langobarden

Vom Kampf zwischen Ostgoten und Oströmern profitierte der germanische Stamm der Langobarden. Er drang 14 Jahre nach der Errichtung des Exarchates in Italien ein. Aufgebrochen waren die Langobarden im Elbebereich, etwa im Gebiet, wo heute Hamburg liegt. Von dort zogen sie nach Süden, im 5. Jahrhundert hatten sie bereits das Zentrum ihrer Herrschaft in den Donauraum verlagert. Im 6. Jahrhundert dehnte sich ihr Einflussgebiet von Mähren bis Pannonien, das heutige Westungarn, aus. Ein Teil von ihnen zog Mitte des 6. Jahrhunderts nach Italien, wo er 568 in Nord- und Mittelitalien ein eigenes Reich begründete. Die Langobarden waren der erste germanische Stamm, der sich hier weder in die römische Reichsordnung eingliederte noch diese für sich adaptierte. Vielmehr ließen sie während ihres Eroberungszuges die großen, Byzanz unterstehenden Städte – Venedig, Ravenna, Rom und Neapel – und deren Umland links und rechts liegen und besetzten die Gebiete dazwischen. Darin errichteten sie neue Machtzentren: Cividale (Friaul), Monza und Pavia (Lombardei), Spoleto (Umbrien) sowie Benevent (Kampanien). Italien bekam damit eine komplexe politische Struktur.

Bei den im Langobardenreich zwischen dem Ausgang des 6. und dem Ende des 8. Jahrhunderts geschaffenen Bauwerken und Gebrauchsgegenständen, den sakralen wie den profanen, sind drei verschiedene „Sprachen" unterscheidbar, die nebeneinander gebraucht wurden. Aus Fundortperspektive die allochthone, also aus der Heimat mitgebrachte, die autochthone, jene der byzantinisch geprägten Bevölkerung, und eine dritte, die hinsichtlich des Wortschatzes und Syntax viel Spätantik-Römisches enthielt.

7.3.5. Schmuck und Schatzkunst

7.3.5.1. Allochthones

Bodenfunde in Ungarn und Italien lassen den Schluss zu, dass die Langobarden nach ihrem Sesshaftwerden in Italien bei der Herstellung von Schmuck, Fibeln etc. in Technik, Motivik und Stil an ihrer eigenen Tradition festhielten: Die Fibeln aus dem Frauengrab 8 von Hegykő (Sopron MFL; Mitte 6. Jh.)[281] und aus S. Giovanni in Cividale (Cividale MAN)[282] folgen demselben Typus, zeigen die identische Anwendung des sog. Kerbschnittes, die übereinstimmende Kombination von vergoldeten und silbernen Teilen sowie dieselbe Integration von geschliffenen, in Kastenfassungen respektive Zellen sitzenden Almandinen. Zu jenen Stücken, die stilistisch auf die Provenienz der Langobarden aus dem germanischen Raum zurückverweisen, gehören auch diverse Gürtelbeschläge, wie jene ins 6. Jahrhundert datierbaren aus Marzaglia (Reggio Emilia MC; 6. Jh.).[283] Sie sind teils mit Flechtwerk verziert, das in Köpfen von Tieren, die sich wieder in das Flechtwerk verbeißen, endet. Darauf vorkommende Gesichter sind so sehr reduziert, dass man von Masken spricht. Derselbe Motivschatz begegnet auch auf Gürtelbeschlägen aus Trezzo d'Adda, die gegen die Mitte des 7. Jahrhunderts datiert werden (Mailand SAL).[284] Technisch gesehen handelt es sich um Silbertauschierung in Bronze. Die traditionelle Machart und Motivik wurde also bei jenen Objekten, welche die Langobarden schon vor ihrer Einwanderung nach Italien benützt hatten, dort beibehalten.

7.3.5.2. Autochthones – Aktuelles aus Byzanz

Auf dem Sektor „Schmuck" waren die Langobarden aber auch an zeitgenössischen byzantinischen Modellen und deren Ausführung interessiert. Langobardische Ohrgehänge des ausgehenden 6. Jahrhunderts, heute in Rom (MAM),[285] gehen beispielsweise im Typus wie in der Detaildurchführung mit Filigrandrähten und -kügelchen unübersehbar auf Byzantinisches zurück. Der Fund einer Goldschmiedewerkstatt in Rom, in der sog. Crypta Balbi (unterhalb des jetzt von den vie dei Delfini, Caetani und delle Botteghe Oscure begrenzten Komplexes), bezeugt, dass Goldschmiede in der 1. Hälfte des 7. Jahrhunderts zugleich nach langobardischer und byzantinischer Tradition arbeiteten. Dass Produkte, die nach althergebrachter Weise hergestellt wurden, und solche, die dem aktuellen byzantinischen Geschmack folgten, von den Langobarden gleichzeitig geschätzt wurden, belegen auch Funde aus einem Frauengrab des 7. Jahrhunderts unter dem Palazzo Miniscalchi in Verona (Verona MC).[286] Dort tauchte ein Goldblattkreuz ebenso auf wie ein

Ohrringpaar, das im Typus den erwähnten in Rom folgt. Goldblattkreuze sind für das langobardische Ambiente typisch: Die Fläche in der Form eines griechischen Kreuzes ist hier mit Flechtwerkmotiven so überzogen, als sei das Kreuz aus einer größeren, tapetenartig mit eben diesem Dekor überzogenen Blech herausgeschnitten worden; dass sich das Ornament in der Vierung zu einem Knoten schürzt und auch auf den Balken organisiert ist, zeigt sich erst bei näherem Hinsehen.

An Byzanz orientierte man sich auch bei „offiziellen" Aufträgen wie bei dem Votivkreuz[287] im Domschatz von Monza, das in die Zeit der Königin Theudelinde (reg. 589–626) datierbar ist. Dem byzantinischen Geschmack folgt es hinsichtlich Material, Technik und Struktur, etwa wenn die klar angeordneten Steine und Perlen eine Hierarchie konstituieren: Der Stein über der Vierung ist der größte und wird von zwei Perlenreihen eingefasst, während die Steine an den Balkenenden kleiner sind und in einfachen Perlkränzen sitzen.

7.3.5.3. „Romanisierung" der Langobarden?

Punktuell griffen die Langobarden zudem auf die Spätantike zurück, offenbar um dadurch ihre Stellung gegenüber Byzanz, zu dem sie ja auf der Apenninenhalbinsel in Konkurrenz standen, zu behaupten. Dafür, dass hinter den Rückgriffen ein im weitesten Sinn politischer Anspruch stand, spricht, dass sie sich primär bei Objekten feststellen lassen, die als Votivgaben des Königshauses gelten oder mit diesem auf andere Weise zusammenhängen. Von einer „Romanisierung" der Langobarden in einem generellen Sinn kann deshalb aber nicht gesprochen werden. Zur ersten Gruppe, den Votivgaben des Königshauses, zählen der sog. Evangeliardeckel der Theudelinde[288] und die sog. Votivkrone der Königin Theudelinde,[289] beides um 600 datierbar (Monza TD). Unter Königin Theudelinde waren die wie die West- und Ostgoten arianischen Langobarden auf Betreiben Papst Gregors d. Gr. zum orthodoxen Glauben übergetreten. Anlässlich der Taufe von Theudelindes Sohn Adalcaldo schickte der Papst der Königin im Jahr 603 ein Evangeliar. Der in Monza verwahrte Einband dürfte für ebendiese Handschrift hergestellt worden sein. Die Inschrift auf Rück- und Vorderdeckel nennt Theudelinde als Stifterin sowie den Ort, dem sie das Objekt schenkte: den Dom von Monza. Die klare, ruhige Gesamtkomposition der beiden Codexdeckel, der souveräne Umgang mit leeren Flächen, und die *crux gemmata,* die auf den Sieg des orthodoxen Christentums unter Konstantin d. Gr. rekurriert (man denke diesbezüglich nicht bloß an die Schlacht an der Mulvischen Brücke und das „Toleranzedikt von Mailand", sondern auch an die Einberufung des Konzils von Nikaia durch Konstantin im Kampf gegen Areios) – das alles schließt an Spätantikes an, ja sechs Gemmen sind effektiv antike Stücke (die zwei geschnittenen dunkelgrünen Steine 1773 ergänzt). Technik und Material der winkelförmigen Besatzteile und Rahmenleisten stammen hingegen aus der germanischen Tradition.

Mit Theudelinde in Verbindung gebracht wird auch die berühmte Gruppe »Henne mit Küken« (Monza TD).[290] Ihre Spezifika werden umso greifbarer, wenn man sich vor Augen hält, dass die gesamte Kunst der Völkerwanderungszeit auf Zweidimensionalität und graphische Effekte abzielt: Die Tiere sind vollplastisch wiedergegeben, das Aufpicken der Körner, die Oberfläche der Vogelbeine und des Gefieders der Natur so sehr „abgeguckt", dass die Datierung der Gruppe in der Forschung von der Spätantike bis in die Zeit Theudelindes schwankt. Im Domschatz von Monza inventarisiert wurde die Gruppe erstmals 1275, zu spät, um daraus einen Anhaltspunkt für ihre Datierung gewinnen zu können. Diskutiert wird auch die Aussage des ungewöhnlichen Werks: Man sah darin ein Symbol für das langobardische Königshaus und seiner sieben Provinzen, einen Wunsch respektive die Vorhersage der Fruchtbarkeit der Königin, das Zeichen der Kontinuität von Theudelindes Leben nach ihrem Tod, aber auch ein Symbol für die Kirche, die ihre Gläubigen beschützt.

7.4. Der insulare Bereich

7.4.1. Die Anfänge des Christentums

Auf den Britischen Inseln, im sog. insularen Bereich, fasste das Christentum vorerst in Britannien Fuß. Dort fand es wahrscheinlich Ende des 2. Jahrhunderts – von Gallien ausgehend – Eingang. Bis in die Zeit Konstantins d. Gr. sind allerdings nur vereinzelte Gemeinden nachweisbar, darunter *Londinium* (London) und *Eburacum* (York); beide Orte waren schon damals Bischofssitze. Ihre Existenz in dieser Frühzeit ist belegt, weil die Bischöfe an den Konzilien teilnahmen und ihre Namen daher in den Akten vermerkt sind.

Nach Irland gelangte das Christentum erst im 5. Jahrhundert. Im Jahr des Konzils von Ephesos (431) soll Papst Coelestin I. (reg. 422–432) einen Diakon namens Palladius als *ersten Bischof zu den Iren* geschickt haben, *die an Christus glaubten*.[291] Auf Palladius folgte in der zweiten Hälfte des 5. Jahrhunderts der Brite Patrick, der für die Ausbreitung des Christentums in Irland sorgte und daher als der Apostel Irlands gilt. In seiner *„Confessio"* (*„Bekenntnis"*) brüstete sich Patrick, er habe das Land noch weitgehend heidnisch angetroffen, es aber weitgehend christianisiert zurückgelassen – freilich sind solche Formulierungen *topoi* (τόπος: Gemeinplatz).

Durch den Einfall der Angeln und Sachsen im 5. Jahrhundert wurde das Christentum in großen Landesteilen vernichtet. Ein Teil der Christen Britanniens zog sich nach Westen, nach Wales, zurück. Ab der Wende vom 6. zum 7. Jahrhundert wurden die Eroberer ihrerseits christianisiert, und zwar von zwei Richtungen her, wobei die Missionare beider Bewegungen anfangs nicht kooperierten.

7.4.2. Römische Mission

Davon, dass Papst Gregor d. Gr., dem im Osten die Felle davonschwammen, nach einem neuen Revier im Westen und Norden Ausschau hielt, war schon die Rede. Zu den Angelsachsen in Britannien sandte er 595 oder 596 seinen Schüler, den Benediktinermönch Augustinus, der dort – nach ersten Rückschlägen auf der Anreise – ab 596/597 mit großer Durchschlagskraft die Missionierung einleitete. Im Gepäck hatte er ein im späten 6. Jahrhundert wohl in Oberitalien hergestelltes Evangeliar, das sog. Augustinusevangeliar (Cambridge CCC, Ms. 286),[292] von dem jener Teil, der eine Darstellung des Evangelisten Lukas sowie eine gerahmte „Tafel" mit kleinen, leicht verständlichen Darstellungen aus dem Leben Jesu enthält, auf uns gekommen ist. Letztere lässt daran denken, dass Papst Gregor der Gr. betont hat, die Kunst diene zur Schilderung von Ereignissen und zur Belehrung der *illitterati*. Dass im Zuge der Mission „Schultafeln" einfachster Machart, wie sie das Augustinusevangeliar enthält, verwendet wurden, ist denkbar.

Das Evangelistenbild, das erste erhaltene dieses Typs, steht am Anfang einer langen Tradition, die sich durch das gesamte Früh- und Hochmittelalter weiterverfolgen lässt. Der Typus war offenbar in Italien entwickelt worden, indem man verschiedene pagane und christliche Vorlagen klitterte: Das Bildnis des Evangelienverfassers als solches schließt an spätantike Autorenbilder an, wie auch der Vergilius Romanus eines beinhaltet. Die den thronenden Evangelisten rahmende Ädikula geht indes auf Konsuln- respektive Kaiserbilder zurück; überliefert ist etwa eine vergleichbare Darstellung Constantius' II. (reg. 337–361) in dem von Furius Dionysius Filocalus geschaffenen sog. Filocalus-Kalender von 354 (Città del Vaticano BAV, Barb. lat. 2154).[293] Die konkrete Form der Rahmung mit je zwei flankierenden Säulenpaaren, die ihrerseits je einen Senkrechtstreifen mit querformatigen narrativen Szenen begrenzen, erinnert darüber hinaus an den Ehrenbogen für Septimius Severus auf dem Forum Romanum aus dem Jahr 203.[294] Die Kombination von Evangelist und Symbol ist uns hingegen von den Presbyteriumsmosaiken von San Vitale in Ravenna, die Wiedergabe des Evangelistensymbols als „Brustbild" von der *Ecclesia Pudentiana* (Abb. 14) in Rom und vom Triumphbogen von San Apollinare in Classe in Ravenna (Abb. 26) bekannt.

7.4.3. Klöster in der „Wüste"

Träger der zweiten Missionsbewegung war die iroschottische Kirche. „Schottisch" heißt in diesem Zusammenhang nicht von Schottland, sondern von den *„scoti"*, den Iren, herkommend. Streng genommen, ist „iroschottisch" ein Pleonasmus. Die Kirche Irlands war im 5. Jahrhundert bei der angelsächsischen Invasion im Windschatten gestanden, weshalb die Klöster dort vom 5. Jahrhundert an überlebten und neue hinzukommen konnten. Oft an äußerst exponierten Orten, wie die koptischen Klöster fernab von den Städten in der Wüste errichtet wurden, gründete man in Irland Klöster weit weg von den Ansiedlungen auf Inseln vor der Atlantikküste, beispielsweise das Kloster Sceilg Mhichil (Co. Kerry)[295] auf einem ca. 12 km vor der Südwestküste 218 m aufragenden Felsen, der von einer so wilden See umbraust wird, dass das Eiland selbst im Sommer mit dem Schiff nur schwer erreichbar ist. Die aus Stein in der Form von Bienenkörben errichteten Mönchszellen und zwei Oratorien, sämtlich nur durch steile lange Stufenwege miteinander verbunden, hocken dort auf einem windigen Plateau, etwa 180 m über dem Meeresspiegel. Dass in diesen Klöstern eine extrem asketische Lebensweise angestrebt wurde, ist offensichtlich.

Von Irland breitete sich die iroschottische Kirche ab der Mitte des 6. Jahrhunderts im Norden Britanniens aus und fasste im Kloster Hy auf der Hebrideninsel Iona sowie im Kloster Lindisfarne an der Ostküste von Northumbria (angelsächsisches Königtum, östlich der Pennine Chain) Fuß. Hy wurde 563 von Columban gegründet – also jenem Geistlichen, der auch in Gallien eine Reihe von Klöstern nach iroschottischem Muster ins Leben gerufen hat. Die Gründung Lindisfarnes folgte 635. Beide Klöster wurden zu Ausgangspunkten der weiteren Missionstätigkeit, wobei der Abt von Hy innerhalb der iroschottischen Kirche einen Status innehatte, der dem des Papstes in Rom innerhalb der Kirche in den ehemals weströmischen Gebieten entsprach, was auch erklärt, warum die beiden im insularen Bereich vorhandenen Missionsbewegungen an einer Zusammenarbeit wenig Interesse hatten; vor allem die iroschottische Kirche musste fürchten, im Falle einer Fusion ihren autonomen Status einzubüßen.

7.4.4. Neue Zentren

Bereits Mitte des 7. Jahrhunderts war die Christianisierung der Britischen Inseln so gut wie abgeschlossen. Zu diesem Zeitpunkt existierten in Irland sowie im heutigen Schottland und in Wales bereits zahlreiche Klöster, die im Rahmen der iroschottischen Mission gegründet worden waren, im Süden Britanniens massierten sich indes die angelsächsischen Klöster, deren Gründung von Rom her initiiert worden war. Die Klöster beider Gruppen entwickelten sich in der Folge zu theologischen und wissenschaftlichen, über Skriptorien verfügenden Zentren, von denen einige einen solchen Höhepunkt erreichten, dass der Kontinent später seine Theologen von den Britischen Inseln bezog. Voran gingen weitere, vom insularen Bereich in Richtung Osten rollende Missionswellen, welche die Kirche am Kontinent bis ins ausgehende 8. Jahrhundert mitformten.

7.4.5. Iroschottische Codexillumination

Anders als im Mittelmeerbereich war die Herstellung illuminierter Codices in der aufblühenden iroschottischen Kirche ein Novum. So ist es rückblickend logisch, dass man sich hinsichtlich der Anfertigung der für die Liturgie notwendigen Handschriften jenes Könnens besann, das man bei der Herstellung jener Produkte, die bisher primär benötigt worden waren – Waffen, Fibeln, Schmuck etc. –, zur Anwendung gebracht hatte. In der Metallverarbeitung hatte Irland ja einen einzigartigen technischen wie qualitativen Höhepunkt erreicht. Bei Fibeln wie dem sog. Tara brooch (Dublin NMI; Abb. 32)[296] wurden die Einzelmotive – *scrolls* (Spiralen), Flechtknoten usf. – in ein ausgeklügeltes Verhältnis zueinander gesetzt, wobei man die Farbigkeit und Wirkung der verschiedenen angewandten Materialien in das formale Gesamtkonzept mit einbezog. Dieses *know-how* übertrug man nun auf die Illumination der Codices. Antropomorphes, in der Metallverarbeitung selten, wurde auch in den Handschriften vermieden.

Zu den berühmtesten, vor diesem Hintergrund entstandenen Werken zählt das sog. Book of Durrow,[297] ein Evangeliar, das in der zweiten Hälfte des 7. Jahrhunderts in Northumbria geschrieben und illuminiert wurde, später in das irische Kloster Durrow kam und schließlich nach Dublin (TCL, Ms. 57)[298] gelangt ist. In den Ornamentseiten der Handschrift wurden die *scrolls* und Knotenmotive aufgegriffen, die beispielsweise auf dem sog. Lagore buckle (irisch, 7./8. Jh)[299] respektive dem sog. Ardakillen brooch (irisch, 7. Jh. [?]),[300] beide in Dublin (NMI), vorkommen. Wie in der Metallverarbeitung war auch bei der Ausstattung der Codices die Gestaltung der Fläche das vorrangigste Anliegen. Selbst die vereinzelt auftretenden antropomorphen Motive, etwa das Symbol des Evangelisten Matthäus im Book of Durrow,[301] sind ins Ornament übersetzt. Dadurch gleicht der Engel einem emaillierten Beschlag aus Oseberg (Norwegen; irisch, 8./9. Jh.; Oslo UOS).[302] Seine klein gewürfelten Socken erinnern an Millefiori-Einlagen, etwa auf einem kopfförmigen Beschlag im Ashmolean Museum, Oxford (irisch, 9. Jh.).[303]

Noch feiner ausgearbeitet als die Ornamentseiten des Book of Durrow sind die sog. Teppichseiten des sog. Lindisfarne-Evangeliars (London BL, Cotton ms. Nero D.IV),[304] das im Kloster Lindisfarne, dem zweiten Ausgangspunkt der iroschottischen Mission, am Ende des 7. Jahrhunderts geschaffen wurde. Auch hier finden wir *scrolls* und Flechtknoten, zudem Tiere mit langen Leibern und fadenförmigen Beinen, die – das ewige Spiel vom Fressen und Gefressenwerden thematisierend – Artgenossen oder sich selbst beißen. Die Motivik begegnet in den insularen Metallabeiten frequent, etwa auf den in „Kerbschnitttechnik" ausgeführten scheibenförmigen Köpfen einer im Fluss Witham in Fiskerton (Lincolnshire) gefundenen dreiteiligen Nadel, die zur Befestigung von Kleidungsstücken gedient haben dürfte (7. Jh. [?]; London BM).[305] Auch das blau-rote Treppenmotiv, das im Lindisfarne-Evangeliar das Zentrum einer Teppichseite besetzt,[306] lässt sich von der Metallkunst deduzieren, wie eine Schulterschnalle aus dem Schatz von Sutton Hoo (London BM)[307] belegt. In diesem Ort nordöstlich von London wurde 1939 ein Grab gefunden, in welchem der Tote, wohl ein ostanglischer König, samt Beigaben in großer Menge und von höchster Qualität in einem 26 m langen Schiff bestattet worden war. Aufgrund einer merowingischen Münze, die sich darunter befand, ist anzunehmen, dass die Beisetzung bald nach 625 erfolgt ist, was die Datierung der Fundstücke ins 1. Viertel des 7. Jahrhunderts zulässt.

Ein weiteres Spezifikum der insularen Buchmalerei ist die Hervorhebung der Evangelienanfänge; in den mediterranen spätantiken und frühbyzantinischen Codices war der Text- respektive Kapitelbeginn bloß durch eine leicht vergrößerte Initiale (Anfangsbuchstabe) betont worden. Im Lindisfarne-Evangeliar setzt der Beginn des Matthäusevangeliums hingegen mit voller Wucht ein (Abb. 33):[308] Die ersten drei Buchstaben „*L*", „*I*" und „*B*" von *Liber generationis Iesu Christi* (Mt 1:1), der die Vorfahren Jesu seit Abraham aufzählt, sind zu einer monumentalen „Initialligatur" verschlungen, und wie bei dem großen Tara brooch in Dublin (Abb. 32) sind die Buchstabenkörper in längliche, gerahmte und mit Ornament gefüllte Segmente gegliedert, die „Gelenkstellen" durch Scheiben betont, die Endstücke Ausgangspunkte floraler oder zoomorpher Elemente und die Initialstämme mit Ornamenten „ausgefacht". Auch die folgenden Buchstaben bilden Kleinodien mit monochromen wie mit Email gefüllten Binnenflächen. Das alles suggeriert, die northumbrischen Illuminatoren hätten die Buchstaben und Initialligaturen wie Schmuckstücke mit höchster Kunstfertigkeit hergestellt und minuziös bearbeitet, bevor sie diese auf das Pergament gelegt und aus ihnen wie beim Scrabblespiel den Evangelientext zusammengesetzt hätten.

Am Beginn des Matthäusevangeliums[309] ist im Lindisfarne-Evangeliar zudem ein zweiter Akzent gesetzt: Beim Vers 18 des ersten Kapitels, in dem der Evangelist auf Jesus und seine Eltern mit den Worten *Christi autem generatio sic erat: Cum esset desponsata mater eius Maria Joseph* (*Mit der Geburt Jesu Christi war es so: Maria seine Mutter, war mit Josef verlobt*) zu sprechen kommt, ist das Wort *„ Christi "* durch eine Initialligatur aus den griechischen Buchstaben „X" („Chi") und „P" („Rho") für „Χριστός" („Christos") und „I " für den lateinischen Genetiv angegeben und mit *scrolls* angereichert, die ihr einen dynamischen Charakter verleihen – ja die gesamte Ligatur scheint hier in Bewegung zu sein wie das Bild, das beim Drehen eines Kaleidoskops entsteht. Die weiteren Buchstaben sind dann kleiner und stehen einzeln. OTTO PÄCHT, für den das ein „in allmählichem Diminuendo verebbender Fortissimo-Akkord" ist, betonte zu Recht, dass es dem Schreiber gewiss nicht um die Lesbarkeit zu tun war, sondern dass dieser vielmehr versuchte, „der vom mystischen Klang der Nomina Sacra hervorgerufenen Erregung bildhaften Ausdruck [zu] verleihen. Worte gebärden sich ekstatisch, als wären sie lebendige Gestalten in Bildern. Das heilige Monogramm will nicht entziffert, nicht gelesen, es will wie das Signum crucis spontan geschaut werden. Und ähnlich werden die Schriftkonfigurationen der eigentlichen Anfänge der Evangelien … zu Strukturen, die den Reichtum und das Pathos von Bildkompositionen besitzen. Als magisches Zeichen vertritt das Wort das Bild, wird es Bild. Und so wächst in den späten Erzeugnissen der insularen Buchkunst das Monogramm- oder Initialgebilde zu Blattgröße an, spült die folgenden Schriftzeilen gleichsam über Bord, wird Alleininhalt der Seite."[310]

Als das Lindisfarne-Evangeliar am Ende des 7. Jahrhunderts entstand, hatte sich die iroschottische Codexillumination schon der – ihr vorerst fremden – figuralen Darstellung geöffnet. Das belegt die Tatsache, dass unsere Handschrift vier Evangelistenbilder[311] beinhaltet. Die Autoren sind darin relativ richtig proportioniert, die Sitzmöbel und Suppedanea teils dreidimensional formuliert, was nicht ohne Anregungen aus dem mediterranen Bereich denkbar ist. Ja, im konkreten Fall kann auf das Vorbild sogar präzise rückgeschlossen werden, da es wenig später ein zweites Mal als Vorlage verwendet wurde, nämlich vor 716 von einem Illuminator im northumbrischen Doppelkloster Jarrow-Wearmouth, südöstlich von Lindisfarne, als dieser im sog. Codex Amiatinus (Florenz BML, Ms. Amiat. 1)[312] den Propheten Ezra darstellte (Abb. 34); Monkwearmouth[313] war 674, Jarrow 682 gegründet worden. Die zweite, am spätantiken Vorbild zweifellos weit stärker festhaltende Kopie verdeutlicht, dass der Illuminator des Lindisfarne-Evangeliars die Vorlage in seiner eigenen Sprache formuliert hatte: Das Gewand der Evangelisten sowie deren Haupt- und Barthaar wirken auf den Miniaturen des Lindisfarne-Evangeliars flächig und ornamental, Körper und Möbel sind trotz anklingender Plastizität an die Fläche gebunden, das räumliche Ambiente ist weggelassen, das leere Pergament zum Träger der – die Zweidimensionalität des insularen Produkts zusätzlich unterstreichenden – Beschriftung gemacht.

7.4.6. Antikenrezeption in Northumbria und Südengland

Die jüngere Kopie (Abb. 34) nach dem verlorenen, aber rekonstruierbaren mediterranen Vorbild ist im Gegensatz dazu ein illusionistisches Bild: Durch einen hochrechteckigen Rahmen blicken wir in einen Innenraum. Darin sitzt der schreibende Ezra. Hinter diesem steht ein Kasten mit geöffneten Türen, in dem auf Regalbrettern Codices liegen (die Codices *lagen* im Mittelalter generell!). Der Entstehungsort der Handschrift, Jarrow-Wearmouth, war in der Entstehungszeit des Codex Amiatinus, am Beginn des 8. Jahrhunderts, bereits zu einem religiösen Zentrum höchsten Ranges mit einem potenten Skriptorium, einer umfangreichen Bibliothek und einer theologischen Schule aufgestiegen. Kostbare Kultgeräte und Handschriften hatten Benedict Biscop (* ca. 628, † 690 [?]), der Gründer des Doppelklosters, und Abt Coelfrith von Jarrow-Wearmoth (reg. 682/699–716) auf weiten Reisen erworben, darunter 678 den sog. Codex Grandior, eine Vollbibel, aus der Bibliothek des nach 554 gegründeten Klosters Vivarium am Golf von Squillace (Kalabrien). Dorthin hatte sich Cassiodor, der an seinem Geburtsort Land besaß, gegen Ende seines Lebens zurückgezogen. Vom Wunsch beseelt, in Vivarium eine Art theologische Hochschule einzurichten, hatte er dort eine große Bibliothek zusammengetragen, aus der dann der northumbrische Abt Coelfrith im späten 7. Jahrhundert die Bibel erwerben konnte. Zurück in der Heimat, ließ er sie in Jarrow-Wearmouth dreifach kopieren. Je eine Kopie ging in die Klöster Monkwearmouth und Jarrow, die dritte hatte er im Gepäck, als er sich 716 aufmachte, abermals nach Italien zu reisen. Sie sollte ein Geschenk für den Papst sein. Doch Coelfrith starb auf der Reise bei Langres (rég. Bourgone), der Codex gelangte in das Kloster auf dem Monte Amiata bei Siena (Toskana) – daher die Bezeichnung „Codex Amiatinus" – und fand schließlich seinen Weg in die Biblioteca Medicea Laurenziana in Florenz.

Der Codex Grandior muss, da er Teil der Bibliothek Cassiodors in Vivarium gewesen war, vor der Mitte des 6. Jahrhunderts entstanden sein, könnte aber, wie die motivische und stilistische Nähe des Ezrabildes zu dem um 440 datierbaren Laurentiusmosaiks im Mausoleum der Galla Placidia in Ravenna (Abb. 17) deutlich macht, eine Kopie einer Bibel des mittleren 5. Jahrhunderts gewesen sein. Unmittelbar vergleichbar sind die giebelbekrönten Kästen mit den geöffneten Türen, die den Blick auf die darin liegenden Codices freigeben. Angesichts dessen, dass Cassiodor Höchstbeamter am Hof Theoderichs in Ravenna gewesen und auch nach dessen Tod bis zur Einnahme der Stadt (540) dort geblieben war, liegt die Annahme nahe, er habe illuminierte Handschriften aus Ravenna in seine Bibliothek in Kalabrien bringen oder für diese kopieren lassen. Die northumbrische Kopie des frühen 8. Jahrhunderts lässt also ahnen, wie die verlorene Codexillumination Ravennas ausgesehen haben mag.

Das Lindisfarne-Evangeliar und der Codex Amiatinus belegen zudem, dass in Lindisfarne und in Jarrow-Wearmouth, obgleich in geographischer Nähe gelegen, zwei diametral anders orientierte *modi* verwendet wurden. Angemerkt sei hier, dass die in Jarrow-Wearmouth an der Wende vom 7. zum 8. Jahrhundert greifbare Antikenrezeption nicht auf dieses Kloster, geschweige denn auf die im dortigen Skriptorium entstandene Codexausstattung beschränkt war. Vergleichbar handfeste Rückgriffe fanden vielmehr auch in der gleichzeitigen Skulptur und Metallverarbeitung statt.

Mit Spätantikem aus dem mediterranen Bereich setzte man sich auch im Süden Britanniens auseinander, wo ja dieser Rezeption durch die Mission aus Rom und durch die in ihrem Rahmen nach Südengland gelangten Werke der Boden bereitet worden war. So ist erklärbar, dass das Bild des Evangelisten Johannes in dem in Kent (Canterbury [?]) Mitte des 8. Jahrhunderts entstandenen sog. Codex Aureus von Stockholm (Stockholm, KB, Ms. A. 135)[314] auf die Evangelistenbilder des Augustinusevangeliars zurückgeht. Der in der Arkade sitzende Verfasser und das im tympanonartigen Giebelfeld erscheinende Evangelistensymbol sind von dem italienischen Autorenbild deduzierbar. Es floss aber auch Autochthones ein, etwa wenn aus den Kapitellen amorphe Polster geworden sind und die Arkaden auf scheibenförmigen, mit *scrolls* gefüllten Anwölblingen (Bogenanfänger) aufsitzen.

7.4.7. Exegetische Tendenzen im insularen Bereich

Die genannten stilistischen Ausrichtungen gehen teils, allerdings nicht immer, mit den von BERNHARD BISCHOFF[315] untersuchten hermeneutischen Ansätzen, die in den genannten Zentren gepflegt wurden, Hand in Hand. So schloss die in Canterbury angewandte exegetische Methode an die Schule von Antiocheia an, wo ja der Literalsinn (Wortsinn) der in der Heiligen Schrift geschilderten Ereignisse im Vordergrund stand. Diese Auslegungsmethode fand in Britannien vom Süden her ihren Weg nach Jarrow-Wearmouth, wo sie mit der alexandrinischen Methode, die auf den Spiritualsinn (geistigen Sinn) konzentriert ist, verbunden wurde. Der wichtigste um 700, also in der Zeit von Abt Coelfrith, in Jarrow-Wearmouth tätige Theologe war Beda Venerabilis (* 673/674, † 765), dessen Schriften auf die Theologie des Kontinents über Jahrhunderte einwirken sollte. Mit dem antiochenischen Auslegungsmodell lässt sich der antikisierende Stil problemlos verbinden.

In Irland existieren indes verschiedenste hermeneutische Ansätze nebeneinander: Hier wurde einerseits der Wortsinn aufs Einfachste interpretiert, daneben lässt sich aber auch die Reflexion literarischer Probleme sowie die tropologische Deutung, die ja der alexandrinischen Auslegung gemäß eine der Ebenen des geistigen Schriftsinns ist, finden. Irland war also hinsichtlich der Schriftauslegung Einflüssen von außen gegenüber relativ offen – offener, wie es scheint, als in seiner Kunstproduktion, die an der autochthonen Tradition konsequent festhielt.

8. Das Verbot der Bilder (7./8. Jh.)

8.1. Die Erneuerung des Bilderverbots im Islam

Die Auswanderung Mohammeds (* ca. 569, † 632) aus Mekka nach Medina im Jahr 622, die sog. *Hiǧra (*هجرة: Auswanderung, Emigration), markiert bekanntlich den Anfang der muslimischen Zeitrechnung (مسلم [*muslim*]: der sich [Gott] Hingebende). Seine Gründung einer Gemeinde in Medina ist zugleich die Geburtsstunde des Islam (إسلام [*islām*]: Hingabe, Ergebung). Zu den sog. Säulen dieser neuen Religion,[316] die wie das Judentum auf dem Alten Testament aufbaut und die Kultstätten der Juden für sich beansprucht, Jesus zugleich nur als Propheten anerkennt, zählt der sog. *ǧihād* (جهاد: Anstrengung, Bemühung), wobei zwischen dem Großen und dem Kleinen *ǧihād* unterschieden wird: Der Große *ǧihād* ist der Kampf des einzelnen Gläubigen gegen das Böse in seinem Inneren bei der Suche nach seinem persönlichen richtigen Weg, beim Kleinen *ǧihād* handelt es sich um den Kampf der Muslime gegen äußere Feinde. Letzterer wird vom „*Koran*" (قرآن [*qur'ān*]: Vortrag, Rezitation) dort gefordert, wo Glaubensbrüder in ihrer Glaubensausübung eingeschränkt sind oder sogar bedroht werden. Dazu heißt es in der Sure 2, Verse 190f. und 193 („Die Kuh"): *Und kämpfet für Allahs Sache gegen jene, die euch bekämpfen, doch überschreitet das Maß nicht, denn Allah liebt nicht die Maßlosen* (Vers 190). *Und tötet sie, wo immer ihr auf sie stoßt, und vertreibt sie von dort, von wo sie euch vertrieben; denn Verfolgung ist ärger als Totschlag … Doch wenn sie euch angreifen, dann kämpft wider sie; das ist die Vergeltung für die Ungläubigen* (Vers 191). *Wenn sie jedoch ablassen, dann ist Allah allvergebend, barmherzig …* (Vers 193).[317] Obgleich sich Mohammed also nicht für einen Aggressionskrieg aussprach, drangen die Araber im Namen Allahs in ihre Nachbarländer ein, und zwar in einem schier unglaublichen Tempo. So befand sich beim Tod des Propheten im Jahr 632 bereits die gesamte Arabische Halbinsel in ihrer Hand, Mitte des 7. Jahrhunderts zudem Ägypten, Teile des heutigen Libyen, Tunesien, der gesamte „Nahe Osten" mit dem einstigen Palästina bis Antiocheia sowie Persien. Bis 715 kamen die Maghrebländer (مغرب [*maġrib*]: Sonnenuntergang, Westen) Algerien und Marokko, weiter fast ganz Spanien und *grosso modo* das Gebiet des heutigen Pakistan hinzu. Ja, im frühen 8. Jahrhundert stießen die Araber ins Frankenreich bis Poitiers vor, wo sie der „Hammer" Karl Martell (reg. 714–741) 732 schlug. Zweimal griffen sie sogar Konstantinopel an. Besonders dramatisch war die Situation in Jerusalem: 614 war die Stadt von den Persern erobert, die Grabeskirche niedergebrannt und das Kreuz Christi verschleppt worden, worum sich Horrorgeschichten rankten: Der persische Großkönig Chosroes II. Parwez (reg. 588-627) habe das Kreuz in Ktesiphon, der Hauptstadt des Sassanidenreiches (am mittleren Tigris, ca. 20 km südöstlich vom heutigen Bagdad), in einem runden, überkuppelten, also den Kosmos symbolisierenden Gebäude aufstellen und einen Käfig mit einem Vogel daneben aufhängen und sich selbst in dieser – auf die Trinität anspielenden – Inszenierung thronend als Gottvater verehren lassen. Das rief das Abendland auf den Plan, und dem byzantinischen Kaiser Herakleios gelang es tatsächlich, die heiligste Reliquie der Christenheit zurückzugewinnen. 628 oder 630 brachte er sie nach Jerusalem zurück. Aber schon wenige Jahre später, 638, eroberten die Araber die Stadt – und blieben.

Dass diese auch im Westen, auf der Iberischen Halbinsel, Fuß fassen konnten, war durch die Tatsache mitbedingt, dass das Reich der Westgoten im 7. Jahrhundert durch innenpolitische Konflikte – Bürgerkriege und Judenverfolgungen – zerrüttet worden war, worauf der wirtschaftliche Niedergang folgte. So hatten die im frühen 8. Jahrhundert aus Nordafrika nach Spanien übergreifenden Araber und Berber leichtes Spiel. Sie überrannten die Iberische Halbinsel bis zu den Pyrenäen. Ab 711 war Spanien in ihrer Hand, abgesehen von Asturien im Nordwesten des Landes, wohin sich die Westgoten zurückzogen. Diese begannen 722 mit der Rückeroberung, hatten aber bis ins 9. Jahrhundert damit zu tun, ihr eigenes Königreich zu konsolidieren. Die endgültige *reconquista* durch die Christen gelang bekanntlich erst 1492.

In dem von den Muslimen beherrschten Gebieten wurden die christlichen Kirchen zu Moscheen umgewidmet. Da der Islam – im Sinne des Alten Bundes – dem Bild feindselig gegenübersteht, stellen figurale Darstellungen aus den folgenden Jahrhunderten im heutigen „Nahen Osten" sowie in den Maghrebländern, aber auch auf der Iberischen Halbinsel eine Seltenheit dar. Mit seiner bilderfeindlichen Position setzte sich der Islam mit aller nur denkbaren Deutlichkeit von jener Entwicklung ab, die im selben Zeitraum in Byzanz stattfand: Nach 600 erreichte hier die Verbreitung und kultische Verehrung der Ikonen ihren ersten Höhepunkt. Von der Marienikone, welcher Kaiser Herakleios seine Thronbesteigung zuschrieb, und ähnlichen Phänomenen war bereits die Rede. Zur Aversion der Muslime gegenüber den Bildern kam die massenhafte Vernichtung von abendländischem Kulturgut. So brannte 642 bei ihrer Eroberung Ägyptens ein weiteres Mal die Bibliothek von Alexandria, wodurch diese Stadt endgültig ihre Stellung als kultureller und religiöser Schmelztiegel verlor.

Dass die islamische Welt in einer gewissen Weise dennoch zur kulturellen Schatzkammer des Abendlandes wurde, beruht darauf, dass sie philosophisches und naturwissenschaftliches, nicht zuletzt medizinisches Wissen in sich aufnahm und bewahrte, das im Abendland in den folgenden Jahrhunderten verloren ging. Die Schließung der Philosophenschule von Athen durch Kaiser Justinian d. Gr. im Jahr 529 wirft ja ein scharfes

Licht auf das Faktum, dass am Gut der antiken Philosophie im christlichen Bereich kein Interesse mehr bestand. Auch naturwissenschaftliches Wissen im Allgemeinen, mathematisches und medizinisches im Besonderen, gingen hier unter. Als sie im Hochmittelalter wiederentdeckt wurden, war man genötigt, das antike Wissen durch *Rück*übersetzungen aus dem Arabischen wiederzugewinnen. Das betrifft auch die Schriften Aristoteles', die man Ende des 11. Jahrhunderts im normannischen Italien erstmals zu übersetzen versuchte. Im 12. Jahrhundert, als die Aristotelesrezeption in Spanien und Südfrankreich – trotz massiven Widerstandes der Kirche, die sich durch die Werke des „Philosophen" bedroht sah – voll einsetzte, waren es neben Juden weiterhin Araber, die eine Vermittlerrolle spielten; dass kurz vor 1200, rund 700 Jahre nachdem die Pforten der Schule von Athen geschlossen worden waren, in Paris die erste philosophische Fakultät eingerichtet wurde, ist vom Erwachen des aristotelischen Geistes im Abendland im Rahmen der Scholastik, der „wissenschaftlichen" Denkmethode, nicht zu trennen.

8. 2. Der Bilderstreit – das Ende der frühbyzantinischen Zeit

8.2.1. Antisuggestive Tendenzen

Während in Byzanz, wie erwähnt, in der Toreutik bis ins 7. Jahrhundert an einer paganen Thematik und einem außerordentlich retrospektiven Stil festgehalten wurde, so dass etwa die in Konstantinopel zwischen 613 und 629/30 hergestellte Silberplatte mit Meleager und Atalante (St. Petersburg SSE)[318] den Vergleich mit Werken des 1. und 2. nachchristlichen Jahrhunderts[319] standhält, ging die formale Entwicklung in anderen Medien in eine diametral andere Richtung, nämlich in jene, die bei den ravennatischen Mosaiken des 6. Jahrhunderts bereits eingeschlagen worden war: hin zur völligen Zweidimensionalität und ornamentalen Verfestigung. Bestes Beispiel dafür: das schon genannte Mosaik mit dem hl. Demetrios und Stiftern in Hagios Demetrios in Saloniki. Wie ausgeführt, war schon in Justinianischer Zeit die Vermittlung komplexer Inhalte mit der Tendenz zur Raum- und Körperlosigkeit sowie der Anwendung graphischer Mittel Hand in Hand gegangen, während die Mimesis vermieden wurde. In diesem zunehmenden Abstraktionsprozess lässt sich ein wachsender Vorbehalt gegenüber den sichtbaren Dingen und ihrer Wiedergabe im Bild erkennen. Diese Ablehnung der Naturnachahmung durch die Mittel der bildenden Kunst konvergiert mit dem Desinteresse an Aristoteles, jedenfalls, was dessen empirisches Herangehen an die sichtbare Welt betrifft.

Freilich darf bei der Gegenüberstellung der Toreutik mit Arbeiten wie dem Mosaik von Hagios Demetrios nicht übersehen werden, dass auch die „byzantinische Antike" (LEO-

NID A. MATZULEWITSCH)[320] im 7. Jahrhundert bereits von neuen, zukunftsweisenden Strukturen überformt war. Für MATZULEWITSCH war die Rezeption der Antike auf der St. Petersburger Silberschale keine vollkommene mehr. Er konstatierte hier eine „eigentümliche Widersprüchlichkeit zwischen dem Bildthema und seiner ursprünglichen Bindung an klassische Stilprinzipien einerseits sowie dem beträchtlichen Unvermögen der byzantinischen Toreuten andererseits, die innere Logik der klassischen Gestaltungsweise nachzuempfinden. Der Versuch tiefenräumlicher Staffelung ist mißlungen, weil der Toreut in den einzelnen Bildebenen unterschiedliche künstlerische Mittel anwendet und vermischt. So erscheinen z. B. die Hinterteile der Pferde nur durch Gravierlinien angegeben, während viel weiter zurückliegende und plastisch unbedeutende Elemente wie landschaftliche Requisiten wieder in stärkerem Relief ausgeführt sind.“[321] Mit dieser Abwertung erweist sich MATZULEWITSCH als auf einer methodischen Stufe *vor* ALOIS RIEGL stehend. Zwar ist das Vorhandensein eines Stilbruchs auf der Meleagerschale unbestreitbar, doch war dieser vom Toreuten wohl beabsichtigt. Der Silberschmied wollte dem Betrachter offensichtlich nicht den Eindruck vermitteln, dieser sähe durch den Schalenrand wie durch einen runden Fensterrahmen – quasi durch ein *opaion* – in einen anderen Raum hinein, in dem sich das Jägerpaar aufhält. Schon in der Antike sollte das Material, das heißt im konkreten Fall: die Substanz der Silberplatte, bei allem Bemühen um Suggestion nie völlig verleugnet werden. Faktum ist also, dass die byzantinische Toreutik auch noch im 7. Jahrhundert eng an die Antike anschloss, wenngleich die schon in dieser angelegte Bejahung des Trägers nun verstärkt wurde. Das heißt: Sowohl in der retrospektiven Toreutik als auch bei den fortschrittlichen Mosaiken in Hagios Demetrios ist eine antisuggestive Intention feststellbar, die darauf hinweist, dass im 7. Jahrhundert der Umgang mit den Bildern auch in Byzanz kein unbefangener mehr war.

8.2.2. Der Ikonoklasmus

Über die emphatische Verehrung der Ikonen im Byzanz des 7. Jahrhunderts, in der fraglos antike Gebräuche weiter- oder wieder auflebten, war bereits die Rede. Auch davon, dass die Ikone drauf und dran war, als heilig, kraft- und gnadenspendend angesehen zu werden, somit vom Objekt zum Subjekt zu mutieren. Legitimiert wurde dies mit dem Hinweis auf die *methexis* – die Teilhabe am Urbild durch Ähnlichkeit. Ja, man erhob sogar den Zeigefinger dahin gehend, dass derjenige, der an der Teilhabe des Bildes am Urbild zweifle, am Glauben an der Menschwerdung Christi rüttle. Aber trotz dieser Positionen verstummte doch nie die Skepsis gegenüber den Bildern – eine Skepsis, die am Beginn des Christentums die Entstehung einer christlichen Kunst verhindert und später zumindest gebremst hatte. Salopp gesagt: Es gelang in der Spätantike und in der früh-byzantinischen respektive frühmittelalterlichen Zeit nie völlig, das Bilderverbot des Dekalogs „unter den Teppich zu kehren". Und so wuchs mit der zunehmenden Verehrung der Bilder auch die Aversion gegen sie. Diese dürfte durch parallele Tendenzen im Judentum und im Islam noch verstärkt worden sein: Die Juden gaben im 7. Jahrhundert ihren bildertoleranten Standpunkt, den sie seit dem 2. Jahrhundert eingenommen hatten, auf, Kalif Yazīd II. (Kalîf: Stellvertreter) erließ 721 ein bilderfeindliches Edikt. Und es ist symptomatisch, dass es die kleinasiatischen Bischöfe waren, also die den bilderfeind-lichen Strömungen im Islam schon rein geographisch am nächsten stehenden Funkti-onsträger, die sich an den byzantinischen Kaiser Leon III. (reg. 717–741) wandten, um ihn zu einem ähnlichen Schritt zu veranlassen. Sie fanden beim Kaiser, dem die Rein-haltung des Glaubens am Herzen lag, ein offenes Ohr. 730 erließ dieser ein Edikt, das den Bilderkult unter Sanktionen untersagte. Theologisch begründet wurde der Ikonoklas-mus (εἰκών: Bild, κλάω: zerbrechen) einerseits mit dem alttestamentlichen Bilderverbot, andererseits damit, dass ein wirkliches Abbild Christi auch dessen göttliche Natur abbil-den müsse, was ja unmöglich ist. Würde man aber bloß die menschliche Natur abbilden, so sei dies Nestorianismus, also Häresie. Kaiser Konstantinos V. (reg. 741–776), der Sohn Kaiser Leons III., inszenierte gegen die Anhänger des Bilderkultes, zu denen insbesondere das Mönchstum gehörte, eine schonungslose Verfolgung, die Gefängnis, Folter und brutale Hinrichtungsmethoden als Druckmittel verwendete. Der Tod Konstantinos' V. im Jahr 775 brachte eine Ruhepause, in der dann die *Ikonodulen,* die Bilderfreunde respektive -diener (δοῦλος: Knecht), wieder ihre Kräfte sammelten. Doch der Friede währte nicht lange. Im 9. Jahrhundert sollte der Streit erneut aufflammen: 813–842 folgte eine zweite ikonoklas-tische Welle. Selbstredend war der Ikonklasmus auch ein willkommenes Mittel, die wach-sende Macht des Mönchstums zu brechen; nicht zufällig waren es Bischöfe, die den Ikon-oklasmus bei Leon III. angezettelt hatten.

8.3. Machtschwund der Byzantiner in Italien

8.3.1. Ikonodule Flüchtlinge und „Pippinsche Schenkung"

Einzelne in Italien im 8. Jahrhundert entstandene Werke lassen vermuten, dass *Ikonodule* nach Italien flohen, um sich dem Zugriff des byzantinischen Kaisers und seiner Scher-gen zu entziehen. Ein großer Teil der Apenninenhalbinsel stand ja unter der Herrschaft der Langobarden, und Rom war seit der sog. *donatio Pippini* (Pippinsche Schenkung, 754) ebenfalls von Byzanz unabhängig. Rom, Stadt und Papst, hatten schon seit dem beginnenden 8. Jahrhundert zunehmend um ihre Autonomie, also um das Abschütteln der byzantinischen Herrschaft, gekämpft. Allerdings war der Erfolg anfangs nicht der gewünschte gewesen: Der Papst hatte zusehends seine seit der Spätantike auf der Apenninenhalbinsel und auf Sizilien akkumulierten Latifundien verloren, bis das *„patrimonium Petri"* (die zum Stuhl Petri gehörenden Gebiete) auf die Stadt Rom und ihr Umland geschrumpft waren. Dazu kam, dass die Langobarden unter König Aistulf (reg. 749–756) in das Machtvakuum vorstießen und Rom an sich rissen. Auch Ravenna brachten sie unter ihre Herrschaft. In dieser Situation kam dem Papst der Franke Pippin III. (der Jüngere; reg. 751/752–768) zu Hilfe. Dieser hatte 751 den letzten Merowinger, Childerich III. (reg. ?–751), gestürzt, ihn scheren und in ein Kloster sperren und sich selbst zum König über das Frankenreich ausrufen lassen. Pippin lud nun den bedrängten Papst Stephan II. (reg. 752–757) 753 ins Frankenreich ein, wo er ihn feierlich empfing und zusicherte, für ihn die von Aistulf entrissenen Gebiete zurückzugewinnen. Der Papst bedankte sich bei Pippin auf seine Weise, indem er Pippin und seine Söhne, Karl (den späteren Karl d. Gr.) und Karlmann, 754 in Saint-Denis (bei Paris) salbte und ihnen den Titel *„patricius Romanorum"* (Schirmherr der Römer) verlieh. Der Frankenkönig löste sein Versprechen postwendend ein: Durch Feldzüge in den Jahren 754 und 756 zwang er Aistulf, die dem Papst entrissenen Gebiete, aber auch das den Byzantinern entwundene Exarchat herauszugeben. Pippin vereinigte beides und schenkte es dem Papst. Diese „Pippinsche Schenkung" markiert den Anfang des sog. Kirchenstaates.

Aus der Perspektive Ostroms nahm sich diese Aktion freilich ganz anders aus: Das Vorgehen des Papstes war in den Augen der Byzantiner „Reichsverrat, Verrat an Staat *und* Kirche". Denn als Papst Stephan II. ins Frankenreich reiste und sich dort vom Frankenkönig den Kirchenstaat garantieren ließ, verfügte er über ein ehemals byzantinisches Gebiet. Das heißt, er verfügte über ein Land, von dem bis *dato* außer Diskussion gestanden war, dass es dem byzantinischen Kaiser gehörte. Noch dazu hatte sich dieser an die Barbaren, an die Reichsfeinde, um Hilfe gewandt. Und schließlich hatte der Papst mit seinem Schritt gegen die bisher „als sakrosankt aufrecht erhaltene politische Einheit der Christenheit" verstoßen (HANS KÜNG).[322] Tatsächlich war hier wieder ein Schritt getan worden, der unweigerlich auf den Bruch von Osten und Westen hinführte.

8.3.2. Die letzte Blüte des Langobardenreiches: Benevent, Cividale, Pavia

Ungeachtet dessen, dass die Langobarden im Kampf mit Pippin III. Gebiete herausgeben mussten, gelang es ihnen doch im 3. Viertel des 8. Jahrhunderts, ihre Macht zu entfalten. Das äußert sich auch in den in ihrem Auftrag entstandenen Werken, die einen festen

Blick auf Ostrom belegen, nicht aber auf das in den Ikonoklasmus verstrickte Byzanz ihrer Tage, sondern auf die glorreiche Epoche Justinians d. Gr. und auf noch frühere Zeiten. In Benevent (Kampanien) beispielsweise ließ Fürst Arechi II. von Benevent (758–787) die Palastkirche Sta Sofia[323] erbauen, deren außergewöhnlicher Grundriss – ein sechseckiger Mittelraum ist in zwei Umgänge eingestellt – an das byzantinische Doppelschalenprinzip, wie es bei der Hagios Sergios und Bakchos und der Hagia Sofia in Konstantinopel (Abb. 24), aber auch in San Vitale in Ravenna (Abb. 25) vorkommt, erinnert. Allerdings ist in Benevent – anders als in Konstantinopel und Ravenna – nicht vom Raum, sondern von den Stützen her gedacht. Um diesen auszuweichen, bildet die Außenmauer im Norden und Süden Zacken. Zugleich hat sich der Mittelraum zu einer Raumzelle zusammengezogen, was auf die westgotischen Bauten des 7. Jahrhunderts, etwa auf San Pedro de la Nave (cf. Abb. 30), verweist.

Eine Zimelie der langobardischen Architektur ist aber die Palastkirche von Cividale (Friaul, südöstlich von Udine):[324] der sog. Tempietto, der sich hier direkt am Steilufer des Natisone erhebt (Abb. 35). Ein quadratischer Hauptraum, der ursprünglich durch drei Portale, je eines im Westen, Norden und Süden, betretbar war, mündet in ein queroblonges Presbyterium, das durch eingestellte Säulen und Längstonnen in drei Abschnitte gegliedert ist. Seine Bedeutung verdankt der Tempietto seiner delikaten Ausstattung, die auf das Vorhandensein ähnlich nobler, heute verlorener Bauten im langobardischen Herrschaftsgebiet rückschließen lässt. Türstürze und Archivolten (Bogenläufe) der drei Portale sind in Stuck ausgeführt, die drei Tympana und die restlichen Wandflächen dieser Zone freskiert.[325] Letztere zeigt Märtyrer. In der Zone darüber erscheinen als lebensgroße Stuckfiguren Märtyrerinnen, die sich in Richtung Altar respektive an der Westwand zum zentralen Fenster bewegen.[326] Motivisch schließt dieser Zug der Blutzeuginnen an jene Prozession an, durch die in der ehemaligen Hofkirche Theoderichs in Ravenna Mitte des 6. Jahrhunderts Mosaiken aus der ostgotischen Ära ersetzt worden waren. Mindestens genauso bemerkenswert wie der motivische Rückgriff ist der Stil. Die cividaleser Märtyrerinnen stehen fast vollplastisch vor der Wand, obwohl vollplastische Skulptur nach dem 5. Jahrhundert so gut wie nicht mehr zu finden ist, weder im Osten noch im Westen. Dazu kommt, dass die Märtyrerinnen zumindest im Ansatz ponderieren (zwischen Stand- und Spielbein unterscheiden). Auch die Fresken der unteren Zone des Tempietto sind stilistisch retrospektiv: Körperlich durchmodellierte Märtyrer werden jeweils von einer Architekturzone hinterfangen, die hinter den Figuren nischenförmig zurückweicht. Eine Gratwanderung zwischen Antikennähe und der Tendenz zum ornamentalen Verfestigen wurde hingegen bei den Stuckarchivolten[327] vollführt. Der mehrfache Rückgriff auf das justinianische Ravenna und darüber hinaus auf Spätantikes im langobardischen Cividale ist wohl im Sinne eines Gestus der Selbstbehauptung gegenüber Ostrom und dessen –

schon geschwächter – Präsenz in Italien zu verstehen. Die Datierung des cividaleser Tempietto war in der Forschung lange Zeit umstritten, präzise archäologische Untersuchungen konnten die Entstehungszeit schließlich auf das 8. Jahrhundert einschränken. Den *terminus ante quem* (Zeitpunkt, vor dem …) bildet das historische Datum 774 – das Jahr, in dem der Frankenkönig Karl, der spätere Karl d. Gr., das Langobardenreich eroberte.

Dass das Anknüpfen bei Spätantikem bei der Ausstattung des Tempietto politisch motiviert war, geht indirekt auch aus dem Faktum hervor, dass der Patriarch von Cividale, Sigvald (reg. 762–776),[328] etwa zur selben Zeit eine Altarverkleidung aus Marmor im Dom von Cividale in Auftrag gab (sie ist heute an einem Taufbecken montiert), die in einem ganz anderen, nämlich dezidiert auf Zweidimensionalität abzielenden Stil ausgeführt ist. Das Altarantependium (Altar-„Vorhang“), besser bekannt als „Sigvaldplatte“, ist mit Kreuz- und Lebensbaummotiven, den vier Evangelistensymbolen in *clipei* und floralen Ornamenten übersponnen, wobei kompositorische Akzente vermieden und die Organik von Mensch und Tier auffällig negiert wurden. So sind der Unterkörper und die Beine des Engels sowie die Hinterteile der Tiere zu kleinen Voluten degeneriert. Wahrscheinlich griff man hier in ikonographischer Hinsicht auf eine Darstellung der apokalyptischen Wesen zurück, wie sie unter anderem am Triumphbogen von S. Apollinare in Classe in Ravenna (Abb. 26) zu finden ist, wo die Symbole aus den Wolken tauchen und daher halbfigurig erscheinen, und ergänzte das Fehlende durch die angesprochenen Kringel. Ebenso konsequent in die Fläche gepresst sind alle Motive auf dem aus dem Kloster Sta Maria-Theodote della Pusterla in Pavia stammenden sog. Theodotasarkophag (8. Jh.; Pavia MC).[329] Früher glaubte die Forschung daher, diese Stiltendenz sei eine Emanation eines spezifisch langobardischen „Kunstwollens“, weshalb man vom „Langobardischen Stil“ sprach. Mittlerweile ist aber, insbesondere durch die Forschungen HERMANN FILLITZ',[330] klar geworden, dass die Langobarden keineswegs die Urheber dieses Stils sind, sondern dass sie im 8. Jahrhundert vielmehr eine Darstellungsweise aufgegriffen haben, die zwischen dem 4. und dem 6. Jahrhundert im ganzen Mittelmeergebiet, aber auch in Gallien entwickelt worden war und im 7. Jahrhundert im westgotischen Bereich, etwa bei der in den Bau eingebundenen Skulptur in San Pedro de la Nave (Abb. 30) respektive Santa María de Quintanilla de las Viñas, bereits einen Höhepunkt erreicht hatte. Auch sollte der Stil die langobardische Herrschaft überleben. In Oberitalien stand er bis ins 10. Jahrhundert (z. B.: Aquileja D: Schrankenplatte),[331] in den Alpentälern sogar noch bis ins späte 12. Jahrhundert (z. B.: Bregenz VLM: Schrankenplatte)[332] in Verwendung.

9. Die Renovatio Imperii unter den Karolingern (Mitte 8. Jh.–814)

9.1. Das Frankenreich im 8. Jahrhundert

9.1.1. Der Papst in den Fängen der Franken

Davon, dass die Araber im frühen 8. Jahrhundert bis Mittelfrankreich eindrangen, 732 durch den königlichen „Hammer" Karl Martell in einer siebentägigen Schlacht zwischen Tours und Poitiers geschlagen wurden und sich daraufhin wieder hinter die Pyrenäen zurückzogen, war schon ansatzweise die Rede. Auch davon, dass 751 der „Karolinger" Pippin III. den letzten Merowinger, Childerich III., absetzte. Unter der Karolingerdynastie – wie diese Familie aufgrund der zahlreichen Herrscher mit dem Namen „Karl" genannt wird – begann sich der Westen zu einem Gegenpol zum Byzantinischen Reich zu entwickeln – begünstigt dadurch, dass sich Byzanz in dieser Zeit im „Bilderstreit zerfleischte".[333] Weiters durch die angesprochene neue, durch die „Pippinsche Schenkung" besiegelte Allianz des Westens mit dem Stuhl Petri (Papst). Die Karten waren zu diesem Zeitpunkt neu gemischt, ja schon verteilt worden: Papst Stephan II. hatte Pippin III. in Saint-Denis 754 zum König gesalbt, dieser sich in der Folge als Schutzmacht des Papstes etabliert. Damit war jener, obgleich als Herr über den Kirchenstaat ein scheinbar Gestärkter, in Wahrheit in die Abhängigkeit des von ihm selbst als rechtmäßig anerkannten Frankenkönigs geraten. Unter Pippins Sohn Karl d. Gr. sollte es sogar so weit kommen, dass dieser den Papst abschätzig „Kaplan des Reiches" nennen konnte.[334]

Nach römischem Verständnis war die Situation nicht ganz so verfahren: Demnach war die *donatio Pippini* kein echtes Geschenk, sondern eine Rückgabe, da der Papst das *patrimonium Petri* vierhundert Jahre vor dem Verlust schon einmal, nämlich durch Kaiser Konstantin d. Gr., geschenkt bekommen hätte. So gesehen kam Pippin III. bloß das Verdienst zu, päpstlichen Besitz für den rechtmäßigen Eigentümer zurückerobert zu haben. *De facto* war die „Konstantinische Schenkung" ein Falsifikat, das 50 Jahre zuvor in der päpstlichen Kanzlei hergestellt worden war. Nun, Mitte des 8. Jahrhunderts, wurde „eine Fälschung die Grundlage für ein Faktum: für die reale Schenkung durch Pippin. Welch ein Schauspiel!" (HANS KÜNG).[335] Der Verlierer in diesem Schau-Spiel war Byzanz. Indem die Schenkungsurkunde Pippins festschrieb, dass der fränkische König fortan den Titel „*patricius romanorum*" führen sollte – was so viel bedeutet wie „militärischer Schutzherr über Rom" –, war Ostrom hinsichtlich seines Anspruchs auf Rom „ausgetrickst". Der Aufstieg des fränkischen Königtums kulminierte bekanntlich im Jahr 800: in der Krönung König Karls I., d. Gr., zum Kaiser, womit dem byzantinischen Kaiser erstmals seit dem Ende des Weströmischen Reiches (476) wiederum ein Kaiser im Westen entgegentrat. Der Anstieg bis zu diesem Höhepunkt war allerdings steil.

9.1.2. Kontinuität und Rückgriff

In Gallien war die Beziehung zum Imperium Romanum auf „kultureller" Ebene nie völlig abgerissen, da ja die Tradition von den Westgoten und dann von den Franken unter den Merowingerkönigen gepflegt worden war. An Letztere konnten die Karolinger anknüpfen. Das ist deutlich daran zu sehen, dass die Salbung Pippins III. 754 zum König durch den Papst in Saint-Denis erfolgte, also in jener Kirche unweit von Paris,[336] welche schon unter den Merowingern die vornehmste der königlichen Abteien gewesen war und seit 639 als Grablege der Mitglieder der Merowingerfamilie gedient hatte. Saint-Denis behielt unter den Karolingern vorerst beide Funktionen bei: die der Krönungskirche und der Grablege.

Ein Bemühen um Kontinuität ist auch beim sog. Gundohinusevangeliar (Autun BM, Cod. 3)[337] greifbar, das im Jahr von Pippins Salbung (754) in Burgund hergestellt wurde. Die Autorenbilder schließen im Typus – die Evangelisten stehen in einer Arkade, ihre Symbole erscheinen im Tympanon – an spätantike Vorlagen an; man erinnere sich diesbezüglich an das Augustinusevangeliar in Cambridge vom Ende des 6. Jahrhunderts. Aber auch auf der stilistischen Ebene weht ein antiker Atem. Die Bewegung der Evangelisten, ihre Ponderation, der skizzenhafte Strich und die transparente Lavierung – all das beweist, dass die Tradition im gallischen Raum nie völlig verloren gegangen war.

9.1.3. Die erste Königszeit Karls I.

Diese bis auf die Antike zurückreichende Tradition war gleichsam die Grundierung, auf der Pippins Sohn Karl, unmittelbar nachdem dieser 768 als König Karl I. den Königsthron Franziens bestiegen und 771 den vorerst von seinem Bruder Karlmann regierten Teil nach dessen unerwartetem Tod an sich gerissen hatte, seine Idee von der Wiederbelebung des Weströmischen Reiches konzipierte. Die Umsetzung in ein überzeugendes Bild ließ er sogleich und mit ganzer Kraft in Angriff nehmen, wobei mittels neuer Bauten und der gesamten Produktion mobiler Kunstwerke auf das angepeilte Ziel hingearbeitet wurde. Das war freilich nur mittels eines Rückgriffs auf die Spätantike erreichbar. Bloß die vorhandene Tradition zu intensivieren, hätte nicht ausgereicht. Zu dünn war die subantike Grundierung. Darin unterschied sich der Westen, *in concreto* das Frankenreich, grundlegend vom Osten. In Byzanz war ja die Kontinuität nie unterbrochen worden. Die byzantinische „Kultur" war homogen, von höchster Qualität und stets – trotz der unterschiedlichen hier gesteuerten Kurse – an der Antike wie an einem Leuchtfeuer orientiert. „Byzanz – das war das Römische Kaisertum. Es war stehengebliebene Spätantike. Es war das Ziel neidvoller Blicke; es war noch für lange Zeit im Westen der Inbegriff von Macht, Kultur und Reichtum" (KURT FLASCH).[338]

Im Westen fand Karl als Folge der politischen Turbulenzen, die das Ende des Weströmischen Reiches herbeigeführt und seitdem stattgefunden hatten, indes eine äußerst heterogene Struktur vor. Die Völkerwanderung hatte ja das Antlitz jener Länder, die einst zum Weströmischen Reich gehört hatten, völlig verändert. Im Frankenreich (und nicht nur hier) bildeten die Klöster und Bischofssitze die einzigen geistigen und „kulturellen" Zentren – Oasen inmitten einer kulturellen Wüste. Die „Wüste" war hier freilich der Wald: ungeheuer große, schwer durchdringbare Gebiete. Gefährliche Wege, stets in der Gefahr, vom „Urwald" überwuchert zu werden (das römische Straßennetz war weitgehend verfallen), verbanden die Klöster und Bischofssitze miteinander. Doch auch von diesen waren es nur einzelne, in denen die in der Spätantike wurzelnde Tradition noch weitergegeben wurde.

Auch um die Nachbarschaft des Frankenreichs stand es nur teilweise besser: Spanien war von den Arabern überrannt, die christliche Herrschaft auf Asturien geschrumpft. Italien, wo durch die Langobarden neue Macht- und „Kultur"-Zentren entstanden waren, und der insulare Bereich, wo das höchste Niveau in geistiger und „kultureller" Hinsicht existierte, lagen außerhalb von Karls Herrschaftsgebiet. Erschwerend kam hinzu, dass im Westen – anders als in Byzanz – kein Kaiserhof existierte; der fränkische König residierte der Tradition folgend an verschiedenen Orten. Diese Situation muss Karl mit klarem Blick erkannt haben: Für die *renovatio imperii* (Erneuerung des Reichs) brauchte er ein Zentrum; nur so konnte er auch Berater und Künstler, auch solche von auswärts, an einem Ort konzentrieren. Daher machte er das schon in der Antike wegen seiner heißen Quellen geschätzte Aquisgrani (Aachen) zu seiner Hauptresidenz.

9.1.4. Herrschermobilität und Italienfeldzug

Ungeachtet dessen, dass die Aachener Pfalz zur Hauptresidenz ausgebaut wurde, regierte Karl wie seine Vorgänger von verschiedenen Orten seines Reiches aus. Vor allem in Klöstern wurden Audienzen gehalten und Rechtsakte erledigt. Für diesen Zweck diente wohl auch die in den frühen 770er-Jahren, also bald nach Karls Thronbesteigung, im Atrium des Klosters Lorsch (in der Nähe von Worms) errichtete Torhalle (Abb. 36).[339] Dass diese für die Nutzung durch den Herrscher, und zwar durch den auf die *renovatio* hinarbeitenden Karl, errichtet wurde, dokumentiert sie schon durch ihren Typus: Mittels der drei Durchfahrten und der Gliederung des Baukörpers durch Halbsäulen schließt sie an den Konstantinsbogen in Rom an. Zugleich verweist die Verwendung verschiedenfarbiger Steinplatten und Dreiecksgiebel sowie von flachen Pilastern auf ein „Kunstwollen", das uns beim Baptisterium Saint-Jean von Poitiers (Abb. 28) begegnet ist, wo die antiken Prinzipien aufgegeben worden waren, allen voran: die – wenn auch oft nur scheinbare – Veranschaulichung der statischen Verhältnisse zugunsten der subtilen Gestaltung der Gebäudehaut durch die Verwendung diverser Materialen, die Anwendung verschiedener Farben und die Kontrastierung von glatten und zart reliefierten Teilen. Lorsch kombiniert beides: den antiken Typus mit einer fränkisch stark überformten, letztlich aber ebenfalls auf die Antike zurückgehenden Struktur.

Das Lorscher Kloster wurde 774 in Anwesenheit König Karls I. geweiht – in jenem Jahr also, in dem dieser den Langobardenkönig Desiderius (reg. 757–774) besiegte und absetzte, damit die langobardischen Gebiete Italiens dem Fränkischen Reich einverleibte und sich selbst zum *rex Langobardorum* (König der Langobarden) machte. Der Süden Italiens blieb vorderhand byzantinisch respektive langobardisch. In den ehemals langobardischen Gebieten Oberitaliens hatte der Machtwechsel keinen Bruch in der bildenden Kunst zur Folge, vielmehr verstand es Karl, den hier konservierten Vorrat von *antichitá* für seine Zwecke zu nützen: Die unter ihm in Franzien entstandenen Werke lassen den Schluss zu, der Herrscher habe Maler und Elfenbeinschnitzer, wohl auch Architekten, aus Oberitalien kommen lassen. Spolien, Skulpturen usw. wurden aus Ravenna über die Alpen gekarrt – nach Aachen, wo in Karls Auftrag ein neues Rom aus dem Boden wuchs.

9.1.5. Die Aachener Pfalz

In Aachen aufgeführt[340] wurden eine Palastaula (Königshalle), die den Kern des spätgotischen Rathauses bildet, und südlich davon eine Palastkapelle (Abb. 37), die – abgesehen von ihrer im 14. Jahrhundert durch einen Langchor in der Art des Obergeschosses der Pariser Sainte-Chapelle ersetzten Apsis – erhalten ist. Allerdings hat sie durch die wilhelminische „Restaurierung" ihr ursprüngliches Flair verloren. Aula und Kapelle waren mittels eines zweigeschossigen Holzgangs verbunden, der in der Mitte durch eine Torhalle unterbrochen war. Vor ihr stand ein Reiterstandbild des Gotenkönigs Theoderich, welches aus Ravenna hierher gebracht worden war, da man es für ein Denkmal Justinians d. Gr. hielt.

Die Königshalle Karls orientierte sich in ihren Dimensionen an der konstantinischen *aula palatina* von Trier und übertraf zugleich größenmäßig die Empfangsräume des Papstes im Lateran,[341] womit der Frankenkönig dem Papst und aller Welt vor Augen führte, wer nunmehr das Sagen hatte. Auch das „Layout" der Gesamtanlage war, indem es sich an jenem des Kaiserpalastes in Konstantinopel[342] orientierte, ein Manifest.

Auf die Justinianische Zeit rekurrierte auch die im Jahr von Karls Kaiserkrönung (800) geweihte Pfalzkapelle (Abb. 37),[343] indem sie im Grund- und Aufriss – ein achteckiger Hauptraum ist von einem 16-eckigen Umgang umgeben – auf die Kirche San Vitale (Abb. 25) in Ravenna zurückgeht, die man im 8. Jahrhundert aufgrund der prominenten Darstellung des byzantinischen Herrscherpaares sicher als einen in dessen Auftrag errichteten Bau ansah. Allerdings besitzt die Aachener Pfalzkapelle ein zusätzliches Untergeschoss, wodurch sie nicht nur steiler aufragt als ihr ravennatisches Vorbild, sondern auch ein Emporengeschoss umfasst, das vom Obergeschoss des genannten Holzgangs direkt betretbar war; von einem im Emporengeschoss vis-à-vis der ursprünglichen Apsis stehenden Thron konnte der Herrscher auf den zelebrierenden Priester hinabblicken. Ein unmittelbarer Bezug zu Ravenna wurde weiter durch spätantike, aus der Hauptstadt des Exarchats hierher gebrachte Säulen[344] hergestellt, die im Emporengeschoss der Pfalzkapelle verbaut wurden.

Kurz: Karl I. ließ die konstantinische Palastaula von Trier, die „justinianische" Kirche San Vitale von Ravenna und den Kaiserpalast von Konstantinopel nach Aachen „übertragen", um seine Absicht, das 476 erloschene Kaisertum der ehemals westlichen Reichshälfte wiederherstellen zu wollen, in unüberbietbarer Deutlichkeit zu formulieren. Die Synthese der drei „Kaiserorte" zeigt zugleich, dass der Frankenkönig mehr wollte als die phönixhafte Auferstehung *West*roms aus der von der Völkerwanderung hinterlassenen Asche unter seiner, Karls, Führung – nämlich dass er sich auf den Fittichen der beiden großen christlichen Kaiser Konstantin d. Gr. und Justinian d. Gr. als den zukünftigen Alleinherrscher über das Imperium in seiner ursprünglichen Gesamtheit sah. Das war freilich unrealisierbar, was Karl sicher wusste. Der byzantinische Kaiser war nicht ausschaltbar. Ihm gegenüber bot sich daher nur eines an: Polemik.

9.2. Insulare Filiationen und politischer Widerstand

9.2.1. Echternach und St. Gallen

Als im Frankenreich Mitte des 8. Jahrhunderts die Herrschaft von den Merowingern auf die Franken überging, waren zahlreiche der dort existenten Klöster insular geprägt. Seit dem ausgehenden 7. Jahrhundert wurde ja – als Folge der Mission durch Columban – in mehr als 550 Klöstern des Frankenreiches eine Mischregel aus benediktinischen und iroschottischen Elementen observiert, und punktuell ist der insulare Einfluss auch in den illuminierten Codices und liturgischen Gegenständen, die im 8. Jahrhundert in diesen Klöstern Verwendung fanden, greifbar. Manches davon war Import. Anderes hat man am Ort, aber ganz im insularen Geist, hergestellt. Aufgrund dieses Nahverhältnisses spricht man von „insularen Filiationen", etwa bei den Klöstern Echternach (ehem. Abtei, heute: Luxemburg) und St. Gallen (ehem. Kloster, heute: Kn. St. Gallen, Schweiz).

Das Kloster Echternach war Ende des 7. Jahrhunderts (697 oder 698) von einem Northumbrier, Willibrord, gegründet worden, der ein neues, in seiner Heimat hergestelltes Evangeliar (Paris BN, Ms. lat. 9389)[345] nach Echternach mitgebracht haben dürfte. Die Seite mit dem Symbol des Evangelisten Markus erweist sich aufgrund der Ausgewogenheit zwischen der naturalistischen Bewegung des Löwen und der ornamentalen Verfestigung seines Fells, vor allem aber durch die hier gegebene Betonung der Fläche und deren spannungsreiche Organisation mittels zoomorpher und völlig abstrakter Motive als in die insulare Tradition gänzlich eingebunden.

Die Ursprünge des Klosters St. Gallen sollen sogar auf das frühe 7. Jahrhundert zurückgehen. 612 soll hier der Ire Gallus eine Einsiedelei gegründet haben, wo er mit seinen Jüngern lebte. Anfang des 8. Jahrhunderts, als die Gallus-Zelle vom Aussterben bedroht war, wurde die Gemeinschaft reformiert; Mönche aus dem alemannischen und rätischen Raum kamen hinzu. Als dann St. Gallen um die Mitte des 8. Jahrhunderts (747) auf fränkischen Befehl die Regel des hl. Benedikt annehmen sollte – bis in die Karolingische Zeit wurde in den meisten Klöstern eine *regula mixta* (Mischregel) aus der Benediktregel und der Regel des hl. Augustinus befolgt –, versuchte Abt Otmar (* 689, † 759), die Unabhängigkeit seines Klosters vom „Staat", aber auch vom Konstanzer Bischof zu wahren. Just in dieser Zeit gelangte ein Importstück aus dem insularen Bereich, ein irisches, wieder brandneues Evangeliar (St. Gallen SB, Cod. 51)[346] – die Forschung datiert es in die Mitte des 8. Jahrhunderts –, hierher. Dieser Rückbezug auf die Herkunft des Gründers der Zelle konvergiert also auffällig mit den Unabhängigkeitsbestrebungen des Klosters.

9.2.2. Bayern: Salzburg und Regensburg

Auch in Salzburg, damals im Herzogtum Bayern gelegen, das bis 788 eine gewisse Unabhängigkeit vom Frankenreich bewahren konnte, war der Stil Programm. Das ist an den nach Salzburg importierten Werken ebenso ablesbar wie an den hier entstandenen. Der Salzburger Bischof fungierte seinerzeit auch als Abt des Salzburger Klosters St. Peter.

Diese Doppelfunktion bekleidete zwischen 749 und 784 der Ire Virgil, der aus dem schon genannten Kloster Hy auf der Hebrideninsel Iona nach Salzburg gekommen war. Zu seiner Heimat blieb Virgil bis zu seinem Tod in engem Kontakt. Das belegt das in seinem Auftrag angelegte Verbrüderungsbuch von St. Peter, in dem die Äbte von Hy in fast vollständiger Reihe bis zum Jahre 762 und Bischof Hygbald von Lindisfarne (reg. 780–802) eingetragen sind. Aus seiner Heimat dürfte Virgil auch Werke importiert und Schreiber sowie Illuminatoren berufen haben.

Zu den Importstücken zählt ein großes, in fragmentiertem Zustand noch 158 cm hohes Kreuz (Salzburg DS),[347] das Abt-Bischof Virgil möglicherweise im Hinblick auf die Weihe des unter ihm errichteten Doms, des sog. Virgildoms,[348] im Jahr 774 aus dem insularen Bereich in seine Bischofsstadt hatte bringen lassen. Es ist unter der Bezeichnung „Rupertuskreuz" bekannt, da man es früher mit Bischof Rupert von Worms († nach 716), dem Gründer des Salzburger Bistums, in Verbindung brachte. Da es motivisch und stilistisch aber Werken wie der Ormside Bowle (York YM)[349] vom Ende des 8. oder Anfang des 9. Jahrhunderts nahesteht, wurde diese Relation mittlerweile gelöst. Die Ormside Bowle gilt als südenglisches Werk, daher liegt die Vermutung nahe, auch das Rupertuskreuz sei südenglisch, allerdings gibt es auch Argumente für eine northumbrische Provenienz. In der Salzburger Bischofskirche könnte es neben oder hinter dem Hauptaltar aufgestellt gewesen sein. Später, möglicherweise anlässlich einer der vielen späteren Umbauten des Doms, gelangte es in die Pfarrkirche von Bischofshofen (Pongau, Salzburg), wo heute eine Replik ausgestellt ist, und schließlich aus konservatorischen Gründen in den Salzburger Domschatz.

In seinen letzten Lebensjahren dürfte Bischof Virgil aus dem insularen Bereich einen namentlich bekannten Schreiber und Illuminator nach Salzburg berufen haben, der hier um 785/90, also schon unter Virgils Nachfolger Arn(o) (reg. 785–821), ein Evangeliar (Wien ÖNB, Cod. 1224)[350] herstellte und sich darin im Rahmen einer Gebetsbitte nannte. Der Cutberchtcodex bildet das Gründungswerk der – mit einer Unterbrechung – bis ins 13. Jahrhundert florierenden Salzburger Buchmalereitradition. Im insularen Bereich geschult war Cutbercht hinsichtlich der Tendenz, die Falten wulstartig um den Körper herumzuführen – unwillkürlich denkt man an das „Michelin-Männchen" –, die Figur dabei aber in ein völlig planes Gebilde umzusetzen, indem er Kontur und Gewandfalten mit schwarzen, gleichmäßig gezogenen Linien, die wie mit der Redisfeder gezeichnet wirken, angab. Insularer Herkunft sind auch die in rechteckige Kompartimente unterteilten Rahmen, weiter die Füllung der Binnenflächen mit Flechtwerk und gedehnten Tieren und das Dominieren der Farben Orange und Grün. All das findet sich beispielsweise in einem Psalmenkommentar Cassiodors in Durham (CL B.II.30),[351] der in Jarrow-Wear-mouth im 2. Viertel des 8. Jahrhunderts entstanden ist. Ebenfalls auf den insularen

Bereich, allerdings auf Südengland, verweisen die Kanontafeln, bei denen die Arkaden-bögen einander überschneiden und in Tierköpfen enden. Sie tauchen vergleichbar in der sog. Canterbury Bible, einer in der St. Augustin's Abbey von Canterbury am Anfang des 9. Jahrhunderts hergestellten Handschrift (London BL Ms. I.E.VI),[352] auf. Nicht zuletzt ist auch die Schrift Cutberchts insular. Dass die Handschrift dennoch in Salzburg ent-standen, nicht fertig hierher gebracht worden ist, geht aus einer Reihe anderer Spezifika hervor. So hat Cutbercht für die Initialen und die relativ naturalistischen Tiere, die in den „Fundamenten" mancher Kanonbögen vorkommen, sowie für die halbfigurig wiederge-gebenen Evangelistensymbole kontinentale, teils sogar mediterrane Werke verarbeitet. Es dürfte ihm also bei seiner Arbeit in Salzburg Material, das am Kontinent, manches davon im Süden (Ravenna [?], 6. Jh. [?]), entstanden war, als Vorlage zur Verfügung gestanden haben.

Die Berufung des Iroschotten Virgil zum Bischof, der Import des Kreuzes für den Dom aus dem insularen Bereich und das Engagement des insularen Schreibers und Illumina-tors Cutbercht durch Bischof Virgil sind vor dem historischen Hintergrund zu sehen: Das Herzogtum Bayern, in dem Salzburg lag, wurde von den Agilolfingern regiert. Herzog Tassilo III. (reg. 748–787) war zwar seit 757 Vasall des Frankenkönigs Pippin III., er-richtete aber faktisch eine unabhängige Herrschaft. Seine Lehensmänner band er fest an sich, indem er ihre Lehen erblich machte, und die Kirche setzte er für seine Zwecke ein, indem er sie förderte. 763 fühlte sich Tassilo III. bereits so stark, dass er die Heeresfolge in einem Aquitanienzug Pippins III. verweigerte. In der Folge suchte er seine Position wei-ter auszubauen, indem er mit dem Langobardenkönig Desiderius zusammenarbeitete und ca. 765 dessen Tochter Liutpirg heiratete. Diese relative Unabhängigkeit versucht der Bay-ernherzog auch unter Pippins Sohn Karl I. zu halten. Das schlug sich in den Werken, die im Auftrag des Herzogs entstanden, nieder: Als Tassilo 777 das Stift Kremsmünster (heute: Oberösterreich) gründete und reichlich bestiftete, schenkte er diesem einen möglicher-weise in seiner Residenzstadt Regensburg hergestellten Kelch, den sog. Tassilokelch (Kremsmünster SK; Abb. 38)[353] – ein beredtes Zeugnis der Politik des Bayernherzogs. Tassilo und Liutpirg nennen sich darauf *dux fortis* (starker Fürst) respektive *virga rega-lis* (aus königlichem Geblüt stammend), wodurch sich der Bayernherzog fast auf dieselbe soziale Stufe stellte wie der Frankenkönig. Auf die „Italien-Connection" verweist auch die Ikonographie, wenn die Evangelistenbilder auf der Kelchcuppa (-schale) auf dersel-ben oberitalienischen (ravennatischen?) Vorlage des 6. Jahrhunderts (?) basieren wie die Autorenbilder im Cutberchtcodex: der Evangelist Matthäus ist beide Male in derselben Haltung, mit aufgestütztem Arm, wiedergegeben. Die Ornamentik und Technik (Kerb-schnitt) des Kelchs sind indes insularer Herkunft, womit sich Tassilo gegenüber der frän-kischen Kulturpolitik – Stichwort: Reanimation der Antike – mit aller Deutlichkeit absetzte. Dieser Stil, im 8. Jahrhundert in Bayern eine Art „Zeitstil", wurde hier vom Salzburger Bischof wie vom Landesherrn als Mittel der Propaganda, das heißt in diesem Fall: Mittel des politischen Widerstandes, forciert.

Tassilo III. war trotz aller Anstrengung schließlich doch zum Scheitern verurteilt: 787 wurde er – verzweifelt hatte er im letzten Augenblick die Awaren zu Hilfe gerufen, die aber zu spät kamen – entmachtet. Auf der Reichsversammlung in Ingelheim im Sommer 788 folgte seine Verurteilung zum Tode, die in der Folge von König Karl in eine lebenslange Klosterhaft umgewandelt wurde. Auch die anderen Mitglieder der Agilolfingerfamilie steckte Karl, um ihr Zusammenrotten und ein nochmaliges Aufbäumen gegen ihn zu verhindern, voneinander getrennt in Klöster. Ab 788 war Bayern also Teil des Fränkischen Reiches. Dementsprechend orientierte sich auch die Kunst nach dieser Wende an jener des Frankenreiches.

9. 3. Der Weg zur Kaiserkrönung

9.3.1. Frieden durch Krieg

Schon vor der Unterwerfung des langobardischen Italien (774) hatte Karl I. die Unterwerfung und Christianisierung der heidnischen Sachsen (772–805) in Angriff genommen. 787 setzte er, wie eben ausgeführt, den aufmüpfigen Bayernherzog Tassilo III. ab, und zwischen 791 und 796 schlug er die von diesem zu Hilfe gerufenen Awaren, die wie vom Zauberlehrling gerufen drei Jahre nach Tassilos Sturz in Bayern eintrafen, nach Osten zurück. Dabei packte er die Gelegenheit beim Schopf, um Karantanien (Kärnten) und einen Teil Pannoniens (bis zur Raab) in Besitz zu nehmen, die Grenzen also erheblich nach Osten vorzuschieben. Alte kirchliche Strukturen wurden hier revitalisiert, neu erworbene Gebiete christianisiert. Hinsichtlich der Expansionspolitik koinzidiert das Vorgehen Karls I. mit jener, die im Namen Allahs stattfand: Bis ins 8. Jahrhundert war der christliche Glaube nie gewaltsam verbreitet worden. Nun, nach der Ausbreitung des Islam mit dem Schwert, wurden auch im Abendland Stämme wie die Sachsen kriegerisch unterworfen und zwangschristianisiert. Fazit: Karls Reich ist „nicht ohne Gewalt und ohne Krieg zustande gekommen" (KURT FLASCH).[354] An Karls Händen klebte Blut. Seine Berater, auf die gleich zurückzukommen sein wird, hatten die Aufgabe, die vom König geführten Kriege zu rechtfertigen. So erklärte Alkuin von York (* um 730, † 804), einer der besten Köpfe am Aachener Hof, der Krieg diene dazu, alle Gruppen, die jetzt noch im Konflikt miteinander lebten, zu vereinigen.[355] Geschickt war damit der Krieg zum Mittel, das zum Frieden führe, umgedeutet.

Dass der König selbst bei allem politischen Weitblick primär der „Anführer einer Reiterbande" blieb (KURT FLASCH),[356] geht indirekt auch aus dem Faktum hervor, dass er, wie Karls Biograph Einhard (* um 770, † 840) berichtete, nicht schreiben konnte. Zwar hätte der Kaiser unter seinem Kopfkissen ein Täfelchen gehabt, auf dem er nachts, wenn er nicht schlafen konnte, immer wieder zu schreiben geübt habe – aber vergebens. Er habe einsehen müssen, dass seine durch das Schwertführen grobe Hand dafür nicht geeignet war.

9.3.2. Die Berater: Alkuin und Theodulf

Damit der „Anführer einer Reiterbande" seine Idee von der *renovatio imperii* verwirklichen konnte, berief Karl nicht nur Handwerker und Künstler aus dem „internationalen" Raum, sondern auch Berater. Die wichtigsten unter ihnen waren der schon genannte Alkuin von York sowie der Westgote Theodulf (* um 760, † 821). Den aus einem northumbrischen Adelsgeschlecht stammenden Alkuin, der seit 778 an der Domschule in York tätig war und auch die Yorker Bibliothek leitete, hat Karl 781 auf seinem zweiten Romritt kennen gelernt. Mit einem sicheren Blick für die Fähigkeiten des Mannes, berief er ihn noch im selben Jahr als Berater an den fränkischen Hof, wo er ihn zum Leiter seiner Hofschule machte, also die Verantwortung für die „Kulturpolitik" des Frankenreiches übertrug. Damit fiel Alkuin auch die Aufgabe zu, die Führungsschicht der Folgegeneration auszubilden. Karl ließ sich auch selbst von Alkuin in Dialektik, Rhetorik und Astronomie unterrichten. Um seine Aufgaben erfüllen zu können, besorgte Alkuin aus der Bibliothek von York Texte der römischen Antike und Kirchenväter. Durch Alkuin und seine Schule „kamen West- und Mitteleuropa wieder unter den Einfluß der Bildung, die in England die rauhesten Jahrhunderte überstanden hatte" (KURT FLASCH).[357] Schon vor Alkuin, 778/779, war der Westgote Theodulf an den Hof Karls gekommen; möglicherweise war er aus Spanien vor den Arabern auf der Flucht gewesen. In jedem Fall war Theodulf am Hof Karls willkommen, wo er sich in der Folge als Dichter und Theologe betätigte, aber auch als Verfasser von Schriften, in denen er über das gesellige und literarische Leben am Hofe Karls berichtete.

9.3.3. Reformen als Mittel der renovatio

Es ist legitim zu behaupten, dass Alkuin gleich nach seinem Eintreffen am Aachener Hof die Herstellung des sog. Godescalcevangelistars (Evangelistar: liturgische Handschrift, die in der Messe zu verlesenden Perikopen aus den Evangelien umfassend; Paris BN, Ms.

Nouv. Acq. Lat. 1203)[358] in Angriff nehmen ließ. Das zwischen 781 und 783 entstandene, nach seinem namentlich bekannten Schreiber benannte Gründungswerk der sog. Hofschule Karls d. Gr. bezeugt, in welche Richtung Karls Absichten gingen. Wollte der König seinem Ziel, das er Weihnachten 800 tatsächlich erreichte, näher kommen, konnte er dieses nicht nur auf der politischen Ebene verfolgen. Erneuerung war vielmehr auf allen Ebenen angesagt, insbesondere auf jener der Kirche. Reformen der Liturgie und der Schrift, Korrekturen der Texte, eine neuartige Ausstattung und Einbandgestaltung von liturgischen Handschriften usf. sowie die Errichtung und Erneuerung von Klöstern und Kirchen, die den Rahmen der neu „inszenierten" Liturgie wie der Verwendung der neu gestalteten Codices abgeben sollten, wurden in Schwung gebracht. Dass dahinter oft die Berater Karls standen, auch wenn sich der Herrscher als Initiator bezeichnet hat, versteht sich von selbst. Von wem immer der Impetus ausging – sämtliche Werke, die im Zuge des „kulturellen Aufbauprogramms" entstanden, wurden nun dazu genützt, das römische Imperium in den neuen Werken aufleben zu lassen.

Das gilt schon für die sechs Vollminiaturen des Godescalcevangelistars, die den thronenden Christus, die vier Evangelisten und den Lebensbrunnen (cf. Ps 42 [XLI]:2 f. *et passim*) darstellen: Die Physiognomie Christi steht stilistisch jener der Märtyrer auf den Fresken des cividaleser Tempietto (Abb. 35) nahe, was die Annahme nahe legt, im Dukat Friaul tätige, die spätantike Tradition pflegende Maler seien in das Aachener Skriptorium berufen worden. Andererseits erinnern die Evangelisten des Godescalcevangelistars, indem sie sich zu ihren Symbolen zurückwenden, an den Typus »Dichter und Muse«, wie er auf dem gallischen (?) Diptychonflügel des 5. oder 6. Jahrhunderts in Paris vorkommt. Den in Aachen arbeitenden Illuminatoren müssen also auch derartige Werke als Vorlagen „hingelegt" worden sein. Auch für die Rahmen der Vollminiaturen waren sicherlich spätantike Vorbilder anregend.

Kurz nach der Inangriffnahme des Godescalcevangelistars erhielt die Hofschule den Auftrag, einen Psalter (alle Psalmen umfassend) herzustellen, der nach seinem Schreiber als „Dagulfpsalter" bezeichnet wird (Wien ÖNB, Cod. 1861).[359] Hier ist auf einigen Seiten ein Feld des Pergaments rot eingefärbt und der Text in einer gut lesbaren Majuskel- respektive Minuskelschrift (Kleinbuchstaben) sowie in Unzialis (aus der römischen „Kursive" entwickelte Majuskelschrift) geschrieben. Das belegt einerseits den Anschluss an die Purpurcodices des 6. Jahrhunderts (Wiener Genesis, Codex Purpureus Rossanensis), andererseits den Erfolg von Karls Schriftreform; die karolingische Minuskel[360] wurde nun zu der im ganzen Reich verwendeten „Reformschrift". In seiner 789, also während der Herstellung des Dagulfpsalters ausgesprochenen *„admonitio generalis"* (generelle Ermahnung) hatte der König zum sorgfältigen Schreiben der liturgischen Handschriften aufgerufen. Für die damalige Auffassung typisch mahnte er, man solle *speziell das Schrei-*

ben der Evangeliare, Psalterien und Missalien nicht unreifen jungen Leuten überlassen, vielmehr sollten diese Bücher von älteren Männern mit allem Fleiß geschrieben werden. Mit dem Greifen von Karls Schriftreform verloren andere Schriftarten, darunter auch die insulare Minuskel, im Frankenreich rasch an Bedeutung. Auch hier gibt es eine – vielleicht zufällige – Koinzidenz mit der islamischen Welt, wo im 8. Jahrhundert[361] der Koran vokalisiert, das heißt: die ja rein konsonantische Schrift durch Vokalisierungszeichen leichter lesbar gemacht wurde.

Der ursprüngliche Einband des Dagulfpsalters (Paris BN),[362] der gleichzeitig mit der Handschrift, also zwischen 783 und 795, in der Hofwerkstatt hergestellt wurde, ist ebenfalls aussagekräftig. Er besteht aus zwei reliefierten Elfenbeinplatten, greift also schon hinsichtlich des Typus auf spätantike Elfenbeindiptychen zurück. Auch stilistisch rekurriert er auf diese Epoche, wohl auf Vorbilder des 5. Jahrhunderts. Die Reliefs nehmen auf den Inhalt der Handschrift Bezug, zugleich heben sie den auftraggebenden Herrscher auf eine Ebene mit König David und dem hl. Hieronymus. Denn die Einbandvorderseite zeigt König David, wie er im Kreis seiner Musiker die Psalmen singt (unten) und wie er den Auftrag zu deren Niederschreiben gibt (oben). Die Deckelrückseite gibt den hl. Hieronymus wieder, wie er vom Presbyter Bonifatius den Auftrag des Bischofs von Rom Damasus (reg. 366–384) erhält, die Psalmen zu redigieren und zu übersetzen (oben), sowie beim Diktat (unten). König Karl kam König David insofern gleich, als auch er den Auftrag gab, die Psalmen – im Dagulfpsalter – aufzuschreiben, und er glich dem Kirchenlehrer Hieronymus, weil er sich wie dieser um die *emendatio* (Verbesserung) der Texte, auf die noch einzugehen sein wird, verdient machte. Derartige Identifikationen waren am Karolingerhof gang und gäbe und führten dazu, dass dem Herrscher und seiner *entourage* eine sakrale Aura erwuchs. Der Dagulfpsalter war, wie ein darin erhaltener Widmungsbrief an Papst Hadrian I. (reg. 772–795) belegt, als Geschenk an den Papst gedacht, wurde diesem aber nie überreicht. Allein schon die Schenkungsabsicht bezeugt, wie sehr dem König gute Beziehungen zum Stuhl Petri am Herzen lagen, wie groß aber zugleich sein Wunsch war, dem Papst mittels des Geschenks klarzumachen, welches hohe Niveau seine, Karls, Anstrengungen um die *renovatio imperii* mittlerweile erreicht hatten.

9.3.4. Die Auseinandersetzung mit dem „Nicaenum II"

In der Zeit, in welcher in der Aachener Hofschule die ersten Prachthandschriften geschrieben und illuminiert und die ersten Elfenbeinschnitzereien zwecks Montage auf Buchdeckeln angefertigt wurden, war in Byzanz nach dem Tod des ikonoklastisch gesinnten Kaisers Konstantinos V. Porphyrogennetos (πορφυρογέννητος: der im

Porphyrgemach [des Palastes] Geborene; reg. 741–776) im Jahr 776 eine Ruhepause eingetreten, in der im Jahr 787 in Nikaia ein Konzil abgehalten wurde („Nicaenum II"); dessen Ziel war die Lösung des Bilderproblems. Als Sieger aus der Diskussion gingen die Ikonodulen hervor, also die Bilder Befürwortenden. Damit wären der Osten und der Westen prinzipiell wieder auf einer Linie gewesen, war doch im Westen die positive Einstellung gegenüber den Bildern nie ernsthaft in Frage gestellt worden. *De facto* kam es aber anders: Nachdem die beiden päpstlichen Legaten die Konzilsakten nach Rom mitgebracht hatten, dort eine sehr dürftige, fehlerhafte Übersetzung ins Lateinische hergestellt und diese von Papst Hadrian I. an den fränkischen Hof geschickt worden war, begann man hier gegen die Beschlüsse des Konzils zu polemisieren. Rasch vorgebrachte Einwände wurden 790–792 zu den sog. *„Libri Carolini"*[363] ausgearbeitet. Wenngleich sich der Text als Werk des Kaisers ausgibt, wird der Verfasser unter den fränkischen Hoftheologen zu suchen sein. Die Forschung sieht in Theodulf den Autor; eine Mitwirkung Alkuins wird vermutet.

Es waren die Unvollständigkeit und die schlechte Qualität der Übersetzung der Konzilsakten, die Missverständnisse heraufbeschworen. So glaubte man in Aachen, das Konzil habe die Bilder mit der Hl. Schrift, ja mit dem Sakrament des Altares gleichgesetzt, was bedeuten würde, dass die Bilder kultisch verehrt, mithin angebetet werden dürften. Da schrie Aachen auf. Geradezu mit Wollust! Etwas Besseres als der falsch übersetzte Konzilsbeschluss hätte Karl gar nicht ins Haus flattern können. Denn durch ihn bekam der Frankenkönig Gelegenheit, seine Überlegenheit gegenüber Byzanz zu demonstrieren. Den Byzantinern wurden Denkfehler nachgewiesen, sie wurden des „Aberglaubens" bezichtigt, und man erhob den Anspruch, der wahre Glaube und die Vernunft seien im Westen zu Hause. Ja, Karl suchte zu beweisen, dass auch die antike Philosophie und die Kirchenväter eine neue Heimat im Westen gefunden hätten. Auf Alkuin fußend nahm Karl sogar für sich in Anspruch, „ein universales philosophisch-theologisches Lehramt" innezuhaben. Und es ist in diesem Zusammenhang symptomatisch, dass Karl, der selbst nach der Kaiserwürde gierte, vom byzantinischen Kaiser – dessen Würde, ja Rechtmäßigkeit aberkennend – bloß als *rex* (König) sprach. Beim Rundumschlag bekam auch der Papst sein Fett ab: Karl wies ihn zurecht, hatte er doch 787 den Konzilsbeschlüssen zugestimmt! So entstand die paradoxe Situation, dass Aachen, weil es um eine autonome Position hinsichtlich des Themas „Bild" rang, auf Distanz zu den Darstellungen ging, während sein Umgang mit den Bildern vor dem Nicaenum ein weitestgehend unproblematischer gewesen war. Die Trotzhaltung hatte freilich einen Nutzen: Die Bilderarmut der Mittelregion Europas wurde durch die *„Libri Carolini"* handstreichartig zu deren innerem Reichtum uminterpretiert (Kurt Flasch).[364] Bedürftigkeit als Kraftbeweis zu verkaufen ist freilich Etikettenschwindel.

In diesem Zusammenhang stellt sich die Frage, ob die Stellungnahme des fränkischen Hofes eine Auswirkung auf seine eigene Kunstproduktion hatte. HERMANN SCHNITZLER hat diese Frage im Hinblick auf das Programm der Mosaikausstattung der Aachener Pfalzkapelle vorsichtig bejaht.[365] Deren Klostergewölbe wurde nach seiner baulichen Fertigstellung wie die Kuppeln der beiden ravennatischen Baptisterien mit einem Mosaik[366] verkleidet, das heute die vier apokalyptischen Wesen, den thronenden Christus und den Huldigungszug der 24 Ältesten (Offb 4:4–10, 5:5–14, 7:11–13, 11:16, 14:3) zeigt, wobei die Gestalt Christi aus dem Gewölbezenit, um das die Evangelistensymbole angeordnet sind, gleichsam nach unten „weggerutscht" erscheint. SCHNITZLER folgerte daraus, dass die Christusfigur auf dem jetzigen Platz und in der jetzigen Form erst im 12. Jahrhundert eingefügt worden sei, als man den von Kaiser Friedrich I. Barbarossa (reg. 1152–90) gestifteten Radleuchter, den sog. Barbarossaleuchter,[367] im Gewölbezenit aufhängte. Dort könnte ursprünglich ein Lamm Gottes dargestellt gewesen sein. Das schloss SCHNITZLER aus einer Miniatur im sog. Codex Aureus von St. Emmeram (sog. Hofschule Karls d. Kahlen [Saint-Denis {?}], 3. Viertel des 9. Jhs.; München BSB, Clm 14000),[368] welche die Anbetung des Lammes durch die 24 Ältesten zeigt[369] und somit ein Reflex des Gewölbemosaiks der Aachener Pfalzkapelle in seinem ursprünglichen Zustand sein könnte.

9.3.5. Liturgie und Klosterbau – Centula

Sollte sich der fränkische Hof in den frühen 790er-Jahren tatsächlich bei der Herstellung von Bildern geziert haben, kann diese Haltung nur die Wiedergabe Christi betroffen haben. Generell konnte man auf Bilder hier nicht verzichten, waren sie doch integrativer Bestandteil der Bemühungen um die *renovatio imperii*. Insofern nämlich, als diese ja in wesentlichem Maße auf der Ebene der Kirche vorwärtsgetrieben wurde. Bilder auf Kirchenausstattungen und in Codices waren eine essenzielle Ingredienz der Liturgie, die ihrerseits einer Reform unterzogen wurde. Als „Bühne" für die neu „inszenierte" Liturgie wurde unter anderem das Kloster Centula (seit dem Mittelalter: Saint-Riquier; Frankreich, rég. Picardie) errichtet,[370] wo schon seit dem 7. Jahrhundert eine Abtei bestanden hatte, die unter dem Laienabt Angilbert (* um 750, † 814) zwischen 790 und 799 durch eine ausgedehnte Anlage ersetzt wurde. In insgesamt drei, durch Holzgänge miteinander verbundenen Kirchen fanden nach einem genau festgelegten Ritual die Messfeiern als Stationsgottesdienste statt; Prozessionen führten von einem heiligen Ort zum nächsten. Da in Centula 300 Mönche lebten, müssen die heiligen Handlungen eindrucksvoll gewesen sein. Die Hauptkirche hatte ungeheure Ausmaße und besaß im Westen – als ein typologisches Novum – einen monumentalen Bauteil, der im Erdgeschoss eine Eingangshalle und darüber ein den Erzengeln gewidmetes Oratorium (Gebetsraum) umschloss. Die Forschung vermutet darin den Ursprung des sog. Westwerks, dessen Funktion nicht endgültig geklärt ist. Wahrscheinlich dienten die Oratorien von Centula wie das Obergeschoss der Lorscher Torhalle (Abb. 36) als königlicher respektive kaiserlicher Empfangsraum sowie für Rechtsakte. Entwicklungsgeschichtlich gesehen wurde also in Centula in den 790er-Jahren der in Lorsch in den 770er-Jahren noch isoliert stehende Baukörper in die Hauptkirche integriert. Die Ausstattung der Hauptkirche von Centula war vom Feinsten. Von den drei Hauptaltären wird berichtet, sie seien ganz aus Gold gewesen; wahrscheinlich waren sie mit goldenen oder vergoldeten Antependien – möglicherweise: an allen vier Seiten – verkleidet. Den Quellen zufolge umfasste die Ausstattung der Kirche auch figürliche Reliefs. Auf die schriftlichen Nachrichten sind wir in diesem Fall angewiesen, da die Klosteranlage 881 von den Normannen zerstört wurde.

Dass der ausgedehnte Baukomplex von Centula mitsamt seiner Ausstattung in weniger als zehn Jahren fertig gestellt werden konnte, war dem Umstand zu verdanken, dass der Großteil des Geldes vom König selbst kam, was wieder damit zusammenhing, dass der Laienabt Angilbert in Aachen als Hofkapellan (-geistlicher) tätig war und hier zu den engsten Vertrauten des Herrschers zählte. Auch war Angilbert als Dichter so sehr geschätzt, dass er am Hof den Namen „Homer" trug. Außerdem stand er zum König in einem verwandtschaftlichen Verhältnis, da eine von Karls Töchtern einen Sohn von ihm hatte.

9.3.6. Die Ausstattung der Aachener Pfalzkapelle

Bei der Herstellung der Ausstattung der Aachener Pfalzkapelle (Abb. 37) war der Blick gänzlich auf Rom fixiert; dabei gelang es sukzessive immer besser, den römischen „Ton" zu treffen. Das ist insbesondere an den Bronzearbeiten erkennbar. So wurden um die Jahrhundertwende in Aachen – die Gusswerkstatt ist ergraben – Gitter gegossen, die als Brüstungen des Emporengeschosses der Pfalzkapelle dienen. Motivisch wie stilistisch formen sie drei Gruppen, von denen die Forschung annimmt, sie seien *grosso modo* hintereinander entstanden. Als älteste Gitter gelten die sog. fränkischen,[371] bei denen die Rahmen mit Palmettenmotiven gefüllt sind, die in der unteren Hälfte „auf dem Kopf" stehen; hier wurde also noch ganz von der Fläche her gedacht. Bei den sog. römischen Gittern,[372] die wohl kurz vor 800 gegossen wurden, nimmt die statische Struktur zu. Bei den „klassischen" Gittern[373] schließlich, die um 800 anzusetzen sind, entstammen die Motive – kannelierte Pilaster mit korinthischen Kapitellen sowie Friese mit Akanthusranken – schon gänzlich dem antiken Repertoire, und die Statik ist überzeugend veranschaulicht. Eine vergleichbare Entwicklung lässt sich bei den ebenfalls in Aachen hergestellten Türen der Pfalzkapelle – ihre Flügel sind jeweils in einem Stück gegossen – verfolgen.[374]

9.3.7. Italien nach 774

Wie gesagt, hatte die Eroberung des langobardischen Italien durch den Frankenkönig in der bildenden Kunst keine Zäsur zur Folge. Die beiden in Italien vorhandenen Stilrichtungen – die an Spätantikes und Frühbyzantinisches anknüpfende Linie der cividaleser Tempiettofresken (Abb. 35) und die auf Zweidimensionalität hinarbeitende Richtung der Sigvaldplatte im Dom von Cividale oder des Theodotasarkophags in Pavia – wurden fortgesetzt. So griffen die Illuminatoren des am Ende des 8. Jahrhunderts wohl in Verona hergestellten sog. Eginocodex (Berlin SB, Ms. Phill. 1676)[375] typusmäßig auf die Spätantike zurück, während sie sich stilistisch in der bei den Fresken des cividaleser Tempietto verwendeten Stilschicht bewegten; die plastisch, aber fein und weich modellierten Köpfe im Eginocodex sind mit den Darstellungen der Märtyrerköpfe in Cividale unmittelbar vergleichbar. Der in Rede stehende Codex wurde von Bischof Egino von Verona (reg. 786–799) dem Dom seiner Bischofsstadt gestiftet, was die Datierung der Handschrift vor 799 und – mit Vorsicht – ihre Lokalisierung nach Verona zulässt. Der Codex ist ein Homiliar (Predigtsammlung), das im konkreten Fall Predigten der Heiligen Hieronymus, Ambrosius, Augustinus und Papst Gregor d. Gr. umfasst. Die vier Theologen wurden ab dem ausgehenden 8. Jahrhundert zur Gruppe der vier Kirchenlehrer zusammengefasst, die man auf die Ebene der vier Evangelisten zu heben suchte. Das geht beim Eginocodex daraus hervor, dass ihre Predigten in einem Codex vereint und die vier Autorenporträts ikonographisch den Evangelistenbildern angeglichen wurden: Die Kirchenlehrer sitzen im Eginocodex wie die Evangelisten in Arkadenrahmungen, und ihre Attribute erscheinen wie sonst die Symbole der Evangelienverfasser im Tympanon. Bei Papst Gregor d. Gr.[376] beispielsweise ist im Bogenfeld die Taube des Hl. Geistes wiedergegeben, da sie sich der Legende zufolge auf die Schulter des Papstes setzte, um ihm die Worte des Herrn in den Mund zu schnäbeln respektive ins Ohr zu flüstern.

Grosso modo in denselben stilistischen Bereich gehören die Fresken in der Klosterkirche von Müstair (heute: Kn. Graubünden, Schweiz)[377] und in der kleinen Kirche St. Benedikt (ein späteres Patrozinium!) von Mals (Vintschgau, Südtirol)[378] vom Beginn des 9. Jahrhunderts. Die Kirche von Müstair ist mit alt- und neutestamentlichen Szenen ausgemalt, wie dies von den frühchristlichen Bildprogrammen Roms hinlänglich bekannt ist. An der Westwand war das – nur fragmentarisch erhaltene – Jüngste Gericht dargestellt. Müstair ist dafür das älteste Beispiel. Später findet es sich etwa in Sant'Angelo in Formis (cf. Abb. 55)[379] und in der sog. Arenakapelle in Padua (1303–1307).[380] Auch in Mals ist nur ein Bruchteil der ursprünglichen Freskenausstattung erhalten. Gezeigt ist an der Nordwand unter anderem Papst Gregor d. Gr., hier gleich mit zwei Heiliggeisttauben: Eine legt ihm die Worte in den Mund, während ihn die andere durch das Ohr inspiriert. An der Südwand sind Märtyrerszenen wiedergegeben, an der Ostwand zwei Stifter. Bei aller Reduktion im Detail sind in Müstair und Mals die Bezüge zur Spätantike unübersehbar, die ja mit Karls politischen Absichten konvergierten, was eine abrupte Neuorientierung des formalen Konzepts überflüssig machte.

Aber auch in dem auf Zweidimensionalität abzielenden Stil wurde in Italien nach 774 – zumindest punktuell – weitergearbeitet. Bekanntes Beispiel hierfür: die um 800 anzusetzende Freskenausstattung der kleinen Kirche St. Prokulus in Naturns (Etschtal, Südtirol).[381] Bei der Darstellung des Engels am Triumphbogen ist nicht bloß alles darangesetzt, die Suggestion von Plastizität zu vermeiden, hier ist vielmehr die Organik geradezu gewaltsam verzerrt: Schlauchartig, quasi anorganisch präsentiert sich der Geist als gänzlich leibloses Wesen. Aber auch die narrativen Szenen an der Südwand der Kirche sind in einem flächenbejahenden *modus* geschildert. Naturns war allerdings ein Sediment am Ufer des *mainstream*.

9.3.8. Alkuin und die emendatio der Bibel

Alkuin, schon bis dahin „Multifunktionär", wurde 796 mit der Leitung der wichtigen Abtei Saint-Martin in Tours betraut, der er als Abt bis zu seinem Tode 804 vorstand. Dennoch verkehrte Alkuin weiter am Aachener Hof, erst 801 zog er sich endgültig nach Saint-Martin zurück, das sich unter ihm zu einem wichtigen Zentrum mit theologischer „Schule" und Skriptorium entwickelte, das sich insbesondere *einer* Aufgabe verschrieb: der Revision der Bibel. Bei dem vielfachen Abschreiben der Heiligen Schrift in den vierhundert Jahren seit ihrer Übersetzung ins Lateinische durch Hieronymus hatten sich zahlreiche Fehler, die ihrerseits zu Verballhornungen führen konnten, eingeschlichen. Auch war das Latein des Kirchenlehrers nicht immer das beste gewesen. Alkuin initiierte daher in seinem Kloster, wohl 797, die *emendatio* der Vulgata. Mit dieser Initiative stand er nicht allein. Auch in anderen Klöstern des Reichs wurde schon seit 781 an der Beseitigung der Fehler gearbeitet. Da der Beginn dieser Redaktionstätigkeiten mit dem Auftreten Alkuins am Hof Karls zeitlich zusammenfällt, ist anzunehmen, dass die Initiative zur Fehlerbeseitigung von dem northumbrischen Gelehrten ausgegangen war. Als Abt von Saint-

Martin konnte er die Revision der Schrift nun auch in seinem eigenen Kloster durchführen lassen. Fraglos war die *emendatio* in Karls Sinn. In einem zwischen dem Frühjahr 800 und dem Frühjahr 801 datierbaren Schreiben sprach dieser davon, dass er schon lange das gesamte Alte und das gesamte Neue Testament von Fehlern habe reinigen lassen, die sich durch die Unfähigkeit der Schreiber eingenistet hätten. In Tours muss die *emendatio* im Jahr 800 abgeschlossen gewesen sein, denn in diesem schickte Alkuin seinen Schüler Fridugisus mit einem „Pandektenband" (griech., lat.: „allumfassend"), in dem die redigierten Texte des Alten und des Neuen Testaments zusammengefasst waren, nach Rom, damit Fridugisus die Bibel dem Herrscher anlässlich der Kaiserkrönung überreiche. Alkuins Begleitschreiben an Karl und seine Instruktionen an Fridugisus, wie er den Codex übergeben solle, sind auf uns gekommen. Die sog. Alkuinbibel selbst ist nicht erhalten, hinsichtlich des Textes aber rekonstruierbar. Obgleich der in Tours erarbeitete Text nie offiziell eingeführt, seine Verwendung also nie verbindlich wurde, avancierte die Alkuinbibel schnell zu *der* Bibel schlechthin. Zahlreiche Kopien gingen von Tours in verschiedene Klöster, und touronische Originalschriften müssen als Muster für Abschriften aus Saint-Martin entliehen worden sein, so dass die Alkuinbibel rasch zum „Normaltext" und so gesehen zur „Reichsbibel" wurde. Die Ausstattung der Exemplare, die aus der Abtzeit Alkuins und jener seines Schülers und Nachfolgers Fridugisus (reg. 819–832) erhalten sind, ist äußerst spartanisch, was sich damit erklären ließe, dass die im Skriptorium verfügbaren Illuminatoren zu keinen besseren Leistungen fähig waren. Oder damit, dass Alkuin und Fridugisus so sehr auf die Textrevision und Verbreitung ihrer Textversion konzentriert waren, dass die Illumination der Codices auf der Strecke blieb. Wahrscheinlicher ist aber, dass Alkuin wie Theodulf seit den frühen 790er-Jahren den Bildern distanziert gegenüberstanden und Fridugisus diesbezüglich die Meinung seines Meisters übernahm.

9.4. Karl d. Große als Kaiser

9.4.1. „Kunst" als Vehikel

Dass Karl I. die Langobarden, Sachsen und den Bayernherzog besiegt, Caranthanien genommen und das Reich im Osten bis an die Raab ausgedehnt hatte, mithin über mehrere Reiche herrschte, war die Voraussetzung dafür, dass er nach der Kaiserkrone greifen konnte. Weihnachten 800 war es so weit. Überraschend, wie Karl – als Christ zur Bescheidenheit verpflichtet – behauptet, wurde er in Rom von Papst Leo III. (reg. 795–816) zum Kaiser gekrönt. Dass der Rechtsakt in Wahrheit exakt geplant war, belegt nicht zuletzt die Tatsache, dass Fridugisus, Alkuins Bote aus Saint-Martin, pünktlich in Rom zur Stelle war, um Karl die fertig revidierte Bibel zu überreichen. Auffällig ist weiter, dass die Pfalz in Aachen – dieses neue Rom und zugleich ein neues Konstantinopel – im Jahr 800 weitgehend vollendet war.

Aufgrund der wichtigen Rolle, welche die „Kulturpolitik" bei der *renovatio imperii* spielte, waren die in den *„Libri Carolini"* getroffenen bilderfeindlichen Aussagen am Hof bald beiseite geschoben worden. Ungeachtet der Einstellung Theodulfs und wohl auch Alkuins, erreichte in den Aachener Werkstätten die Produktion von illuminierten Handschriften und mit Elfenbeinreliefs geschmückten Einbänden um 800 einen Höhepunkt. So basiert die an der Jahrhundertwende in Aachen hergestellte sog. Oxforder Platte (Oxford BL),[382] ein Elfenbeinrelief, das ursprünglich wohl auf einem Bucheinband montiert war, in seiner Gliederung – eine hochrechteckige Mitteltafel wird quasi von vier Feldern eingefasst – und hinsichtlich seines Inhalts – der über Löwe und Schlange schreitende Christus (cf.: Ps. 91[XC]:13) wird von Szenen aus seinem „Herkulesleben" gerahmt – auf Werken wie dem Barberinidiptychon im Louvre (Abb. 23). Der Typus des fünfteiligen und damit kaiserlichen Diptychons wurde in Aachen also auf Christus übertragen, die Wiedergabe des byzantinischen Kaisers als Sieger über die Perser und Vandalen durch jene Christi als Triumphator über den Tod, wie wir ihn von den Mosaiken der erzbischöflichen Kapelle von Ravenna kennen, ersetzt. Die Vorlage für die sechs Szenen, die das Mittelfeld der Oxforder Platte flankieren, muss ein weströmisches Diptychon des 5. Jahrhunderts (Berlin SMPK, Paris ML)[383] oder ein vergleichbares Stück gebildet haben.

Stilistisch gehört die Oxforder Platte zu einer Gruppe, die in der Forschung unter dem Begriff „Ada-Gruppe"[384] zusammengefasst wird, weil sie einer zeitgleich in den Aachener Hofwerkstätten hergestellten Handschriftengruppe formal nahesteht, die die Forschung aufgrund eines Evangeliars, das als „Adaevangeliar" (Trier SB, Cod. 22)[385] bezeichnet wird, unter „Ada-Gruppe" subsumiert; eine *Ada ancilla Dei (Ada, Magd des Herrn),* die später fälschlich als Schwester Karls des Großen angesehen wurde, ist im Adaevangeliar in einem nachträglich eingeschriebenen Gedicht als Bestellerin genannt. Sowohl die Illuminatoren, welche die *Handschriften* der Ada-Gruppe illuminierten, als auch die Elfenbeinschnitzer, die die *Reliefs* der Ada-Gruppe ausführten, müssen Vorlagen auf der Stilstufe des Attischen Engels in London, seinerseits ein extrem antikisierendes Werk der vorjustinianischen Zeit, verwendet haben. Die Maler konnten indes ikonographisch, etwa hinsichtlich der Typen der Evangelisten, schon an frühere Werke der Hofwerkstatt wie das Godescalcevangelistar anschließen.

Bei der Zeit Justinians d. Gr. knüpften die Illuminatoren der Hofwerkstatt um 800 an, wenn sie Purpurcodices produzierten. Zwar war schon beim Dagulfpsalter Ähnliches versucht worden, doch war dort bloß der Schriftspiegel dreimal mit Purpur unterlegt worden, um den Psalter in drei Teile zu gliedern. Jetzt tauchte man die ganzen Blätter in Purpur, womit die Aachener Werke, beispielsweise das sog. Evangeliar von Saint-Riquier (Centula) vom Anfang des 9. Jahrhunderts (Abbeville BM, Ms. 4),[386] an die Vorbilder des 6. Jahrhunderts unmittelbar herankommen.

Auch *folia* des sog. Wiener Schatzkammer-Evangeliars (auch: Reichs- resp. Krönungsevangeliar; Abb. 39),[387] das zu den sog. Reichskleinodien (Insignien des Kaisers des Römisch-Deutschen Reichs) gehört und mit diesen in der Weltlichen Schatzkammer in Wien (Hofburg, Schweizertrakt) liegt, wurden zur Gänze in Purpur getaucht. Ein weiterer Teil seiner Blätter ist – gleichfalls auf die Spätantike zurückgreifend – mit Indigo (Farbe aus Blüten eines tropischen Schmetterlingsblütlers) dunkelblau gefärbt. Die Handschrift, die mit einigen stilistisch nahestehenden Codices eine eigene Gruppe bildet, ist ebenfalls in der Hofwerkstatt um 800 entstanden. Die Illuminationen der Gruppe um das Wiener Schatzkammer-Evangeliar setzen sich aber stilistisch von jenen der Ada-Gruppe durch ein viel unmittelbareres Antikisieren ab; die körperliche Präsenz der Figuren und die Tiefenräumlichkeit und Atmosphärik des Umraums erinnern an den Vergilius Vaticanus (Abb. 16) und noch ältere Werke. Gelegentlich ist seitens der Forschung daran gedacht worden, dass die Miniaturen von Griechen, die vor dem Ikonoklasmus auf der Flucht waren, ausgeführt worden seien. Dabei ist aber zu bedenken, dass in Byzanz die Ruhe nach dem Sturm bereits mehr als 20 Jahre vor der Illumination des Wiener Schatzkammer-Evangeliars eingetreten war; es müsste sich also um – für damalige Begriffe – relativ alte Maler gehandelt haben.

Was der Schnitzer der Oxforder Platte um 800 wollte, gelang dann tatsächlich jenem Kollegen, der die Elfenbeinplatten für die Vorder- und die Rückseite (Città del Vaticano MV, London VA; Abb. 40)[388] des Einbandes des Lorscher Evangeliars (Città del Vaticano BAV, Pal. lat. 50; Alba Iulia BB, Ms. R. II. I)[389] um 810 in der Aachener Hofwerkstatt schuf. Die Darstellung Christi als Triumphator über Löwe und Schlange auf der Christusseite (Città del Vaticano) knüpft bei der Oxforder Platte an. Nun sind Vorder- und Rückdeckel aber wie das Barberinidiptychon aus fünf Elfenbeinplatten zusammengesetzt, während bei der Oxforder Platte die Fünfteiligkeit bloß durch die Binnengliederung angedeutet war. Auch in anderen Punkten steht der Lorscher Deckel dem Barberinidiptychon näher: etwa darin, dass sich auf der Christusseite Erzengel dem siegreichen Christus zuwenden, so wie auf dem justinianischen Relief ein Feldherr, wohl Belisar, an den Kaiser herantritt. Weiter darin, dass am Lorscher Deckel unterhalb Christi die Epiphanie dargestellt ist, also die drei Weisen aus dem Morgenland (Mt 2:1–12) als Vertreter der „Heidenkirche" ihre Gaben just an jener Stelle zum Christuskind bringen, an der am Barberinidiptychon die besiegten Vandalen ihre Schätze herbeischleppen. Die Marienseite des Lorscher Deckels (London) basiert wiederum auf dem Barberinidiptychon, wenn auf der oberen Querplatte zwei Engel das Brustbild Christi im *clipeus* tragen. Auch in stilistischer Hinsicht verstand es der Schnitzer des Lorscher Einbandes bereits besser, das im Attischen Engel[390] angebotene Kontingent an antiken Werten für seine Zwecke zu nutzen. Die *imitatio* (Nachahmung) von Werken der Justinianischen respektive vorjustinianischen Zeit ist beim Lorscher Einband also eine äußerst weitgehende, und zwar in typologischer, ikonographischer *und* stilistischer Hinsicht. Der Codex Aureus von Lorsch, den der Lorscher Einband ursprünglich umschloss, ist ein gleichzeitig mit den Deckelreliefs, also um 810 entstandenes Evangeliar, das zu den jüngsten Arbeiten der Ada-Gruppe zählt. Die körperliche Präsenz der Figuren, etwa der Evangelisten, ist hier eine selbstverständliche geworden. Gebrochene Farben herrschen vor, die das Lorscher Evangeliar in die Nähe des Eginocodex rücken, was daran denken lässt, dass um 810 ein neuer Trupp italienischer Illuminatoren in der Hofwerkstatt tätig gewesen sein könnte.

Anders als in frühchristlicher Zeit, in der diverse kaiserliche Repräsentationsmotive auf Christus übertragen worden waren, um diesen als Messias zu definieren, war im Rahmen von Karls *renovatio* die Auswahl der Vorbilder entscheidend, da die Entstehungszeit und der historische Kontext der Vorlagen im rezipierenden Werk eine neue – politische – Bedeutung erhielten. Mit anderen Worten: Bauten sowie gemalte und geschnitzte Bilder, die der Liturgie dienten, also dem Sakralbereich angehören, wurden nun als Vehikel genutzt, um politische Aussagen zu transportieren. Denn es ging nicht mehr um die Definition Christi, sondern um die Karls. Damit wurde hier eine zweite „Verstaatlichung" vollzogen, nicht aber des Christentums als solchem wie weiland unter Konstantin d. Gr., sondern eine „Verstaatlichung" der bereits existenten Kirche. Der dahinter stehende Motor, Karl, erhob – zuerst als König, dann als Kaiser – mittels der von ihm in Auftrag gegebenen Werke, indem er diesen Vorbilder aus der Konstantinischen und Justinianischen Zeit zugrunde legen ließ, den Anspruch, wie Konstantin d. Gr. und Justinian d. Gr. das *gesamte* Reich als *christlicher* Kaiser zu beherrschen. Damit wählte er zwei Herrscher als „Vorfahren", deren Lebensmittelpunkt sich in Konstantinopel, nicht in Rom befunden hatte. Dass der in den Werken verpackte Anspruch Karls über das faktisch Erreichbare hinausging, wurde schon gesagt. Gerade das Lorscher Evangeliar und sein Einband zeigen aber, dass der alternde Kaiser (Karl war damals 68 Jahre alt) dessen ungeachtet noch einmal alle Register ziehen ließ, um – die Existenz des byzantinischen „*rex*" großzügig ignorierend – seinen universalen Anspruch anzumelden. 812 wurde er von Ostrom *ad personam*, das heißt: er als Person, nicht die von ihm bekleidete Funktion, als βασιλεύς (*basileus*: König, Kaiser) anerkannt, aber ohne Bezug auf Rom, bloß hinsichtlich der *Franken*. Im selben Jahr nahm der byzantinische Kaiser Michael I. (reg. 811–813) den

Titel βασιλεὺς τῶν Ῥωμαίων (Kaiser der Römer) an. Byzanz akzeptierte also „die Existenz eines westlichen Kaisertums …, ohne sich damit abzufinden" (HANS HUBERT ANTON).[391]

9.4.2. Das Greifen der Reformen in Bayern

Dass sich neu eroberte Bereiche rasch in die karolingische *renovatio*-Bewegung einklinkten, zeigt Bayern und – wie in einem Brennspiegel fokussiert – Kremsmünster. Das 777 von Tassilo III. gestiftete Kloster wird nach der Verbannung des Herzogs nicht wenig um sein Überleben gezittert haben. Doch Karl machte einen klugen Schachzug: Er erneuerte 788 die Privilegien des Stiftes und erhob es zur „Königsabtei". Kurz darauf, wohl in den 790er-Jahren, wurde für Kremsmünster ein Prachtvangeliar hergestellt: der sog. Codex Millenarius (maior) (Kremsmünster SB, CC Cim. 1).[392] Sein Auftraggeber ist unbekannt. Die Illuminatoren, von denen angenommen wird, sie seien im Kloster Mondsee tätig gewesen, verwendeten für die Evangelistenbilder des Evangeliars dieselbe – nur rekonstruierbare – oberitalienische (ravennatische [?]) Vorlage des 6. Jahrhunderts (?), wie rund ein Jahrzehnt früher der Schreiber und Illuminator Cutbercht für den Cutberchtcodex. So weist der Evangelist Matthäus in beiden Handschriften[393] dieselbe körperliche Anomalie, nämlich zwei Ellbogen, auf. Aber aus der jüngeren Kopie spricht schon der neue Geist der Reform: Anstelle der insularen Minuskel ist im Codex Millenarius die karolingische Minuskel verwendet, und die Evangelistenbilder stehen dem präsumtiven Vorbild weit näher als die Miniaturen des älteren, in Salzburg ausgeführten Codex: Die Möbel haben nun Plastizität, die Figuren Körperlichkeit, die Physiognomien Lebendigkeit. So ist der Kopf des Evangelisten Markus mit dem des hl. Papstes Gregor auf den Malser Fresken – der Vintschgau gehörte ja seit 774 zu Karls Reich – vergleichbar.

Eindrucksvoll ist auch der in der Bischofsstadt Salzburg vollzogene Umschwung. Virgils Nachfolger Arn(o) hatte sich rechtzeitig von der Seite Tassilos auf jene König Karls gestellt, der ihn dafür reichlich entlohnte: Arn wurde nach der Ostexpansion mit dem Aufbau der kirchlichen Strukturen in Karanthanien betraut und 798 zum Metropoliten der neu geschaffenen Salzburger Kirchenprovinz, der die Diözesen Regensburg, Passau, Freising und Brixen unterstellt wurden, bestellt. Alkuin, dem Abt von Tours, war Arn mit Hochachtung zugetan, fragte diesen in theologischen und praktischen Angelegenheiten um Rat und erhielt von seinem väterlichen Freund auch einen Mantel und einen Schirm geschenkt, damit Letzterer, wie Alkuin schreibt, *Arnos verehrenswürdiges Haupt vor den Regen schütze (tentorium quod venerandum caput tuum defendat ab imbribus)* – eine angesichts der berüchtigten Salzburger Wetterverhältnisse, die Alkuin offenbar anspricht, wenn er „*imber*" (Regen) in der Mehrzahl gebraucht, schätzenswerte Fürsorglichkeit! Aus dem fränkischen Kernland besorgten sich Erzbischof Arn und seine Nachfolger illuminierte Codices, die im Skriptorium St. Peter in Salzburg kopiert wurden. Dadurch war die hiesige Codexproduktion imstande, innerhalb kürzester Zeit auf den offiziellen Kurs einzuschwenken.[394] Wo die Funktionsträger dahinterstanden, trat also in neu hinzugekommenen Gebieten die *corporate identity* in kürzester Zeit ein.

9.4.3. Theodulfs Abgang vom Hof

Wie Alkuin war auch Theodulf „Multifunktionär". Vor 798 wurde er Bischof von Orléans und Abt des wichtigen Klosters Fleury (rég. Centre). Dorthin waren in den 70er-Jahren des 7. Jahrhunderts die Gebeine des hl. Benedikt von Nursia übertragen worden, weshalb das Kloster „Saint-Benoît-sur-Loire" heißt. Die in der Folge von Theodulf in Auftrag gegebenen Werke unterstützen die Forschung in der Annahme, Theodulf sei Karls *ghostwriter* bei der Abfassung der „*Libri Carolini*" gewesen, denn sie zeugen von einer großen Zurückhaltung bei der Darstellung Christi. Alkuin von Tours und Theodulf von Orléans dürften also ihre neuen Funktionen, die sie in den späten 790er-Jahren antraten, gleichermaßen genützt haben, um ihre „ikonoklastische" Haltung, die sie in den frühen 790er-Jahren eingenommen hatten, in den Werken, die jetzt unter ihren Fittichen entstanden, zum Ausdruck zu bringen. Bei Theodulf betrifft dies das Apsismosaik der Kapelle von Germigny-des-Prés und ein in Fleury hergestelltes Evangeliar.

Nahe dem Kloster von Fleury, im jetzigen Ort Germigny-des-Prés, ließ Theodulf eine *villa* und nach 806 eine Privatkapelle[395] errichten, wobei Letztere – ein Zentralbau aus dreimal drei Jochen mit ehemals vier Apsiden in den Hauptachsen – durch die schachtartigen Einzeljoche und dominierenden Pfeiler den „westgotischen" Geschmack des Auftraggebers verrät; man denke diesbezüglich an San Pedro de la Nave (Abb. 30). Das Mosaik in der Kalotte der Hauptapsis[396] stellt die Bundeslade mit den beiden Cherubim (Ex 27:17–21; 1 Kg 8:1–13) dar, wie sie von zwei Engeln bewacht wird. Das macht die Kapelle Theodulfs gewissermaßen zum Himmel, denn im Hebräerbrief (9:23–28) ist das Allerheiligste Vorbild des Himmels, in dem Christus die vollkommene Erlösung bewirkt hat. Dieses typologische Umschreiben konvergiert mit dem Vorbehalt gegenüber der Wiedergabe Christi, wie er in den „*Libri Carolini*" artikuliert ist. Zugleich schenken diese der Bundeslade hohe Aufmerksamkeit, wenn sie *expressis verbis* betonen, dass die Bundeslade nicht mit den Bildern (um die es ja in Nikaia ging) verglichen werden könne, denn die Lade *wurde auf Anordnung Gottes* (cf. Ex 26:1–37), *nicht aufgrund der Willensent-*

scheidung irgendeines Künstlers hergestellt. Die folgende Stelle aus den *„Libri Carolini"* belegt zugleich, wie intensiv man sich am Hof Karls d. Gr. schon in den frühen 790er Jahren mit der alexandrinischen Auslegungsmethode auseinandergesetzt hatte: *Die Bundeslade selbst und die Gegenstände, die sie trägt und enthält, sind gleichsam befrachtet mit bedeutsamen Hinweisen auf das Neue Testament: die Bundeslade selbst bedeutet den Auferstandenen und zur Rechten des Vaters erhöhten Herrn, in dem allein wir den Friedensbund mit Gott haben; die beiden Gesetzestafeln sind die beiden Testamente; der Stab Aarons verweist auf das Priesterkönigtum Christi, das Manna auf die Himmelspeise des Neuen Testamentes, der Deckel (propriatorium) zeigt, daß die Barmherzigkeit des Erlösers sowohl das mosaische wie das evangelische Gesetz übertrifft; die beiden Cherubim bedeuten die Fülle der Erkenntnis, die in den beiden Testamenten offenbar wurde. Dies alles soll mit dem geistigen Auge betrachtet und so die Wahrheit in unserem Herzen, nicht in der äußerlichen bildlichen Darstellung gesucht werden.*[397]

An seiner „ikonoklastischen" Einstellung scheint Theodulf auch später festgehalten zu haben. Denn ein in Fleury, wohl vor 818 entstandenes Evangeliar (Bern BB, Cod. 348)[398] beinhaltet im Unterschied zu den in Aachen hergestellten Handschriften keine Darstellungen der schreibenden Evangelisten, sondern lediglich die Wiedergabe der vier Evangelistensymbole. Sie sind auf einer Seite zusammengefasst, von einer Arkadenstellung gerahmt und werden durch die *dextera Dei*, die im Rundbogen erscheint, sanktioniert. Auch das ist aus der in den *„Libri Carolini"* formulierten Ansicht verständlich, wonach das, was in den *beiden Testamenten offenbar wurde ... mit dem geistigen Auge betrachtet und so die Wahrheit in unserem Herzen, nicht in der äußerlichen bildlichen Darstellung gesucht werden* soll.[399] Das in Rede stehende Evangeliar wird in der Literatur um 820 datiert. Da Theodulf ab 818 in Klosterhaft saß, weil er einer Verschwörung gegen den Kaiser, Ludwig I. d. Frommen (reg. 814–840), den Sohn des 814 verstorbenen Karl d. Gr., bezichtigt wurde, ist es aber wahrscheinlicher, dass die Handschrift vor 818 entstanden ist.

9.4.4. Die neue Beratergeneration: Einhard

In Aachen folgte als Berater des Kaisers auf Theodulf von Orléans und Alkuin von Tours – wohl nach dem Abgang des Letzteren (796) – der erheblich jüngere Einhard. Dieser war, da er bereits am Aachener Hof von Alkuin im neuen Geist erzogen worden war, ein Kenner der Antike, insbesondere Vitruvs. Daher vertraute ihm Karl die Aufsicht über die kaiserlichen Bauten in Aachen an, was ihm den Namen „Bezalel" (der Architekt des alttestamentlichen Offenbarungszeltes und der Bundeslade; Ex, Kap. 35–40, bes. Ex 35:30 *et passim*) eintrug. Einhard war wohl auch die treibende Kraft dahinter, dass sich die in

Aachen tätigen Illuminatoren und Elfenbeinschnitzer sowie die für das Modellieren der Wachsmodelle für die Bronzearbeiten zuständigen Bildhauer um 800 verstärkt an der Antike orientierten; so entstand ja an der Jahrhundertwende die letzte der drei Gruppen der Emporengitter für die Pfalzkapelle (Abb. 37): die sog. klassischen Gitter. Bemerkenswert ist hierbei, dass über die sonst verwendeten Vorlagen der Justinianischen und Konstantinischen Zeit auf Werke der frühen Kaiserzeit zurückgegriffen wurde. Einhard verdanken wir überdies die erwähnte Lebensbeschreibung des Kaisers: die *„ Vita Caroli Magni "*. Er hat Karl d. Gr. († 814) überlebt und wurde darauf Berater Kaiser Ludwigs I., des Frommen.

10. „Renaissancen" in Asturien, Rom und Byzanz (9.–10. Jh.)

10.1. Rückgriffe in Asturien

Im Rückgriff auf die Spätantike drückte auch das asturische Königtum aus, dass es eben dabei war, sich zu festigen. So wurde die Kirche San Julián de los Prados,[400] die zu der ab 812 bei Oviedo für König Alfons II. (* 791, † 842) errichteten *villa* gehörte, mit Wandmalereien[401] ausgestattet, die motivisch an pompejanische Fresken erinnern und wohl an lokale traditionelle Werke des 5. Jahrhunderts auf der Stilstufe der Mosaiken im Baptisterium der Orthodoxen in Ravenna anschlossen. Eine ebenso klare Sprache spricht ein auf 857 datierbares, also schon unter König Ordoño (reg. 850–866) entstandenes Relief am Pfeiler des Portals der Kirche San Miguel de Liño am Monte Naranco bei Oviedo (Abb. 42).[402] Hier ist im Rückgriff auf das sog. Areobindusdiptychon (Konstantinopel, 506; St. Petersburg SSE),[403] das den Konsul wie beim besprochenen Anastasiosdiptychon von 517 (Abb. 21) beim Eröffnen der Zirkusspiele zeigt, ein thronender Herrscher, darunter Artisten und darunter wiederum der thronende Herrscher dargestellt. Der sich über das wilde Tier mittels eines Stocks wie beim Stabhochsprung hinwegschwingende Athlet ist in Oviedo „wortwörtlich" aus dem Areobindusdiptychon zitiert. Die bei den byzantinischen Konsulardiptychen entwickelte Ikonographie wurde also auf den asturischen König übertragen, um dessen Herrschaftsanspruch zu betonen: Alfons II. war mit der hinhaltenden Politik, die die letzten asturischen Könige dem islamischen Spanien gegenüber verfolgt hatten, nicht einverstanden gewesen, hatte die Hauptstadt nach Oviedo verlegt und versucht, einen politisch wie in kirchlicher Hinsicht selbstständigen Staat zu schaffen. Dies provozierte das Emirat Córdoba, was zahlreiche Angriffe an der Grenze zur Folge hatte, die aber abgewehrt werden konnten. Auch König Ordoño sollte in der Abwehr der Mauren erfolgreich sein. Schon König Alfons II. hatte die Beziehungen zum Karolingerreich intensiviert, was die Rezeption der spätantiken und byzantinischen Vorlagen in Oviedo erklärt. Der Stil der rezipierenden Werke ist von dem der Vorbilder hingegen unberührt: Das auf Plastizität bedachte byzantinische Relief ist in Oviedo völlig ins Zweidimensionale übersetzt, der szenische Zusammenhang aufgelöst, das Geschehen, die Eröffnung der Zirkusspiele durch den Konsul, ein unendlicher Rapport.

10.2. Die „Paschalis-Renaissance" in Rom

Ein ähnliches Phänomen begegnet uns in Rom: Kurz nach Karls Tod († 814) unternahm Papst Paschalis (reg. 817–824) einen Rückgriff auf die frühmittelalterliche Zeit, den die Forschung mit dem Begriff „Paschalis-Renaissance" etikettiert. Im Auftrag des Papstes wurden Apsiden und Triumphbögen sowie eine Kapelle von Sta Prassede mit Mosaiken ausgestattet, die ikonographisch auf mehrere Jahrhunderte älteren Vorlagen basieren. So greift das Apsismosaik von Sta Prassede[404] sowie jenes von Sta Cecilia in Trastevere (Abb. 41)[405] auf jenes von SS. Cosma e Damiano (526–30; Abb. 22), das Gewölbemosaik der Zeno-Kapelle[406] auf das der erzbischöflichen Kapelle in Ravenna (um 500)[407] zurück. Auch in diesem Fall sind die ikonographischen Vorbilder stilistisch extrem überformt: Die Raumlosigkeit der neuen Darstellungen, die Körperlosigkeit der Figuren, deren Binnengliederung ausschließlich durch Linien sowie ein dezidierter Zug ins Ornamentale gehen in dieselbe Richtung wie der antisuggestive *modus*, der im 7. Jahrhundert in Byzanz entwickelt worden war.

10.3. Byzanz nach dem Bilderstreit

Die mittelbyzantinische Epoche zwischen dem Ende der zweiten Welle des Bilderstreits (843) und dem Fall Konstantinopels (1204) ist geprägt von zwei Herrschergeschlechtern, der Makedonier- (867 bis Mitte 11. Jahrhundert) und der Komnendynastie (1057–1185), wobei Byzanz unter den Kaisern aus Ersterem noch einmal einen Machtaufschwung erlebte, der jenem durch Justinian I. d. Gr. herbeigeführten vergleichbar ist. Auf die Entwicklung der Architektur und der bildenden Kunst in der Makedonischen wie in der Komnenischen Epoche einzugehen, ist hier nicht der Ort. Betont sei lediglich, dass nach dem Ausgang des Bilderstreits zugunsten der Ikonodulen bei der Darstellung stets ein Kurs zwischen Skylla und Charybdis gefahren wurde: Um die Nähe zum antiken Götterbild zu vermeiden und damit nicht gegen das alttestamentliche Bilderverbot zu verstoßen, wurde Vollplastik nicht angewandt; selbst Reliefs sind selten. Aus Angst vor der Nähe zum Nestorianismus wiederum wurde die göttliche Dimension Christi und seiner Taten in den Bildern stets mit Nachdruck betont, indem man einen anagogischen *modus,* etwa die sog. Chrysographie (Wiedergabe beleuchteter Gewandstege durch das Malen mit Goldtinktur) usf. anwandte. Blieb man auf diesem Kurs, konnte der „menschgewordene, also sichtbare und damit abbildbar gewordene, göttliche Logos" (P. BLANK)[408] dargestellt werden. Ja, das Bild war auf diese Weise – wie vor dem Ikonoklasmus – Teil der Methexis, das Herstellen der Bilder Mittel der Teilhabe, während die mimetische Funktion der Kunst ausgeblendet blieb.

11. Die „Verkirchlichung" des Staates in der spätkarolingischen Zeit (814–um 900)

11.1. Dezentralisierung und „Idiolekte"

11.1.1. Die neuen „Gärtner"

Kaiser Ludwig I., der Fromme (reg. 814–840), von seinem Vater Karl. d. Gr. schon 813 – durch Selbstkrönung und Akklamation der Franken als Reichsvolk – zum Mitkaiser erhoben und seit Karls Tod 814 Kaiser des Frankenreichs, war ein vergleichsweise schwacher Herrscher, so dass es bereits wenige Jahre nach seiner Thronbesteigung zu Auseinandersetzungen zwischen ihm und seinen Söhnen und in der Folge zur Aufteilung des Reichs unter diesen kam. Nach weiteren Kämpfen wurde diese im Vertrag von Verdun 843 festgeschrieben: Karl II., der Kahle (reg. 840/843–877), erhielt das Westfränkische Reich mit Aquitanien, Lothar I. Lotharingien (reg. 817/840–855) und das Königreich Italien (die sog. Kegelbahn), Ludwig II., der Deutsche (reg. 817/843–876), Ostfranken mit Sachsen und Bayern. Zu einem relativen Machtschwerpunkt sollte es nochmals unter Karl dem Kahlen kommen, der 875 in Rom zum Kaiser gekrönt wurde. Zu den Zerwürfnissen im Inneren kamen Bedrohungen von außen: Vom Süden kämpften sich die Araber vorwärts und eroberten die Mittelmeerinseln, vom Norden kamen die Wikinger und Normannen; Letztere fuhren mit ihren Schiffen die Seine-Mündung aufwärts und drangen – die Iberische Halbinsel umfahrend – ins Mittelmeer ein. Das Maß voll machten die aus dem Osten kommenden und in den Quellen als „Hunnen" apostrophierten Magyaren, die mit ihren Raubzügen bis nach Burgund vorstoßen sollten. Das im Inneren geschwächte und von außen attackierte Karolingerreich zerfiel.

Trotz der außen- und innenpolitischen Unbill hat das Frankenreich im 9. Jahrhundert reiche geistige und künstlerische Blüten hervorgebracht. Kultiviert wurden diese nach dem Tod Karls d. Gr. von der Geistlichkeit. Die Herrscher traten als Auftraggeber in den Hintergrund; eine richtige Hofkunst entstand nicht mehr. Die Bischöfe und Äbte aber krempelten die Ärmel auf. Hatten sie sich bisher Karls *renovatio*-Projekt subordinieren und sogar die Philosophie zur Dienerin der Politik machen müssen – man denke bloß an Alkuins Ausspruch vom friedenbringenden Krieg –, begannen sie jetzt, jeder für sich, ihre Gärtchen anzulegen. Die Bischofssitze und die großen Klöster entwickelten sich auf diese Art neuerdings zu *den* geistigen und kulturellen Zentren des Reichs. Die in kunsthistorischer Sicht wichtigsten waren Tours und Saint-Denis, Fulda (Hessen), Reims (Champagne) und Metz (rég. Lorraine/Lothringen) sowie die sog. frankosächsischen Klöster im Bereich des heutigen Nordfrankreich und Belgien. Beim Benediktinerkloster auf der Bodenseeinsel Reichenau (und sicherlich nicht nur hier) gab es übrigens tatsächlich einen Kloster*garten,* den der Abt des Klosters, Wala(h)frid Strabo (reg. 839–849), in seinem *„Hortulus" („De cultura hortorum"),* einer Sammlung von Gedichten über Blumen und andere Pflanzen, in Kenntnis der Kräuterlehre des Dioskurides, liebevoll beschrieben hat.

In allen genannten Zentren wurde im Kunstschaffen auf Spätantikes direkt oder indirekt zurückgegriffen, wobei aus der rezipierten „Syntax" und dem gehobenen „Vokabelschatz" individuelle Idiolekte entstanden. Kurz gesagt: Eine soziologische Schwerpunktverlagerung (hin zur Geistlichkeit) ging mit einer formalen „Diversifikation" (der Entwicklung verschiedener lokaler Stile) Hand in Hand, wobei die einzelnen Zentren einander an *antichità* offensichtlich zu übertreffen suchten. Geradezu als Notwendigkeit erscheint, so gesehen, die „theologische Wende", die Mitte des 9. Jahrhunderts vollzogen wurde: In Tours und Metz hat man damals die „Grammatik", das heißt: die Bild- respektive Reliefstruktur, völlig verändert, indem man den unter Karl d. Gr. aus politischen Gründen reanimierten und nach dessen Tod noch forcierten Tiefenraum durch den – schon im 4. Jahrhundert eingeführten – „Schichtenraum" (WILHELM KOEHLER)[409] ersetzte. An diesem sollte dann bis ins späte Hochmittelalter grundsätzlich festgehalten werden, da er für die Kommunikation komplexer Inhalte, also auch der Glaubenswahrheiten der Kirche, besonders geeignet ist. Der größte Feind dieses Vermittlungssystems ist die Empirie. Das erklärt, warum die Kirche im 12. und 13. Jahrhundert in Aristoteles den Feind Nummer eins sehen sollte.

11.1.2. Der „Einhardbogen" – Rückgriff auf das pagane Rom

Dem hier angesprochenen Umschwung hin zum Schichtensystem voraus ging eine Phase, in der die Antikenrezeption noch einmal vertieft wurde. Vertieft im wahrsten Sinne des Wortes, denn man griff kurz nach Karls Tod erneut über das bisher verwendete Vorlagenmaterial auf Werke des paganen Rom zurück. Dadurch entstanden überzeugende Antikenimitate. Der Vorzugsschüler bei dieser Mimikry war Einhard, der wohl auch schon hinter der Herstellung der „klassischen" Emporengitter der Aachener Pfalzkapelle gestanden war. Für die Kirche der Abtei St. Servatius in Maastricht (heute: Niederlande) ließ der Vitruvkenner zwischen 815 und 830 einen ca. 38 cm hohen, aus Holz gefertigten und mit Silberblechen überzogenen Kreuzfuß – mit einer kubusförmigen Halterung für ein Steckkreuz – nach dem Modell des Titusbogens (nach 81 n. Chr.) auf dem Forum Romanum herstellen. Der „Einhardbogen", wie das Stück nach dem Auftraggeber und seiner Form heißt, ist verloren, aber aufgrund einer Oberflächenabwicklung des 17. Jahrhunderts (Paris BN)[410] rekonstruierbar. Sie zeigt, dass selbst Details wie die *tabula ansata* im Attikageschoss (niedriger Mauerstreifen über dem Hauptgesims) und die Kassettendecke im Durchgang kopiert wurden. Einhard ließ damit den Triumphbogen, den der römische Senat seinerzeit in Erinnerung an die Niederschlagung des Jüdischen Aufstandes durch Kaiser Titus setzen ließ, zu einem Triumphmal für Christus und dessen alles übertreffenden Sieg umdeuten. Das besagt auch die Inschrift der *tabula ansata*, die mit den Worten *Ad tropaeum aeternae victoriae ...* beginnt. Dieses „Zeichen des Ewigen Sieges"[411] war wohl eine goldene, mit Edelsteinen und Perlen besetzte *crux gemmata,* die ebenfalls verloren ist. Indem Einhard das Kreuz „*tropaion"* nannte, also den griechischen Begriff verwendete, betonte er zugleich seine gediegene Bildung und erhob wiederum den Anspruch des Westens auf Ebenbürtigkeit mit Ostrom. Freilich fragt sich bei aller Ausgereiftheit des Konzepts, ob Karl d. Gr. den Rückgriff Einhards auf ein Siegesmal für einen paganen Herrscher, noch dazu einen, der Jerusalem hatte zerstören lassen, goutiert hätte.

11.1.3. Reims – „Wortillustration" und expressiver Illusionismus

Auf das in der Ada-Schule bisher Erreichte aufbauend, griff auch das Skriptorium des Erzbistums Reims unter Erzbischof Eb(b)o (reg. 816–35, 840–841/845) eigenständig auf antike Mittel zurück. Dadurch entstand hier in der Malerei wie in der Zeichnung ein unverwechselbarer Stil und eine spezifische Illustrationsmethode. So beinhaltet der um 830 entstandene sog. Utrechter Psalter (Utrecht BRU, Ms. 32; Abb. 43)[412] monochrome, in einem skizzenhaften, ja geradezu nervösen Strich ausgeführte Zeichnungen, die Landschaften, welche sich über die gesamte Seitenspiegelbreite ausdehnen und weit in die Tiefe reichen, sowie Figuren, die in diesem Ambiente mit höchster Dynamik und Expressivität agieren, wiedergeben. Die Protagonisten sind in verschiedenste, scheinbar simultan stattfindende Geschehnisse involviert. Auch Gott und die Engel erscheinen in diesen „Bilderbögen". Die Tiefenräumlichkeit der Landschaft und die Selbstverständlichkeit, ja Selbstvergessenheit der in ihr Handelnden lassen an die Fresken des 2. Jahrhunderts aus dem früher erwähnten paganen Grab in Caivano denken, das Bewohner des Elysiums zeigt, wie sie ihren Lieblingsbeschäftigungen nachgehen. Tatsächlich handelt es sich im Utrechter Psalter aber um keine Wiedergabe von simultanen Ereignissen, sondern um eine „Wortillustration" der Psalmen: Diverse Geschehnisse und Personen, die in den Gebeten genannt sind, oder auf die angespielt ist, und die – aus dem typologischen Blickwinkel – als Hinweise auf neutestamentliche Ereignisse verstanden werden können, sind gleichwertig in der kontinuierlichen Landschaft gezeigt. Auch Metaphern wurden direkt ins Bild gesetzt. Wenn etwa der verzweifelte, sich vom Herrn verlassen fühlende Betende in Psalm 44 (XLIII):24 Gott anruft *Warum schläfst Du, Herr! Wache auf!*, so zeigt die Zeichnung Gott als in einem Bett Liegenden. Oder wenn im Psalm 16 (XV):10 der Psalmist vertrauensvoll zu Gott betet, *denn du wirst meine Seele nicht in der Hölle lassen und nicht zugeben, dass dein Heilger verwese,* so ist der Adressierte, also Jahwe, mit Christus typologisch in eins gesetzt, indem der Grabbesuch der Marien und das – in den Evangelien nicht angesprochene – Herausziehen Adams und Evas aus der Vorhölle durch Christus dargestellt ist. Die Zeichnung betreibt also Hermeneutik. Das ist auch bei der Darstellung zum Psalm 49 (XLVIII) der Fall, nun aber im Hinblick auf die tropologische Ebene. Der zu Gott Betende, aus der Perspektive des 9. Jahrhunderts der Psalmendichter König David, zeigt mit seiner Rechten auf die Ferse seines angehobenen rechten Beines, während er zu Gott aufblickt und seine Linke ihm entgegenstreckt. Vertrauensvoll heißt es da im 6. Vers: *cur timebo in die mala? Iniquitas calcanei mei circumdabit me? (warum soll ich mich in schlechten Zeiten fürchten, wenn das Böse meiner Ferse mich umgibt?),* was nur verständlich wird, wenn man weiß, dass im Mittelalter die Ferse als Sitz des Bösen galt (cf. Ps 41 [XL]:10; Jh 13:18), denn man glaubte, Eva sei im Paradies von der Schlange in die Ferse gebissen worden. Der Psalm spricht also das Böse im Menschen selbst an, die *concupiscentia:* die Neigung des Menschen zur Sünde (insbesondere zur Lust; cf. Judith 12:16), um mit Augustinus zu sprechen. Der Betende vertraut also darauf, dass der Herr, oben im Himmel, ihm beistehen wird, wenn die Neigung zur Sünde von der „Ferse" her in ihm aufsteigt (die heutige Einheitsübersetzung spricht zu Unrecht von der Bedrohung durch äußere Feinde), und ebenso zu Unrecht ist die Figur im Utrechter Psalter als *tanzender* David bezeichnet worden.

Der Zeichner des Utrechter Psalters schuf also eine virtuelle Welt, in der alles – das auf den unterschiedlichsten zeitlichen und örtlichen Ebenen Ablaufende sowie das auf den verborgenen geistigen Ebenen Situierte und zudem das Eingreifen Gottes und seiner Diener – Platz hat. Mit anderen Worten: Die scheinbar der Wirklichkeit abgeschauten, *de facto* an antiken Vorlagen orientierten „Weltlandschaften" halten die Welt der sichtbaren Dinge, das dahinter auf der geistigen Ebene Verborgene und die Interaktion zwischen diesen beiden „Welten" zusammen, wodurch aber Gott und seine Engel innerbildlich zu „Mitspielern" im irdischen Schauspiel degradiert werden, was an die Rolle der Götter, wie sie die Homer'schen Epen festgelegt haben, erinnert. So gesehen, haftet auch den Zeichnungen des Utrechter Psalters trotz aller hermeneutischen Anstrengungen etwas Profanes an.

Das gilt auch für das sog. um 835 entstandene Eboevangeliar (Épernay BM, Ms. I),[413] dessen Evangelistenbilder im Typus auf jenen der Ada-Gruppe und stilistisch auf jenen der Gruppe um das Wiener Schatzkammer-Evangeliar (Abb. 39) basieren. Von dort sind die Plastizität der Figuren, die Weißhöhungen, der Tiefenraum und insbesondere dessen Atmosphärik ableitbar. Auch der Rahmen, durch den der Betrachter hindurch quasi in eine Erweiterung seiner eigenen Welt blickt, lässt sich vom Krönungsevangeliar deduzieren. Der äußerst dynamische Duktus verleiht den Bildern aber einen geradezu „hellenistischen" Charakter.

Der Auftraggeber der beiden Handschriften, Erzbischof Ebo, hatte ein bewegtes Leben: 833 war er am Sturz Ludwigs II., d. Deutschen, beteiligt, weshalb er 835 als Erzbischof von Reims abgesetzt wurde. Durch König Lothar I. 840 zurückberufen, wurde er im Jahr darauf, nun durch Karl den Kahlen, aus Reims vertrieben.[414] Diese äußeren Daten machen es wahrscheinlich, dass die beiden besprochenen Hauptwerke des Reimser Skriptoriums vor 835 entstanden sind.

11.1.4. Metz – „Spalierinitialen" und Narration

Die suggestive Wiedergabe der heilsgeschichtlichen Ereignisse stand auch für die Illuminatoren und Elfenbeinschnitzer, die in Metz für Erzbischof Drogo (reg. 823–855) tätig waren, an oberster Stelle. Das um 850 datierbare sog. Drogosakramentar (Paris BN, Ms. lat. 9428)[415] ist durch große sog. historisierte Initialen (mit Figuren oder Szenen im Binnenfeld), die wie Spaliere von floralen Motiven überwachsen sind, nobilitiert. Ihre Binnenfelder bilden den Aktionsraum heilsgeschichtlicher Szenen von großer Lebendigkeit. Narration war auch die Devise eines Metzer Schnitzers bei der Anfertigung der beiden Elfenbeindeckel einer anderen Handschrift in Paris (BN, Ms. lat. 9388; Abb. 44).[416] Jeweils in einem breiten, vegetabilen Rahmen von hoher sinnlicher Wirkung sind in drei Friesen übereinander Szenen aus dem Leben Jesu von der Verkündigung bis zum Kreuzestod geschildert. Die Deckelvorderseite ist der Kindheit Jesu, die Rückseite seiner Passion gewidmet. Die Art der Erzählung und die körperlich präsenten, emotional bewegten, auf einer tiefenräumlichen Bühne agierenden Figuren sind an Werken auf der Stilstufe des Junius-Bassus-Sarkophags, also an einem seinerseits retrospektiven Werk des mittleren 4. Jahrhunderts oder an noch älterem Material, etwa aus dem 2. nachchristlichen Jahrhundert wie den Sockelreliefs der Antoninus-Pius-Säule, orientiert. Die Heilsgeschichte läuft dank des Rückgriffs in Metz also nicht nur im Inneren, sondern auch auf den Einbänden von Codices wie ein Theaterstück vor den Augen des Betrachters ab.

11.1.5. Fulda – Figurengedichte

Ganz andere Wege ging das Skriptorium von Fulda. Karl d. Gr. hatte das in der Mitte des 8. Jahrhunderts gegründete Benediktinerkloster mit einer Vielzahl königlicher Privilegien ausgestattet, so dass es zu einem religiösen und geistigen Zentrum aufstieg. Anfang des 9. Jahrhunderts wurde die gewaltige Salvatorkirche[417] gebaut, die in gewisser Hinsicht dem Vorbild von St. Peter in Rom folgte. Das Skriptorium von Fulda lief dann unter seinem Abt Hrabanus Maurus (reg. 822–842), einem Schüler Alkuins von Tours, zu Hochform auf. Der Fuldaer Abt war auch als Dichter anerkannt, obgleich er – mit modernen Augen besehen – kaum mehr zuwege brachte als wenig originelle Kompilationen. Die Besonderheit seines bekanntesten Werkes, jenem *„De Laudibus Sanctae Crucis" („Über das Lob des Hl. Kreuzes"),*[418] sind die – an die Figurengedichte des Hofdichters Konstantins d. Gr., Optatianus Porphyrius – anknüpfenden *carmina figurata:* Der minutiös geplant über das Blatt verteilte Text ist durch Figuren respektive Tiere, Gegenstände, Buchstaben etc. hinterlegt, die auf diese Weise einzelne Teile des Textes, welche sich zu einer zweiten Sinnebene zusammenschließen, hervorheben. Gäbe es die Heraushebungen nicht, bliebe diese zweite Sinnebene dem Benützer der Handschrift verborgen. Dass dies alexandrinisch gedacht ist, versteht sich von selbst. Eines der Blätter (Città del Vaticano BAV, Cod. Reg. Lat. 124)[419] zeigt etwa ein Gedicht, das von der Gestalt Kaiser Ludwigs d. Frommen, der hier als *miles christianus* (christlicher Krieger) definiert ist, hinterfangen wird. Von seinem *opus magnum* ließ der stolze Verfasser um 840 einige Prachtexemplare herstellen, die er dem Kaiser, dem Papst und anderen Würdenträgern schenkte. Die Verbundenheit Fuldas mit dem Aachener Hof, die auf dem Blatt, das Ludwig d. Frommen zeigt, offenbar wird, bezeugen auch die Evangelistenbilder in einem im 2. Viertel des 9. Jahrhunderts hergestellten Evangeliar (Würzburg UB, M. p. Theol. fol. 60),[420] die im Typus eng an jene der Ada-Schule anschließen, ohne aber die dort angelegte antikisierende Tendenz vorwärtszutreiben.

Während der ehrgeizige Abt bei Papst, Kaiser und anderen Honoratioren mittels seiner ausgeklügelten Figurengedichte an seinem Image als Theologe und Dichter feilte, verstand man es sehr wohl, sich auf die Sprache des „Volkes" einzustellen, wo Basisarbeit gefragt war, etwa mittels des „Heliand" (Heiland), einer nach 850, möglicherweise in Fulda hergestellten Evangelienharmonie (quasi eine „Instant-Fassung" aller vier Evangelien). Dadurch sollten die heidnischen Sachsen in einem „Schnellsiederkurs" mit dem Neuen Testament vertraut gemacht werden. Das Schwergewicht liegt darin bei den „Heldentaten" Christi. Dieser wird als *König* tituliert, die Apostel sind *Recken,* die Wüste ist der *Urwald,* die Städte heißen *Burgen (Nazarethburg, Bethlehemburg, Romaburg* usf.). Der Heliand ist also auf die realpolitischen, sozialen, aber auch auf die geographischen

Umstände der Sachsen hingeschrieben. Auch die dichterische Form nimmt auf ihren Geschmack Rücksicht: Verwendet ist die bei den Germanen übliche Alliteration (Stabreim), dementsprechend hört sich der Heliand (in einer Übertragung ins Neuhochdeutsche) wie das Neue Testament in der Kunstsprache Richard Wagners an:

„… und er selber erkor
zwölf an der Zahl, ziere Degen,
getreue Helden, die der Heiland weiterhin
an jedem Tage/ als seine Jünger hinfort
in seiner Gefolgschaft/ sehen wollte … "[421]

11.1.6. Tours – Illusionismus und Identifikation

Während sich Hrabanus Maurus in Fulda als gelehriger Schüler seines ikonoklastisch orientierten Lehrers Alkuin gerierte, indem er die Darstellung dem Text unterwarf, ging man in Saint-Martin unter den auf Alkuin und Fridugisus folgenden Äbten ganz andere Wege: Die Herstellung von Bibelpandekten kam jetzt erst richtig auf Touren, wobei man die Handschriften, den Vorbehalt Alkuins den Bildern gegenüber immer weiter beiseite schiebend, zunehmend mit szenischen Vollbildern ausstattete. Zu diesem Novum regten offenbar Codices wie der – damals in Saint-Martin verwahrte – Ashburnham-Pentateuch (Abb. 31) an. Auch ikonographisch dürfte diese spanische (?) Handschrift des 7. Jahrhunderts vorbildlich gewirkt haben, nämlich für die Wiedergabe des Berges Sinai und des Offenbarungszeltes innerhalb einer einzigen Vollminiatur, nämlich im Bild »Exodus«, das in zwei in den 840er-Jahren entstandenen Bibeln, der sog. Grandvalbibel (London BL, Add. Ms. 10546; um 840)[422] und der sog. Vivianbibel (Paris BN, Ms. Lat. I; um 845; Abb. 45),[423] ähnlich auftaucht. Hinsichtlich der formalen Mittel griff man noch weiter zurück, wodurch sich – ähnlich wie bei Einhard respektive in Reims und Metz – auch in Tours Paganes einschlich. Etwa in der unteren Hälfte der Exodusminiatur der Grandvalbibel, wo Moses dargestellt ist, wie er die Gesetze, die er auf dem Sinai erhalten hat, den Israeliten verlautbart (Ex 35:1 ff.). Die „Veröffentlichung" des göttlichen Willens findet hier im Inneren des – *de facto* zu diesem Zeitpunkt noch nicht existenten – Offenbarungszeltes statt. Die parallelperspektivisch wiedergegebene Kassettendecke basiert auf jener im »Dido«-Bild des Vergilius Vaticanus aus dem frühen 5. Jahrhundert (Abb. 16), der wie der Ashburnham-Pentateuch im 9. Jahrhundert in Tours lag. Seine Entstehung fällt zwar schon in die nachkonstantinische Zeit, sein Inhalt, das Vergil'sche Epos, ist aber ein paganer, wodurch die touronische Darstellung den erwähnten paganen *touch* bekam.

Die zunehmende Prachtentfaltung in Tours war kein Selbstzweck. Durch die Bilder sollte vielmehr aufgezeigt werden, dass sich die Franken – wie die Christen in der frühchristlichen Zeit – mit dem Auserwählten Volk identifizierten; so sind die Israeliten in den Exodusbildern der Grandval- und der Vivianbibel im *titulus* (Titel, Beischrift) dezidiert als *„populus Christi"* (Volk Christi) bezeichnet. Dabei ist hier klar von einem qualitativen Überstieg ausgegangen: Wie HERBERT KESSLER betont, geht aus den *„Libri Carolini"* hervor, dass sich die Franken als das *„Israel spiritualis"* (das geistige Israel) sahen, während sie die Israeliten als das *„Israel carnalis"* (das fleischliche Israel) bezeichneten.[424]

11.1.7. Saint-Denis

11.1.7.1. Saint-Denis unter Abt Hilduin

Saint-Denis wird von der Forschung als Entstehungsort des Codex Aureus von St. Emmeram, auf den zurückzukommen sein wird, in Erwägung gezogen. In jedem Fall war das Kloster für die karolingische Codexillumination und Elfenbeinschnitzerei ab den 840er- Jahren indirekt wichtig: Wie erwähnt, hatte Saint-Denis schon unter den Merowingern als Krönungskirche und Grablege größte Bedeutung besessen, woran die Karolinger anfangs festhielten; das änderte sich erst mit Karl d. Gr., der in Rom zum Kaiser gekrönt und in Aachen bestattet wurde. Das Dionysius-Kloster behielt seine bevorzugte Stellung dennoch bei, nicht zuletzt dank des initiativen Abtes Hilduin (reg. 814 [bezeugt], † 855/861), dessen Selbstverständnis daran ablesbar ist, dass er in den 820er-Jahren auf den Synoden als Hohepriester auftrat. Sein Ornat war dann mit Granatäpfeln und klingenden Schellen besetzt (cf. Ex 28:32–35, 39:23–27; Lv 16:2 14 f.). In dieser Ver-Kleidung führte Hilduin als „Erzkaplan", ja als eine Art fränkischer Papst, die Schar der fränkischen Bischöfe an. Die Franken identifizierten sich also nicht nur generell mit dem Auserwählten Volk – man denke an den *titulus* der beiden touronischen Exodusminiaturen –, vielmehr setzte sich der fränkische Klerus ganz konkret mit der Priesterschaft des Alten Bundes gleich.

11.1.7.2 Das Dionysios-Areopagites-Problem

Die Kirche und das Kloster von Saint-Denis sind dem hl. Dionysius von Paris geweiht, der in frühchristlicher Zeit das Martyrium erlitten haben soll. Die Legende will es, dass Dionysius in Paris geköpft wurde, dann aber, mit seinem Kopf in Händen, bis zu einem Ort sechs Kilometer außerhalb von Paris ging: „Kopflos, buchstäblich kopflos, von Himmelslicht umstrahlt, zog er, sein Haupt auf dem Arm tragend, feierlich im Wechselgesang mit Engelschören, vom Berg der Märtyrer, den wir als Mont Martre aus anderen Geschichten kennen, über etwa zwei Meilen hinweg zu seinem Grab im Norden von Paris, zu der Stelle, die heute als Saint Denis die Endstation der Metro ist" (KURT FLASCH).[425] An jener Stelle, wo dieses Schauspiel sein Ende gefunden haben soll, wurde zu Ehren des „kopflosen Heiligen" eine Kirche, später das zugehörige Kloster erbaut.

Um 830 bekam diese Geschichte eine zusätzliche und kirchenpolitisch brisante Dimension, als Abt Hilduin den Erzmärtyrer von Paris mit jenem Dionysios identifizierte, der sich in seinen Schriften als ein Schüler des hl. Paulus bezeichnete und behauptete, er sei von diesem auf dem Areopag bekehrt worden. Da man die Aussage des Theologen, der *de facto* am Anfang des 6. Jahrhunderts seine Werke verfasst haben dürfte, als bare Münze nahm und daher davon ausging, der Areopagit habe im 1. nachchristlichen Jahrhundert gelebt, lag es für Hilduin auf der Hand, diesen mit dem hl. Dionysius von Paris zu identifizieren; man glaubte folglich, die Reliquien dieses Jüngers Pauli und Verfassers so wichtiger theologischer Schriften, darunter der Traktat über die Himmlische Hierarchie, in Saint-Denis zu besitzen. Hilduin von Saint-Denis schrieb daraufhin die Märtyrergeschichte des „hl. Dionysius", der überdies zum Schutzpatron des fränkischen und später des französischen Königtums avancierte.

11.1.7.3. Johannes Scotus Eriugena

Aus der neuen Ein- und Hochschätzung der Kunstfigur „hl. Dionysius" seitens der Franken entwickelte sich ein neues Interesse an den Schriften des Areopagiten. Um sich mit diesen auseinander setzen zu können, brauchte man eine lesbare Übersetzung ins Lateinische. Dafür zog man den iroschottischen Theologen Johannes Scotus Eriugena heran, der in Irland Griechisch gelernt hatte. 845 war Johannes Scotus ins Westfränkische Reich gekommen und von König Karl dem Kahlen mit der Leitung der Hofschule betraut worden. Er war selbst Philosoph, der seinerseits von den Gedankengängen des Pseudo-Dionysios Areopagites angeregt wurde. FREDERICK CHARLES COPLESTON nennt Johannes Scotus sogar den „ersten bedeutenden Philosophen des Mittelalters", kommt allerdings zu dem Schluss, „die beachtliche Leistung von Johannes Scotus" habe „zu seiner Zeit nur sehr wenig Interesse geweckt".[426] Einige erhaltene Kunstwerke der Jahrhundertmitte und zweiten Jahrhunderthälfte, auf die gleich zurückzukommen sein wird, lassen allerdings an dieser These zweifeln. Wie COPLESTON betont, versuchte der irische Philosoph und

Theologe „ein allumfassendes System oder eine allumfassende Weltschau" zu entwerfen; er wollte „eine christliche Vision der Welt darlegen … eine Gesamtinterpretation des Universums im Lichte des christlichen Glaubens". Instrument seines Denkens war ihm die spekulative Philosophie, „die sich letztlich vom Neuplatonismus herleitet". Das Zentrum seiner Gedanken war, dass Gott absolut einfach, zeitlos und gütig ist. „Gott ist Güte, nichts als verströmende Güte." Damit in Zusammenhang steht die Behauptung des Iren, es gäbe keine Hölle: „Die wahre Strafe des Sünders vollzieht sich in ihm selbst, nicht in einer räumlich gedachten Hölle. Die Reue ist die Hölle."[427] Diese Aussagen lösten einen Skandal unter den fränkischen Bischöfen aus. Eriugenas Philosophie war für sie *irischer Brei*, sein wichtigster Traktat wurde verboten. Die Reaktion ist verständlich: Für den Klerus war die Angstmache vor der Hölle ein unverzichtbares Machtmittel.

11.1.8. „Sakralisierung" und „Klerikalisierung" – Metz und Tours

Wie angedeutet, fand im Skriptorium von Saint-Martin in Tours und in der erzbischöflichen Schnitzwerkstatt in Metz kurz *vor* der respektive *um* die Jahrhundertmitte in formaler Hinsicht ein Kurswechsel statt, bei dem der unter Karl d. Gr. forcierte Suggestionsraum, also die Erweiterung des Betrachterraums, durch den Schichtenraum ersetzt wurde. Das bedeutet, dass die heilsgeschichtlichen Ereignisse ab diesem Zeitpunkt nicht mehr wie eine Theateraufführung vom Betrachterraum her (quasi aus einem „Zuschauerraum" heraus) verfolgt werden können, sondern dass das Heilsgeschehen in den Betrachterraum eindringt, der Betrachter unweigerlich zum Betroffenen wird. In Tours tritt der Kurswechsel insbesondere beim Vergleich der beiden Exodusbilder der Grandval- (um 840)[428] und der Vivianbibel (um 845; Abb. 45)[429] zutage: In der jüngeren Handschrift findet die Übergabe der Gesetze nicht mehr *in,* sondern *vor* dem Bundeszelt statt;[430] an die Stelle der räumlichen Integration der Figuren und Figurengruppe in ein Interieur ist eine collagenartige Schichtung von Architektur und Figuren getreten. Bezeichnenderweise überdeckt die Säule ganz rechts die letzte Figur, obgleich sich diese vor der Säule befinden müsste. Damit geht Hand in Hand, dass die Figuren nicht mehr auf dem Fußboden *stehen,* sondern von der Grundfläche des Pergaments wie von einem Magnetfeld *angezogen* werden. Die gemeinhin gültigen Gesetze der Statik sind also außer Kraft gesetzt. Ein neues Gesetz, das des Schichtensystems, ist in Kraft getreten.

In der Schnitzwerkstatt von Metz wurde knapp nach der Jahrhundertmitte dieselbe Wende vom Suggestionsraum zum Schichtenraum vollzogen, weshalb die Forschung die nach diesem Kurswechsel entstandenen Elfenbeinarbeiten unter der Bezeichnung „Jüngere Metzer Schule"[431] zusammenfasst – im Unterschied zu den älteren Werken, die sie unter dem Begriff „Ältere Metzer Schule"[432] subsumiert. Die stilistische Veränderung steht im Dienste einer inhaltlichen Neuorientierung. War die Kreuzigung Christi auf dem Bucheinband des Ms. lat. 9388 in Paris (BN; Abb. 44) der End- und Zielpunkt einer dramatischen Lebens*geschichte* gewesen, bildet sie nach der Jahrhundertmitte auf mehreren Elfenbeinreliefs (z. B.: Paris BN, Ms. lat. 9383; London VA; Abb. 46)[433] das Hauptthema – nicht nur des Lebens Jesu, sondern der ganzen Christenheit, ja des gesamten Universums. Der Gekreuzigte, der nun größenmäßig dominant im Zentrum der Platte erscheint, bildet den Bezugspunkt aller Figuren, aller Gebäude usf., egal, welcher Sinnschicht diese angehören. Unterhalb des Kreuzes auferstehende Tote bezeugen die Wirkung des Opfertodes Christi. Die ans Kreuz herantretende Ecclesia und die sich davon abwendende Synagoge thematisieren die christliche Kirche und das – aus damaliger christlicher Sicht: obsolete – Judentum, Sol und Luna über dem Kreuz sowie Okeanos und Gaia (Tellus) darunter deuten auf die ekklesiologische und kosmologische Dimension der Kreuzigung hin usf. Das heißt: Diese ist nicht als ein lang vergangenes Ereignis vor Augen geführt, vielmehr werden mittels des Reliefs schlagartig alle Zusammenhänge, wie sie die Kirche sieht, klar, so wie bei einem nächtlichen Gewitter der Blitz für einen Augenblick die ganze Landschaft sichtbar macht. Die Voraussetzung dafür ist die konsequente Anwendung des Schichtenprinzips. Nur mittels der Struktur, die jede räumliche und zeitliche Distanz des Betrachters zum Heilswirken Gottes aufhebt, kann innerbildlich Theologie betrieben, in diesem Fall: das dramatische Geschehen, wie wir es vom Deckel des Pariser Ms. lat. 9388 (Abb. 44) her kennen, in einem harmonischen Akkord gelöst werden. Fazit: Die Welt wurde Mitte des 9. Jahrhunderts „sakralisiert", was sich mit dem Versuch Johannes Scotus Eriugenas, eine – letztlich vom Neuplatonismus herzuleitende – „Gesamtinterpretation des Universums im Lichte des christlichen Glaubens" zu geben (F. C. COPLESTON), und zwar eines Universums, in dessen Zentrum ein zeitloser und gütiger Gott steht, durchaus zusammensehen lässt.[434]

Die Vorstufe der Sakralisierung der Welt war das schon einige Jahre vorher in Tours feststellbare Bestreben, den „Staat" zu „klerikalisieren". Das geht aus der Gegenüberstellung der beiden genannten Exodusbilder hervor. In der älteren Grandvalbibel ist Moses der Aktive: Groß, mit ausholender Gestik, verlautbart er das auf dem Sinai empfangene Gesetz. Die Israeliten, mit den Leviten an der Spitze, hören zu. In der jüngeren Vivianbibel sind Moses und Josua an den Rand gedrängt. Im Zentrum steht die Übergabe der Gesetze an die Leviten. Besser: die Über*nahme* der Gesetze durch die Priesterschaft. Moses ist bloß ein Handlanger, dessen sich Gott am Sinai bedient hat. Aharon, der Hohepriester, ist nun der Dominierende und zudem als Priester gekleidet: in einen Ornat, der das christliche Messkleid (Alba, Tunicella, Kasel) mit der Gewandung des alttestamentlichen Hohepriesters (*tintinnabula* [Goldglöckchen; Ex 28:33–34] am Saum, *superhumerale* [Schulterschmuck, liturgischer Kragen; Ex 28:6–14]) verquickt. Da die dargestellten Israeliten, wie erinnerlich, durch die Beischrift als *populus Christi* bezeichnet sind, definiert das Exodusbild der Vivianbibel den fränkischen Klerus als Empfänger und damit als Hüter des *ius divinum* (göttliches Gesetz). Für Tours galt dies natürlich in besonderem Maße, war hier doch unter Alkuin die *emendatio* der Bibel durchgeführt worden, und hatte Karl d. Gr. die gereinigte Bibel doch offiziell anerkannt, als er sie aus den Händen des Alkuinschülers Fridugisus empfing. Auch machte sich Saint-Martin nach wie vor durch die Produktion von Bibelpandekten in besonderer Weise verdient.

Kurz: Hinter den stilistischen und inhaltlichen Neuerungen der Vivianbibel stand eine politische Absicht: Mit dem Zurückdrängen des aus politischen Gründen forcierten Suggestionsraumes wurde die Politik in die Schranken verwiesen. Weniger „Staat", mehr Kirche – das ist die *message* des neuen alten Stils. Und genau das ist auch mit ikonographischen Mitteln ausgesagt: Die Kirche, die sich selbst als „Schrein" des göttlichen Willens und damit quasi als eine neue Bundeslade versteht, erhebt den Anspruch, dem Herrscher überlegen zu sein. Der Adressat war bei der Vivianbibel der Herrscher selbst: König Karl d. Kahle. Ihm wurde die Handschrift von den Mönchen von Saint-Martin Weihnachten 845 im Martinskloster überreicht – als ein rechtes Danaergeschenk. Denn die Mönche waren mit dem Herrscher unzufrieden, hatte dieser doch den abgetakelten Feldherrn Vivian als Laienabt des Klosters eingesetzt, um diesem so eine Sinekure zu verschaffen. Damit hatte Karl d. Kahle gegen das alte Recht des Klosters, seinen Abt selbst zu wählen, verstoßen. Das prachtvolle Geschenk weist den Herrscher also auf subtile Art zurecht.

Das Exodusbild der Vivianbibel zeigt paradigmatisch, wie es in der karolingischen Epoche gelang, auf ikonographischem Wege, oft durch die in den Bildern aufblitzenden Vorlagen, den unveränderbaren – und in Saint-Martin eben perfektionierten – Text der Heiligen Schrift auf eine bestimmte politische Aussage „hin-zu-interpretieren", vergleichbar dem Regietheater unserer Tage, das aus dem vorhandenen Text mittels der Inszenierung ein neues Stück mit einer neuen Zielrichtung macht.

11.1.9. Codexillumination in Saint-Denis?

Ein eigenes Problem stellt eine Handschriftengruppe dar, deren wichtigstes Werk der schon genannte, ins 3. Viertel des 9. Jahrhunderts datierbare Codex Aureus von St. Emmeram bildet. Kaiser Arnulf „von Kärnten" (reg. 896–899) schenkte ihn dem Emmeramskloster in Regensburg, wo er bis ins 19. Jahrhundert lag. Daher der Beiname der Handschrift. Abgesehen von der erwähnten, für das ursprüngliche Aussehen des Gewölbemosaiks der Aachener Pfalzkapelle möglicherweise aufschlussreichen Darstellung »Anbetung des Lammes durch die 24 Ältesten« beinhaltet der Codex ein interessantes Thronbild des 875 zum Kaiser gekrönten Karl des Kahlen:[435] Der Herrscher thront hier unter einem Baldachin, flankiert von seiner Garde und Engeln, während vier Personifikationen der von ihm beherrschten Länder Füllhörner ausschütten; die Hand Gottes sanktioniert Karls Herrschaft als rechtmäßig und gottgewollt. Mit einer Reihe weiterer stilistisch verwandter Codices wird der Codex Aureus als Produkt der „Hofschule Karls des Kahlen" bezeichnet; allerdings ist es unklar, ob das ausführende Skriptorium tatsächlich den Charakter einer Hofschule hatte. Auch der Ausführungsort der Gruppe ist ungewiss; die Forschung hat wiederholt an Saint-Denis gedacht.

11.1.10. Reims in den 870er-Jahren – Die Bibel von San Paolo f. l. m.

Sicher ist, dass das Reimser Skriptorium in den 870er-Jahren eine zweite Blüte erlebt hat. In dieser Zeit wurde hier für Karl d. Kahlen eine Bibel (Rom SPflm)[436] geschrieben und illuminiert, die in mehrfacher Hinsicht, etwa hinsichtlich der Maiestas-Darstellung (Darstellung Christi als Herrschender), auf den großen Pandekten von Tours aufbaut. Allerdings ist die neue Bibel noch viel üppiger illustriert als die in Saint-Martin produzierten Exemplare. Stilistisch schließt der neue Pandektenband an die ältere Reimser Codexillumination an. Karl d. Kahle hat ihn wohl anlässlich seiner Kaiserkrönung 875 nach Rom mitgebracht. Damals oder etwas später gelangte er in die Basilica Ostiense. *En parenthèse* sei erwähnt, dass im Rahmen der Kaiserkrönung Karls des Kahlen auch die sog. Cathedra Petri,[437] ein Gold-Elfenbein-Thron aus der Jüngeren Metzer Schule, nach Rom gelangt sein dürfte, wohl als ein weiteres Geschenk des Herrschers an den Papst. Später sah man darin den Amtsstuhl Petri, also ein Werk des 1. nachchristlichen Jahrhunderts, weshalb es Giovanni Lorenzo Bernini im 17. Jahrhundert zum Zentrum des Hauptaltares[438] von Neu-St. Peter machte.

11.1.11. Codexillumination in den „frankosächsischen" Klöstern

Im Gebiet des heutigen Nordfrankreich und Belgien existierten mehrere Klöster mit potenten Skriptorien, deren Produkte miteinander formal verwandt sind, weshalb die Forschung die Schreib- und Ausstattungswerkstätten unter dem Begriff „frankosächsische Schule" zusammenfasst. Der Begriff verweist schon auf die Provenienz der Motive und des Stiles: Gemischt wurde Fränkisches mit Insularem, also „Sächsischem" im Sinne von angelsächsisch. In der um 870 datierbaren sog. Zweiten Bibel Karls des Kahlen (Paris BN, Ms. lat. 2)[439] gehen etwa die Dominanz der *VOcavit autem*-Initiale (Lev 1:1), weiter die Überlagerung des „V" und des „O", die in Tierköpfen endenden Schäfte des „V", das Flechtwerk an dessen „Gelenkstelle", die Rautenform des „O", die Tiermotivik in dessen Binnenfeld und die „Umpunktung" auf das insulare Konto. Fränkisch sind indes die exzellente Majuskel und die brillante Unzialis. Im sog. Evangeliar Franz' II. (Paris BN, lat. 157),[440] ebenfalls um 870 entstanden, sind die Betonung der Ecken und die Flechtwerkmotivik des Rahmens insular beeinflusst, während die Ikonographie und der Stil der figuralen Darstellung, einer Kreuzigung, auf karolingischen Vorlagen, nämlich Werken der Jüngeren Metzer Schule (Abb. 46) respektive der Hofschule Karls des Kahlen, basieren. Hinsichtlich der angesprochenen Verschmelzung ist im Auge zu behalten, dass der Ärmelkanal nicht als Trennung zwischen den Britischen Inseln und dem Kontinent, sondern als Verbindung empfunden wurde. Der Austausch war daher stets rege.

11.2. Spätkarolingische Architektur am Beispiel Corvey

815, im Jahr nach dem Tod Karls d. Gr., war das Kloster Corvey (heute: Niedersachsen) zwecks Missionierung der Sachsen gegründet worden. Nach einem Brand wurde der Westteil der Kirche zwischen 873 und 885 durch ein monumentales Westwerk[441] mit Eingangshalle und darüber liegendem mehrgeschossigem Oratorium[442] errichtet. Es handelt sich hierbei um das einzige Westwerk aus Karolingischer Zeit, das auf uns gekommen ist. Bald nach der Fertigstellung dieses architekturgeschichtlich so wichtigen Bauteils, nämlich an der Wende zum 10. Jahrhundert, zerfiel das Reich der Franken. Der Druck von außen war zu stark geworden, der Zusammenhalt im Inneren schon lange nicht mehr gegeben gewesen.

12. Restauration: England unter dem Hause Wessex, das Römisch-Deutsche Reich unter den Ottonen (um 920–1024)

12.1. England

12.1.1. Malerei

Im 9. und im frühen 10. Jahrhundert erlitt die englische Kirche durch wiederholte Däneneinfälle schwere Schäden. „Bistümer verfielen, Klöster wurden geplündert, das geistige und kulturelle Niveau sank herab" (Henry Outram Evenett).[443] Eine Verbesserung trat ein, als es dem Haus Wessex unter König Alfred d. Gr. (reg. 871–899) gelang, das Land politisch sowie kirchenpolitisch zu vereinigen und zu festigen, und nachdem die Dänen bekehrt worden waren. Diese konstruktive Phase geht der Konsolidierung des Römisch-Deutschen Reiches am Kontinent zeitlich voraus. Auch seine neue kulturelle Blüte erlebte England etwas früher, nämlich ab der Mitte des 10. Jahrhunderts. Nun war es insbesondere die angelsächsische Kirche, also die Kirche im südlichen Britannien, die in den Vordergrund trat. Eines der wichtigsten Zentren war Winchester. Zu den Hauptwerken seines Skriptoriums zählt ein für Bischof Æthelwold (reg. 963–984) hergestelltes *Benedictionale pontificale* (die Segensgebete des Bischofs umfassender Codex; London BL, Add. ms. 49 598; Abb. 47),[444] das exemplarisch verdeutlicht, wie es den angelsächsischen Bischofshöfen gelang, nach dem politischen Desaster, das die Däneneinfälle bewirkt hatten, einen kulturellen Aufschwung herbeizuführen: Sie veranlassten ihre Illuminatoren, verschiedenste karolingische Vorlagen zu verarbeiten. So basieren beim Æthelwoldcodex die Rahmen mit den betonten Ecken auf Werken der frankosächsischen Schule, während die krautige Struktur der Akanthusblätter motivisch und stilistisch auf Metzer Arbeiten in der Art des Drogosakramentars zurückgeht. Der Figurenstil wiederum steht jenem, der in den Handschriften der Ada-Gruppe zu finden ist, nahe, während der malerische Charakter des Hintergrundes an Reimser Werke, insbesondere an das Eboevangeliar, denken lässt. Die Tatsache, dass karolingische Handschriften aus diversen Skriptorien als Vorlagen benützt wurden, spricht dafür, dass in den englischen Klöstern eine Vielzahl derartiger Codices lag. Durch das „Amalgamieren" entstand nun ein neuer Stil, der aber keineswegs eklektisch wirkt. Generell ist den englischen Darstellungen weit mehr Dynamik eigen als den genannten karolingischen Vorlagen, und zwar eine Dynamik, die Figuren,

Hintergrund und Rahmen gleichermaßen erfasst, als befände sich alles in einem permanenten Tanz.

In einem etwa gleichzeitig mit dem Æthelwoldcodex, ebenfalls in Winchester hergestellten *Benedictionale pontificale* (Rouen BM, Ms. 274)[445] mit arkadenförmigen, goldenen Rahmen sind die Figuren gelängter, noch eleganter, noch dynamischer als im Æthelwold-*Bendedictionale pontificale*. Noch bewegter sind auch die Hintergründe: Wind- und wolkenzerfetzte Himmel sowie zerfledderte Landschaften hinterfangen die Szenen, in denen eine nervöse Stimmung herrscht wie unmittelbar vor einem Gewitter. Die heiligen Protagonisten scheinen in einer Welt unterwegs zu sein, die in Aufruhr, im Umbruch begriffen ist. Nur die goldenen Architekturteile geben innerbildlich Halt.

12.1.2. Zeichnung

Weiter existierte in Südengland im 10. und 11. Jahrhundert eine Liebe zur Zeichnung, die mit verschiedenfarbigen Tinten ausgeführt wurde. Der Strich ist hier wie bei den Deckfarbenminiaturen ein skizzenhafter, und wie bei der Malerei geht die Dynamik des Duktus auch in den Zeichnungen auf die Figuren über – etwa auf die tanzenden Luxuria (Laster der sinnlichen, vor allem sexuellen Ausschweifung) in einer südenglischen „Psychomachie" („Seelenkampf"; allegorischer Kampf zwischen personifizierten Tugenden und Lastern) des Prudentius vom Ende des 10. Jahrhunderts (London BL, Add. Ms. 24 199).[446] Als Tanzender begegnet uns aber auch Christus, wenn er in einem gleichzeitigen, in Canterbury entstandenen Evangelistar (New York PML, M. 869)[447] auf Löwe und Schlange tritt (Ps 91 [XC]:13), also den Tod als Auferstehender besiegt. Auch die herbeieilenden Engel werden, so scheint es, gleich mittanzen … Auch die Lust an der Federzeichnung, am skizzenhaften, dynamischen Strich und an den bewegten Figuren wurde durch Werke der Karolingischen Zeit geweckt, ganz konkret durch den Utrechter Psalter (Abb. 43), der sich ab dem ausgehenden 10. Jahrhundert in Canterbury befunden haben muss, denn dort wurde er am Beginn des 11. Jahrhunderts kopiert (London BL, Harley Ms. 603).[448] Die monochrome Zeichnung des Originals wurde dabei dem lokalen Geschmack folgend durch eine polychrome ersetzt. Gleichzeitig hat man die für den Utrechter Psalter so typische Tiefenräumlichkeit der Landschaften etwas zurückgenommen.

12.2. Die Konsolidierung des Römisch-Deutschen Reichs – Heinrich I. bis Otto III.

12.2.1. Magdeburg, Corvey, Fulda

Am Kontinent konsolidierte sich die Gesamtsituation unter Heinrich I. (reg. 919–936), dem König des Ostfränkischen Reichs, aus dem sächsischen Geschlecht der Liudolfinger – besser bekannt unter dem Begriff „Ottonen", da drei aus ihm hervorgegangene Kaiser den Namen „Otto" trugen; 911 war die karolingische Linie mit Ludwig IV., d. Kind, dem Sohn Kaiser Arnulfs „von Kärnten", hier ausgestorben. Heinrich I. vermochte durch die erfolgreiche Abwehr der Ungarn einerseits, die Bindung des kulturell so wichtigen Lothringen als Herzogtum an das Römisch-Deutsche Reich (923/925) andererseits, die Voraussetzung für ein Anknüpfen an die mittlerweile abgerissene fränkische Tradition zu schaffen. Dadurch verlagerte sich der Schwerpunkt der Macht nach Nordosten.

Aus dem im Vertrag von Verdun festgelegten Westfränkischen Reich, *Francia,* entwickelte sich nach der Anerkennung Ludwigs IV. Ultramarinus' (reg. 936–954) als *dux Francorum* (Herzog der Franken) ein gefestigtes, seinen autonomen Weg beschreitendes Herrschaftsgefüge. In Italien, dem durch diverse Interessen am stärksten zerrütteten Bereich, hatte das westliche Kaisertum – zu einer partikularen italienischen Würde abgesunken – bis 924 überlebt und erlosch hier mit dem Tod König Berengars I. (888 [Kaiserkrönung 891], † 924).

Im Römisch-Deutschen Reich erfolgte dann unter Heinrichs Sohn, König Otto I., d. Gr. (reg. 936–973), eine echte Wende, da es diesem gelang, die Ungarn 955 in der Schlacht am Lechfeld (bei Augsburg) zu besiegen; Letztere wurden dadurch – nachdem sie das Karpatenbecken bereits zwischen 894 und 900 erobert hatten – endgültig zur „Landnahme" im Gebiet des heutigen Ungarn gezwungen. Seine Zielsetzung hatte Otto I. schon vorher durch die Art seiner Königskrönung im Jahr 936 deutlich gemacht: Indem er die Zeremonie in Aachen stattfinden ließ und diese Salbung, Krönung und die Besetzung des sog. Throns Karls d. Gr. umfasste, war schon damals ein direkter Anschluss an jenen Herrscher, der die *renovatio imperii* Ende des 8. Jahrhunderts zustande gebracht hatte, gegeben. 951 erfolgte Ottos erster Italienzug, bei dem er die langobardisch-italienische Königswürde übernahm. Der zweite, auf den Sieg über die Ungarn am Lechfeld folgende, führte ihn 962 nach Rom zur Kaiserkrönung.

Unter Otto I. kam es zum Aufbau neuer Strukturen, unter anderem zur Gründung mehrerer Bistümer. Zu den wichtigsten zählt Magdeburg.[449] Auch hier ist das Anknüpfen an Karl d. Gr. mit Händen zu greifen: Wie seinerzeit der Franke ließ nun auch der Sachse Spolien – darunter Säulen (Magdeburg D) und stadtrömische (?) Kapitelle des 2. nachchristlichen Jahrhunderts (Magdeburg KM) – aus Italien in den Norden bringen und im

Magdeburger Dom[450] (1207 abgebrannt, ab 1209 neu aufgeführt) – wie seinerzeit in der Aachener Pfalzkapelle (Abb. 37) – verbauen. Von Otto I. berufene italienische Baumeister wirkten an der Planung der Bischofskirche mit, und italienischen Elfenbeinschnitzern werden von der Forschung jene quadratischen Platten mit christologischen Szenen[451] zugeschrieben, die zur Verkleidung des Hauptaltares des Magdeburger Doms oder seiner Kanzel oder aber, wie von HERMANN FILLITZ jüngst vorgeschlagen, der bischöflichen respektive erzbischöflichen Cathedra gehört haben könnten; die Cathedra könnte ein Geschenk des Kaisers an den Magdeburger Metropoliten anlässlich der Erhebung Magdeburgs zum Erzbistum (968) gewesen sein.[452] Eines der erhaltenen Reliefs (New York MM; Abb. 48)[453] zeigt Kaiser Otto I. vor Christus, protegiert vom hl. Petrus und zwei nicht näher identifizierbaren Heiligen. Die Entstehungszeit der schon im 11. Jahrhundert in alle Winde zerstreuten Platten kann daher in jedem Fall auf die Spanne zwischen Ottos Kaiserkrönung (962) und seinem Tod (973) eingeengt werden.

Was die Herstellung neuer liturgischer Handschriften betrifft, waren unter den Ottonen anfangs die Skriptorien jener Klöster gefragt, welche die Zeit der Ungarnstürme überdauert hatten. Etwa das Kloster Corvey. Bei der Ausstattung der ersten, im 3. Viertel des 10. Jahrhunderts dort hergestellten Codices orientierte man sich an den Handschriften der frankosächsischen Schule aus dem 3. Viertel des 9. Jahrhunderts. So trifft man in einem Evangeliar aus Quedlinburg (New York PML, M. 755)[454] neuerlich auf dominante Initialen, verstärkte Rahmenecken und üppiges Flechtwerk. Neu sind indes die purpurfarbenen Gründe, die belegen, dass man – über das frankosächsische Material hinweg – auch auf die Produktion der Aachener Hofschule, etwa den Dagulfpsalter, zurückgriff.

Auch das Kloster Fulda erlebte einen Aufschwung, den es nützte, um auf seine eigene glorreiche Vergangenheit hinzuweisen. Etwa, wenn die Evangelistenbilder des um 970 anzusetzenden sog. Codex Wittekindeus (Berlin SB, Ms. theol. lat. fol. 1)[455] hinsichtlich Figurentypus und rechteckiger „Arkade" auf den Autorenbildern des erwähnten Evangeliars in Würzburg (2. Viertel 9. Jh.) basieren.[456] Der Faltenstil im Codex Wittekindeus belegt indes einen Rückgriff auf Handschriften der Aachener Ada-Gruppe. Für die Fuldenser Codexillumination der 970er-Jahre, etwa das sog. Göttinger Sakramentar (Göttingen NSUB, 2° Cod. theol. 231)[457] von ca. 975, sind ferner eloquente, figurenreiche christologische Szenen typisch, in denen kleine Protagonisten mit „Wasserköpfen" und übergroßen Händen und Füßen agieren.

12.2.2. Das sakralisierte Herrschertum

Hatte sich Abt Hilduin von Saint-Denis in den 820er-Jahren durch seinen mit Glöckchen und Granatäpfelchen besetzten Ornat mit dem Hohepriester des Alten Bundes gleichgesetzt und sich dadurch an die Spitze des fränkischen Klerus gestellt, und war es diesem in den 840er Jahren – in einer Art Quantensprung – gelungen, sich über dem Herrscher zu positionieren (man erinnere sich an die Aussagen der Miniaturen der Vivianbibel [Abb. 45], wonach der Klerus die „Bundeslade" des göttlichen Willens sei), gelang es den Kaisern aus dem sächsischen Geschlecht, die Konstellation zu ihren Gunsten zu verändern. Der „Hierarchieumbau", den sie durchführten, wurde durch die sog. Reichskrone (Wien WSK),[458] die wohl für die Kaiserkrönung Ottos I. im Jahr 962 in Westdeutschland entstand (Bügel und Kreuz sind jünger, die Pendilien [Gehänge] fehlen; die Umdatierung der gesamten Krone in die Zeit Konrads II. [reg. 1024–1039] durch die Prähistorikerin MECHTHILD SCHULZE-DÖRRLAMM überzeugt nicht),[459] gewissermaßen besiegelt: Auf der großen Stirn- und Nackenplatte der achtteiligen Krone erscheinen je zwölf Edelsteine, die auf die zwölf Apostel und die zwölf Stämme Israels verweisen. Auf Letztere ist angespielt, weil die steinbesetzten Kronenplatten eine Beziehung zur Brusttasche (Orakeltasche; Vulgata: *rationale;* Ex 28: 15–30) des alttestamentlichen Hohepriesters herstellen, die mit zwölf, die Stämme Israels symbolisierenden Edelsteinen besetzt war (Ex 25:7, 28:4 15–30). Die vier kleineren Platten der Reichskrone zeigen den Pantokrator sowie die alttestamentlichen Könige David, Salomon und Hiskia (2 Kön 20:1–6) in byzantinischer Emailtechnik, im sog. *émail cloisonné* (Senk- oder Zellenschmelz: in einem eingetieften Feld sind kleine, in der Regel monochrome Glasflussflächen in Zellen, welche von Goldstegen begrenzt werden, *eingeschlossen*).[460] Durch die doppelte Bezugnahme auf den Alten Bund, nämlich den Hohepriester einerseits, das Königtum andererseits, definierte sich der sächsische Herrscher, Otto I., d. Gr., als die absolute Spitze der Hierarchie, wobei sein Amt durch den Rekurs auf die – im Auftrag Jahwes eingesetzte – Priesterschaft einen sakralen Charakter erhielt. Dieser wurde ja auch durch den alten Brauch, den Herrscher bei der Krönung wie einen Priester zu salben, herbeigeführt. Die in der Kaiserkrone wie in einem Brennglas gebündelten Selbstaussagen des Herrschers wurden auch auf anderen Wegen kommuniziert. So stieg der Kaiser im Zuge der Krönungszeremonie gewissermaßen in den Stand des Klerus auf, indem er während der Zeremonie einen priesterlichen, und zwar bischöflichen Ornat trug.

Die Ineinssetzung von Kaisertum und Amt des Hohepriesters dürfte dann der Sohn Ottos I., d. Gr., Otto II. (reg. 967 [Mitkaiser]/973–983), zusätzlich betont haben, indem er als Teil des Krönungsornates einen verlorenen, aber durch einen Stich JOHANN ADAM DELSENBACHS von 1790 überlieferten mit Glöckchen besetzten Gürtel[461] herstellen ließ, der wiederum auf den Saumbesatz des hohepriesterlichen Ornates anspielte. Das verweist neuerdings auf Hilduins Selbstdefinition zurück – wieder stach der Kaiser die Kirche aus.

12.2.3. Die Byzanz-connection: Otto II. und Theophanu

Für die zeitliche Nähe der Konsolidierungsphasen in England und auf dem Kontinent bezeichnend ist, dass Otto I. in erster Ehe mit einer englischen Prinzessin, Eadgith (Edith), verheiratet war, und ebenso symptomatisch ist es, dass in der nächsten Generation hinsichtlich Heiratspolitik eine Wende um 180° vollzogen wurde: nach Byzanz. Wie erinnerlich, war der byzantinische Kaiser in der Karolingischen Zeit für die Franken in unerreichbarer Ferne geblieben, wie die in den *„Libri Carolini"* vorgebrachte, nachgerade pubertär anmutende Polemik belegt. In den frühen 970er-Jahren konnte sich der Kaiser des Römisch-Deutschen Reiches indes effektiv mit der Absicht tragen, um eine byzantinische Prinzessin anzuhalten. Gesandte wurden am kaiserlichen Hof in Konstantinopel vorstellig, und Byzanz, seinerseits an der neuen Partnerschaft interessiert, willigte ein: 972 konnte in Rom die Vermählung des Mitkaisers Otto II. mit Theophanu, der Nichte des byzantinischen Kaisers Johannes I. Tsimiskes (reg. 969–976), stattfinden. Das kam der lang ersehnten Anerkennung des westlichen Kaisertums durch Ostrom gleich.

Diese Verbindung wurde für den Westen eminent wichtig, denn Theophanu führte hier nicht nur Spezifika des byzantinischen Hofzeremoniells – unter anderem die Proskynese – ein, sondern brachte in ihrem Brautschatz auch eine Reihe von Kunstwerken – darunter aktuelle Werke der sog. Makedonischen Renaissance – mit, die Auftraggeber wie Ausführende gleichermaßen beeindruckt haben müssen, denn man ging postwendend daran, Byzanz „kulturell" nachzueifern, etwa durch die früher nach Trier, jetzt nach Italien lokalisierte, um 972 angefertigte sog. Heiratsurkunde (*de facto* die Übertragung einer Morgengabe als Witwengut) Ottos II. und Theophanus (Wolfenbüttel NstA 6Urk11)[462]. Der Text ist in Goldschrift auf einen Pergament*rotulus* geschrieben, dessen Bemalung wertvolle byzantinische Seidenstoffe imitiert.

Der Import byzantinischer Werke im Rahmen von Theophanus Hochzeitsgut hatte den Charakter einer Initialzündung: Arbeiten aus Byzanz gelangten auch noch später in den Westen. Ja, das Interesse an der byzantinischen „Kultur" sollte aufrecht bleiben – letzten Endes bis ins 13. Jahrhundert, in Venedig sogar das ganze 14. Jahrhundert hindurch, bedingt dadurch, dass Venedig Konstantinopel im Rahmen des 4. Kreuzzuges im Jahr 1204 erobert hat.

Gegen Ende des 10. Jahrhunderts, also schon nach Theophanus Tod (991), gelangte ein damals brandneues byzantinisches Elfenbeinrelief (Abb. 49)[463] in den Westen, das die *koimesis* (κοίμησις: Schlaf = Tod Mariä) darstellt: Während die Apostel, die den Apokryphen („verborgene" Schriften) zufolge von Engeln in der Todesstunde der Gottesmutter aus aller Herren Länder, wo sie als Missionare unterwegs waren, an das Sterbebett Mariä herangetragen wurden, dieses umstehen, nimmt Christus das *pneuma* (πνεῦμα: Hauch, Leben = Seele) seiner Mutter in Form eines kleinen Kindes in Empfang, um es an zwei Engel weiterzugeben, die es mit velierten Händen in den Himmel tragen. Das Koimesisrelief wurde unmittelbar nach seinem Eintreffen im Westen in den Prachteinband des sog. Münchener Evangeliars Ottos III. (München BSB, Clm 4453; cf. Abb. 52), auf das zurückzukommen sein wird, integriert. Außerdem fand durch das Importstück das Thema des Marientodes Eingang in die westliche Ikonographie.

Die byzantinische Codexillumination hat jene des Westens sowohl ikonographisch als auch stilistisch beeinflusst: Beispielsweise basiert die Dedikationsminiatur des sog. Hitdacodex, eines Kölner Evangeliars von ca. 1000 (Darmstadt HLHB, Hs. 1640),[464] typologisch und ikonographisch auf einer Widmungsminiatur, wie sie in einer byzantinischen Bibel aus der 1. Hälfte des 10. Jahrhunderts, der sog. Leobibel (Città del Vaticano BAV, Reg. gr. 1B),[465] vorkommt. Dort dediziert der Patricius (hoher Würdenträger) Leo die Bibel der Gottesmutter; die Kölner Miniatur stellt die Übergabe des Evangeliars durch die Äbtissin Hitda von Meschede an die hl. Walpurga dar. Neben dem ikonographischen Gesamtschema lässt sich auch die Bedeutung, die dem architektonischen Ambiente zuerkannt ist, vergleichen. Hinsichtlich des Stils beweisen bei der Kölner Darstellung insbesondere das Parzellieren (Zergliedern) des Gewandes und die mit weißer Farbe aufgesetzten Glanzlichter eine Auseinandersetzung mit Vorbildern aus Byzanz.

12.2.4. Die Anfänge des Reichenauer Skriptoriums

Ungeachtet des vom ottonischen Herrscher erhobenen Anspruchs, als *vicarius* (Stellvertreter) *Christi* an der Spitze der Hierarchie zu stehen, war dieser bei der Herstellung von Handschriften, mit denen unter anderem neu gegründete Bischofskirchen etc. bedacht werden sollten, auf die Skriptorien *geistlicher* Zentren angewiesen. Eine Hofkunst wie jene, die unter den Augen Karls d. Gr. in Aachen floriert hatte, gab es unter den sächsischen Herrschern nicht mehr. Jene Klöster wiederum, die über ein potentes Skriptorium verfügten, buhlten um die Herrschergunst. Als Produktionsort der Handschriften war die Kirche der Motor der Entwicklung der Codexillumination. Dass Wünsche der Herrscher, insbesondere in ikonographischer Hinsicht, berücksichtigt wurden, steht aber außer Frage. Zwei in der Ottonischen Zeit für die Codexherstellung relevante Zentren wurden schon genannt: Corvey und Fulda. Im Folgenden wird weiter auf Trier, Köln, Regensburg und

Hildesheim einzugehen sein. Als „Platzhirsch" unter den für die sächsischen Könige und Kaiser arbeitenden Zentren etablierte sich aber das Benediktinerkloster auf der Bodenseeinsel Reichenau, wo die vor den Ungarn aus St. Gallen geflüchteten Mönche ihre Handschriftenproduktion fortsetzten. Sie führten dabei die vorher im Galluskloster aufgebaute Tradition weiter, nahmen aber auch externes Vorlagenmaterial auf, wenn es galt, den Ansprüchen des Herrschers oder geistlicher Würdenträger gerecht zu werden. Signifikantestes Beispiel dafür: der sog. Gerocodex (Darmstadt HLHB, Cod. 1948),[466] ein vor 969 für Erzbischof Gero von Köln (reg. 969–976) hergestelltes Evangelistar. Die darin vorkommende Darstellung der Maiestas Christi wurde nach der themengleichen Miniatur des Lorscher Evangeliars, also einer in der Hofwerkstatt Karls d. Gr. um 810 produzierten Prachthandschrift, kopiert. Bei der Rezeption sind die Motive allerdings etwas vereinfacht worden. Auch der Stil ist nun flächiger und graphischer als beim karolingischen Bezugswerk.

12.2.5. Der Meister des Registrum Gregorii und Trier

Um 980 wurde auf der Reichenau ein für Erzbischof Egbert von Trier (reg. 977–993) geschriebenes Evangelistar von mehreren Malern (die Forschung spricht gern von „Händen") illuminiert (Trier SB, Ms. 24).[467] Die Hand eines der an der Ausstattung beteiligten Illuminatoren lässt sich auch in anderen Codices nachweisen, so dass ein Œuvre des Malers zusammengestellt werden konnte. Nach einem seiner Werke, einer Miniatur, die zu der Sammlung von Briefen Gregors d. Gr. gehörte, erhielt er den Notnamen „Meister des Registrum Gregorii". Von ihm stammt im Codex Egberti unter anderem die aus zwei Szenen bestehende Miniatur »Geburt Christi« (Lk 2:1–7) und »Verkündigung an die Hirten« (Lk 2:08–14). Sie erinnert in mehreren Momenten – Zweizonigkeit, Tiefenräumlichkeit, Atmosphärik, Schlagschatten etc. – an die Langhausmosaiken von Santa Maria Maggiore in Rom; selbst die weiß-schwarz gestreiften „Tennissocken" der Hirten kommen schon in den Mosaiken des 5. Jahrhunderts vor. Damit steht außer Frage, dass der Meister des Registrum Gregorii auf spätantike Vorlagen zurückgriff. Wiederholt ist sogar daran gedacht worden, er wäre Italiener gewesen. Wie im späteren 8. Jahrhundert war insbesondere Oberitalien auch noch im 10. Jahrhundert ein Bereich, wo die künstlerischen Traditionen, die letztlich in der Antike wurzeln, alle politischen Unwetter überdauert hatten. In jedem Fall belegen die Miniaturen des Gregor-Meisters, dass man sich schon bald nicht mehr damit zufriedengab, die den karolingischen Arbeiten inhärenten antiken Momente aufzugreifen, sondern um 980 – über die Vorlagen hinweg – bereits direkt auf Spätantikes zurückgriff. Damit wiederholte sich unter den Ottonen im 3. Viertel des 10. Jahrhunderts der von den Franken in den Dekaden um 800 veranlasste Rezeptionsprozess, was belegt, dass man in der Zeit der sächsischen Herrscher den in der Karolingerzeit durchgeführten Rückgriff noch in vollem Umfang und mit allen Konnotationen verstand.

Als Erzbischof Egbert das Evangelistar, an dem der Meister des Registrum Gregorii mitgewirkt hatte, von zwei Reichenauer Mönchen, Kerald und Heribert, geschenkt bekam, scheinen ihn die Miniaturen des außergewöhnlichen, die Spätantike bemühenden Illuminators so sehr angesprochen zu haben, dass er diesen nach Trier berief. Dort schuf der Maler eine Reihe weiterer Werke, wobei er das Ruder *in puncto* Bildstruktur vollkommen herumwarf – weg vom antikennahen Suggestionsraum, hin zum spätkarolingischen Schichten- resp. „Kulminationsraum" (CARL NORDENFALK).[468] Ob der Maler zu diesem Kurswechsel vom Erzbischof animiert wurde, lässt sich nicht mehr sagen. Denkbar ist es. Die Röntgenaufnahme einer vom Meister des Registrum Gregorii in Trier um 985 ausgeführten Miniatur (Trier SB, Hs. 171/1626 [Einzelblatt]),[469] die den von der Geisttaube inspirierten hl. Papst Gregor d. Gr. und seinen Schreiber, den Diakon Petrus, wiedergibt, zeigt jedenfalls, wie sehr der Maler um diese strukturelle Neuorientierung rang: Hatte er vorerst die Absicht gehabt, den schreibenden Papst stärker räumlich einzubinden, indem er den Vorhang nicht nur an der linken, sondern auch an der rechten Seite um den Papst herumführte, also eine Art Futteral für die Figur schuf, drängte er den Raum dann zurück, indem er das Velum (Vorhang) rechts kürzte. Auch löste er das räumliche Kontinuum auf, indem er den päpstlichen Palast, den Lateran, zugleich von außen und von innen wiedergab. Ferner dadurch, dass er die Dreidimensionalität der Figuren wie mittels zweier Glasscheiben zur „Polsterplastizität" (CARL NORDENFALK) zusammenpresste. Alles ist in der Miniatur in Schichten zerlegt, die – vom Grund ausgehend in Richtung Betrachter – übereinandergelegt wurden. Das erinnerte den schwedischen Gelehrten CARL NORDENFALK an eine „Tausendblättertorte" (eine Torte aus Blätterteig, wie man ihn in Wien unter anderem vom Apfelstrudel und von Crèmeschnitten kennt). Dass die Schichten in der Gregorminiatur punktuell verflochten sind, beweist, dass die Plastizität nur auf die einzelne Figur respektive den einzelnen Gegenstand bezogen ist, im Moment aber, in dem die dargestellte Figur oder das dargestellte Objekt innerhalb des Bildes zu anderen Personen oder Gegenständen in Beziehung tritt, aufhört zu existieren. Fazit: Die Skriptorien der geistlichen Zentren griffen in der Ottonischen Zeit während der ersten Konsolidierungsphase des Reichs – zuerst am Wege der karolingischen Kunst, dann direkt – auf spätantikes Vorlagenmaterial zurück, um zu behaupten, dass ein Kontinuum existiere. Mitte der 980er-Jahre aber vollzogen sie erneut jene Wende vom Suggestionsraum zum Schichtenprinzip, die in den 840er-Jahren in Tours und ein paar Jahre später in Metz schon einmal durchgeführt worden war, auch damals im Anschluss an eine kurze

Phase eines intensiveren Antikenbezugs. Dass die Umorientierung hin zum Schichtensystem im 10. Jahrhundert ebenfalls im Schoße der Kirche, nämlich im Auftrag Erzbischof Egberts von Trier oder zumindest unter dessen Augen, durchgeführt wurde, spricht dafür, dass die Geistlichkeit auch in der Zeit der Ottonen im Schichtenprinzip das für die Kommunikation ihrer Anliegen besser geeignete Medium sah. Dessen ungeachtet wurde die Schichtenstruktur in der Folge auch bei jenen Werken, die im Auftrag der Herrscher entstanden, grundlegend.

In Trier führte der schon genannte Meister des Registrum Gregorii abgesehen von der besprochenen Gregorminiatur kurz nach 983 eine weitere Miniatur aus, die Kaiser Otto II. als Thronenden, flankiert von den vier Provinzen des Reichs, zeigt (Chantilly MC, Einzelblatt; Abb. 50)[470]. Die Bildstruktur des Otto-Bildes stimmt mit jener der Gregorminiatur überein. Wieder ist der Tiefenraum zugunsten des Schichtenprinzips aufgegeben: Die Figuren des Kaisers und der vier Personifikationen bilden flache Schichten, die *vor* dem Kastenthron, der innerbildlich wie die Figuren zur Folie reduziert ist, liegen. Der innerbildlich plane Thron und das ebenso plane Suppedaneum wiederum „schweben" vor dem innerbildlich hauchdünnen Ziborium. Auch in diesem Bild ist also anstelle der – die Welt der sichtbaren Dinge bestimmenden – Erdanziehung ein „Magnetismus" der Grundfläche getreten. Alles, egal wie viele Schichten von Architektur, Möbeln und Figuren collageartig in Richtung Betrachter übereinandergelegt sind, haftet fest am „Magnetgrund".

Mit dem Raum ist, so werden wir folgern dürfen, im Bild auch die Zeit aufgehoben. Die Schichtenstruktur hat also die Aufgabe, dem Betrachter zu vermitteln, dass das Bild keine reale Thronszene, also keine Audienz des Kaisers an einem bestimmten Zeitpunkt seiner Regierungszeit und an einem bestimmten Ort seines Reiches, wiedergibt, sondern dass es vielmehr eine Aussage über den Herrscher, den Kaiser des Römisch-Deutschen Reiches, und seine Macht treffen will. Es ist das Ausmaß der Macht, das dem Betrachter als Faktum vor Augen gestellt wird, jenseits seiner örtlichen und zeitlichen Bindung. Im konkreten Fall wurde diese Aussage, und das ist wesentlich, *nach* dem Tod Ottos II. (983) getroffen; ein zeitgleiches Fragment in Trier (SB, Hs. 171a) trägt auf purpurnem Grund die in goldener Unzialis geschriebene Klage Erzbischof Egberts von Trier über den Tod des Kaisers.[471]

12.2.6. St. Georg/Oberzell und die Reichenau als „Hoflieferant"

Schon nach der Abberufung des Meisters des Registrum Gregorii, Ende des 10. Jahrhunderts, wurde die Kirche St. Georg zu Oberzell auf der Reichenau – Abt Hatto I. von Reichenau (806–822/823) hatte Oberzell als kleines Chorherrenstift gegründet – mit christologischen Szenen ausgestattet.[472] Der Figurenstil und die räumlich sich in überzeugender Weise entfaltende Mäanderrahmung verweisen wie die frühen Miniaturen des Gregor-Meisters im sog. Codex Egberti auf Oberitalien, was wahrscheinlich macht, dass hier oberitalienische Freskanten am Werk waren.

Die auf der Reichenau nach dem Abgang des Gregor-Meisters rund um die Jahrtausendwende entstandenen Handschriften fasst man aufgrund eines daran beteiligten, namentlich bekannten Schreibers unter dem Begriff Liuthar-Gruppe zusammen. Ihr ikonographisch interessantestes Werk ist ein in den 990er-Jahren für Kaiser Otto III. (983–1002) hergestelltes Evangeliar (Aachen DS),[473] das aufgrund seines Aufbewahrungsortes „Aachener (Schatzkammer-)Evangeliar Ottos III." heißt. Nebst einem christologischen Zyklus beinhaltet es eine sich über zwei Seiten erstreckende Widmungsminiatur,[474] die auf der *verso*-Seite (Rückseite des vorangehenden Blattes) den schenkenden Mönch – den für die Handschriftengruppe namengebenden – Liuthar und auf der *recto*-Seite (Vorderseite des folgenden Blattes) den beschenkten Kaiser zeigt. Der Dedikator steht, mit dem Codex in Händen, Otto III. zugewandt. Der Empfänger thront frontal. Die Beischrift *HOC AUGUSTE LIBRO: TIBI COR D(EU)S INDUAT OTTO/ QUEM DE LIUTHARIO. TE SUSCIPISSE MEMENTO: (Gott möge dir, erhabener Otto, das Herz mit diesem Buch bekleiden, das von Liuthar empfangen zu haben du eingedenk sein mögest),* ein sog. leoninischer Hexameter (Hexameter, dessen Hälften sich reimen) besagt, dass Liuthar Otto das Evangeliar in der Hoffnung widmet, dass es dessen Herz bekleiden, dass also Ottos Denken und Tun gänzlich aus dem Geiste des Evangeliums erwachsen möge.

Die beschriebene historische Ebene, nämlich der Akt der Übergabe während einer zeitlich und örtlich verortbaren Audienz des Herrschers, ist demnach in eine komplexe Struktur eingebunden, die eine vielfältige Aussage trifft, welche ihrerseits die kurz vorher vom Meister des Registrum Gregorii vollzogene Wende (cf. Abb. 50) voraussetzt. So finden die Worte Liuthars *„hoc … libro tibi cor Deus induat Otto"* eine direkte Umsetzung, wenn die auf der *recto*-Seite wiedergegebenen Evangelistensymbole eine ausgerollte Schriftrolle, also die Heilige Schrift, dergestalt halten, dass ihr Mittelteil vor der Brust des Kaisers herabhängt. Auf diese Weise wird also das Herz des Herrschers mit dem Evangelium *bekleidet.* Aber damit nicht genug: Otto III. wird in der Miniatur von Tellus in den Himmel, also Gott entgegen, gehoben. Die *dextera Dei* krönt ihn, zugleich umhüllt ihn eine Mandorla, also jene Gloriole, die üblicherweise Christus vorbehalten ist. Durch diese Konstellation ist Otto III. aus der Menge der Normalsterblichen herausgehoben, als rechtmäßig Herrschender, ja sogar als christusgleich definiert. Waren also schon Großvater und Vater, Otto I. und Otto II., bei der Krönung durch Salbung, Ornat und Insignien in gewisser Weise in den Stand des Klerus aufgestiegen, präsentiert das Aachener Schatzkammerevangeliar Otto III. unmissverständlich als Stellvertreter Christi auf Erden.

Nach dem politisch so brisanten „Aachener Schatzkammerevangeliar" entstand auf der Reichenau um 1000 ein zweites Evangeliar für den Kaiser, das sog. Münchener Evangeliar Ottos III. (München BSB, Clm 4453; Abb. 52),[475] wieder mit einem umfangreichen christologischen Zyklus. Auch hier sind ikonographische Spezifika mit dem Schichtenprinzip untrennbar verbunden. Etwa beim »Einzug Christi in Jerusalem«, wo das Geschehen – vom üblichen Schema abweichend – in zwei übereinander positionierte Teile zerlegt ist: Christus reitet oben, in der Mittelachse, überwölbt von einem Bogen aus Wolkenrüschen; die Eselin geht im Schritt auf einem Weg aus Erdschollen, die so geformt und arrangiert sind, dass sie den Blick des Betrachters wie zwei gegenläufig bewegte Spindeln auf die relevante Mittelachse lenken. Die huldigenden Jerusalemiten befinden sich in der Zone darunter, jeweils seitlich, und werfen von dort ihre Kleider auf den erhöhten Weg hinauf, als wäre er ein Laufsteg bei einer Modeschau. Christus ist damit als Triumphator definiert, der vom Firmament, das einen Triumphbogen für ihn formt, überwölbt wird. Dank des anagogischen Konzepts zeigt die Miniatur, dass der Einzug in Jerusalem – die Perikope wird am Sonntag, der die Karwoche einleitet, verlesen – nur vordergründig den Beginn der Passion Jesu markiert, in Wahrheit aber die siegreiche Wiederkehr Christi, den *secundus adventus* am Jüngsten Tag, vorwegnimmt.

Auf dem Buchdeckel[476] des Clm 4453 wurde das besprochene byzantinische Koimesisrelief (Abb. 49) montiert, was beweist, dass das byzantinische Schema des Marientodes auf der Reichenau umgehend rezipiert wurde. Mittels der Wiedergabe der Koimesis am Münchener Evangeliar Ottos III. betonte der vom „Griechen" Otto III. beherrschte Westen – die Kaiserinmutter Theophanu war ja Griechin gewesen – zugleich, dass er sich den Glauben an die Aufnahme Mariä in den Himmel bereits einverleibt hatte. Er betrieb also im Hinblick darauf, dass die Gottesmutter in Byzanz als Nothelferin hoch im Kurs stand, eine Art politische Marienfrömmigkeit (1950 [!] wurde der Glaube an die Leibliche Himmelfahrt Mariä zum Dogma erhoben, der seitdem von jedem/r Katholiken/Katholikin eingefordert wird).

Stilistisch ist zwischen den beiden Evangeliaren für Otto III. eine deutliche Entwicklung feststellbar: Die Figuren sind im jüngeren Exemplar größer, selbstbewusster und sie bewegen sich mit stärker ausgreifender Gestik. Auch die freien Flächen, der aus Byzanz übernommene Goldgrund, haben sich ausgedehnt, was den Darstellungen des jüngeren Codex gesamthaft eine monumentalere Wirkung verleiht.

Otto III. betrieb übrigens eine erfolgreiche Ostpolitik, so initiierte er jenseits der Reichsgrenzen, in Gnesen und Gran, die Gründung von Erzbistümern für Polen respektive Ungarn. Zudem band er den polnischen Herzog Bolesław I. Chrobry ans Reich, indem er ihm den Titel *socius et amicus* (Verbündeter und Freund) des römischen Volkes verlieh.

12.3. Die Zeit Heinrichs II.

12.3.1. Machtverschiebung nach Bayern – Regensburg, Bamberg

Als Otto III. 1002 plötzlich und kinderlos im Alter von nur 28 Jahren starb, folgte ihm sein Cousin zweiten Grades Heinrich II. (reg. 1002–1024) aus der bayerischen Linie des Geschlechts, der bis dahin lediglich Herzog von Bayern gewesen war, nach. Dieser regierte das Reich von seinem ursprünglichen Herrschaftsgebiet aus, wodurch sich das Machtzentrum nach Südosten verlagerte. Hinsichtlich der Handschriftenproduktion stützte sich Heinrich II. auf jene Skriptorien, die vorher für die sächsische Linie der Familie gearbeitet hatten, allen voran auf die Reichenau, vorerst aber forcierte er die Produktion in seiner Residenzstadt Regensburg: in St. Emmeram. In Bayern gründete er 1007 das Bistum Bamberg, das eine Art neues Rom werden sollte: Auf den Hügeln der Stadt wurden mehrere Kirchen erbaut, darunter der doppelchörige, 1012 geweihte Dom[477] und die 1020 geweihte Kirche St. Stephan. Heinrich und seine Frau Kunigunde bestifteten Bamberg reichlich, unter anderem mit liturgischem Gerät und Handschriften. Zwei der Codices wurden auf der Reichenau hergestellt: um 1005 die sog. Bamberger Apokalypse (Bamberg SB, Ms. bibl. 140)[478] für St. Stephan und um 1010 ein Evangelistar, das sog. Perikopenbuch Heinrichs II. (München BSB, Clm 4452),[479] für den Dom. Stilistisch schließen die beiden Codices an das Münchener Evangeliar Ottos III. an, die Monumentalität der Miniaturen erreicht nun – vielleicht unter Einfluss der Monumentalmalerei in St. Georg/Oberzell – einen neuen und nicht wieder erreichten Höhepunkt. Der Inhalt der Miniaturen ist dabei nicht mehr so komplex wie in den früheren Arbeiten der Liuthar-Gruppe. Kurz gesagt: Die *anagogé* (Hinaufführung) erfolgt nun primär durch den Stil, nicht so sehr über die ikonographische Schiene.

Zum Benediktinerkloster St. Emmeram hatte Heinrich II. ein besonderes Nahverhältnis, da er mit dessen Abt Ramwold von St. Emmeram (reg. 975–1000) befreundet war. Ramwold hatte den Codex Aureus von St. Emmeram, der ja seit dem ausgehenden 9. Jahrhundert in St. Emmeram lag, restaurieren lassen. Dadurch erweiterten die Illuminatoren des Emmeramsklosters ihre Fähigkeiten, was ihnen bei der Herstellung neuer Codices zugutekam, etwa bei der Ausführung des sog. Sakramentars Heinrichs II. (München BSB, Clm 4456),[480] das sie im Auftrag König Heinrichs II. – er ist im *titulus* als „*rex*" bezeichnet – wohl bald nach 1002 produzierten. Zwei darin enthaltene Herrscherbilder zeigen deutlich den Anspruch König Heinrichs auf die Kaiserwürde: Eine der beiden Darstellungen[481] basiert auf dem Thronbild Karls des Kahlen im genannten, damals in St. Emmeram liegenden und eben restaurierten Codex Aureus von St. Emmeram,[482] also auf dem Herrscherbild eines fränkischen Königs, der bald nach der Entstehung der Handschrift zum

Kaiser gekürt wurde. In dieselbe Richtung zielt die zweite Repräsentationsdarstellung,[483] wenn sie das ikonographische Schema des Herrscherbildes im sog. Psalter Basileios II. (Venedig BNM, Cod. Graec. 17; Konstantinopel, nach 1014)[484] aufgriff: Beide Male erscheint über dem Herrscher der krönende Christus, im byzantinischen Psalter übergibt ein Engel dem Kaiser eine Lanze, während ihn der andere Engel krönt, im Sakramentar Heinrichs II. legen zwei Engel dem König die Heilige Lanze und das Reichsschwert (beides: Wien WSK)[485] in die Hände. Hinter der Usurpation des byzantinischen Herrscherbildes verbirgt sich der sattsam bekannte Wunsch des Westens, sich über den *basileus* Ostroms zu erheben, was auch in diesem Fall ein eitler Traum bleiben musste; erst zweihundert Jahre später sollte Konstantinopel gestürzt werden (1204). Dann aber nicht durch den Kaiser, sondern die wirtschaftlich prosperierende Stadt Venedig.

Symptomatisch für den in St. Emmeram vollzogenen Aneignungsprozess ist, dass das byzantinische Schema überformt wurde, und zwar mittels der Integration der Lokalgrößen Ulrich (Uodalricus) und Emmeram, die, während Heinrich die Insignien trägt, dessen Arme stützen (dass Ersterer, wie bisher angenommen, 993 vom Papst heiliggesprochen worden war, wird jetzt mit gewichtigen Argumenten angezweifelt). Diese *sostentatio* (Unterstützung) des Herrschers durch hohe geistliche Würdenträger war Teil des Krönungszeremoniells und mag bei diversen festlichen Anlässen wiederholt worden sein. Durch die Miniatur und die faktisch durchgeführte *sostentatio* wird Heinrich II. mit Moses gleichgesetzt, dem Aharon und Hur während der Schlacht gegen die Amalekiter (Ex 17:7–13) die Arme hochzuhalten halfen; solange er sie im Gebet erhoben hielt, war den Israeliten Erfolg beschieden. Die Aussage ist klar: Während seiner Herrschaft, jetzt als König, in Zukunft aber als Kaiser, wird Heinrich II. erfolgreich sein, solange ihn die Kirche, insbesondere der lokale Klerus, der sich in Emmeram (2. Hälfte 7. Jh.), dem Patron des Regensburger Klosters, und im Augsburger Bischof Ulrich (reg. 923–973) wiedererkennen kann, unterstützt. Der Hinweis auf die entscheidende Funktion des Klerus ist ein Kompliment, zugleich eine Zurechtweisung: sich auf den Platz des Dieners zurückzuziehen. Hierin stellte sich Heinrich, der das sog. Ottonische Reichskirchensystem weiter ausbaute, in eine Reihe mit seinen Vorgängern aus der sächsischen Linie. Durch seine Identifikation mit Moses erweiterte er indes das Spektrum: Hatten sich Otto I. und Otto II. mittels des Programms der Reichskrone und des schellenbesetzten, zum Krönungsornat gehörenden Gürtels mit Aharon gleichgesetzt, verstärkte Heinrich II. den Anspruch, der neue Moses zu sein. Er vereint als Herrscher, so die Aussage der Miniatur, die volle *geistliche* und *weltliche* Macht, und zwar in einem globalen, also nicht auf den Westen beschränkten Sinne. Damit knüpfte Heinrich II. an den Karolinger Ludwig II., d. Deutschen, an, der schon 869/870 „in betonter Wendung gegen Byzanz das legitime römische Kaisertum exklusiv für sich" beansprucht hatte (HANS HUBERT ANTON).[486] Der vom Ottonen

Heinrich II. zu Beginn des 11. Jahrhunderts ikonologisch wiederholte Anspruch – für den heutigen Geschmack starker Tobak – ist auch über den Stil der Miniaturen vermittelt, indem sie westliche und byzantinisierende *modi* (letzterer am besten erkennbar am Parzellieren) kombinieren. Beide Spielarten können sogar in ein und derselben Miniatur vorkommen, beispielsweise in der »Kreuzigung Christi«, wo das Antlitz Christi spolienartig in einem byzantinisierenden *modus* ausgeführt wurde. In der Regensburger Codexillumination unter König Heinrich II. wurde also jene Verschmelzung, die in der ausgestorbenen sächsischen Linie durch Heirat schon einmal durchgeführt worden war, auf der Ebene der „Kunst" nachvollzogen. Hinter dem ikonographischen wie hinter dem stilistischen Einverleiben von Byzantinischem im Sakramentar Heinrichs II. steht also ein politischer Anspruch, der umso deutlicher ausgesprochen werden musste, als sich Heinrich II. nicht darauf berufen konnte, eine griechische Mutter zu haben oder mit einer Griechin verheiratet zu sein.

Das Vermögen, durch die Miniaturen vielschichtige Aussagen zu kommunizieren, wurde in Regensburg in den folgenden Jahren noch erhöht. Bestes Beispiel hierfür: das um 1020 in St. Emmeram ausgeführte sog. Utaevangelistar (München BSB, Clm 13061).[487] Äbtissin Uta von Niedermünster (reg. 1004–25) hatte es für das ihr unterstehende Regensburger Kloster bestellt. Zu den Höhepunkten des Codex zählt die »Kreuzigung Christi«,[488] die ikonographisch und ikonologisch auf die Jüngere Metzer Schule (Abb. 46) zurückgreift, etwa hinsichtlich der Präsenz von Sol und Luna sowie von Ecclesia und Synagoge, an inhaltlicher Komplexität aber über die spätkarolingischen Elfenbeinarbeiten noch hinausgeht. Dass ein komplexer Inhalt und die Wiedergabe von konkreten Objekten, also ein geradezu mimetisches Vorgehen, einander nicht ausschließen müssen, beweist jene Miniatur des Codex, die den hl. Erhard (* um 620/630, † um 700) während der Messfeier wiedergibt.[489] Sein Gewand spielt unter anderem durch den Schulterschmuck, der hier mit der Orakeltasche verquickt ist, auf den Ornat des alttestamentlichen Hohepriesters an – wodurch die Kirche die Identifikation des Herrschers mit Aharon gewissermaßen zu neutralisieren versucht –, während die auf dem Altar dargestellten Gegenstände existente, auch heute noch leicht identifizierbare Objekte wie das sog. Arnulfziborium (München SKR)[490] wiedergeben.

12.3.2. Hildesheim: Bischof Bernwards „Himmlisches Jerusalem"

Hildesheim (heute: Niedersachsen) hatte schon im späten 10. Jahrhundert Bedeutung besessen. Zu einem extraordinären Zentrum in geistiger wie in künstlerischer Hinsicht wurde es aber durch Bischof Bernward (reg. 993–1022), der in den drei Jahrzehnten seiner Amtszeit alles daransetzte, die Stadt in ein Art „Himmlisches Jerusalem" auf Erden zu verwandeln. Ein Mann von hoher Bildung, hatte Bernward als Erzieher und Lehrer des nachmaligen Otto III. gewirkt. Später begleitete er den Kaiser auf Reisen und war auch auf eigene Faust unterwegs, unter anderem in Frankreich und Italien. Dabei studierte er neue Werke und solche der Karolingerzeit, aber auch Antikes. Was ihn interessierte, ließ er durch seine *pueri* (Schüler) in Musterbüchern festhalten. Ein waches Auge hatte er zudem für alles Byzantinische, das er sammelte und teils spolienhaft in Objekte, die unter seiner Obhut entstanden, integrieren ließ. Für sein Skriptorium berief er Illuminatoren aus Regensburg.

Der Ausgangspunkt von Bernwards Tun und Streben war eine Reliquie – *die* Reliquie: eine Partikel vom Kreuz Christi, die er von Otto III. als Zeichen der Dankbarkeit geschenkt bekommen hatte. Um sie in einem adäquaten Rahmen aufbewahren zu können, ließ er nördlich der Domburg eine Kapelle erbauen, die zum Nucleus des Klosters St. Michael wurde. Die 1010 begonnene Michaelskirche[491] hat Bernward eigenen Angaben zufolge selbst geplant, weshalb er sich mit dem Erbauer des Tempels von Jerusalem, Salomon, identifizierte. Sie ist einer der wichtigsten Bauten der Ottonischen Zeit. Ja, *der* Bau der ottonischen Epoche, wenn man vom erhaltenen Bestand ausgeht. Wie der Bamberger Dom (der heute in der Form des 13. Jahrhunderts vor uns steht)[492] ist auch die Michaelskirche eine Doppelchoranlage: An ein basilikales Langhaus schließt im Osten wie im Westen je ein Chor an, wobei Letzterer über einer Krypta, nämlich einer Ringkrypta, der eine kleine Hallenkrypta eingeschrieben ist,[493] liegt. Das Mittelschiff des Langhauses ist im Grundriss aus drei Quadraten zusammengesetzt. Dem Prinzip des sog. Sächsischen Stützenwechsels folgend, sind die Quadratecken im Aufriss durch je einen Pfeiler betont, während zwischen ihnen zwei Säulen stehen. Die beiden Vierungen sind „ausgeschieden" (autonom) und durch je einen Vierungsturm überhöht. Die Höhe des Mittelschiffes entspricht zweimal dessen Breite; ein die Hochschiffwand gliederndes Gesims betont diese Proportion. In die Kämpfer der Kapitelle waren ursprünglich Reliquien der Apostel eingemauert und sie waren als solche bezeichnet, wodurch die Michaelskirche die Idee vom Himmlischen Jerusalem im kleineren Maßstab wiederholte; der Offenbarung des Johannes zufolge bilden ja die Apostel die Grundsteine der Mauer des Himmlischen Jerusalem (Offb 21:14).

Während die Michaelskirche im Bau war – sie wurde 1022 in noch unfertigem Zustand geweiht –, ließ Bernward um 1015 für den Westeingang des Domes[494] eine zweiflügelige Tür, die sog. Bernwardtür,[495] herstellen (heute aus konservatorischen Gründen mit der Schauseite Richtung Dominneres eingehängt). Die beiden Türblätter sind jeweils in einem Stück aus Bronze gegossen, was auf Aachen, die Bronzetüren der Pfalzkapelle, verweist, darüber hinausgehend aber mit Figuren besetzt, was die Bernwardtür zum ältesten

Exemplar dieses Typs macht, das aus dem Mittelalter auf uns gekommen ist. Ihr typologisches Programm – die Szenen des Alten Bundes sind auf dem linken Flügel, die des Neuen Bundes auf dem rechten Flügel dargestellt – rekurriert auf die Freskenausstattungen des 5. Jahrhunderts in den römischen Basiliken. Ikonographisch wurden Anleihen bei Genesisminiaturen touronischer Pandekten des 9. Jahrhunderts genommen; zumindest eine Bibel aus dem Skriptorium von Saint-Martin muss also damals in Hildesheim gelegen sein.

Nach der Domtür ließ Bernward eine Säule, die sog. Bernwardsäule,[496] aus Bronze gießen (um 1020), die als monumentaler Kreuzfuß für ein Kreuz, wohl eine *crux gemmata,* diente, die hinter dem Kreuzaltar (Laien- und Pfarraltar im Langhaus) von St. Michael aufragte. Dass sie im Typus an die römischen Triumphsäulen für die Kaiser Marc Aurel (Piazza Colonna; zw. 180 u. 196) und Trajan (Trajansforum; zw. 107 u. 113)[497] anschließt, ist augenfällig. Desgleichen der Zweck des Rekurses: Durch die Bernwardsäule wird das Leben Jesu, das hier mit der »Taufe Christi« unten einsetzt und mit dem »Einzug in Jerusalem« oben abbricht, als Triumphzug Christi interpretiert, der zu Kreuzestod, Auferstehung, Himmelfahrt und Wiederkehr hinführt.

Für die Neugründung, St. Michael, wurden im eigenen Skriptorium auch illuminierte Handschriften hergestellt. Zu den wichtigsten zählen das um 1015 datierbare sog. Kostbare Evangeliar Bischof Bernwards (Hildesheim DB, Hs. 18)[498] und die um 1020 entstandene sog. Bernwardbibel (Hildesheim DDM, Inv. Nr. DS 61).[499] Ersteres ist mit einer Reihe inhaltlich äußerst komplexer, johannäisch geprägter christologischer Darstellungen bereichert, Letztere beinhaltet nur eine einzige Miniatur, welche die Schenkung eben dieser Bibel an Maria, zugleich Ecclesia (Maria steht *im* Altar), durch Bernward, der sich auch als Moses und Hieronymus verstehen dürfte, darstellt. Die Dedikation findet in St. Michael, das hier als Himmlisches Jerusalem definiert ist, statt. Der Stil der Illuminationen beider Codices ist plakativ, gelegentlich fast grob, ja naiv, was nicht über die angesprochene Vielschichtigkeit des Inhalts hinwegtäuschen darf, die der Komplexität gleichzeitiger Regensburger Werke nacheifert. Mag sein, dass Bernward die Anwendung einfacher formaler Mittel forcierte, weil sich sein semiotisches Konzept durch sie besser transportieren ließ.

12.3.3. Köln: Codexillumination, Goldschmiedekunst, Großskulptur

Von der in der Ottonischen Zeit in Köln entstandenen, qualitativ besonders hoch stehenden, von Byzanz beeinflussten Codexillumination war ansatzweise schon die Rede. Der unverwechselbare Duktus – ein offener, ja skizzenhafter Strich – erinnert an die Reimser

Werke der 830er Jahre. „Dynamisch, dramatisch, souverän" – was wie ein Wahlslogan klingt, ist bestens geeignet, die Miniaturen des schon genannten Hitdacodex (um 1000)[500] oder des sog. Sakramentars aus St. Gereon (Paris BN, Ms. lat. 817; zwischen 996 und 1002)[501] zu chakterisieren. Voraussetzung für die wirtschaftliche und künstlerische Blüte Kölns war die Ausgliederung der Stadt samt ihrer Bannmeile aus dem Kölngau unter Erzbischof Brun (reg. 953–965), einem Bruder Kaiser Ottos I., die die Erzbischöfe zu den unumschränkten Stadtherren machte. Unter Erzbischof Warin (reg. 976–985) dürfte die sog. Essener Goldmadonna (Essen M; Abb. 51)[502] entstanden sein: die erste dreidimensionale Madonnenfigur, die auf uns gekommen ist. Kultisch verwendete dreidimensionale Bilder waren im 10. Jahrhundert noch selten. Um 1000 ist das sog. Lotharkreuz (Aachen DS)[503] datierbar, das als Prozessions- und als Altarkreuz gedient haben wird. Seine Rückseite zeigt in Gravur den Gekreuzigten,[504] während die als *crux gemmata* gebildete Vorderseite die Auferstehung und Wiederkehr Christi thematisiert. Die Vierung ist durch einen Kaiser Augustus darstellenden Kameo betont, der zu verschiedenen Interpretationen Anlass gab. Zu Recht unterstrich NORBERT WIBIRAL, dass Augustus, der Kaiser der Zeitenwende, in den Augen der Theologen, die um die Jahrtausendwende, in einer Zeit der Endzeiterwartung also, lebten, als Friedenskaiser eingestuft wurde:[505] Die unter ihm eingetretene *pax romana* (der globale Frieden im römischen Imperium) sei, so betonten sie, von Gott gewollt gewesen, da der Vater die Geburt des Sohnes in diese Friedenszeit hinein geplant habe. Augustus hätte demnach ein Rädchen in der göttlichen Heilsmaschinerie gebildet. Ergo wurde er, obgleich noch Herrscher im paganen Rom, nun in einem positiven Licht gesehen. Seinen *nom de guerre* verdankt das Kreuz einem an der Vorderseite angebrachten Siegelstein König Lothars II. (reg. 855–869), der einen Bezug zur Zeit der Franken herstellt.

Im letzten Viertel des 10. Jahrhunderts setzte in Köln zudem die Herstellung von Monumentalskulptur für den Außenbau und das Kircheninnere ein. Wie diverse Quellen beweisen, hatte großformatige Skulptur punktuell schon in Karolingischer Zeit existiert; erhalten ist davon aber nichts. Ende des 10. Jahrhunderts entstand Monumentalskulptur am Westwerk von St. Pantaleon in Köln,[506] das verloren, aber in einer Zeichnung des niederländischen Architekten JOOST VINCKENBOOM (FINKENBAUM) von ca. 1660[507] überliefert ist. Demnach gab es hier Figuren, die Christus (?), Heilige und Engel darstellten. Die im Museum von St. Pantaleon erhaltene Fragmente[508] zeigen stilistische Affinitäten zur provinzialrömischen Skulptur sowie zu gleichzeitigen oberitalienischen Werken. Auch in diesem Fall könnten also italienische Meister berufen worden sein, um die relativ neue Aufgabe zu bewältigen.

Der wichtigste Beleg für die Herstellung großformatiger Skulptur für das Kircheninnere ist neben der schon genannten Essener Goldmadonna (Abb. 51) das um 975 datierbare sog. Gerokreuz (Fassung 18. Jh.)[509] im Kölner Dom – „Ahnherr" der Holzkruzifixe, die ab dem 12. Jahrhundert sonder Zahl auf uns gekommen sind. Ins ausgehende 10. Jahrhundert wird der Gerokruzifix aufgrund seiner Ähnlichkeit mit der Figur des Gekreuzigten auf der Rückseite des Lotharkreuzes datiert.

12.3.4. Fuldas „monumentale Phase"

Um 1020 schwenkte das Skriptorium von Fulda mit dem sog. Römischen Sakramentar (Città del Vaticano BAV, Cod. Vat. lat. 3548)[510] – ähnlich wie die Reichenau mehr als ein Jahrzehnt früher – in stilistischer Hinsicht auf einen monumentalen Kurs ein. Das verdeutlicht die Gegenüberstellung der »Weihnacht« (Lk 2:1–7) des in Rom verwahrten Codex mit der themengleichen Miniatur im früher erwähnten Göttinger Sakramentar (Fulda, um 975): Elegant proportionierte Figuren bewegen sich in der jüngeren Handschrift souverän vor weiten, großzügig strukturierten Grundflächen. Der Versuch CASSIUS HALLINGERS, die Stilwende hin zur Monumentalität in Fulda und auf der Reichenau mit der sog. Gorzer Klosterreform, auf die zurückzukommen sein wird, in Verbindung zu bringen, war für die Forschung stimulierend, brachte aber keine überzeugenden Ergebnisse hervor; erschwerend kommt hinzu, dass sich mittlerweile herauskristallisiert hat, dass die innerkirchlichen Reformen vielfältiger waren als früher angenommen (neben der von HALLINGER ins Auge gefassten, in den 60er- und 70er-Jahren des 10. Jahrhunderts vom lothringischen Kloster Gorze [südlich von Metz, Dép. Moselle] ausgegangenen Reformbewegung erwies sich insbesondere die sog. Reichsklosterreform als bedeutsam), zudem haben sich die Datierungen der Handschriften jüngst etwas verändert.

13. Imperium und Sacerdotium im Kampf (1024–1250)

13.1. Das Römisch-Deutsche Reich unter den Saliern

13.1.1. Neue Zentren: Echternach, „Speyer I"

Im Jahre 1024 starb Kaiser Heinrich II., wie dessen Vorgänger Otto III. kinderlos, später der willkommene Anlass, Heinrichs Ehe mit Kunigunde zur „Josephsehe" hochzustilisieren und dies wiederum als Zeichen der besonderen Heiligkeit des stiftungsfreudigen kaiserlichen Paares zu deuten. 1146 wurden Heinrich und Kunigunde, die im Bamberger Dom bestattet sind, denn auch heiliggesprochen. Mit der Wahl Konrads II. (reg. 1024–39) zum deutschen König ging die Macht 1024 auf ein neues Geschlecht, die Salier, über. Durch sie kam ein anderes Kloster, das im 8. Jahrhundert als insulare Filiation schon einmal große Bedeutung besessen hatte, als Produktionsstätte von Handschriften zum Zug: Echternach. Die in diesem lothringischen Kloster im 2. Viertel des 11. Jahrhunderts tätigen Illuminatoren waren geniale Eklektiker: So knüpften sie bei der Ausstattung von Evangelienhandschriften, etwa des sog. Codex Aureus Epternacensis (Nürnberg GNM, Hs. 2°; um 1030),[511] hinsichtlich der Evangelistenbilder bei späten Werken des Meisters des Registrum Gregorii, bezüglich der Illustrationen zu den einzelnen Evangelien indes bei älteren Reichenauer Werken wie dem Codex Egberti an. Die neutestamentlichen Szenen integrierten sie zugleich in eine „mehrgeschossige" Friesstruktur, die sie von den touronischen Bibeln des 9. Jahrhunderts übernahmen. Selbst die die Zonen trennenden Streifen mit den *tituli* sind von dort deduzierbar. Die Zierseiten[512] wiederum verraten, indem sie orientalische Stoffe imitieren, die Kenntnis der Prachtausgabe der sog. Heiratsurkunde von Otto II. und Theophanu. Der Zweck dieses Rezeptions- und Fusionsprozesses liegt auf der Hand: Durch die diversen Rückgriffe auf Werke der Ottonischen und Karolingischen Zeit wurde für das neue Herrschergeschlecht eine Tradition konstruiert.

Anders agierten die Salier im Hinblick auf ihre Grablege. Ganz bewusst wählten sie hierfür einen neuen Ort: Speyer. Ab 1030 ließ Konrad II. dort anstelle einer merowingischen Domkirche einen Neubau, von der Forschung mit „Speyer I" etikettiert, errichten.[513] 1061 fertig gestellt, hat der Speyrer Dom monumentale Ausmaße und eine aufwendige Struktur: Das basilikale Langhaus ist im Osten von einem weit ausladenden Querschiff durchdrungen. Im Westen ist ihm ein mächtiger Westbau vorgelagert. Das Mittelschiff war flach gedeckt, gewölbt waren nur die Vierung und die Seitenschiffe. Unter

Chor, Vierung und Querhaus dehnt sich eine Hallenkrypta[514] aus, in welcher dann Konrad II. und seine Frau Gisela sowie deren Sohn Heinrich III. (reg. 1039–56) bestattet wurden.

Als das Echternacher Skriptorium im Auftrag Heinrichs III. zwischen 1043 und 1046 ein Evangeliar für den Gebrauch im Speyrer Dom, den sog. Codex Aureus Escorialensis respektive Codex Aureus von Speyer (Escorial B, Cod. Vitr. 17),[515] ausführte, erweiterte es sein Motivrepertoire, indem es Byzantinisches integrierte. Auf dem doppelseitigen Widmungsbild, das die neue Dynastie komplett vorstellt – auf der *verso*-Seite wenden sich die Eltern, Konrad II. und Gisela, dem thronenden Christus,[516] auf der *recto*-Seite deren Sohn Heinrich III. und dessen Gattin Agnes der thronenden Gottesmutter zu[517] –, sind die Antlitze Christi und Mariä in einem an byzantinischen Werken orientierten *modus* dunkel wiedergegeben und plastisch modelliert, so dass sie von den blassen und planen Gesichtern aller anderen Dargestellten deutlich abweichen. Möglicherweise wurden sie von einem byzantinischen Illuminator eingefügt. In jedem Fall beweist das stilistische Spezifikum, dass die Wertschätzung für die byzantinische Kunst im 2. Viertel des 11. Jahrhunderts eine ungebrochen hohe war. Zugleich lässt sich das Nebeneinander eines westlichen und eines auf Byzanz rekurrierenden Stiles als Anschluss an die ottonische Dynastie verstehen: Bereits im Sakramentar Heinrichs II. war ja ein westlicher *modus* mit einem byzantinisierenden kombiniert worden, auch dort schon innerhalb ein und derselben Miniatur. Etwa der »Kreuzigung Christi«, wo das Antlitz Christi wie eine byzantinische Spolie in einen westlichen Kontext integriert ist.

13.1.2. Kontinuität in der weiblichen Linie der Ottonen – Essen

Weibliche Verwandte aus der Ottonendynastie, die das Aussterben der männlichen Mitglieder der sächsischen und der bayerischen Linie (1002 resp. 1024) überlebt hatten, legten in der Folge den Finger ebenfalls auf Kontinuität. Etwa als im Auftrag der Enkelin Ottos II., die nach ihrer Großmutter Theophanu hieß und als Äbtissin dem Kanonissenstift (heute: Münster) in Essen vorstand (reg. 1039–54), der Westbau der Stiftskirche zwischen 1039 und 1058 nach dem Vorbild der Aachener Pfalzkapelle (Abb. 37) neu aufgeführt wurde.[518] Indem man quasi die halbe Pfalzkapelle nach Essen übertrug, wurde die Kirche des Damenstiftes zu einem neuen Aachen. Zugleich erhob die Stiftskirche den Anspruch, ein neuer Salomonischer Tempel zu sein, nämlich durch einen – auf der im Durchgang des Titusbogens dargestellten *menora* (Abb. 2) basierenden – monumentalen siebenarmigen Bronzeleuchter,[519] der während der Umbauphase gegossen wurde. Der Rückgriff auf den Alten Bund war hier vergleichbar intensiv wie in Regensburg bei der genannten

Erhardminiatur des Utacodex. Die für das Essener Damenstift und das Regensburger Kloster Niedermünster ausgeführten Arbeiten beweisen also, dass das theologische Reflexionsniveau in den Frauenklöstern keineswegs niedriger war als in den Klöstern der Mönche.

13.1.3 Kontinuität in den ottonischen Zentren Regensburg und Bamberg

Um die Aufrechterhaltung der Tradition, sprich des Ansehens, war es auch dem Regensburger Kloster St. Emmeram, das unter Heinrich II. eine so große Blüte erlebt hatte, zu tun. Zwar wurden hier weiterhin Handschriften produziert, gelegentlich sogar für hochstehende Auftraggeber oder Empfänger wie Kaiser Heinrich IV. oder Heinrich V. (Krakau BK, Ms. 208; zwischen 1099 und 1111),[520] doch hatte das Kloster nach dem Tod Kaiser Heinrichs II. (1024) und Abt Titos (1025) im Wesentlichen seine Bedeutung verloren. Ein Versuch, anderen, unter den Saliern vorwärtsdrängenden Zentren gegenüber nicht zurückzufallen, war das in den 1040er-Jahren seitens des Emmeramsklosters ausgestreute Gerücht, die Reliquien des hl. Dionysius seien hier aufgefunden worden. Dies erklärte man damit, dass Kaiser Arnulf „von Kärnten" – der im Kloster ja nicht zuletzt wegen der Schenkung des Codex Aureus hoch im Kurs stand – die Dionysiusreliquien in Saint-Denis besorgt und dem Regensburger Kloster zum Geschenk gemacht habe; sie seien dann eingemauert, nun aber wiederentdeckt worden, wobei sie einen lieblichen Geruch verbreitet hätten …. Kurz darauf, Mitte des 11. Jahrhunderts, ging man daran, die Westmauer der Emmeramskirche abzubrechen und einen Westchor zu Ehren des hl. Dionysius samt Krypta für die Aufnahme seiner Reliquien zu errichten.[521] Damit entstand eine Doppelchoranlage à la Bamberger Dom und Hildesheimer Michaelskirche. Von den Laien wird sie vom Norden her betreten: durch zwei nebeneinander liegende Portale,[522] von denen quasi das linke in die Emmeramskirche, das rechte in die Dionysiuskirche führt. Im Portalbereich kehrte man den per Um- und Ausbau erhobenen Anspruch nach außen – hier wurde also *advertisement* im wahrsten Sinne des Wortes betrieben –, indem man links des linken Portals den hl. Emmeram und rechts des rechten Portals den hl. Dionysius wiedergab.[523] Am Mittelpfeiler erscheint Christus als Thronender.[524] Das Darstellungsmittel ist Hochrelief, das dem Herrn und den Heiligen Präsenz verschafft. Die referierte Geschichte macht deutlich, dass auch noch im 11. Jahrhundert großformatige Skulptur in der Regel nur dann entstand, wenn ein ganz spezifischer Anlass vorhanden war. Mit anderen Worten: Um den traditionellen Widerstand gegen Großskulptur zu überwinden – die Situation war ja seit über einem halben Jahrtausend festgefahren –, bedurfte es einer enormen Anfahrtsenergie.

Um die Aufrechterhaltung seiner Bedeutung war auch das durch Heinrich II. gestiftete Bistum Bamberg bemüht. Hier führte man die Anerkennung durch Byzanz als Argument ins Treffen. So wird vom Bamberger Bischof Gunther (reg. 1057–65) berichtet, er habe bei einem Aufenthalt in Konstantinopel im Rahmen seiner Pilgerreise nach Jerusalem von den Byzantinern Komplimente erhalten, ja er wäre von diesen gefragt worden, ob er nicht ein verkleideter König sei. Bei dieser Gelegenheit mag ihm das sog. Gunthertuch (Bamberg DS; byzantinisch, 970er-Jahre)[525] geschenkt worden sein. Bischof Gunther starb auf der Rückreise in Ungarn am Ufer der Donau, in der Gewissheit, im Falle des Todes von seinen Begleitern in sein geliebtes Bamberg überführt zu werden. Dort wurde er bestattet, nachdem man seinen Leichnam in das wertvolle Textil gewickelt hatte.

13.1.4. Der Investiturstreit – Riesenbibeln und „Speyer II"

Die Schlussweihe des Speyrer Doms war 1061 erfolgt, doch bereits 1080 ging man unter Heinrich IV. (1053/54 [bis 1065 unter Vormundschaft]–1106) an seinen tief greifenden Umbau. Sein Ergebnis firmiert unter dem Begriff „Speyer II" (Abb. 54).[526] Jeder zweiten Lisene des Mittelschiffs wurde nun ein Dienst vorgestellt, je zwei Langhausjoche fasste man durch eine Flachkuppel zu einem Joch zusammen. Die Vierung wurde durch einen Vierungsturm überhöht. Im Osten kam eine große Apsis über halbkreisförmigem Grundriss mit Halbkreisnischen hinzu. Dass die Einwölbung des Gesamtbaus auf antike Vorbilder rekurriert, versteht sich von selbst. Und wie für die Großskulptur gilt auch für den Wölbungsbau: Um ihn, der ebenfalls seit einem halben Jahrtausend in weiten Regionen seine Bedeutung verloren hatte, wieder zu beleben, bedurfte es eines entsprechenden Grundes. Dieser war auch in Speyer wie so oft ein politischer: Es galt, errungene Macht zu dokumentieren. Im konkreten Fall besiegelte Heinrich IV. durch die Einwölbung des Speyrer Doms seinen Sieg, den er im Zuge des sog. Investiturstreites erstritten hatte. Dieser Machtkampf zwischen Papst und Kaiser, zwischen *sacerdotium* (Kirche) und *imperium* (weltlicher Macht), war eine Folge der Entwicklungen in den vorangegangenen zweieinhalb Jahrhunderten. Wie erinnerlich, war das Papsttum in der Zeit Karls des Großen auf schwachen Beinen gestanden, was zum Aufbau einer „Staats- und Landeskirche" geführt hatte. Der Franke hatte den Klerus instrumentalisiert. Detto seine Nachfolger. Auch sie mischten bei innerkirchlichen Angelegenheiten mit, etwa wenn sie Günstlinge und sogar Laien mit der Leitung von Klöstern betrauten. Bekanntes Beispiel: Die Installation des „pensionierten" Feldherrn Vivian als Laienabt des Klosters von Tours. Der Klerus holte zum Gegenschlag aus, wo er konnte. Etwa, wenn die Mönchsgemeinschaft von Saint-Martin, durch die Einsetzung Vivians am Nerv getroffen, Karl d. Kahlen mittels der Miniaturen der ihm dedizierten Vivianbibel (cf. Abb. 45) vermittelte, dass der Klerus als Hüter des göttlichen Gebots *über* dem Herrscher stehe; Vivian (auf dem Dedikationsbild der Vivianbibel mit dargestellt)[527] dürfte nicht verstanden haben, was da durch das Danaergeschenk kommuniziert wurde. Die Ottonen richteten den Spieß dann wieder in die für sie günstige Richtung: Eigenkirchenwesen, Simonie (Käuflichkeit kirchlicher Ämter), Laieninvestitur (Betrauen von Laien mit kirchlichen Ämtern) und Nikolaitismus (Übertretung des Zölibatsgebotes) waren an der Tagesordnung. Die Salier behielten diesen Kurs bei. Ähnliches ließe sich über die westlichen Monarchien (Frankreich, England etc.) berichten.

In anderer Hinsicht hatte die Kirche im 10. Jahrhundert an Terrain gewonnen, nicht zuletzt dank innerkirchlicher, nämlich monastischer Reformen. Die vom lothringischen Gorze ausgegangene sowie die Reichsklosterreform wurden bereits erwähnt. Eine andere, schon früher ins Leben gerufene, hatte im burgundischen Kloster Cluny (Saône-et-Loire) ihren Mittelpunkt; sie sollte in der zweiten Hälfte des 11. Jahrhunderts unter Erzabt Hugo (reg. 1049–1109) ihre größte Bedeutung entfalten. Dazu kam, dass die kirchlichen Reformbewegungen in den 40er Jahren des 11. Jahrhunderts in Rom ein neues Kraftzentrum erhalten hatten: Deutsche Päpste, die zwischen 1046 und 1057 auf dem Stuhl Petri saßen, traten von hier aus gegen Simonie, Laieninvestitur und Nikolaitismus auf. Diese Anstrengungen kulminierten unter Papst Gregor VII. (reg. 1073–85), dem Namensgeber der sog. gregorianischen Reform.

Der streitbare Papst zwang das Abendland und damit auch König Heinrich IV. zur Auseinandersetzung mit seiner Reform. Durch die Durchsetzung des Zölibats sollte die Priesterschaft jedem Außeneinfluss entzogen und das Kirchenvermögen beisammengehalten werden. Zugleich wollte Gregor die endgültige Befreiung des Priestertums aus der weltlichen Abhängigkeit, ja die „Umgestaltung des altkirchlichen römischen Primats zum universalen jurisdiktionellen Supremat" (P. BLANK).[528] Im Papst sah Gregor den obersten und unumschränkten Leiter der Universalkirche, der nicht nur das Recht habe, Bischöfe, sondern auch Könige abzusetzen. Hand in Hand damit erkannte er den sakralen Charakter des Königtums, das heißt: den Anspruch des Herrschers, *vicarius Christi* zu sein, nicht mehr an. Mannegold von Lauterbach († nach 1103) formulierte es noch drastischer, wenn er sagte, einen Herrscher, der sich seiner Aufgabe nicht gewachsen zeige, könne man davonjagen wie einen gemieteten Schweinehirten.[529]

Das trieb unweigerlich auf Kampf zu. Anlass war die Nachbesetzung des Bischofssitzes von Mailand, wo seit 1072 zwei Erzbischöfe eingesetzt waren: Der vom König investierte Gottfried und der von den Reformern installierte Atto. Nach Gottfrieds Tod 1075 untersagte Papst Gregor VII. dem König für Mailand dezidiert die Investitur des Erzbischofs. Dessen ungeachtet ernannte Heinrich IV. im selben Jahr den Hofkaplan Tebald zum Erzbischof. Das war für Gregor ein Schlag ins Gesicht. Der Papst richtete ein Ultimatum an den König und drohte ihm mit dem Kirchenbann (kirchenrechtliche Verurteilung). Darauf reagierte Heinrich auf einem Reichstag und auf einer Reichssynode in Worms, indem er den Papst absetzte – ohne eine Wirkung zu erzielen. Heinrich hatte übersehen, wie fest der Papst mittlerweile im Sattel saß.

Im Rahmen der gregorianischen Reform entwickelte sich in Italien in der 2. Hälfte des 11. Jahrhunderts ein Objekttypus, der geradezu zum „Markenzeichen" der kirchlichen Partei werden sollte: Die sog. Riesenbibel, großformatige und illustrierte Pandekten.[530] Während ja in der 1. Hälfte des 9. Jahrhunderts, besonders in Saint-Martin in Tours, zahlreiche Bibelpandekten entstanden waren, brachte die Ottonische Zeit so gut wie keine Bibeln hervor. Die genannte, über Auftrag Bernwards von Hildesheim für dessen Neugründung St. Michael hergestellte und mit der beschriebenen Dedikationsminiatur ausgestattete Bernwardbibel bildet eine Ausnahme. Ansonsten wurden Bibeln im 10. und 11. Jahrhundert nur außerhalb der Reichsgrenzen produziert, nämlich in Spanien,[531] dort mit inhaltlich oft sehr anspruchsvollen und vom Stil her äußerst modern wirkenden, starkfarbigen Miniaturen.

Die brandneuen Prachtexemplare, die nun im Rahmen der gregorianischen Reform entstanden, wurden an Anhänger des Papstes verschenkt. Ein solches Geschenk konnte auch ein Schuss vor den Bug sein. Darauf lässt die Tatsache rückschließen, dass König Heinrich IV. in der Zeit, in der sein Konflikt mit Gregor VII. schwelte, aber noch nicht voll ausgebrochen war, in den Besitz einer in Rom in den frühen 1070er-Jahren entstandenen Riesenbibel gelangt ist. In der sog. Bibel Heinrichs IV. (München BSB, Clm 13001)[532] findet sich mehrfach der Eintrag *Henricus IIII rex (König Heinrich IV.).* Die Annahme, der König habe die Bibel vom Papst geschenkt bekommen, liegt somit auf der Hand (man fühlt sich hier abermals an das Danaergeschenk „Vivianbibel" erinnert). Heinrich IV. wiederum übergab die Bibel dem schwäbischen Kloster Hirsau, wofür zwei Daten in Frage kommen: 1071 und 1075; in beiden Jahren hat Heinrich die Privilegien des Klosters feierlich bestätigt.

Schon von der Größe her schließen die italienischen Riesenbibeln an die touronischen Pandekten des 9. Jahrhunderts an, wobei sie die Vorlagen formatmäßig sogar übertreffen. Auch die Initialornamentik ist von den Bibeln aus Saint-Martin deduzierbar. Nicht hingegen die figurale Ausstattung: In den italienischen Riesenbibeln kommen anstelle der Vollminiaturen, die in Tours im Laufe der 1. Hälfte des 9. Jahrhunderts üblich wurden, in der Regel nur Einzelfiguren oder Einzelszenen vor, die direkt auf den weißen Pergamentgrund gesetzt sind. Inhaltlich ist – angesichts des historischen Kontextes wenig verwunderlich – ein tropologischer Schwerpunkt gesetzt. Etwa wenn die Heroine Judith, die ihr Volk durch ihre Tat gerettet hat, mit dem Haupt des Holofernes (Judith 13:6–11) dargestellt ist (Abb. 53).[533] Ein zweiter Schwerpunkt liegt bei der Schöpfung,[534] der oft ausführliche, ikonographisch an römische Fresken des 5. Jahrhunderts anknüpfende Zyklen gewidmet sind.

1076 ging Papst Gregor VII. zum nächsten Angriff auf den König über: Er agierte auf der in diesem Jahr abgehaltenen Fastensynode „in hochdramatischer Weise",[535] indem er den König exkommunizierte, ihn absetzte und die Untertanen vom Treueeid entband. Nun sahen sich die Fürsten und Bischöfe gezwungen, zu handeln. Sie beschlossen, den König abzusetzen, falls er nicht innerhalb eines Jahres vom Bann absolviert sei. Heinrich musste sich fügen, „mit seiner jungen Frau, seinem zweijährigen Söhnchen und seinem Hofstaat (reiste er) über die Alpen – mitten im schlimmsten Winter des Jahrhunderts, da selbst der Rhein zugefroren war". Der Papst seinerseits hatte „aus Furcht vor einem Handstreich" in der uneinnehmbaren Stammburg von Canossa Zuflucht genommen. Hier erschien „ganz erbarmungswürdig, barfuß in traditionellem Bußgewand … der König am 25. Januar 1077 vor dem Burgtor, Gnade heischend. Erst nach unerhörter dreitägiger Bußleistung – … auf Zureden … des Erzabtes Hugo von Cluny, Heinrichs Taufpaten, … – wird er, der sich in Kreuzesform auf den Boden zu werfen hat, vom Papst gnädig aufgehoben und vom Bann gelöst. Damit war seine Königswürde zwar wiederhergestellt, aber zugleich ihres sakralen Charakters entkleidet …" (HANS KÜNG).[536]

Vorderhand war es also Heinrich gelungen, die Krise durch seine Buße – den berühmten „Canossagang" – beizulegen. Doch die Katastrophe war nicht mehr aufzuhalten. Durch die Exkommunikation (Kirchenausschluss) Heinrichs war Deutschland in den Bürgerkrieg gestürzt. 1077 kam es zur Wahl eines Gegenkönigs: Rudolfs von Schwaben. Dieser ließ sich „Gegen-Insignien" herstellen:[537] unter anderem eine – heute verlorene – Reichskrone und als Gegenstück zum sog. Reichskreuz (Wien WSK),[538] das ebenfalls zu den Reichskleinodien gehört, ein zweites – erhaltenes – Reichskreuz (Benediktinerstift St. Paul im Lavanttal [Kärnten] SK).[539] Als Gregor VII. Rudolf von Schwaben als König anerkannte, Heinrich aber neuerlich exkommunizierte und absetzte, kam es 1080 zu einem zweiten und nicht mehr heilbaren Bruch zwischen ihm und Heinrich. Faktisch aber „verpuffte" die Wirkung des päpstlichen Gebräus. Indes legte Heinrich seinerseits Lunten: Um Papst Gregor auszuschalten, ließ er den Erzbischof von Ravenna zum Papst – Clemens III. – wählen. Gegen Rudolf von Schwaben zog er in den Kampf. In der Schlacht an der Elster (bei Pegau, ca. 20 km südwestlich von Leipzig) wurde dem Gegenkönig die – aus der Perspektive seiner Gegner: – *meineidige Hand* abgeschlagen. Rudolf starb am Blutverlust. Heinrich IV. hatte sich durchgesetzt.[540]

Rudolf von Schwaben wurde im Dom von Merseburg (heute: Sachsen-Anhalt) beigesetzt. Das im Auftrag von Rudolfs Anhängern unmittelbar darauf errichtete Grabmal[541] ist in jeder Hinsicht programmatisch: Auf einer in einem Stück (!) gegossenen Grabplatte ist in einem flachen Relief der Gegenkönig als Lebender, stehend, mit offenen Augen, gekrönt, in seinen Händen Zepter und Reichsapfel haltend, dargestellt. Um diesen Anspruch auf die Rechtmäßigkeit von Rudolfs Herrschaft mittels des Grabmonuments aufrechterhalten zu können, waren „Innovation" und weitreichendes Wissen gefragt. Das angewandte Medium der Großskulptur war ja ein noch ungewohntes. Und die Darstellung des Toten auf dem Grabmal, egal ob als Toter oder Lebender, nördlich der Alpen bis dato unbekannt. Das im Unterschied etwa zu Südfrankreich, wo etwas früher, um 1048, der hl. Abt Ysarnus von Saint-Victor in Marseille († 1043) auf einem Grabstein in Marseille (Saint-Victor MB)[542] wiedergegeben worden war, wofür dort provinzialrömische Grabmäler Pate gestanden haben werden. Im heutigen Sachsen-Anhalt aber gibt es keine subantike Tradition. Das Gebiet war ja nie Teil des römischen Imperiums gewesen. Es muss also beim Grab für Rudolf von Schwaben hinsichtlich des Typus bewusst auf antike Werke zurückgegriffen worden sein, um die Legitimität des Herrschers allen nachkommenden Generationen gegenüber zu betonen.

Noch im Jahr, in dem Rudolf geschlagen worden war und seiner Verwundung erlag, ließ Heinrich IV. den Dom von Speyer, den kaiserlichen Dom und die Grablege seiner Familie, in der beschriebenen Form umbauen. Die vollständige Einwölbung erinnert an die Bautätigkeit unter Justinian, der im 6. Jahrhundert ältere, teils konstantinische Bauten durch gewölbte ersetzen ließ, offenbar aus dem Anspruch heraus, der „römischste" aller christlichen Kaiser zu sein. 1081, im Jahr nach dem Beginn des Umbaus, zog Heinrich IV. mit einem Heer nach Rom. Bis die Römer die Tore öffneten und Clemens III. als Papst inthronisiert werden konnte, dauerte es drei Jahre. Dann krönte Papst Clemens III. Heinrich IV. zum Kaiser. Papst Gregor VII. war in die Engelsburg[543] geflohen. Heinrich kehrte nach Deutschland zurück. Diesen Moment packten die Normannen beim Schopf, um Rom zu stürmen, drei Tage lang zu plündern und Papst Gregor VII. aus der Engelsburg zu befreien. Er starb im Jahr darauf (1085).

Im Kampf zwischen Heinrich IV. und Gregor VII. hatte das genannte Kloster Hirsau unter Führung seines Abtes Wilhelm (reg. 1069–91) entschieden die Partei der Gregorianer ergriffen und wurde durch diesen zu einem bedeutenden Reformzentrum, dem sich mehr als 120 Klöster anschlossen, zugleich zu einer Zufluchtsstätte für die Opfer der königlichen „Verfolgung und anscheinend auch ein Ort der Agitation für die reformistische Ideologie. Unter so veränderten Umständen gewann der Besitz einer italienischen, ja wahrscheinlich römischen Bibel eine ganz besondere Bedeutung" (WALTER CAHN).[544] Folgerichtig wurden italienische Riesenbibeln, wesentlicher Bestandteil der gregorianischen Propaganda, in Klöstern, die sich zur Reform Gregors VII. bekannten, z. B. in St. Peter in Salzburg,[545] bis ins 12. Jahrhundert kopiert.

13.2. Beweglichkeit und Austausch

13.2.1. „Zeitstil" (eine Tendenz)

In der zweiten Hälfte des 11. Jahrhunderts begegnet auf der Ebene der formalen Evidenz ein für das Mittelalter neues Phänomen: „Zeitstil". Werke, die an verschiedensten Orten des Kontinents, aber auch im insularen Bereich, in verschiedensten Formaten und Techniken ausgeführt wurden, weisen eine ähnliche stilistische Tendenz zur Längung und eleganten Proportionierung der Figur, zu parallelen Faltenverläufen und – bei plastischen Arbeiten – zu einer gewissen Scharfkantigkeit auf. Der besprochenen Grabplatte Rudolfs von Schwaben (nach 1080) ist die Tendenz ebenso eigen wie einem westdeutschen, ins 3. Drittel des 11. Jahrhunderts datierbaren Bronzekruzifixus in der Abteikirche von Essen-Werden.[546] Sie lässt sich auch in der Codexillumination finden, etwa beim sog. Abdinghofer Evangeliar (Köln, ca. 1070/80; Berlin KK, MS 78 A3),[547] wo die Gewandfalten in den sog. Kammstrich übersetzt sind, ferner auch außerhalb der Reichsgrenzen, etwa am berühmten Teppich von Bayeux (Bayeux MRM),[548] einer wohl in England nach 1066 hergestellten Stickarbeit, die den Sieg der Normannen über die Engländer dokumentiert, vor allem aber dazu diente, den Angriff auf England aus der Perspektive der Normannen zu rechtfertigen. Selbst in Spanien existiert eine vergleichbare Stiltendenz, etwa im Relief auf dem Sarkophag des hl. Martinho de Dume von ca. 1070 (Braga MDDS),[549] um ein beliebiges Beispiel zu nennen. Zur ansatzweisen Ausbildung eines „internationalen" Zeitstils gesellte sich in der zweiten Hälfte des 11. Jahrhunderts ein rascher Austausch von Motiven über weite Distanzen, worauf zurückzukommen sein wird.

13.2.2. Pilgerwege und Kreuzzüge – die „Spiritualisierung" der Welt

Voraussetzungen und stimulierende Momente für das angesprochene stilistische „Meta-Phänomen" sowie den „internationalen" Austausch von Motiven gab es mehrere. Eine davon war die neue Beweglichkeit der Menschen ab dem späteren 11. Jahrhundert. Ganz Europa war damals „auf den Beinen": auf Pilgerrouten, dann, ab der Jahrhundertwende, auf den Kreuzzügen. Dem vorausgegangen waren die geistigen, vor allem die kirchenpolitischen Bewegungen dieser Zeit; von der Cluniazenser, der Gorzer und der gregorianischen Reform sowie der Reichsklosterreform war bereits die Rede. Sie alle hatten *ein* Ziel: eine stärkere „Spiritualisierung" der Welt. Vor allem die Mönche „distanzierten sich schärfer von dieser ‚Welt'; sie brachen mit dem Kulturoptimismus der karolingischen Zeit; sie wurden aggressiver. Sie verstanden ihr Leben als Kampf, als Kampf gegen sich selbst, vor allem aber als Kampf gegen die Dämonen. Das Ziel war, ein Leben möglichst wie die Engel zu führen. So wurde erst jetzt der Zölibat amtlich durchgesetzt" (KURT FLASCH).[550]

Auch die Pilgerbewegungen und Kreuzzüge lassen sich aus dem Wunsch nach Spiritualisierung verstehen, wobei sich gerade bei Letzteren materielle Interessen zunehmend in den Vordergrund schoben. In der Kunst bedeutete das Streben nach geistlicher Durchdringung im späteren 11. Jahrhundert ein dezidiertes Auf-Distanz-Gehen zur Antike, denn die antike Kunst war ja von den weltlichen Herrschern (freilich nicht nur von diesen) immer wieder aus politischen Gründen bemüht worden. Zudem waren in ihr auch noch andere „Gefahren" eingekapselt: die selbstverständliche Präsenz des Weiblichen sowie – bei beiden Geschlechtern – Sinnlichkeit, ein positives Körperbewusstsein, selbstvergessenes Nacktsein, *horribile dictu* Erotik, Sexualität! Diese Büchse der Pandora musste unter allen Umständen verschlossen bleiben!

Die Pilgerwege führten quer durch Europa. Die wichtigsten Ziele waren das vermeintliche Grab des Apostels Jacobus maior (des Älteren) in Nordspanien, an der Atlantikküste (Santiago de Compostela), und das Michaelsheiligtum am Monte Gargano (Monte Sant'Angelo) in Apulien. Die Pilgerstraßen[551] nach Santiago de Compostela nahmen je nach Ausgangspunkt verschiedene Routen durch Frankreich: Die westlichste berührte u. a. Paris, Orléans, Tours und Bordeaux, die von Burgund ausgehende Limoges, Périgueux usf., die von Le Puy ausgehende Conques und Moissac, die südlichste, bei Arles beginnende, Montpellier und Toulouse. Alle vier Routen führten über einen Pyrenäenpass bei Roncesvalles und südlich davon nach Westen. Entlang dieses Abschnittes des Pilgerweges lassen sich an Kirchen – zum Beispiel in San Martín de Frómista (Provinz Palencia),[552] der siebenten Station auf dem Pilgerweg jenseits der Pyrenäen – spezifische Motive finden, die dann auch in Frankreich, weiter in England und Mitteleuropa auftauchen. In Spanien erscheinen sie meist auf skulptierten, zwischen 1060 und 1090 datierbaren Kragsteinen (Tragsteinen, in diesem Fall: der Dachsparren) und Konsolen, aber auch an den tragenden Elementen des Innenraums. Gemeinsam ist den Darstellungen, dass sie aus der Perspektive des 11. Jahrhunderts eindeutig Negatives thematisieren: sich verrenkende Akrobaten, menschenfressende Bestien (etwa eine Riesenmaus, die einen Mönch verschlingt), „Phallusmänner", „Vulvafrauen" etc.[553] Die Interpretation der Figuren, Tiere usf., die hier so omnipräsent sind, „als sollten sie dem Körper des Gebäudes eine plastische Tätowierung auftragen" (HORST BREDEKAMP),[554] ist umstritten. Man wird BREDEKAMP recht geben, der meint, dass ihnen eine apotropäische Wirkung (ἀπό: weg, zurück; τροπή: Wendung; ἀπότροπή: Abwendung, Zurückschreckung) zugeschrieben wurde, dass sie also das Böse von der Kirche, in der die Pilger sich betend und Messe feiernd versammelten, abwehren sollten. Die Pilger waren ja in besonderer Gefahr, von dem, was dem 11. Jahrhundert als das Böse schlechthin galt, erfasst zu werden, gaben doch die Pilgerfahrten in hohem Maß Anlass zu moralischen Ausschweifungen. Quellen berichten ausführlich, wie sich Pilger in den Herbergen versoffen und Mönche den Verführungen der Prostituierten erlagen. Daraus resultierte eine enorme Sexualangst, die zu einer „drastischen Dämonisierung der Geschlechtsorgane" (Horst Bredekamp)[555] führte. Sowohl die exhibitionierenden Frauen und Männer als auch die verschlingenden Tiere wie die Riesenmaus, die einen Mönch frisst, sind Ausdruck der „Vulvaangst" – der Angst des Mannes vor dem Verschlungenwerden durch die Frau, sprich: vor sexueller Abhängigkeit. Das ist die Rückseite des Spiegels, auf dessen Vorderseite die neue Spiritualität schimmert.

Durch die Pilger fanden die Motive, wie gesagt, weite Verbreitung. So taucht die Vulvafrau von San Martín de Frómista Mitte des 12. Jahrhunderts an St. Mary and St. David in Kilpeck (Herefordshire) auf, wobei diese „Sheela-Na-Gig" (Hässlich-wie-die-Sünde)[556] ihr spanisches Vorbild an Drastik noch weit übertrifft. Eine Quelle besagt explizit, der Stifter der Kirche, Oliver de Merlemond, habe seine Kirche in Kilpeck nach dem Studium der Bauten auf der Pilgerstraße errichten lassen. Auch im Kreuzgang des Großmünsters von Zürich gab es ein um 1200 datierbares Menschen fressendes Monstrum, das fraglos auf Bestien, wie wir sie von Frómista her kennen, zurückgeht.

Der *mundus,* die – in den Augen der Zeitgenossen: von der Gnade nicht vollständig erfasste – Gegenwelt, hielt rasch Einzug ins Kircheninnere. Um nur zwei Beispiele aus Frankreich zu nennen: Zwei einander bekämpfende, am Bart ziehende Kentauren wurden im ausgehenden 11. Jahrhundert in der ehem. Prioratskirche Saint-Fortunat[557] in Charlieu (rég. Rhône-Alpes), zwei Sirenen im frühen 12. Jahrhundert in der ehem. Abteikirche von Le-Sauve-Majeure (rég. Aquitaine)[558] auf Kapitellen dargestellt. Und bald begannen die Monstren auch in den Kreuzgängen, wieder im Kapitellbereich, ihr Unwesen zu treiben. Wer im Kreuzgang wandelte, konnte sie von der Nähe studieren.

Die Kreuzzüge ins Heilige Land folgten verschiedenen Routen: Von Deutschland und Nordfrankreich nahm man den Landweg: über Metz, Speyer, Regensburg, dann entlang der Donau, Wien berührend, ab Sirmium (der Residenzstadt aus Tetrarchischer Zeit) durch das Byzantinische Reich bis nach Konstantinopel; jenseits des Bosporus durch Kleinasien respektive von Konstantinopel aus per Schiff. Von Südfrankreich ging es durch Italien bis Apulien, von Bari oder Brindisi über die Adria, dann weiter durch den Südbalkan nach Konstantinopel und anschließend ebenfalls durch Anatolien. Die Engländer umfuhren die Iberische Halbinsel, passierten die Meerenge bei Gibraltar und erreichten das Heilige Land *via* Marseille, Genua und der Meerenge bei Messina. Durch die Kreuzzüge kam es zur Verbreitung künstlerischer Möglichkeiten über enorme Distanzen hinweg. So arbeiteten Bildhauer von höchstem Niveau im 12. Jahrhundert im Königreich Jerusalem (Jerusalem, Bethlehem usf.),[559] die mit den Kreuzfahrern mitgekommen waren und auch in der Capitanata (Bari, Barletta, Foggia, Troia usf.), [560] also in jenem Bereich, wo sich die Kreuzfahrer einschifften, tätig waren.

13.3. Das Schisma von 1054

Kurz nach der Jahrhundertmitte, 1054, noch *vor* dem Bruch zwischen Papst und römisch-deutschem König (1080), war es bereits zu einer innerkirchlichen Spaltung gekommen: jener zwischen der Kirche des Westens (der lateinischen Kirche) und der des Ostens (der griechischen Kirche). Auch von ihr war letztlich das ganze Abendland betroffen. Auslöser war der Streit um den Gebrauch von Azyma (ungesäuertes Brot, Hostien) bei der eucharistischen Liturgie durch die Lateiner, was diesen von der griechischen Kirche vorgeworfen wurde. Der Abbruch der kirchlichen Gemeinschaft zwischen Ost und West wäre aber nicht auf Dauer gewesen, wäre der wirkliche Grund nicht auf der politischen Ebene gelegen: Der Papst in Rom erkannte klar, dass er seine Stellung nur behaupten konnte, wenn er sich von der griechischen Kirche endgültig löste. Mit dem 1054 vollzogenen „Schisma" (σχίσμα: Spaltung) wurde der Schlussstrich unter eine Summe von Geschehnissen gezogen, die im Laufe von Jahrhunderten aufeinander gefolgt und zum ersten Mal im 8. Jahrhundert auch für Byzanz augenfällig geworden waren, als der Papst offen mit dem Frankenreich zu kooperieren begann. Jetzt, Mitte des 11. Jahrhunderts, schuf die Loslösung des Papstes vom Osten die Voraussetzung dafür, dass das Papsttum, besonders kurz darauf der streitbare Gregor VII., seine Macht derart versammeln konnte, dass es gegen den römisch-deutschen König antreten, ja ernsthaft versuchen konnte, den „gemieteten Schweinehirten" (MANNEGOLD VON LAUTERBACH) zu verjagen. Aus dem Jäger wurde freilich schließlich der Gejagte.

13.4. Griechisches im Westen

13.4.1. Das Byzantinisieren in Italien

Auf der Apenninenhalbinsel hatte weder das Schisma von 1054 noch der faktische Machtverlust der Byzantiner eine Abwendung von der byzantinischen Formensprache zur Folge. Im Gegenteil: Das Byzantinisieren kam jetzt erst recht in Mode. Zur historischen Situation: Ober- und Mittelitalien sowie das *patrimonium Petri* gehörten im 11. Jahrhundert zum Römisch-Deutschen Reich; die Grenze verlief ca. 100 km südlich von Rom entlang des Volturno. Das Gebiet südlich davon wurde teils von den Byzantinern, teils von den Langobarden beherrscht. Zudem hatten die Normannen schon vor dem Schisma mit der Eroberung der byzantinischen und langobardischen Gebiete Unteritaliens begonnen. In Kampanien konnten sie sich punktuell schon ab dem frühen 11. Jahrhundert etablieren. 1059 erbte Herzog Robert Guiscard (reg. 1046/47–85) von seinem Bruder Humfred Apulien, 1061 wurde Kalabrien normannisch. Roger I. (* ca. 1031, † 1101) eroberte Sizilien, und dessen Sohn, Roger II. (* ca. 1095, † 1154), konnte 1130 das Königreich Sizilien gründen. Einzelne Städte gelangten allerdings erst danach unter normannische Herrschaft, beispielsweise Amalfi, das bis 1137 byzantinisch blieb. Insofern ist verständlich, dass für den Dom dieser Stadt um 1060 Bronzetüren in Konstantinopel hergestellt wurden.[561] Erstaunlicher ist, dass dort 1076 für die Basilika des Michaelsheiligtums am Monte Gargano (Monte Sant'Angelo) – das in der Grafschaft Apulien lag, die bereits seit 1042 zum normannischen Sizilien gehörte – eine Bronzetür[562] produziert wurde. Mit dem faktischen Machtwechsel ging also, das wird hier deutlich, nicht zwingend eine künstlerische Umorientierung Hand in Hand.

Dieses Faktum unterstreichen die Fresken in der Klosterkirche von Sant'Angelo in Formis (Abb. 55),[563] die sich in der Grafschaft Capua befand, die seit 1058 Teil des Normannischen Königreichs Sizilien war. 1072 kam sie an das Kloster Montecassino, worauf Abt Desiderius (reg. 1058–1086) die Kirche errichten und mit einem Freskenzyklus – dem umfangreichsten, der aus dem Mittelalter in Italien erhalten ist – ausstatten ließ. Die Malereien verweisen stilistisch, insbesondere in der Gestaltung der Gewänder, ebenfalls auf Byzanz. Allerdings ist dieser formale Bezug nur *ein* Moment von mehreren: Das Programm – im Langhaus sind Szenen aus dem Alten und Neuen Bund dargestellt – orientiert sich an römischen Kirchen des 5. Jahrhunderts. Auch die Ikonographie einzelner Szenen wurzelt in der westlichen Tradition. Selbst die Unterteilung der Gesamtfläche durch kannelierte Säulen und die Zerlegung der Hintergrundfolie in farbige Streifen sind westlicher Provenienz. *Summa summarum:* Auf das byzantinische Konto gehen lediglich die Falten. Doch das genügt, um deutlich zu machen, dass Konstantinopel in „kultureller" Hinsicht ein Fixstern blieb, auch wenn dieser politisch wie kirchenpolitisch seine Strahl- und Anziehungskraft zu verlieren begonnen hatte. Ja, offenbar konnte die byzantinische Kunst mitsamt allen ihren künstlerischen und technischen Qualitäten fortan unbeschwert als Vorlagenfundus verwendet werden, gerade *weil* Ostrom politisch wie kirchenpolitisch nicht mehr die bedrohliche Macht war, die es über Jahrhunderte gewesen war.

Geradezu ein Musterbeispiel dafür ist Venedig. Die sog. Republik San Marco (man wähnt sich hier im Besitz der Reliquien des Evangelisten Markus und führt daher den Löwen im Wappen) hatte ihre Macht schon im 10. Jahrhundert auf die Ostküste der Adria, Istrien und Dalmatien, ausgedehnt. Um 1000 schüttelte sie die byzantinische Oberhoheit ab und erstrebte nun die wirtschaftliche Vormachtstellung und Seeherrschaft in der Levante (Mittelmeerländer östlich von Italien). Dass die Konkurrenz zu Byzanz dabei weiter ein Thema blieb, macht die Tatsache deutlich, dass die Lagunenstadt, als sie um 1042 den Neubau der ihrem Schutzpatron gewidmeten Hauptkirche San Marco[564] in Angriff nahm, die justinianische Apostelkirche in Konstantinopel respektive die typologisch darauf basierende Johanneskirche in Ephesos (Abb. 27) zum Vorbild nahm. Dadurch entstand im dritten Viertel des 11. Jahrhunderts quasi noch einmal eine frühbyzantinische Kreuzkuppelkirche. Der Rückgriff auf Vorbilder der justinianischen Epoche, noch dazu auf monumentale Wölbungsbauten, ist fraglos auch im Falle Venedigs eine Machtgebärde. Derer gab es viele. Man denke bloß an Speyer, dessen Umbau ein Jahrzehnt nach der Weihe San Marcos (1072) in Angriff genommen wurde.

Auch die Mosaiken von San Marco,[565] goldener Hintergrund, spezifische Physiognomien und der parzellierende Faltenstil, orientierten sich augenfällig an Byzanz. Die ältesten, nach 1063 datierbaren Mosaiken – die im Narthex, in den Nischen links und rechts des Eingangs stehende Heiligen[566] – belegen zudem, dass man sich hier nicht damit zufriedengab, sich in allgemeinster Weise auf Byzanz zu beziehen, sondern mittels der graphischen, ja plakativ-trockenen Formulierung der Figuren und ihrer reduzierten Körperlichkeit ganz konkret auf die zeitgleiche Kunst, nämlich den strengen sog. Monastischen Stil innerhalb der komnenischen Kunst Byzanz', Bezug nahm.

Nicht weniger eindrucksvoll ist der Einsatz byzantinischer Mittel in der kleinen Kirche S. Pietro al Monte in Civate (nördliche Lombardei, östlich des Comer Sees). Ein Fresko[567] an der Stirnlünette des Westwerks vom Ende des 11. Jahrhunderts schildert eindrucksvoll den Kampf der Engel mit dem siebenköpfigen Drachen gemäß der Offenbarung (12:3). Ähnlich wie in Sant'Angelo in Formis (Abb. 55) beschränkt sich das Byzantinisieren auch hier auf die Formulierung der Gewänder, während die Ikonographie westliche Traditionen fortschreibt.

Aus den genannten Werken geht hinlänglich hervor, dass der byzantinisierende Figurenstil nunmehr eine frei verwendbare Möglichkeit, einen *modus*, darstellte, den man einsetzte, um die Organik der Figuren und den Dualismus zwischen Körper und Gewand zu betonen, vor allem aber dann anwandte, wenn ein Werk auf höchstem künstlerischem Niveau mit sakraler Aura entstehen sollte. Die politische Aussage – etwa ein klares Bekenntnis zu Byzanz (wie das Ravennas in der ostgotischen Zeit) oder ein Kräftemessen mit Ostrom (wie im Fränkischen und Römisch-Deutschen Reich in der Ottonischen und frühsalischen Zeit) – war dabei nicht mehr das Primärziel. Gleichwohl verband man mit der Verwendung der byzantinisierenden Darstellungsweise einen Anspruch auf einen bestimmten Status, und es hing von den jeweiligen realpolitischen Umständen ab, inwieweit dieser mit einem Blick oder gar einem Seitenhieb auf Byzanz erhoben wurde.

13.4.2. Mittel- und Westeuropa

Dass das Byzantinisieren auch weiterhin mit politischen Aussagen verknüpft werden konnte, nunmehr aber mit „internen", das heißt: allein den Westen betreffenden, belegen illuminierte Codices und Wandmalereien, die in Mitteleuropa im Einflussbereich der „Gregorianer" geschaffen wurden. Etwa zwei zwischen 1070 und 1080 in St. Peter in Salzburg geschriebene und illuminierte Handschriften. Sie entstanden in einer Zeit, als das Benediktinerstift von Abt Thiemo (reg. 1077–90), die Salzburger Erzdiözese von Erzbischof Gebhard (reg. 1060–88) geleitet wurde – von zwei Männern, die sich im Investiturstreit klar auf die päpstliche Seite gestellt hatten. Die ältere der beiden Handschriften, ein Evangeliar (Admont SB, Cod. 511),[568] wurden von einem qualitativ hoch stehenden, die byzantinischen Formen subtil einsetzenden Maler um 1070/80 durch vier Evangelistenbilder illuminiert. Der jüngere Codex, das um 1080 datierbare sog. Perikopenbuch des Custos Perhtold (New York PML, M. 780),[569] beinhaltet einen christologischen Zyklus, der ikonographisch in mancher Hinsicht auf eine Salzburger Handschrift aus der spätottonischen Zeit, das sog. Salzburger Perikopenbuch (München BSB, Clm 15713),[570] zurückgreift, die Ereignisse aber in einem byzantinisierenden *modus* erzählt, der an den in der Admonter Handschrift verwendeten anschließt, das Vokabular aber standardisiert und die gesamte Ausdrucksweise vereinfacht hat. Möglicherweise war dieser Reduktionsprozess das Resultat einer direkten oder indirekten Auseinandersetzung mit dem Monastischen Stil innerhalb der byzantinischen Kunst.

In einem antikaiserlichen und progregorianischen Milieu entstanden offensichtlich auch die Fresken[571] im ehemaligen Westchor der Stiftskirche von Lambach (Oberösterreich). Die Physiognomien und parzellierten Gewänder sind in augenfälliger Weise an byzantinischen Vorbildern orientiert. Dargestellt ist ein ausführlicher christologischer Zyklus, in den die Wiedergabe des Todes des gottlosen Königs Herodes Agrippa (Apg 12:19b–23) eingestreut ist. Dadurch ist, wie Norbert Wibiral herausgearbeitet hat,[572] Stellung auf der Seite des *sacerdotium* bezogen. Wibiral sieht in Bischof Adalbero von Würzburg (reg. ab 1045, † 1090), seines Zeichens Besitzer der Lambacher Stammburg, den Auftraggeber der Fresken, die er ins 3. Drittel des 11. Jahrhunderts datiert. 1085 war Adalbero, ein Freund Erzbischof Gebhards von Salzburg (reg. 1066–80), durch König Heinrich IV. als Bischof von Würzburg abgesetzt worden. Die Lambacher Wandmalereien könnten also zwischen 1085 und 1090 entstanden sein. Jüngst ist allerdings vorgeschlagen worden, sie nach 1100 anzusetzen, da das Herodes-Agrippa-Insert bereits den Sturz und Tod Heinrichs IV. (1106) reflektiere: Der 1099 zum König gekrönte Heinrich V. (reg. 1099/1106–25) hatte seinen Vater 1106 zur Abdankung und Herausgabe der Reichsinsignien gezwungen, Heinrich IV. starb noch im selben Jahr. Die damit zur Diskussion gestellte Datierungsfrage ändert nichts an der grundsätzlichen Situation. Namentlich daran, dass sich die Kirche den byzantinisierenden *modus* ab dem letzten Drittel des 11. Jahrhunderts offensichtlich im Rahmen ihrer propagandistisch eingesetzten Werke zunutze machte.

Das Phänomen des Byzantinisierens taucht auch in Westeuropa auf. Besonders ausgeprägt – sicher nicht zufällig – in Arbeiten, die mit dem Reformkloster Cluny in Relation stehen, etwa in einem um 1100 entstandenen, alle biblischen Lesungen und Prediktexte sämtlicher Sonn-, Fest- und Gedenktage des Kirchenjahres umfassenden Lektionar (Paris BN, Ms. nouv. acq. lat. 2246).[573] Auf Byzanz verweist hier nicht nur die hinlänglich bekannte Parzellierung, sondern auch die elegante Proportionierung der Figuren sowie die zarte Formulierung der Physiognomien, Hände und Füße, weiter die subtile Modellierung des Gewandreliefs und die feine Abstimmung der verwendeten Farben aufeinander. Das eben Gesagte trifft im Wesentlichen auch auf die Fresken in der zum Priorat (von einem Prior geleiteter monastischer Konvent [Kloster]) von Cluny gehörenden Kapelle im Château des Moines in Berzé-la-Ville[574] bei Cluny (rég. Bourgogne) zu (Abb. 56). Von dem – aus Canossa schon bekannten – Erzabt Hugo von Cluny († 1109), unter dem Cluny und die Cluniazenser Reform ihren Höhepunkt erreicht hatten, war in seinem Testament verfügt worden, dass in Berzé-la-Ville Baumaßnahmen durchzuführen seien. Die Fresken können demnach nach Hugos Tod datiert werden. Stilistisch sind sie von der – byzantinisierenden – Buchmalerei des Cluniazenser Skriptoriums abhängig. Das Parzellieren ist aber mit westlicher Ikonographie gemixt. Die Heiligenmartyrien, beispielsweise das der hll. Laurentius und Blasius, sind also quasi in einer westlichen Redaktion auf Griechisch erzählt. Bemerkenswert ist dabei, dass das Parzellieren hier nicht dazu dient, Plastizität zu schaffen oder gar Organik zu vermitteln, sondern – ganz im Gegenteil – dazu eingesetzt ist, die Figuren an die Grundfläche zu binden.

Mit anderen Intentionen setzte man byzantinische Stilmittel 1097 bei der Ausstattung der sog. Stavelotbibel (London BL, Add. ms. 28 107)[575] ein, die im lothringischen Kloster Stavelot (Stablo; Prov. de Liège, Belgien), das an einem Zufluss der Maas (Meuse) liegt, hergestellt wurde. Der am Beginn des Prologs zum Lukasevangelium befindlichen *L(ucas)*-Initiale[576] – einer Figureninitiale, die typologisch in der frühen fränkischen Tradition wurzelt und dem sog. Lukasmeister zugeschrieben wird – ist hier durch Parzellieren des Gewandes ungewöhnliche Schwere verliehen. Ja, die Figur wirkt geradezu aufgeblasen.

13.5. Exuberanz und Askese – Neuerungen in Architektur und Skulptur

13.5.1. Innovatives Bauen

Die zweite Hälfte des 11. Jahrhunderts war insbesondere in Frankreich und Nordspanien, zwei geographischen Bereichen, die durch die Pyrenäen zwar getrennt sind, durch die Pilgerstraße aber eng miteinander verbunden waren, eine Epoche architektonischer Innovation im Sakralbau. Zu den wichtigsten Regionen zählt die Normandie: Hier wurde die Langhausmauer der Kirchen im Inneren ab ca. 1040 durch Wandvorlagen gegliedert, etwa in der ehem. Abteikirche von Jumièges (1040–67, heute eine Ruine; rég. Haute-Normandie),[577] wo nach jeder zweiten Langhausarkade ein Dienst mit Lisene auftritt, und in der Abteikirche von Mont-Saint-Michel (2. Hälfte 11. Jh.; rég. Basse-Normandie),[578] wo der Arkadenschritt breiter ist, daher jedem Pfeiler ein Dienst mit Rücklage vorgestellt wurde. Beide Kirchen waren ungewölbt. Die Vorlagen dienten also nicht dazu, die Gurtbögen des Gewölbes im Aufgehenden vorzubereiten, sondern den Raum zu rhythmisieren. Bei dem in Jumièges vollzogenen Entwicklungsschritt konnte bei der Einwölbung des Doms von Speyer I (ab 1080) bereits angesetzt werden. Für den Gesamteindruck der Kirchen wichtig ist ferner die Ausbildung monumentaler Westtürme, etwa bei der Abteikirche Saint-Étienne in Caen (um 1065–81; rég. Basse-Normandie)[579] und der Prioratskirche Sacre-Coeur in Paray-le-Monial (um 1100; rég. Bourgone).[580] Sonderformen, die für die spätere Entwicklung geringere Bedeutung hatten, sind die Einwölbung des Langhauses mittels Quertonnen, etwa in der ehem. Abteikirche Saint-Philibert in Tournus (2. Viertel 11. Jh./Anfang 12. Jh.; rég. Bourgone)[581] und der Typus der sog. Westfranzösischen Kuppelkirchen, wie sie in den Kathedralen von Périgueux (nach 1120; rég. Aquitaine)[582] und Angoulême (12. Jh.; rég. Poitou-Charantes)[583] auf uns gekommen sind.

13.5.2. Die „Pilgerkirchen"

Ein ganzes Bündel von architektonischen Spezifika verbindet die großen auf den Pilgerrouten gelegenen Kirchen in Südfrankreich und Spanien, am Weg nach Santiago de Compostela und am Zielort selbst, so dass man vom Typus „Pilgerkirche" spricht. Typisch dafür sind die Einwölbung des Langhausmittelschiffs durch eine Tonne, die durch Gurtbögen gegliedert ist, weiter das Vorhandensein der über den Seitenschiffen liegenden Emporen, woraus Dunkelheit des Mittelschiffes resultiert, weiter der Umgangschor mit Kapellenkranz und das Herumführen der Seitenschiffe um die Querhäuser, was der Kanalisierung der Pilgermassen diente. Zu den wichtigsten Kirchen auf der Pilgerroute zählen in der Region Midi-Pyrénées die ehem. Abteikirche Sainte-Foy in Conques (um 1050 – um 1130)[584] und Saint-Sernin in Toulouse (um 1080 bis Mitte 12. Jh.)[585] sowie die Kirche am Zielort: Santiago de Compostela (um 1075–1128).[586]

13.5.3. Die Architektur Burgunds: „Cluny III", Vézelay, Autun

Alle früheren Bauten in den Schatten stellen wollte der mehrfach genannte Erzabt Hugo von Cluny durch seine zwischen 1088 und 1130 hochgezogene Klosterkirche.[587] Da sie zwei Vorgängerbauten hatte,[588] firmiert der Neubau in der Forschung unter dem Begriff „Cluny III". Herausragend war dessen Größe, seine Komplexität und die Bauskulptur. Erhalten ist nur ein kleiner Teil, denn das Kloster wurde in der Französischen Revolution (1789) aufgehoben und die Kirche danach als „Steinbruch" verwendet. Eine Vorstellung vom ursprünglichen Aussehen der Anlage ist daher nur noch durch Rekonstruktionen und virtuelle Darstellungen[589] zu gewinnen, die auf Grabungen und Quellen beruhen. Die Kirche bestand demnach aus einer dreischiffigen, basilikalen Vorkirche, einer daran anschließenden – wie Alt-St. Peter in Rom – fünfschiffigen Basilika, die von zwei (!) Querschiffen durchdrungen war und in einen Chor mit Umgang und Kapellenkranz mündete. Zur Gliederung dienten kannelierte Pilaster, die auf die subantike Tradition Frankreichs verweisen. Die Kapitelle der Pfeiler, die den Chor (Altarraum der Kirche, in dem die Ordensgemeinschaft das Stundengebet [festgelegte Gebetszeiten] betete) vom Umgang trennten (Cluny MF), thematisierte u. a. die freien Künste, Tugenden und die vier ersten Töne des gregorianischen Gesangs. Eines auf die Antike zurückverweisenden Vokabulars bediente man sich auch bei zwei anderen Kirchen Burgunds: der Abteikirche Sainte-Madeleine in Vézelay (um 1120–50)[590] und der Kathedrale Saint-Lazare in Autun (2. Viertel 12. Jh.).[591] Besonders wichtig für die spätere Entwicklung waren zwei in Autun angewandte Bauformen: die Spitztonne und insbesondere der Spitzbogen.

13.5.4. Skulptur am Außenbau

Um die durch Investiturstreit, Pilgermassen, Kreuzzüge, politische Veränderungen, innerkirchliche Differenzen und neu auftauchende Sekten scheinbar führer- und ziellos dahintreibende Welt wieder in ihrem göttlichen Urgrund zu verankern, begann die Kirche den Menschen das Heilswirken Christi in verstärktem Maße *plastisch* vor Augen zu führen, und zwar an jenem Ort, wo aus deren Perspektive der verrottete, dem Untergang geweihte *mundus* und die wohl geordnete Welt der Kirche aufeinandertreffen: im Bereich des Kirchenportals. Wie der Wasserdampf an einer Kältebrücke, an einem Spiegel im Badezimmer etwa, kondensiert, erscheinen in der 1. Hälfte des 12. Jahrhunderts an den Architekturgliedern des Portalbereichs – an Türstürzen, Tympana (Bogenfeld), Archivolten (Bögen), am Gewände (schräge Einschnittfläche; cf. Abb. 58) und am *trumeau* (Mittelpfeiler; cf. Abb. 57) – Figuren und Szenen, welche die Ordnung der *civitas Dei* und damit des ganzen von Gott geschaffenen Kosmos sichtbar machen. Vor allem aber, um uns vorzuführen, was am Jüngsten Tag mit jenen geschehen wird, die sich der Erlösungstat Christi – sei es durch Unglauben oder weil sie sich ihrer Neigung zur Sünde hingeben – entziehen.

Im Tympanon des Südportals der Kollegiatkirche (Kirche eines Kollegiatstiftes [Gemeinschaft von Weltgeistlichen]) Saint-Sernin in Toulouse (Haute-Garonne) erscheint die Himmelfahrt Christi (vor 1118).[592] Der Trumeau, der das gewaltige Tympanon[593] des Südportals der ehemaligen Abteikirche Saint-Pierre in Moissac (um 1130; rég. Midi-Pyrénées)[594] stützt, zeigt den Propheten Jeremias, den Apostel Paulus und drei Löwenpaare (Abb. 57).[595] Die an den Archivolten des Südportals der ehemaligen Kollegiatkirche Saint-Pierre in Aulnay-de-Saintonge (um 1130; rég. Poitou-Charante) *radial* angeordneten Figuren[596] thematisieren phantastische Tiere und Menschen, die apokalyptischen Greise, menschliche Gestalten mit Büchern und Gefäßen sowie Tiere in Rankenornament,[597] die am Westportal derselben Kirche (um 1135) *tangential* aus den – die Archivolten bildenden – Blöcken herausgearbeiteten Figuren[598] (die durch diese Neuerung in ihrer Größe nicht mehr durch die Breite der Bögen determiniert waren) die Monatsarbeiten, die Klugen und die Törichten Jungfrauen, den Kampf der Tugenden gegen die Laster sowie das Lamm Gottes und Engel. An der Südfassade des Querhauses der Kathedrale von Santiago de Compostela wurde Skulptur um 1100–1128, teils auch noch später, um die sog. Puerta de las Platerías,[599] ein Stufenportal, *herum* angeordnet.

Aber auch in Italien finden sich entwicklungsgeschichtlich wichtige Novitäten. Etwa die Gewändefiguren, die am Westportal des Doms von Verona (Abb. 58)[600] um 1139 erstmals auftauchen. Sie *haften* an den Diensten (Rundpfeiler des Gewändes), die in das Stufenportal eingestellt sind, womit sie strukturell dem aus der Malerei geläufigen Schichtenprinzip folgen. Zudem brachte man in Italien auch an der Westfassade Skulptur in Friesen an, etwa am Dom von Modena (Emilia, Anfang 12. Jh.)[601] und an der Kirche S. Michele von Pavia (1. Drittel 12. Jh.).[602] Der Schritt zur Antike – man denke bloß an die Figurenfriese an den spätantiken Triumphbögen zurück – war hier ja immer nur ein kleiner.

13.5.5. Angst vor dem Gericht

Wie grausam der Teufel und seine Helfershelfer – aus christlicher Perspektive gesehen –
mit jenen verfahren werden, die vom Pfad der Tugend abkommen und die Christus daher beim Weltgericht verurteilen wird, führt uns das monumentale Hauptportaltympanon
der Kathedrale von Autun[603] seit ca. 1130 in denkbar drastischer Form vor Augen.[604] In
Autun zerren Teufel die Schale der Waage, mit welcher der Erzengel Michael die Seelen
wiegt, auf ihrer Seite herunter;[605] wer als zu leicht befunden wird (Dan 5:27), fällt der ewigen Verdammnis anheim. Ein solchermaßen Verurteilter (Abb. 59) wird von riesenhaf-
ten Teufelshänden wie von der Zange eines Greifbaggers erfasst, die ihm den Kopf, so
steht zu befürchten, gleich abzwicken wird.[606] Die Protagonisten, Christus, seine Beisitzer, Engel, Teufel usf., sind in Autun,[607] mehr noch im Pfingsttympanon der Kirche Sainte-
Madelaine von Vézelay,[608] extrem überlängt wiedergegeben, besonders die Teufel lassen an Heuschrecken denken. Wie weit muss die Spiritualisierung hier fortgeschritten sein,
dass an ihnen kein Gramm Fleisch mehr haftet? Auf Knochen und Sehnen abgemagert,
arbeiten alle hyperaktiv an der Erledigung der Aufgaben, die am Jüngsten Tag anstehen.

Durch Abschreckung also sollen die Sünder davon abgehalten werden, das Kirchen-
portal zu durchschreiten. Wie die unzüchtigen Kragsteinfiguren der Pilgerkirchen die
Dämonen abwehren sollten, wird in den 1130er-Jahren dem sündigenden Menschen der
Spiegel vorgehalten, nicht aber, damit er wie weiland Medusa erstarre und getötet werde,
sondern *innerlich* umkehre und sich auf diese Weise vor dem ewigen Höllenfeuer rette.
Wie eine Brandsalbe wirkt da schon der bloße Gedanke an die These Johannes Scotus
Eriugenas, wonach es gar keine örtlich und zeitlich gedachte Hölle gäbe, die Hölle bloß
in Form der Reue im Einzelnen existiere und Gott nichts sei als die vollendete Güte. Die-
ser *irische Brei* war, wie erinnerlich, verspottet, Johannes' Traktat verboten worden. Die
Kirche hatte schon im 9. Jahrhundert die Ankündigung vom „ewigen Rotisseriebetrieb"
(ESTHER VILAR)[609] gebraucht, um ihre Schäfchen bei der Stange zu halten. In den 1130er
Jahren erreichte er seine vorderhand höchste Temperatur, auf die er erst in der Inquisi-
tion wiederkommen sollte.

13.5.6. Weltflucht: Zisterzienser und Katharer

Um Enthaltung von der Welt samt ihren sinnlichen Vergnügungen, um Rückzug in un-
bewohnte Gebiete, um Armut und Askese, also um die perfekte geistliche Durchdringung
des Lebens, bemühte sich insbesondere eine Gruppe von Mönchen, die den Benedikti-
nerorden in die aufgezeigte Richtung reformieren wollte. Ort des Geschehens war Bur-

gund. Nicht zufällig, denn der Aufruf zur Enthaltsamkeit übte indirekt Kritik an Cluny und seiner Prachtentfaltung, insbesondere *in puncto* Architektur und Liturgie. Aus der angestrebten Reform der auf Selbstkasteiung abzielenden Mönche entwickelte sich rasch ein neuer Orden: die Zisterzienser.[610] Der Name des Ordens leitet sich vom Mutterkloster Cîteaux (rég. Bourgone/Burgund) ab, wo 1098 das neue monastische Leben begann. Für ihre Klöster suchten die Mönche stets Standorte fernab von der Zivilisation – meist in den Wäldern. Wichtig war das Vorhandensein eines Wasserlaufs, weshalb sich Zisterzienserstifte oft in Talsenken schmiegen. Das im Unterschied zu den Benediktinerklöstern, die gerne auf erhöhten Plätzen thronen.

Zur Abwendung von der Welt rief bald auch eine weitere Gruppe auf, die sich aber primär an die Laien wandte: die Katharer (οἱ καθαροί: die Reinen).[611] Ihre Lehre war durch die Kreuzzüge vom Balkan in den Westen gelangt, wo sie sich in Deutschland, England und Frankreich schnell ausbreitete. Die Katharer predigten – bei den Ideen der Manichäer anknüpfend – einen Dualismus zwischen einem bösen Alten Bund und einem guten Neuen Bund und stellten Christus – über den von Areios propagierten Subordinationismus noch hinausgehend – auf eine weit niedrigere Stufe als den Vater: „Satan, der ‚Gott‘ des Alten Testaments, schuf" nach Ansicht der Katharer „die Welt und unterjochte bei der Schöpfung die reinen Seelen; er ist der gleich starke Feind des guten Gottes, der nur im Neuen Testament sprach und Christus, einen seiner Engel, hinabsandte, damit er die gefangenen Brüder über ihre Heimat belehre". Die Kirche am Nerv trafen die Katharer aber, indem sie meinten, „Christi Passion bewirke nichts, denn die belehrten Engelseelen erlösen sich selbst durch Eintritt in die Katharer-Sekte und völlige Weltenthaltung. Jede Berührung mit der Welt (Ehe, Geschlechtsverkehr, Fleischgenuß, Eid, Arbeit, Krieg, Mord) ist gleich sündhaft, und jeder Sünder erweist sich als Geschöpf Satans."[612] Indem sich die Katharer der Kirche entzogen, deren Anhänger abwarben und die kanonische Messfeier samt Eucharistie, die Erlösung der Menschen durch den Opfertod Christi ablehnend, als irrelevant erklärten, gruben sie der Kirche freilich das Wasser ab. Mehr als das: Sie rüttelten an deren Grundpfeilern, wenn sie verkündigten, die Kirche sei „die satanische Gegenkirche dieser Welt; ihre Sakramente, Meßopfer, Festtage, Kreuzzeichen, Kirchenbauten, Totengebete, Heiligen- u. Reliquienkult" wären nichts „als nutzlose Verdinglichung". Ihre Priester seien „scheinheilige Sünder" (ARNO BORST).[613] Dass die Kirche die Katharer zu Ketzern erklärte und aufs Grausamste verfolgte, war ihre Art von Selbstschutz. Trotzdem entwickelten sie sich zur größten häretischen Bewegung des gesamten Mittelalters.

Dass es keine kathartische Kunst gibt, versteht sich angesichts der Lehre der Katharer von selbst. Umgekehrt lässt sich aber vieles innerhalb der Kunst des 12. und auch noch des 13. Jahrhunderts als eine Antwort darauf verstehen; zahlreiche Werke scheinen aus einem apologetischen Ansatz heraus entstanden zu sein. Freilich ist das wieder einmal eine Geschichte von Henne und Ei: Die Katharer attackierten das Bauen von Kirchen, worauf die Kirche ihre Propaganda durch Sakralbauten forcierte usf. Auch Inhalte, die im 12. Jahrhundert durch *ornamenta ecclesiae* (liturgische Geräte und Gefäße)[614] vermittelt wurden, lassen sich als Reaktion der Kirche auf die Thesen der Katharer begreifen. Indem diese das Alte Testament diffamierten, machten sie ja jahrhundertelange Bemühungen der Kirche, den Alten Bund in den christlichen Glauben zu integrieren, zunichte. So gesehen ist es sicher kein Zufall, dass im 12. Jahrhundert im Auftrag der Kirche wieder Werke mit typologischen Programmen entstanden. Weiter attackierten die Katharer den Reliquienkult, was in der Kirche – für die die Pilgerreisen ja auch einen wichtigen Wirtschaftsfaktor bilden – zu dessen Intensivierung führte. Für die Verehrung der Reliquien wurden passende Behältnisse, Schreine für ganze Körper und Reliquiare für Einzelteile, benötigt, die nun in großen Mengen, um nicht zu sagen: in Massen hergestellt wurden. Die Quadratur des Kreises sind aus dieser apologetischen Perspektive Reliquienbehälter mit typologischem Inhalt. Auch das gibt es, worauf zurückzukommen sein wird.

Angesichts des Gesagten waren die Zisterzienser bloß „am halben Weg zur Häresie" (WERNER TELESKO).[615] Zwar zielten auch sie auf Armut und Askese, ohne aber dogmatisch vom Pfad der Kirche abzuweichen. Der wichtigste Mönch des Zisterzienserordens war bekanntlich Bernhard von Clairvaux (*um 1090, † 1153), Abt einer Tochterabtei von Cîteaux, dem die Kunstwissenschaft wertvolle Äußerungen über Architektur und Kunst verdankt. Zwar traf er keine „konstruktiven" Aussagen, *wie* zu bauen etc. sei, aber er äußerte aufschlussreiche Kritik. So schrieb er, dass die Zisterzienser keine Türme und keine Säulen hätten. Auf Türme ist bei den Zisterzienserkirchen während des Mittelalters tatsächlich in der Regel verzichtet worden. Die Angelegenheit mit den Säulen ist komplizierter: Faktum ist, dass in den Zisterzienserkirchen die Gurt- und Scheidbögen sowie die Kreuzrippen des Gewölbes oft nicht bis zum Fußboden hinunterlaufen (besser: nicht vom Boden ansteigen), sondern dass die Wandvorlagen, welche die Gewölbebögen und -rippen abstützen, an der Wand oberhalb des Fußbodens (oft knapp unterhalb der Gewölbezone) von Konsolen abgefangen werden. Unter „Säule" scheinen die Zisterzienser also die vom Boden aus einer Basis aufwachsenden Dienste verstanden zu haben. Waren diese gekappt, galt das „Säulenverbot" offenbar als eingehalten.

Dezidiert wandte sich Bernhard auch gegen die Skulptur, insbesondere gegen figurale Kapitelle, und hier wieder ganz besonders gegen solche, die Mischwesen – wir denken an die Kentauren und Sirenen in den Kirchen von Charlieu und Le-Sauve-Majeure – zeigen. Vor allem figurale Kapitelle in Kreuzgängen, in denen ja die Mönche die heiligen Schriften studierten, waren Bernhard ein Dorn im Auge – man erinnere sich diesbezüglich an das Menschen verschlingende Monstrum in Zürich. So fragte er: *Was will aber in den Klöstern, vor den Augen der lesenden Mönche, jene lächerliche Ungeheuerlichkeit, jene seltsam unschöne Schönheit und schöne Unschönheit? Was wollen die unreinen Affen, die wilden Löwen, die mißgestalteten Kentauren, die Halbmenschen, die fleckigen Tiger, die kämpfenden Soldaten, die hornblasenden Jäger? Du kannst viele Körper mit einem einzigen Kopf und auch einen Körper mit vielen Köpfen sehen. Ein Vierfüßler hat einen Schlangenschwanz, ein Fisch den Kopf eines Vierfüßlers. Ein Tiger ist vorn ein Pferd, hinten aber eine Ziege, und ein Tier mit Hörnern hat wiederum die hintere Körperhälfte des Pferdes. Die Vielfalt der verschiedenen Formen ist so reich und so seltsam, daß es angenehmer dünkt, in den Marmorsteinen als in den Büchern zu lesen und man den Tag lieber damit verbringt, alle diese Einzelheiten zu bewundern als über Gottes Gebot nachzudenken.*[616]

Im Übrigen ist man bei der Beurteilung der Zisterzienserarchitektur auf die erhaltenen Bauten angewiesen. Tatsächlich war die architektonische Instrumentierung der Zisterzienserkirchen und ihre Ausstattung im 12. Jahrhundert stets zurückhaltend. Glasfenster wurden, wo vorhanden (z. B. in Kreuzgängen), bloß in *grisaille* (monochrom, meist Grautöne) ausgeführt.[617] Zudem hat sich schon im 12. Jahrhundert ein „Idealgrundriss" der Kirchen herausgebildet. Sie haben in der Regel einen gerade geschlossenen Chor, keinen Umgang und keinen Kapellenkranz. Das trifft beispielsweise auf die zwischen 1139 und 1147 entstandene Abteikirche von Fontenay (rég. Bourgone)[618] zu, die zu den frühesten Zisterzienserkirchen gehört, die auf uns gekommen sind. Das älteste Zisterzienserkloster Österreichs ist die vom Landesherrn Markgraf Leopold III. (reg. 1095/96–1136) gestiftete Zisterze Heiligenkreuz im südlichen Wienerwald (Niederösterreich),[619] von der das nach 1133 in Angriff genommene Langhaus noch erhalten ist.

Zurückhaltung war auch bei den Handschriften der Zisterzienser angesagt. Man verzichtete auf bunte Vollminiaturen und Goldgrund. Vielerorts beschränkte man sich während des gesamten Hochmittelalters auf florale, in monochromer Federzeichnung ausgeführte Initialen. Gelegentlich zeigte man das eigene, fraglos harte Tagwerk, etwa durch die Figureninitialen in einem in Cîteaux um 1111 entstandenen Exemplar der *„Moralia in Iob"* Gregors d. Gr. (Dijon BP, Ms. 173).[620] Die *I(ntellectus)*-Initiale[621] besteht hier aus einem Baum, der von einem Konversen (Laienbruder) gefällt wird, die antropomorphe *Q(uia)*-Initiale[622] aus zwei Konversen, die einen Ast – er bildet die *cauda* (Schwanz) des Buchstabens – spalten; das Roden und Urbarmachen des Bodens stand aufgrund der spezifischen Standortwahl für die Neugründungen (welche dank der meist in Hundertschaften vorhandenen Konversen rasch zu bedeutenden Wirtschaftsbetrieben aufstiegen) stets am Anfang. Farbe ist in der Moralia-Handschrift zwar verwendet, aber nur sparsam eingesetzt, und Zurückhaltung war offenbar auch bei der Wiedergabe der Plastizität angesagt.

Bei den Zisterziensern begegnet uns erstmals so etwas wie eine ordensspezifische Kunst, was dadurch gefördert wurde, dass die Zisterzienserklöster zentralistisch organisiert waren und Vertreter jedes Klosters alljährlich zu einem Generalkapitel nach Cîteaux reisten. Bald sollte der Orden daher auch eine wichtige Rolle bei der Übertragung des neuen Stils, der unter dem Begriff „Gotik" firmiert, nach Mitteleuropa spielen.

13.6. Selbstbewusstsein – Selbstbehauptung

13.6.1. Antikenrezeption in Lothringen

Die 1097 entstandene Stavelotbibel zeigt paradigmatisch, dass in Lothringen das Byzantinisieren – hier etwa bei der erwähnten Initiale zum Lukasprolog – nur eine von mehreren Möglichkeiten darstellte. Eine andere, in der Handschrift ebenfalls auftauchende und die spätere lothringische Kunst prägende war das Antikisieren. Das hatte in Lothringen Tradition. Man denke bloß an das 9. Jahrhundert zurück: an die Codexillumination unter Erzbischof Drogo und die Elfenbeinarbeiten der Älteren Metzer Schule (Abb. 44). Diesbezüglich ist daran zu erinnern, dass Lothringen schon innerhalb des römischen Imperiums eine wichtige Rolle gespielt hatte, war Trier doch in Tetrarchischer Zeit der Regierungssitz des Constantius Chlorus gewesen. Freilich hatten in der Zwischenzeit von der Region auch antiantike Bewegungen ihren Ausgang genommen: die Wende vom Suggestions- zum Kulminationsraum, die nach 850 von den Schnitzern der Jüngeren Metzer Schule (Abb. 46) und um 985 vom Meister des Registrum Gregorii (Abb. 50) abermals vollzogen wurde.

Mit der Stavelotbibel trat die subantike Ader wieder an die Oberfläche. Und zwar bei der *P(ost mortem)*-Initiale am Beginn des Buches Richter.[623] Im Binnenfeld, das vom Buchstabenkörper des „P" umschlossen wird, ist die Blendung Samsons (Ri 16:19) dargestellt. Die Initiale bildet dabei eine Einfassung, durch die man wie durch einen Fensterrahmen in einen Aktions*raum,* eine echte Erweiterung des Betrachterraums, hineinblickt. Dass der von der Forschung „Pentateuchmeister" genannte Illuminator *a priori* von der Existenz eines Bildraums – und das ist antik gedacht – ausging, ist daran erkennbar, dass er den Eindruck vermittelte, der riesenhafte Samson läge schräg in Richtung Bildtiefe und der kleine Scherge, der dem Helden, auf dessen Schulter sitzend, das rechte Auge ausmeißelt, bewege sich frei im Raum. Den Initialtypus der historisierten Initiale mag der Illuminator der *P(ost mortem)*-Initiale indes vom antikisierenden Drogosakramentar her gekannt haben. Auch zur Interpretation des Binnenfeldes als Aktions*raum* mag er durch die karolingische Handschrift angeregt worden sein. Er ging aber *in puncto* Raumtiefe so weit über die Metzer Handschrift des 9. Jahrhunderts hinaus, dass man annehmen muss, er habe sich direkt mit Antikem befasst. Bewiesen wird diese Vermutung durch die Figur des Schergen. Denn er ist wortwörtlich aus der Miniatur »Erbauung der Stadt Karthago«[624] des Vergilius Vaticanus zitiert, wo er allerdings in harmloser Weise als Steinmetz tätig ist.

Auf den punktuellen Rückgriff auf die Antike bei der Stavelotbibel, dort zwecks Schaffung eines Bildraums und der adäquaten Schilderung eines dramatischen Geschehens, folgte in Lothringen im zweiten Jahrzehnt des 12. Jahrhunderts eine noch weit intensivere Auseinandersetzung mit antiken Stilqualitäten, interessanterweise wieder bei einem Werk mit alttestamentlichem Bezug: Ein zwischen 1107 und 1118 gegossenes Bronzetaufbecken in Lüttich (Église Saint-Barthélemy; Abb. 60),[625] dessen Schöpfer, Rainer von Huy, namentlich bekannt ist, geht im Typus auf das Eherne Meer (1 Kön 7:23–29) zurück, indem es wie das einst im Vorhof des Salomonischen Tempels stehende Bronzewaschbecken auf dem Rücken von zwölf Rindern ruht; die ursprünglich übliche Immersionstaufe war mittlerweile durch „Begießen" *(infusio)* respektive „Besprengen" *(aspersio)* fast gänzlich verdrängt worden. Ist in Lüttich schon die Gesamtform typologisch gedacht, wird der Zusammenhang zwischen Altem und Neuem Bund hier zusätzlich betont, indem die Beckenwandung Taufszenen, darunter die Taufe Christi, zeigt. Sie „christianisieren" quasi das Eherne Meer. Mit anderen Worten: Der Alte Bund ist hier durch die inhaltliche Verschränkung des jüdischen Gebrauchsgegenstandes mit der Funktion des Taufbeckens und den neutestamentlichen Szenen als Teil des christlichen Glaubens und damit als Teil der Kirche Christi definiert. Auf die – römische – Antike verweist indes der Stil der figuralen und zoomorphen Teile. So sind die große körperliche Präsenz und die freie, differenzierte Bewegung der Stiere sowie die organische Wiedergabe der Protagonisten, die gleichfalls den Raum ausnützen, ja sich sogar der Tiefe zuwenden können (cf. Abb. 60), nur aus einer unmittelbaren Beschäftigung des Bildhauers mit antiker Skulptur und antiken Metallarbeiten erklärbar.

Bleibt die Frage nach der Motivation für die Antikenrezeption an der Maas ab der Wende vom 11. zum 12. Jahrhundert zu beantworten. Eindeutige Gründe auf der politischen Ebene lassen sich nicht benennen. Wie erinnerlich, war Lothringen unter König Heinrich I. als Herzogtum an das Römisch-Deutsche Reich gebunden worden (923/925). Da es in der Folge zu Auseinandersetzungen zwischen den einzelnen Grafschaften Lothringens kam, könnte die Antikenrezeption eine Rolle innerhalb dieser Spannungen gespielt haben. Denkbar wäre, dass man sich im Zuge dessen auf die glorreiche Vergangenheit des Gebiets im Imperium Romanum bezog. Primär scheint hinter der Antikenrezeption aber ein neues Interesse an der Welt der sichtbaren Dinge gestanden zu haben, wobei die Antike eine Art Hebammenfunktion ausübte. Das Kopieren von antiken Darstellungen und Figuren ist nicht bloß leichter als ein Arbeiten nach der Natur, vielmehr scheint diesbezüglich auch noch eine gewisse Scheu vorhanden gewesen zu sein. Zudem ist – um beim Lütticher Becken zu bleiben – auf diese Weise die Spannung zwischen abstraktem Konzept (typologischer Welterklärung) und geschildertem Ereignis (z. B. der Taufe Christi)[626] nicht so unerträglich, wie wenn man bei der Wiedergabe der Protagonisten und ihres Ambientes die eigene Mit- und Umwelt als Vorlagenfundus verwendet hätte.

13.6.2. Die legitimistische Politik Roms

Auch in Rom rückte ab 1100 die Antike wieder verstärkt ins Zentrum des Interesses. Ihr legitimistisches Denken hat die Stadt ja stets gepflegt, und Material, das zitiert werden konnte, um auf die unübertroffen wichtige Rolle der *urbs aeterna* in der Antike anzuspielen, war immer zur Hand. Das belegen beispielsweise die Fresken und Mosaiken in S. Clemente. Bei den Wandmalereien der Unterkirche (um 1100)[627] erinnert insbesondere die feingliedrige, aus Einzelteilen geklitterte und dabei auf eine Mittelachse bezogene Architektur an die – im 12. Jahrhundert freilich nicht bekannten – Wandmalereien von Pompeji[628] (Auffindung ab 1748); ein dünner Traditionsstrang hatte freilich überlebt, wie die Mosaiken in H. Georgios in Saloniki und die Fresken in San Julián de los Prados beweisen. Bei der Ausführung des Apsismosaiks der Oberkirche von S. Clemente (2. Viertel 12. Jh.)[629] fand indes ein demonstrativer Rückgriff auf die spätantik-frühchristliche Zeit statt. Der große, die gesamte Apsiskalotte füllende Lebensbaum basiert auf dem Akanthusstrauch im Lateranbaptisterium, hat sich allerdings – und hierin geht das Werk des 12. Jahrhunderts über das des 5. Jahrhunderts hinaus – zu einem polyvalenten Gebilde verwandelt, in dessen Zentrum der Kreuzestod Christi steht.

13.6.3. Reliquienkult als apologetische Maßnahme

Das 12. Jahrhundert ist *das* Jahrhundert des Reliquienkultes. Davon, dass die Pilgermassen – verstärkt seit dem 11. Jahrhundert – zu den Gräbern der Heiligen, allen voran zum Grab des hl. Jacobus maior in Santiago de Compostela, zogen, war schon die Rede. 1099 begann zudem der Kampf um das Heilige Land: um die heiligen Stätten – quasi die größten „Reliquien" der Christenheit. Im selben Jahr, eine Woche nach der Einnahme Jerusalems, wurde die Gründung des „Königreichs Jerusalem" beschlossen. Dort oder auf der Reise erworbene Reliquien brachten die Kreuzfahrer nach Hause mit. Der Handel blühte.

Die Preise kletterten und wurden bezahlt, weil man davon überzeugt war, die Knochen, Gewandstücke usf. seien gnadenspendend. Um sie aufzubewahren und liturgisch einbinden zu können, ließ man Hüllen aus verschiedensten Materialien (meist Edelmetall) und in verschiedensten Techniken (u. a. Email) herstellen. Wer im Besitz von einem Teil eines/einer Heiligen, etwa eines Knochens einer Gliedmaße, war, brauchte *kleinere* Reliquiare. Hatte man das ganze Skelett (oder zumindest große Teile davon), war die Anschaffung eines *Schreins* angesagt. Die kuriosesten unter den kleineren Reliquienbehältern sind die sog. Redenden Reliquiare:[630] Kopfreliquiare, Fußreliquiare, Armreliquiare, Fingerreliquiare etc. Die Typen sind teils älter (schon Erzbischof Egbert von Trier hatte im ausgehenden 10. Jahrhundert ein Fußreliquiar des hl. Andreas herstellen lassen; Trier DS),[631] neu war die massenhafte Produktion der Behälter und die frenetische Verehrung ihres Inhalts. Dass die Katharer dagegen auftraten, ist, mit nacktem Auge besehen, verständlich. Aber ihrer Protesthaltung dürfte die Verehrung der Reliquien, ergo auch die Produktion von Reliquiaren, erst recht angeheizt haben. Denn Reliquien haben ja eine ganz wesentliche Eigenschaft: Sie sind – jenseits der Frage ihrer Authentizität – etwas Reales, Existentes. Angesichts eines unsichtbaren Gottes, den die Christen verehren, ein Luxus! In ihre wertvollen Hüllen verpackt, kann man die Reliquien herzeigen. Die Gläubigen dürfen sie vielleicht sogar berühren, küssen. Man trug sie in Prozessionen durch die Städte, führte sie in der Schlacht mit usf. Die Sucht, die Reliquien tatsächlich zu *sehen,* führte im 12. Jahrhundert vermehrt auch dazu, dass man die Hüllen – wie schon gelegentlich im 11. Jahrhundert[632] – mit „Gucklöchern" versah, die durch Bergkristallcabochons abgedeckt, nicht aber *ver*deckt sind. Vielmehr vergrößert der lupenartige Schliff das darunter Liegende. Die Verdinglichung wiederum provozierte die Katharer. Die Spirale drehte sich weiter.

Was die Schreine, unter den Reliquiaren die größten Kaliber, betrifft, unterscheidet die Forschung zwischen sarkophagförmigen und hausförmigen. Zur ersten Gruppe gehört der Hadelinusschrein in Vizé (SM; maasländisch, 2. Viertel 12. Jh.),[633] zur zweiten der Heribertschrein in Köln-Deutz (St. Heribert; Köln, ca. 1165/70).[634] Auf der Oberfläche des älteren Hadelinusschreins ist das Leben des Heiligen ausführlich erzählt. Bei der Herstellung des jüngeren Heribertschreins verdeutlichte man – über die Schilderung der Heiligenvita hinausgehend – die Einheit von Altem und Neuem Bund, wie sie sich aus der Perspektive der Kirche darstellt. Der Heribertsvita wurden die Dachflächen eingeräumt, die – wichtigeren – Langseiten des Schreines sind hingegen den Aposteln und Propheten gewidmet. Die Jünger Christi erscheinen in getriebenem und vergoldetem Relief, die Propheten auf Lisenen dazwischen in *émail champlevé* (Grubenschmelz: aus der Kupferplatte, die abschließend vergoldet wird, sind Gruben *herausgehoben,* in welchen der Glasfluß ein- oder mehrfarbige Flächen bildet).[635] Die Apostel halten das *Symbolum apostolicum* (Glaubensbekenntnis) in Händen, das – in Teile gesplittet – in ihren Codices steht. Auch dieses „Hörbarmachen" der Harmonie von Altem und Neuem Bund sowie der bekenntnishafte Vortrag des Glaubensbekenntnisses mag eine gegen die Katharer gerichtete Apologetik gewesen sein. Die ersten dieser „Ketzer" waren in Köln in den 1140er-Jahren aufgetaucht.

13.6.4. Apologetik durch Typologie?

Mit der – möglicherweise apologetisch gemeinten – Betonung der Einheit von Altem und Neuem Testament steht der Heribertschrein nicht allein. Das zeigte schon das Lütticher Taufbecken des Rainer von Huy (Abb. 60). Verstärkt entstanden liturgische Gegenstände mit typologischem Programm ab der Mitte des 12. Jahrhunderts. Zwei seien herausgegriffen: Der sog. Kreuzfuß von Saint-Omer (Saint-Omer MBA; maasländisch, um 1160/65)[636] und der sog. Stavelottragaltar (Brüssel MRAH; maasländisch, um 1150/60).[637] Ersterer besteht aus einer Kalotte, auf der ein Pfeiler aufragt, in dessen Kapitell das Kreuz steckte. Auf dem floral gestalteten Kalottenrand sitzen die vier Evangelisten jeweils vor einem zoomorphen, die Kalotte vom Boden hochhaltenden Beinpaar. Dieses steht jeweils auf einer Basis, die den Autoren als Suppedaneum dient. Aus den Ecken der Pfeilerbasis stoßen die vier Evangelistensymbole hervor, von denen Löwe und Stier zum – verlorenen – Kreuz emporblicken, während sich Adler und Mensch ihren Evangelisten zuwenden. Die von den Symbolen „angesprochenen" Evangelienverfasser Johannes und Matthäus wenden sich ihren Symbolen hörend zu, um die göttliche Inspiration zu empfangen. Die anderen beiden Autoren, Markus und Lukas, sind ins Schreiben vertieft. Die vollplastische Darstellung der Symbole und Autoren sowie die Bewegung, in der sich diese befinden, ist Teil der antikisierenden Tradition innerhalb der lothringischen Kunst.

Neben dem göttlichen „Inspirationsmechanismus" – Ausgehen der Inspiration von Christus, Weitergabe an die apokalyptischen Wesen und von diesen wieder an die Evangelienverfasser – verdeutlicht der Kreuzfuß auch noch den göttlichen „Gnadenmechanismus", indem er auf der Oberfläche der Kalotte und an den vier Pfeilerfronten den Erlösertod Christi präfigurierende Szenen zeigt: die »Aufrichtung der Ehernen Schlange« (Num 21:5–10), den »Weg Abrahams und Isaaks zum Opfer« (Gn 22:6) etc. Wie erinnerlich, ist der Kern des typologischen Denkens die Idee, dass die Gnade von Gott ausginge, durch Christus in das Neue Testament und von da auch in das Alte Testament einströme, wobei als „Schleusen" zwischen Altem und Neuem Bund die durch *similitudo* (Ähnlichkeit) in Relation stehenden Ereignisse funktionierten. Wenn also die Israeliten während der Wüstenwanderung durch ihr Aufblicken zur ehernen Schlange vor dem Tod gerettet wurden, nimmt das, so die These, die Errettung aller an Christi Erlösungswerk Glaubenden vorweg; Jesus selbst setzte seinen Tod am Kreuz mit der Aufrichtung der ehernen Schlange gleich (Jh 3:13–13). Dieses – im Frühchristentum schon herausgearbeitete und in der Abwehr der Manichäer forcierte – Denkgebäude wurde später durch die Gedankenkonstruktion des Pseudo-Dionysios Areopagites, wonach die Gnade von Gott stufenweise zu den Engeln und zu den Menschen herabfließe, noch ausgesteift. Zur Hochburg des typologischen Denkens entwickelte sich im 12. Jahrhundert das Augustiner-Chorherrenstift Saint-Victor bei Paris. Was den Kreuzfuß von Saint-Omer betrifft, sind hier die ikonographischen Schemata der typologischen, in *champlevé*-Technik ausgeführten Darstellungen aufs Notwendigste reduziert, so dass man von Signalen oder Piktogrammen sprechen möchte.

Auf der Deckplatte des *altare portatile* (Tragaltar zur Eucharistiefeier hoher geistlicher Würdenträger auf Reisen) aus Stavelot sind um das Zentrum, auf dem während der Messfeier die eucharistischen Gaben zu liegen kommen, in vier Feldern, die sich zu einem Vierpass zusammenschließen, zwei die Auferstehung Christi präfigurierende Szenen des Alten Testaments (»Samson mit den Türen von Gaza« [Ri 16:3] und »Iona, vom Wal ausgespieen«) sowie Ecclesia und Synagoge eingepasst. In den verbleibenden vier Zwickeln erscheinen in Bezug auf die Kreuzigung »Isaak am Weg zum Opfer«, »Moses und die Eherne Schange«, Melchisedek und Abel. Auch dieses Programm lässt sich als gegen die Katharer gerichtet verstehen, wird doch zugleich der Hinweischarakter des Alten Bundes und die Wirkung des Erlösertodes Christi betont. Ober- und unterhalb des Mittelteils ist die Passion Christi geschildert, deren Einzelszenen punktuell in kompositorischer Hinsicht auf die alttestamentlichen Szenen abgestimmt sind. So nähert sich der kreuztragende Jesus, dem ein Scherge folgt, Abraham mit dem holztragenden Isaak kompositionell an. Hier setzt eine wesentliche Entwicklung innerhalb der typologischen Programme, die Lothringen, aber auch England hervorgebracht hat, an: die Entwicklung zur Veranschaulichung der typologischen Bezüge.

13.7. Der perpetuierte Konflikt unter den Staufern

13.7.1. Wormser Konkordat und Machtwechsel

Heinrich V. setzte nach der erzwungenen Abdankung seines Vaters Heinrich IV. den von diesem eingeschlagenen Weg fort, wodurch er sich die Gegnerschaft des Reformpapsttums einhandelte. Mit der Wahl Konrads III. zum König (reg. 1138–52) ging die Herrschaft an das schwäbische Geschlecht der Staufer über. Unter diesen, besonders unter

Kaiser Friedrich I. Barbarossa (reg. 1152 [Kaiserkrönung 1155]–90), und dessen Enkel, Kaiser Friedrich II. (reg. 1196 [Kaiserkrönung 1220]–1250), sollte der Konflikt zwischen *imperium* und *sacerdotium* neuerlich in verheerender Weise aufflammen. Zuvor aber gelang es der Kirche, friedlich Terrain zu gewinnen, nämlich 1122 im sog. Wormser Konkordat (Aussöhnung), das dem Investiturstreit formell ein Ende setzte. Innerkirchlich war bedeutsam, dass innerhalb der Klöster und Domkapitel, die die sog. Regel des hl. Augustinus befolgten, in den ersten Jahrzehnten des 12. Jahrhunderts die strenge Richtung der Reformbewegung eingeschlagen wurde, woraufhin die Gemeinschaften der regulierten Augustiner-Chorherren aufblühten. Einige ihrer Klöster entwickelten sich zu wichtigen theologischen Zentren. Saint-Victor bei Paris, die Hochburg des typologischen Denkens, wurde schon erwähnt. Klosterneuburg (Niederösterreich) bei Wien hätte gerne einen ähnlichen Status erreicht. Die Regularkanoniker wurden – auf Kosten der Benediktiner – auch verstärkt mit der Seelsorge betraut. Etwa in Salzburg, wo die Neuverteilung der Aufgaben Stoff für einen über Jahrhunderte anhaltenden Konflikt lieferte. Auf der sog. Augustinusregel basierend, sich zugleich an der Verfassung der Zisterzienser orientierend, entstand 1120 ein weiterer neuer Orden: der Prämonstratenserorden.

König Konrad III. stellte sich in den Dienst der Kirche, wenn er 1147 gemeinsam mit dem französischen König Ludwig VII. (reg. 1137–80) zum Zweiten Kreuzzug ins Heilige Land aufbrach. Horrormeldungen hatten das Abendland erschüttert, nachdem die „Sarazenen" im Jahr 1144 die Grafschaft Edessa (Edessa: heutiges Urfa, Südosttürkei), seit einem halben Jahrhundert Schutzschild und Puffer im Nordosten der Kreuzfahrerstaaten, erobert hatten. Bernhard von Clairvaux rief in Frankreich und Deutschland zum Kreuzzug auf. „Internationale Truppen" wurden mobilisiert. Im Juli 1148 endete das Unternehmen dennoch in einem Desaster.

13.7.2. Ein politisches Desaster als kultureller Impuls

Wahrscheinlich hatten König Konrad III. und seine Mitstreiter bei ihrer Rückkehr vom Kreuzzug Handschriften, Textilien etc. aus dem Heiligen Land und aus Byzanz im Gepäck – Konrad III. überwinterte 1148/49 in Konstantinopel und mag hier Geschenke erhalten haben –, denn kurz nach dem Zweiten Kreuzzug taucht in westlichen Werken, beispielsweise in Salzburg, die sog. kufische Schrift (nach der Stadt Kufa/Euphrat; eckige Monumentalform der arabischen Schrift) als Ornament auf. Zudem wurde das Byzantinisieren just in dieser Zeit wieder verstärkt. Da Konrad III. auf der Rückreise vom Kreuzzug im Frühjahr 1149 in Salzburg Station machte und das Osterfest hier feierte, ist denkbar, dass er den Erzbischof, Eberhard I. (reg. 1147–64), mit Geschenken aus dem Osten für dessen Aufwand entlohnte; Eberhard hatte ja nicht nur den König und seine Entourage, sondern auch den ganzen Tross tagelang unterzubringen und zu verpflegen gehabt. Am Ort tätige Illuminatoren, Freskanten etc. dürften motivische und stilistische Besonderheiten der Importstücke aus dem Osten dann rasch rezipiert haben. Kufi-Ornament und ein byzantinisierender Stil finden sich beispielsweise im sog. Perikopenbuch von St. Erentrud (München BSB, Clm 15903)[638] – das in St. Peter in Salzburg um 1147/1149 hergestellte, prächtig mit farbigen, goldgrundigen Vollminiaturen ausgestattete Evangelistar dürfte ursprünglich im Salzburger Dom verwendet und erst später dem Erentrudiskloster auf dem Salzburger Nonnberg übergeben worden sein – und an den Fresken der Johanneskapelle in Pürgg (Ennstal, Steiermark; um 1150/60).[639] Der Weg für die Übernahme des byzantinischen Formvokabulars war in Salzburg schon vorher präpariert worden; Miniaturen in Handschriften, die in den 40er Jahren im Skriptorium des Petersklosters hergestellt wurden, etwa die sog. Admonter Riesenbibel (Wien ÖNB, Cod. ser. nov. 2701, 2702),[640] belegen, dass schon vor dem Zweiten Kreuzzug Malereien auf der Stilstufe der Mosaiken der Palastkapelle von Palermo[641] in Salzburg bekannt gewesen sein müssen.

13.7.3. Das normannische Sizilien

Den Auftrag, die Kapelle im Königspalast in Palermo mit Mosaiken auszustatten, hatte der Normannenkönig Roger II. (reg. 1127–54) erteilt. Die Ausführung zog sich bis 1170 hin. Mit der Arbeit betraut waren Mosaizisten, die aus Konstantinopel nach Sizilien berufen worden waren, was neuerdings belegt, dass ein Machtwechsel – die Normannen hatten Sizilien den Sarazenen abgerungen, diese die Insel zuvor den Byzantinern entrissen – nicht unbedingt die Verwendung autochthonen Formgutes nach sich ziehen musste. Das normannische Herrscherhaus, um die Schaffung von Werken auf höchstmöglichem künstlerischen Niveau bemüht, nützte vielmehr die verschiedenen, auf Sizilien quasi übereinanderliegenden kulturellen Straten für seine Zwecke aus. So wurde die Herstellung des Krönungsmantels für Roger II. (Wien WS)[642] sowie des Holzplafonds der Palastkapelle, der berühmten „Stalaktitendecke", in die Hände von arabischen Künstlern gelegt, während man für die Herstellung der Mosaikverkleidung der Kapelle die genannten Fachleute aus Byzanz holte. Wie in Sant'Angelo in Formis (Abb. 55) ist der byzantinisierende Stil auch in Palermo mit einem westlichen Programm und westlichen ikonographischen Schemata verschränkt.

13.7.4. Die Byzanzrezeption der Engländer

Auch England setzte sich ab der Mitte des 12. Jahrhunderts mit dem byzantinischen Figurenstil auseinander. So ist bei der Figur des hl. Paulus (cf. Apg 28:1–6) in der Saint Anselm's Chapel der Kathedrale von Canterbury (3. Viertel 12. Jh.)[643] das Gewand in Parzellen zerlegt, die allerdings – und das ist typisch für England – fischblasenartig angeschwollen sind (OTTO DEMUS).[644] Punktuell, beispielsweise über den Knien, bilden die Falten zudem *scroll*-artige Formationen aus. Vergleichbar haben sich die Illuminatoren der sog. Lambeth Bible (London BL, Ms. 3; Canterbury, Mitte 12. Jh.)[645] sowie jene, die für die Ausstattung von Teilen der sog. Winchester Bible (Winchester CL; 3. Viertel 12. Jh.)[646] zuständig waren, byzantinisches Formengut angeeignet. Die Figuren sind hier aber, anders als in der St.-Anselms-Kapelle, gelängt und derart energiegeladen bewegt, dass die Forschung von *„leaping figures"* spricht. Ein englischer Wanderkünstler trug diesen Stil der „hüpfenden Figuren" nach Südosten: Um 1160/1170 muss er bis Südtirol gelangt sein, wo er die Krypta der Kirche Burgeis-Marienberg (Vintschgau)[647] ausmalte.

13.7.5. Abt Suger von Saint-Denis und die „Erfindung der Gotik"

Als Abt Suger von Saint-Denis (reg. 1122–51) während der kreuzzugsbedingten Abwesenheit des französischen Königs Ludwig VII. (1147–49) mit der Regentschaft über Frankreich betraut war, war der Neubau des Chores „seiner" Dionysius-Kirche[648] bereits abgeschlossen. Inspiriert durch die Lichtmetaphysik des Areopagiten sollte das durch bunte, figurale Glasfenster eindringende Licht eine besondere Rolle übernehmen. Schon Anfang der 1140er-Jahre hatte er die besten Baumeister, Steinbildhauer, Glasmaler usf. aus ganz Frankreich, offenbar auch einige aus dem „Ausland", in Saint-Denis zusammengezogen, wodurch ein entwicklungsgeschichtlicher Quantensprung stattfand. Die Forschung spricht von der Entstehung der Gotik und spricht den Neubau von Saint-Denis als die erste gotische „Kathedrale" (vom Typus, nicht vom Status: Saint-Denis ist kein Bischofssitz) an. Diese „Erfindung der Gotik" bedeutet nicht nur den Übergang vom Massebau zum Skelettbau und dessen Systematisierung, und nicht nur, dass Skulptur und Glasmalerei fortan konstituierende Momente sein sollten, sondern dass nun alle Medien dazu eingesetzt wurden, die – dem Auge des Normalsterblichen verborgene – göttliche Ordnung hienieden sichtbar zu machen, gleichzeitig die Materie durch das Licht, das alles durchdringt und transformiert, zu spiritualisieren. Wieder war es die Kirche, die als die ordnende Kraft gegen das Chaos, das in ihren Augen dem *mundus* inhärent ist, antrat. Die Welt und der Himmel prallen bei Suger aber nicht mehr gewaltsam aufeinander wie noch fünfzig, ja sogar zwanzig Jahre vorher. Vielmehr hatte sich bereits eine neue Sicht Gottes und – darauf basierend – eine neue Sicht auf die Schöpfung zu entwickeln begonnen.

Während Christus in den burgundischen Tympana in den 1130er-Jahren noch als beinhart strenger Richter dargestellt worden war, hatte Bernhard von Clairvaux vertrauensvoll formuliert: *plenitudo amoris excludit timorem*[649] *(die Fülle der Liebe schließt die Angst aus),* womit der Weg freigemacht worden war, Gott als gütig zu erkennen. In diesem Zusammenhang ist abermals an Johannes Scotus Eriugena zu erinnern, der diese Ansicht schon Mitte des 9. Jahrhunderts vertreten hatte. Damals erfolglos. Nun, Mitte des 12. Jahrhunderts, wurden die Künstler dazu berufen, Gott nicht als Strafenden, sondern als einen Verzeihenden, seine Schöpfung Liebenden zu veranschaulichen. Bildhauer, Glasmaler, Goldschmiede usf. begannen, die Natur, Pflanzen, Tiere, aber auch die Menschen zu beobachten, und sie lernten, deren Emotionen zu unterscheiden und wiederzugeben. Der *mundus* wurde nun wieder *mundus* (im Sinne von: „rein").[650] Auch diese neue Wertschätzung der Natur als Teil der Schöpfung Gottes lässt sich übrigens als anti-kathartische Apologetik verstehen. Stimuliert wurde das neue Interesse an der Wirklichkeit durch die Auseindersetzung mit Aristoteles, die – trotz allen innerkirchlichen Widerstandes – nun nicht mehr verhindert werden konnte. Bis die neue Sicht Gottes und der neue Blick auf die Welt Allgemeingut wurden, sollte es aber noch Jahrzehnte dauern. In manchen Gebieten (u. a. im heutigen Österreich) blieben Architektur, Skulptur, Malerei usf., die aus dem hochmittelalterlichen Denken erwuchsen, noch fast anderthalb Jahrhunderte, bis ins ausgehende 13. Jahrhundert, der Gotik gegenüber resistent,[651] sieht man von Importstücken und punktuellen, im herzoglichen Auftrag ausgeführten Versuchen, eine Öffnung auf den Westen hin durchzuführen,[652] ab.

Anders in der Île-de-France: Hier entwickelten sich Skelettbau, systematisierte Architektur, Spitzbogen etc., Glasfenster, Skulptur im Portalbereich sowie das positive Gottesbild ab den 40er-Jahren des 12. Jahrhunderts rasch zu den bestimmenden Momenten. Der Ursprung der neuen Beziehung zur sichtbaren Welt, die man durch die Auseinandersetzung mit antiker Kunst allmählich gewann, befand sich aber, wie ausgeführt, in einer anderen Region: in Lothringen. In diesem, damals zum Römisch-Deutschen Reich gehörenden Gebiet wurde auch in der zweiten Hälfte des 12. Jahrhunderts Wesentliches geleistet, das in die Kunst der Île-de-France (Senlis, Chartres)[653] sowie der Champagne (Reims)[654] eingehen sollte, von wo der neue Stil dann nach Deutschland (Bamberg usf.)[655] gelangte.

13.7.6. Der „Barbarossakopf" und Aachen – Friedrich I. gegen den Papst

Im Römisch-Deutschen Reich verschärfte sich der Konflikt zwischen *imperium* und *sacerdotium* unter Friedrich I. Barbarossa neuerdings. Am Hoftag von Besançon (rég. Frache-Comté) 1157 kam es zum Zusammenstoß nicht nur zwischen dem Kaiser und den Fürsten, sondern auch mit den päpstlichen Gesandten. Stein des Anstoßes war die Frage, ob die Kaiserkrone ein päpstliches *beneficium* (Lehen, Wohltat) sei. Diese These war für Friedrich I. inakzeptabel. Damals, zwischen 1155 und 1160, dürfte der Kaiser eine Porträtbüste von sich selbst, den sog. Cappenberger Barbarossakopf (Schloss Cappenberg [Gm. Bork, Ks. Unna, Westfalen]; Abb. 61),[656] in Auftrag gegeben haben. Er bringt deutlich zum Ausdruck, wie Friedrich die Rechtslage einschätzte: Der Kaiser ist hier als antiker Imperator mit der Stirnbinde dargestellt, wie sie im 4. und 5. Jahrhundert bei römischen Kaiserporträts üblich gewesen war. Der Rückgriff darauf war ebenso kühn wie der Aufgriff des Typus der antiken Porträtbüste. Aber damit nicht genug: Die Büste des Kaisers wird von Engeln, die in einer Stadtmauer, dem Kürzel für „Stadt", stehen, hochgestemmt, was daran erinnert, wie Tellus im Aachener Evangeliar Ottos III. den Thron mitsamt dem Kaiser hoch-, das heißt: in den Himmel hebt. Wie HERMANN FIL-LITZ erkannte,[657] ist der Cappenberger Barbarossakopf die Umsetzung der Goldbulle Friedrichs I.,[658] die den König in der Stadt Rom stehend zeigt und ihn durch die Umschrift + *FREDERICVS DEI GR(ati)A ROMANORVM REX (von Gottes Gnaden Herr der Rö-mer)* als Herrn über Rom definiert, ins Dreidimensionale. „Ich heiße nicht bloß Herr über Rom, ich bin es", will er damit sagen. Welchen Zweck die Büste hatte, ist unbekannt. Denkbar ist, dass Friedrich I. vorhatte, sie dem Papst zu senden – derartige Danaergeschenke kennen wir ja bereits. Offensichtlich kam es nicht dazu, denn wenig später schon schenkte Friedrich I. das Stück seinem Taufpaten Otto von Cappenberg, der sein Schloss 1156 in ein Prämonstratenserstift umgewandelt hatte und diesem nun als Propst vorstand.

Mittlerweile schaukelte sich der Konflikt zwischen Friedrich I. und Papst Alexander III. (reg. 1159–81) weiter auf, und wieder kam es – wie schon unter Heinrich IV. – zur Ein-setzung eines Gegenpapstes: Paschalis III. (reg. 1164–68).[659] Die lombardischen Städte verbündeten sich mit Papst Alexander III., doch 1158 gelang es Friedrich, die wichtigste unter ihnen, Mailand, zu unterwerfen. 1162 zerstörten kaiserliche Truppen die Stadt, und die Reliquien der Heiligen Drei Könige wurden aus Mailand nach Köln verbracht.

In der Zwischenzeit hatte Friedrich seine Strategie geändert. Sein Rückbezug auf das Imperium Romanum und damit auf Rom beiseite lassend, warf er seine Kraft auf Aachen. Karl d. Gr. wurde nun zu seiner Identifikationsfigur, konnte er sich doch sagen, dass es die Karolinger gewesen waren, die dem Papst im 8. Jahrhundert zu seinem weltlichen Territorium verholfen haben, ja dass das Papsttum in der Zeit Karls d. Gr. so schwach dagestanden war, dass Papst Leo III. 799 sogar zu Karl nach Aachen geflüchtet war; erst nach zähen, auf Karls Betreiben durchgeführten Verhandlungen hatte der Papst damals nach Rom zurückkehren können. Auch darauf legte Friedrich I. Barbarossa den Finger, wenn er die Heiligsprechung des großen Karl anstrebte. Vollzogen wurde sie 1165 durch den auf Friedrichs Betreiben eingesetzten Gegenpapst Paschalis III. Im selben Jahr hob man in Aachen die Überreste Karls d. Gr. Für den Arm des Herrschers wurde eigens um 1166/70 ein Armreliquiar (Paris ML)[660] hergestellt. Zugleich stilisierte sich Friedrich Barbarossa zum Vollender der Aachener Pfalz hoch, wenn er um 1166/70 einen monumentalen, das Himmlische Jerusalem symbolisierenden Radleuchter anfertigen ließ.[661] Wenn HERMANN SCHNITZLER recht hat, wurde das Gewölbemosaik jetzt im Hinblick auf die Aufhängung des Leuchters verändert, indem man das – von SCHNITZLER rekonstruierte – Lamm Gottes entfernte (weshalb die vier apokalyptischen Wesen jetzt etwas verloren um die leere Mitte kreisen) und etwas tiefer den Pantokrator einfügte (wodurch dieser heute so heruntergerutscht wirkt). Unbewusst wurde damals – immer vorausgesetzt, SCHNITZLERS These stimmt – die zarte Spur, die das pubertäre Bestemm Aachens gegen das Nicaenum II, also gegen die Bejahung der Bilder durch Byzanz, hinterlassen hatte, zerstört. So wie der Flügelschlag eines Schmetterlings der Chaostheorie zufolge die Welt aus den Angeln zu heben vermag, wurden quasi mit diesem kleinen Eingriff die Schleusen für eine Bilderflut geöffnet, die das Abendland in den folgenden Jahrhunderten überschwemmen sollte.

13.7.7. Die Ausbildung von „Regionalstilen“ – Schwaben

Stil war bis ins spätere 11. Jahrhundert immer an einen Ort, ja an ein einzelnes Skriptorium, eine einzelne Goldschmiedewerkstatt etc. gebunden gewesen; man denke an die Produktion in Metz, Reims, später in Köln oder auf der Reichenau, um nur jene Werkstätten mit dem markantesten Lokalstil zu nennen. Im ausgehenden 11. Jahrhundert hatte sich, wie ausgeführt, unter anderem durch die größere Mobilität der Menschen, eine Art Zeitstil ausgebildet, indem die stilistischen Spielarten an den verschiedensten Punkten des Kontinents und der Britischen Inseln in dieselbe Richtung – hin auf die Längung der Figur – überformt wurden. Überregional war, genau genommen, damals also bloß die Stil*tendenz*. Mitte des 12. Jahrhunderts kam es dann erstmals zur Ausbildung eines Regionalstils, und zwar in der politisch importanten Region Schwaben, dem Herkunftsgebiet des neuen Herrschergeschlechts. So verbindet das sog. Freudenstädter Lesepult (Stuttgart WLM; schwäbisch, um 1150/60)[662] – in seinem ausgehöhlten Inneren konnte ein Weihrauchbecken aufgestellt werden, so dass während des Verlesens des Evangeliums Weihrauch aus den Nasenlöchern und Nüstern der Evangelistensymbole austrat – und den sog. Gaaler Kruzifix (Innsbruck TLMF; kurz nach 1160)[663] sowie dessen ursprüngliche und noch am Ort, in der Stiftskirche von Seckau (Steiermark), befindliche Assistenzfiguren[664] ein „asketischer" Stil. Ähnlich wie im ausgehenden 11. Jahrhundert sind die Figuren gelängt, Bewegungen und Emotionen verhalten, Gesamtform und Faltenrelief in ihrer Plastizität reduziert. Das bringt mit sich, dass Werke mit den genannten stilistischen Spezifika relativ leicht als schwäbische Arbeiten erkennbar sind. In einem größeren Ausmaß sollten sich gut unterscheidbare Lokalstile aber erst im 15. Jahrhundert ausbilden.

13.7.8. Der Aufstieg der Städte

Das 12. Jahrhundert ist auch das Säkulum der Städte. Diese entwickelten sich nun zu jenen wirtschaftlichen und kulturellen Zentren, die bis heute unser urban bestimmtes Leben prägen. Durch die Gründung der Universitäten im ausgehenden 12. Jahrhundert (Paris und Bologna) wurde in ihnen auch das Wissensmonopol, bislang bei den Klosterschulen, durchbrochen, damit auch den Laien der Zugang zur Bildung ermöglicht. Zu den wichtigsten Städten nördlich der Alpen zählten London, Paris, Köln und Wien, die wichtigsten Städte in Italien waren – neben Rom – Mailand, Bologna und Venedig.

Das schon seit 910 dem König unmittelbar unterstehende London wurde von König Edward dem Bekenner (reg. 1042–66) zur Haupt- und Residenzstadt erhoben. Auch Wilhelm der Eroberer ließ sich hier, in der 1065 geweihten Westminster Abbey,[665] nach der Schlacht von Hastings (1066) zum König krönen. Der bereits ab der Jahrtausendwende ausgebaute Handel erreichte im 12. Jahrhundert einen Höhepunkt; rheinländische, insbesondere Kölner Händler spielten eine hervorragende Rolle.

Paris wurde im 10. Jahrhundert von der herrschenden Kapetingerdynastie zur Residenzstadt ausgebaut. Am Beginn des 11. Jahrhunderts ließ sie die Pfalz auf der Cité erneuern. König Philippe II. Augustus (reg. 1180–1223) stattete Paris dann mit allen Funktionen einer Hauptstadt aus. Symbol der Zentralisierung war *la grosse tour du Louvre,* unweit der Stadt. Der im 11. Jahrhundert sich allmählich entfaltende Handel gewann im 12. Jahrhundert an Dynamik. Das Bistum Paris, 346 erstmals belegt, unterstand im Mittelalter dem Erzbistum Sens. Die Pariser Universität konstituierte sich vor 1200, die ersten Statuten datieren aus 1215.

In Köln hatte schon in frühmittelalterlicher Zeit der Bischof große Bedeutung. Um 800 fand die Erhebung des Kölner Bistums zum Erzbistum statt. Das Episkopat Bruns, des schon erwähnten Bruders Ottos I., d. Gr., trug dazu bei, dass sich die Erzbischöfe als

Stadtherren etablieren konnten. Daneben blühte im 11. Jahrhundert das Bürgertum auf. 1074 kam es von dessen Seite, betrieben von der Kaufmannschaft, zum Aufstand gegen den Metropoliten, und während des 12. Jahrhunderts konnte das Bürgertum auf der Basis florierender Handelsbeziehungen seine Autonomie weiter entfalten.

Wien, seit 1155 Residenz der mit Österreich belehnten Babenbergerherzöge, gewann im 12. Jahrhundert durch Handelsbeziehungen mit Regensburg, Ungarn und Kiew sowie die Kreuzzüge an Bedeutung, folgte doch die Marschroute der Kreuzfahrer der Donau; das Wiener „Schottenkloster" diente als Hospiz. Ab dem späten 12. Jahrhundert galt Wien neben Köln als die wichtigste Stadt im deutschen Sprachraum. Mit der Erwerbung der Steiermark (1192) eröffneten sich zudem neue Handelswege nach Italien, besonders nach Venedig. Die Nordverbindung sicherte eine bei Wien befindliche Überfuhr über die Donau. Um 1200 wurden die Beziehungen zum Westen ausgebaut: Händler kamen aus Aachen, Metz und Maastricht, Waren aus Ypern, Huy, Tournai und Löwen. Das Bürgertum entwickelte sich während der ersten Hälfte des 13. Jahrhunderts zu einem bedeutenden Faktor. Bei St. Stephan, damals Passauer Filialkirche (heute: erzbischöflicher Dom), hatte es schon im 12. Jahrhundert eine theologische Schule gegeben. Seit dem frühen 13. Jahrhundert seitens des Landesfürsten gewälzte Pläne, in Wien ein Bistum zu gründen, scheiterten indes bis ins 15. Jahrhundert.

Mailand, bei der diokletianischen Aufteilung des Reichs in Tetrarchien 286 zum Sitz des Augustus des Westens erhoben, hatte schon im 4. Jahrhundert die skizzierte politische, wirtschaftliche, kulturelle und theologische (Bischof Ambriosius) Blüte erlebt. Auf die Verlegung der Hauptstadt nach Ravenna (402) folgte ein erster Niedergang, doch im 8. Jahrhundert hatte Mailand bereits wieder eine wichtige Position im Langobardenreich inne. 777 wurde der Bischof erstmals als Erzbischof bezeichnet. Seit Erzbischof Aribert (reg. 1018–45) führten die Erzbischöfe das Stadtregiment, zugleich spielten sie eine bedeutende Rolle in der Reichspolitik. Durch das Aufstreben anderer Interessenkreise (Grundbesitzer, Händler, Handwerker, Richter, Notare) kam es im 11. Jahrhundert zu Spannungen, ja bürgerkriegsähnlichen Zuständen. Im Investiturstreit stellte sich Mailand auf die Seite des Königs, fand aber 1088 wieder in die römische Obödienz (Gehorsamspflicht) zurück. Kurz vor der Wende zum 12. Jahrhundert begann die rechtliche Loslösung des Bürgertums vom Erzbischof, das nun ein eigenverantwortliches Stadtregiment einsetzte. Der in der Folge betriebenen Aggressionspolitik Mailands traten die lombardischen Städte mit der Hilfe Kaiser Friedrichs I. Barbarossa entgegen. 1162 wurde die Stadt, wie erwähnt, zerstört, die Reliquien der Heiligen Drei Könige nach Köln gebracht. Aber Mailand erneuerte rasch seine Vormachtstellung in Norditalien, unter anderem, weil es den Handels- und Personalverkehr über die Alpenpässe, zum Ligurischen Meer und zur Adria sowie in den Süden kontrollierte.

Bologna gehörte in der Spätantike zum Amtsbereich des Metropoliten von Mailand, im 10. und 11. Jahrhundert unterstand es jenem von Ravenna. Im Windschatten der Verwicklung der Kirche in den Investiturstreit und die Vorbereitungen zum ersten Kreuzzug (1096) etablierte sich das Bürgertum, 1115/16 erreichte es volle Autonomie. 1106 löste sich die Kirche von Ravenna, um sich Rom zu unterstellten. In dieser Zeit, Anfang des 12. Jahrhunderts, setzte die wissenschaftliche Bearbeitung des Rechts ein, aus der sich die juridische Fakultät entwickelte. Anfang des 13. Jahrhunderts studierten bereits ca. 1000 Studenten aus aller Herren Länder in Bologna. Die ersten erhaltenen Statuten der Universität wurden 1252 erlassen.

Die Republik Venedig, der seit 697 ein auf Lebenszeit gewählter Doge (lat./ital.: Herzog) vorstand, konnte die Vorherrschaft Konstantinopels, wie ausgeführt, um 1000 abschütteln. Vor der Mitte des 12. Jahrhunderts kam es zur Gründung einer Kommune, an deren Spitze weiterhin der Doge stand, der allerdings zunehmend zur Repräsentationsfigur geriet. Ihren Aufstieg verdankte die Republik primär ihren Handelsbeziehungen, besonders dem Levantehandel. Dort zählte sie Mitte des 12. Jahrhunderts zu den stärksten Kräften, nicht zuletzt dank der Kreuzzüge. In diesen engagierte sie sich, um ihre Märkte in Syrien, Ägypten und Konstantinopel nicht zu verlieren, und errang dabei ökonomische Vorteile in hohem Maß. Venedig, der Händler, trat hier im Kleid des Kreuzfahrers auf.

13.7.9. Weltsuche und Welterklärung

Unverbindbares miteinander zu verbinden wurde damals auch in Lothringen versucht: Die alte typologische Welterklärung mit einer neuen Bejahung der Welt der sichtbaren Dinge, letztere auf dem Weg der Antikenrezeption, miteinander zu versöhnen, war dort beim Lütticher Taufbecken schon in der 1. Hälfte des 12. Jahrhunderts angestrebt worden. Nun wurde dieser Versuch in der zweiten Jahrhunderthälfte mit großer Anstrengung und Erfolg wiederholt. Sein Ziel war ja kein geringeres, als ein über Jahrhunderte gepflegtes, neuplatonisch geprägtes und damit abstraktes Denkmodell mit der zunehmenden *Wahrnehmung* der Welt, die uns umgibt, auf einen Nenner zu bringen. Möglich erschien dies offenbar nur, wenn man Letztere in einer durch die Antike gefilterten Weise wiedergab, sich also von nominalistischen Ansätzen, wie sie etwa bei Petrus Abaelard (* 1079, † 1142) zu finden sind, zu keinem blanken Naturalismus verleiten ließ. Dennoch fand allmählich, quasi vom sicheren Hafen der Antikenrezeption aus, eine Erkundung jener Wirklichkeit, in der die physikalischen und psychologischen Gesetze gelten, statt. Quasi um die Eigendynamik des Beobachteten im Griff zu behalten, wurden bei typologischen

Programmen die ikonographischen Schemata der jeweils aufeinander bezogenen alt- und neutestamentlichen Darstellungen einander angenähert, so dass sie sich effektiv wie Siegel und Petschaft zueinander zu verhalten begannen. Dadurch kam wieder Festigkeit ins typologische System.

Der größte, wenngleich durch andere Werke vorbereitete Beitrag ist in diesem Zusammenhang dem namentlich bekannten Goldschmied Nicolaus von Verdun zu verdanken, der zwischen ca. 1170 und 1181 die Verkleidung der Kanzel der Stiftskirche von Klosterneuburg aus Plaques in *champlevé*-Email schuf.[666] Gleichzeitig kamen englische Glasmaler, die auf ähnlichem Ausgangsmaterial aufbauten, zu vergleichbaren Ergebnissen.[667]

Der für Klosterneuburg tätige Goldschmied Nicolaus nannte sich auf der Kanzel „*virdunensis*", also „aus Verdun", was heißen kann, dass er aus der lothringischen Stadt stammte oder dort arbeitete. Später, zwischen ca. 1181 und 1205, war er in Köln tätig. Nicht ausgeschlossen ist daher, dass er auch schon in den 1170er-Jahren, als er den Auftrag für Klosterneuburg ausführte, seine Werkstatt in der Rheinmetropole hatte. Das ehrgeizige Augustiner-Chorherrenstift Klosterneuburg, das in der theologischen Schule bei St. Stephan in Wien eine Konkurrenz heranwachsen sah und daher durch ein Kirchenmöbel auf höchstem theologischem und künstlerischem Niveau seine bedeutende Stellung dokumentieren wollte, wandte sich zwecks Ausarbeitung eines typologischen Programms und der technischen Ausführung also nach Westen. Ob die Programmerstellung und die Ausführung der Emailplaques in *einer* Hand, also der des Nicolaus aus Verdun, lagen oder das Ergebnis einer Teamarbeit waren, ist schwer zu sagen. Eine Zusammenarbeit zwischen Programmautor und ausführendem Goldschmied fand sicher statt.

Die Kanzel wurde 1330/1331 in Wien zu einem Flügelaltar umgebaut, möglicherweise hatten die Plaques ab dem späten 13. Jahrhundert schon ein Altarretabel (tafelförmiger Altaraufsatz) gebildet (die frühesten Altarbilder sind in Italien aus der 2. Hälfte des 12. Jahrhunderts erhalten).[668] Die Form der ursprünglichen Kanzel ist nicht belegt. Wahrscheinlich hatte sie einen rechteckigen Grundriss. Möglicherweise saß sie in der Mittelachse des Chores auf einem Stufenunterbau auf, so dass sich die Plaques etwa in Augenhöhe befanden und gut sichtbar waren. Die großen Platten, die jeweils ein Ereignis wiedergeben, sind in drei Zonen angeordnet. Die mittlere Zone ist dem Neuen Testament, der Zeit *sub gratia* (unter der Gnade), gewidmet, die Zone darüber der Zeit *ante legem* (vor der Gesetzgebung Moses') und die Zone darunter der Zeit *sub lege* (nach der Gesetzgebung Mose). Der Erzählstrang läuft immer in Leserichtung von links nach rechts. Wie durch eine große Klammer werden alle drei Zonen am Schluss durch sechs (zweimal drei) Plaques verbunden, die das Weltgericht thematisieren. Die einzelnen, oben mit einem Dreipass geschlossenen Platten werden von einem aus einer Unter- und einer Umschrift bestehenden *titulus* gerahmt. Vier horizontal verlaufende Schriftbänder erklären das typologische Denkmodell und nennen den Goldschmied, Nicolaus aus Verdun, sowie das Fertigstellungsdatum: 1181. Als der Ambo im 14. Jahrhundert zum Flügelaltar umgebaut wurde,[669] waren Ergänzungen nötig, auch die Inschrift wurde unter Nennung des Umbaudatums und Auftraggebers, des Klosterneuburger Propstes Stephan von Sierndorf (reg. 1317–35), verlängert.

Um das typologische Denkmodell in der beschriebenen Weise zu verfestigen, legte der Goldschmied Nicolaus den alt- und neutestamentlichen Szenen eines Senkrechtregisters vielfach ein gemeinsames Bildmuster zugrunde, das er bei den Typen und Antitypen jeweils spiegelverkehrt einsetzte. Gelegentlich gibt es auch richtungsneutrale Kompositionen wie das »Eherne Meer«, das übrigens die Kenntnis des Lütticher Taufbeckens beweist. Die *similitudo,* die für den Gnadenfluss notwendige Übereinstimmung zwischen Typus und Antitypus, ist hier erstmals überzeugend ins Bild gesetzt. Um die Ähnlichkeit muss man – anders als bei den signalartigen Kürzeln auf dem Kreuzfuß von Saint-Omer und vergleichbaren Werken – nicht mehr wissen. Man sieht sie.

Im Rahmen dieser ins Bild gesetzten Angleichung der Bildmuster (Stichwort: geschaute *similitudo*)[670] konnte Nicolaus von Verdun seine Erfahrung mit der Welt der sichtbaren Dinge einfließen lassen. Die Auseinandersetzung mit der Antike als Vehikel dieser Erfahrung setzte bei ihm *nota bene* erst allmählich ein. Ausgangspunkt war ihm ein byzantinisierender Figurenstil, bei dem die Protagonisten etwas ausgedünnt und primär mit der Grundfläche (nicht mit dem Fußboden) verhaftet sind. In diesem „Frühstil" sind beispielsweise das Verkündigungs- und das Geburtsregister (die erste und zweite Senkrechtreihe von links) ausgeführt.[671] Dann setzte die Auseinandersetzung mit der Antike ein, die sich nach rechts, bis hin zum Weltgericht, immer mehr verstärkte, was belegt, dass der Goldschmied kontinuierlich von links nach rechts, also hinsichtlich des neutestamentlichen Zyklus chronologisch, vorging.

Die erste Integration von Antikem fand statt, indem Nicolaus eine spätantike Figur, nämlich die Priesterin der Demeter auf dem Nicomacherdiptychon (Abb. 12) aus dem späten 4. Jahrhundert, zum Vorbild nahm und versatzstückhaft in seine Komposition einpasste: Bei ihm ist sie nun die Königin von Saba in der Plaque »Die Königin von Saba vor König Salomon« (Abb. 62)[672]. Die Ponderation und die Drapierung ihres Peplos (ärmelloses, gegürtetes Gewand) sowie die Körperlichkeit, nicht zuletzt die haptische Qualität der Brust, sind zweifelsfrei von dem spätantiken Elfenbeinrelief übernommen. Später tritt dieselbe Figur als Maria in der »Kreuzigung Christi«[673] nochmals auf. Zugleich arbeitete sich Nicolaus in den Stil dieser Vorlage und wohl auch anderer spätantiker Werke so weit ein, dass er ihn auch selbstständig als sog. Muldenfaltenstil, eine Drapierungsweise, die den darunter liegenden und als organisch empfundenen Körper deutlich sichtbar macht, anwenden konnte. Der Körper der Figuren wurde im Laufe der Arbeit an den Amboplaques immer schwerer, raumverdrängender, der Bildraum durch die raumgreifende Bewegung der Protagonisten (z. B. der Auferstehenden)[674] immer tiefer.

Sich innerhalb des typologischen Programms bewegend, aber durch die antiken Vorlagen stimuliert, wagte es Nicolaus dann sogar, selbst beobachtete Pflanzen (z. B. am Rahmen) und Tiere (z. B. den Esel beim »Einzug Christi in Jerusalem«[675] oder bei der »Rückkehr Moses nach Ägypten« [Ex 4:20])[676] in seine Darstellungen zu integrieren und Emotionen zu vermitteln, etwa beim »Opfer Abrahams«,[677] wo sich die innere Qual des Vaters kurz vor der Tötung des eigenen Sohnes in der Windung seines Körpers ausdrückt. Ganz neu ist zudem die Definition des Stofflichen: der Qualität eines wiedergegebenen Materials. Das schönste Beispiel hierfür ist das in verschiedenen Blautönen changierende Wasser im »Ehernen Meer«,[678] in welchem – durch das Wasser verschwommen wirkende – Fische schwimmen. Einen letzten Schritt vorwärts wagte der Goldschmied, indem er den Faktor „Zeit“ mit einbezog. So stellte er auf der Plaque »Einbringung des Osterlammes« (Ex 12:3–11)[679] den Mond als zunehmenden dar, womit er ausdrückte, dass das Einbringen des Lammes am 14. Nisan (jüdischer Monat April) erfolgt. Die Fortschritte, die der mit Fug und Recht als genial zu bezeichnende Goldschmied während der Arbeit am Klosterneuburger Ambo machte, setzen voraus, dass er während der Ausführung die Möglichkeit hatte, sich mit brandneuen lothringischen, vielleicht auch mit englischen Werken auseinanderzusetzen (es sei daran erinnert, dass zwischen England und Köln rege Handelsbeziehungen bestanden). Das wiederum lässt darauf schließen, dass er in einem der westlichen Zentren werkte und die fertigen Plaques anschließend nach Klosterneuburg transportiert wurden, um hier auf dem Holzkern der Kanzel montiert zu werden.

Unmittelbar nach der Fertigstellung der Klosterneuburger Kanzel im Jahr 1181 nahm Nicolaus die Arbeit am wichtigsten Schrein des Hochmittelalters in Angriff: am Dreikönigenschrein (Abb. 63),[680] der für den Kölner Dom hergestellt wurde, um die aus Mailand entfremdeten Reliquien der Heiligen Drei Könige aufzunehmen. Der Schrein besteht quasi aus drei Schreinen – für jeden König einen –, die so angeordnet sind, dass sie eine basilikale Gesamtform ergeben. Damit war der Grundstein dafür gelegt, dass jüngere Schreine mehr und mehr die Form gebauter Architektur, bis hin zur Kathedrale, annehmen konnten. Das zeigt, dass die Schatzkunst am Übergang zur Gotik ihre Führungsposition, die sie bis zum Ende des 12. Jahrhunderts innehatte, nun einzubüßen begann. Für den Dreikönigenschrein schuf Nicolaus eine Reihe von Prophetenfiguren in Treibarbeit,[681] wobei er das Antikisieren zu einem Höhepunkt führte. Nicht nur die körperliche Präsenz, Organik, Bewegtheit der Figuren im Raum, der Dialog zwischen Körper und dem ihn einhüllenden Gewand sowie der „Muldenfaltenstil" sind ganz aus dem antiken Geist geschaffen, vielmehr gelang ihm auch eine neuartige Individualisierung – man glaubt Personen mit einem ganz bestimmten Charakter vor sich zu haben. Der Muldenfaltenstil bei getriebenen Figuren setzt eine Beschäftigung des Goldschmieds mit spätantiker Kleinplastik, wohl ebenfalls mit Metallarbeiten wie einer silbernen Aphroditestatuette aus dem 1. oder 2. Jahrhundert n. Chr. (New York MM),[682] das Individualisieren die Kenntnis römischer Porträtskulptur, wohl auch von Werken der republikanischen Zeit (1. Jh. v. Chr.),[683] voraus.

In dem Tauziehen zwischen dem traditionellen neuplatonisch bestimmten Denken, das auch das Rückgrad der Typologie bildet, und dem modernen Nominalismus, der aus der Auseinandersetzung mit Aristoteles resultiert und den Begriffen keine Realität mehr zuschreibt, scheint hier die nominalistische Seite endgültig Oberhand bekommen zu haben. Tatsächlich ist aber auch hier das Beobachtete – das Benennen von Vergleichsbeispielen zeigte es bereits – durch die Brille der Antike gesehen. Mit anderen Worten: Die der antiken Kunst inhärente, letztlich klassische Ästhetik (hellenistische Werke wurden sicher nicht nur aus Materialmangel *nicht* als Vorbilder herangezogen) pufferte jeden allzu krassen Naturalismus ab, wodurch die von Nicolaus geschaffenen Szenen und Figuren mit neuplatonisch geprägten Konzepten gerade *noch* kompatibel waren. Dass in den Werken des Lothringers eine im Hinblick auf das Gesamtsystem subversive Kraft steckt, muss den Zeitgenossen bewusst gewesen sein, denn sie rezipierten bei der Großskulptur, nämlich in Senlis und Chartres, bloß die Schwere und Organik seiner Figuren sowie den Muldenfaltenstil, während sie sich der von Nicolaus durchgeführten Individualisierung der Einzelperson gegenüber verschlossen. Darauf sollte erst in Reims[684] ab 1230 und auch dort nur punktuell zurückgekommen werden.

13.7.10. 1204: Der Fall Konstantinopels und eine antigotische Strategie

1204 geschah, was viele erträumt, aber kaum als reale Möglichkeit vor sich gesehen hatten: der Sturz Konstantinopels. Die Kreuzfahrer nahmen, angestiftet durch die Venezianer, die Stadt im Zuge des Vierten Kreuzzugs im April 1204 ein, worauf das Byzantinische Reich kollabierte. Die mittelbyzantinische Epoche, zuletzt bestimmt von der Dynastie der Angeloi, war damit zu Ende. Anstelle des Byzantinischen Reichs wurde unter venezianischem Schutz das sog. Lateinische Kaiserreich eingerichtet. Die Republik Venedig zog die Peloponnes und Kreta, byzantinische, ja antike Schätze an Land, darunter die berühmten vergoldeten Bronzepferde aus dem 4. oder 3. vorchristlichen Jahrhundert, die 1250 auf der Terrasse über dem Nartex von San Marco aufgestellt wurden.

In Thüringen entstand kurz darauf aus einer neuerlichen Auseinandersetzung mit byzantinischer Kunst der sog. Zackbrüchige Stil, ein Figurenstil, bei dem die Figuren in blechartig gebrochene Gewänder, die nach allen Seiten geradezu aggressive Spitzen ausbilden, eingehüllt sind. Sein Gründungswerk ist der sog. Landgrafenpsalter (Stuttgart WLB, H: B. II Bibl. 24; Thüringen, 1211/13).[685] Der Stil wurde dann in Köln,[686] aber auch in Westfalen[687] und Niedersachsen[688] sowie im Bereich der heutigen österreichischen Bundesländer Kärnten (z. B. bei den Fresken der Westempore des Gurker Doms; um 1160/70),[689] Steiermark[690] und Niederösterreich[691] übernommen, wo er sich zäh, teils bis ans Ende des 13. Jahrhunderts, hielt; erst dann fand eine Öffnung gegenüber der Frühgotik statt. Erklärungen für den extravaganten Stil hat die Forschung viele zu liefern versucht. Am wahrscheinlichsten ist, dass man sich ab dem zweiten Jahrzehnt des 13. Jahrhunderts gegen jene Werte, die durch die französische Gotik angeboten wurden, wehrte, indem man einen an der byzantinischen „Hochkultur" orientierten *modus* entwickelte, der es zuließ, die Figuren trotz einer vom Westen inspirierten Zunahme an Körperlichkeit und Autonomie des Gewandes in die Grundfläche zurückzubinden. Aus „Agoraphobie" im wahrsten Sinne des Wortes, möchte man sagen: aus Angst nicht vor dem großen *Platz,* sondern vor dem freien *Raum.* Die gewandeten Figuren sehen dann im Bild aus wie die mit Stecknadeln angehefteten Schmetterlinge in einem naturkundlichen Kabinett.

13.7.11. Friedrich II. – antiker Imperator und „Antichrist"

Kaiser Friedrich II. (reg. 1196/1220–1250), Sohn des Staufers Heinrichs VI. (reg. 1169–97) und der Konstanze, Erbin des sizilianischen Normannenreiches, von dieser vorerst „Konstantin" (cf. Cover) und erst bei der Taufe nach seinem Großvater „Friedrich" (cf. Abb. 61) genannt, griff neuerdings auf die Antike zurück, verbunden mit einem politischen Anspruch: Der 1220 zum Kaiser gekrönte, in Süditalien residierende Herrscher verstand sich als antiker Imperator. Erklärbar angesichts dessen, dass das Streben des Okkzidents nach universaler Kaiserwürde durch die Vereinigung Siziliens mit dem westlichen Kaiserreich durch die Heirat seiner Eltern neue Kraft erhalten hatte. Sein Selbstverständnis propagierte Friedrich durch Bauten und figurative Werke, Porträtskulptur wie Glyptik (Steinschneidekunst),[692] die bei klassischen, ja republikanischen Werken den Maßstab anlegten. Wie weiland Augustus[693] war die Kunst auch beim Hohenstaufer Teil der *public relations,* die vergessen macht, wann Friedrich II. eigentlich gelebt hat, nämlich an der Schwelle zwischen „Romanik" und „Gotik" oder „Hochmittelalter" und „Spätmittelalter", um die von der Forschung usuell verwendeten Begriffe zu gebrauchen. Ja, die technische und stilistische Mimikry war so perfekt, dass die KunsthistorikerInnen bis heute gelegentlich uneins sind, ob einige Kameen römische Originale oder Kopien aus der Zeit Friedrichs II. sind. Manchmal hilft das Thema bei der Entscheidungsfindung, etwa, wenn wie auf einem Kameo in London (BM; Süditalien, gegen 1250)[694] das Ende der Sintflut dargestellt ist.

Wie gesagt, flammte unter Friedrich II. der Konflikt zwischen dem Herrscher und dem Papst erneut auf, trotz oder obwohl Papst Innozenz III. (reg. 1198–1216) einst Friedrichs Vormund gewesen war. Sie bezichtigten einander, der Antichrist, also der Teufel, zu sein. In einem dem hl. Bischof von Rom Silvester I. (reg. 314–335) gewidmeten Oratorium bei SS. Quattro Coronati in Rom,[695] just zwischen Lateran und Kolosseum gelegen, brachte man um 1246 auf den Punkt, was Rom vom Kaiser dachte (Abb. 64): Indem ein Freskant angeheuert (fast möchte man sagen: aus dem wohlverdienten Ruhestand geholt) wurde, dem noch nie etwas anderes untergekommen sein kann als Spätromanisches, betonte Rom, dass es mit dem Kaiser und seinen durch die Kunstwerke transportierten Ansprüchen nichts, aber schon gar nichts zu tun haben wollte. Aber auch der Inhalt der Fresken ist mehr als eindeutig: Sie erzählen die Geschichte von Friedrichs großem Vorgänger Konstantin d. Gr., der im Mittelalter doch stets als Vorbild für andere Herrscher galt, auf ungewohnte Weise. Ja sie stellen Konstantin als schwache Figur hin. So ist die „Konstantinische Schenkung" durch die Übergabe eines Schimmels symbolisiert, den Konstantin am Zügel führt. Hier ist der Kaiser Stallbursch! Ebenso symptomatisch ist die Wiedergabe von Konstantins Taufe: Er sei, so schildern die Wandmalereien, von Gott durch Krankheit, den Aussatz nämlich, bestraft worden und nur durch die Vermittlung von Papst Silvester geheilt und in der Folge von diesem getauft worden (die Legende war im Westen um 500 aufgekommen). Warum es hier eigentlich ging, ist klar: Rom wünschte dem Hohenstaufer die Krätze an den Hals! – Das ist ein Rückfall in ein präreligiöses Stadium der Magie, scheinbar legitimiert durch die hehre Absicht, die Macht des „Antichristen" Friedrich zu bannen und so die (in den Augen des Papstes:) gottgewollte Harmonie wieder herzustellen. Freilich ein Schritt ins Leere nach einem Jahrhundert des Bemühens, die empirisch wahrnehmbare Welt als Teil des christlichen Heilskosmos *wahr*-, d. h., Raum und Zeit, den *mundus* und die historischen Geschehnisse, in ihn aufzunehmen. Dadurch aber wuchs die Gnadenhülle so sehr, dass der Einzelne die Orientierung in ihr verlor und sich als Individuum zu begreifen begann, dessen Distanz zum Heilsgeschehen auf Golgotha sich ständig weitet wie jene zwischen einem ablegenden Schiff und dem *quai*. Versuche, den Abstand zu überwinden, folgten mehrere: die innere Schau der Passion in der Mystik, der Anblick der Märtyrerknochen (durch die Bergkristallcabochons an den Reliquiaren), die Anschauung des Leibes des Gekreuzigten – die erste *elevatio* (Hochhebung) der Hostie ist um 1210 in Paris bezeugt – und die Auseinandersetzung mit der Welt in der Wissenschaft.

ANMERKUNGEN

1 Gesprächsweise.

2 NARKISS (Hg.), Geschichte, 1973, Abb. S. 53.

3 SCHUBERT, Sacra Sinagoga, 1981, S. 27ff.

4 MASER, Bildnis, 1990, S. 23.

5 WEITZMANN, Kurt, Septuaginta, 1952/53.

6 LThK 5, Sp. 1251f.

7 MASER, Bildnis, 1990, S. 22–24.

8 LThK 8, Sp. 423.

9 Terminus der Kirchenhistoriker.

10 NOETHLICHS, Christen, 1984, S. 2.

11 GRÜNEISEN, Marie Antique, 1911, Abb.: S. 327.

12 KRAUS, Weltreich, 1967, Abb. 44, 196.

13 MASER, Bildnis, 1990, S. 24f.

14 SCHUBERT, Sacra Sinagoga, 1981, S. 30.

15 GRABAR, Frühes Christentum, 1967, Abb. 66–71; SCHUBERT/SCHRECKENBERG, Jewish Historiography, 1992, Abb. 31–37.

16 SCHUBERT, Judentum, 1974, S. 35 ff.

17 MASER, Bildnis, 1990, S. 25.

18 GRABAR, Frühes Christentum, 1967, Abb. 54.

19 KRAUTHEIMER, Architecture, 1965, Fig. 1; GRABAR, Frühes Christentum, 1967, Abb. 52, 53, 59–63; LASSUS, Frühchristliche Welt, 1974, Abb. 4; BRENK, Spätantike, 1977, Abb. 222, Fig. 52.

20 KITZINGER, Byzantine Art, 1976.

21 NOETHLICHS, Christen, 1984, S. 2.

22 DELLA PORTELLA, Rom, 2000.

23 GRABAR, Frühes Christentum, 1967, Abb. 28; BRENK, Spätantike, 1977, Abb. 44.

24 KRAUS, Weltreich, 1967, Abb. 137.

25 KRAUTHEIMER, Architecture, 1965, Abb. 6A; BIANCHI BANDINELLI, Rom, 1971, Abb. 77, 78; KITZINGER, Byzantine Art, 1976, Abb. 28; HUTTER, Byzantinische Kunst, 1978, Abb. 10.

26 GRABAR, Frühes Christentum, 1967, Abb. 252; FERRUA, Via Latina, 1990; AKat. „*Aurea Roma*", 2000, Abb.: S. 216, 315.

27 GRABAR, Frühes Christentum, 1967, Abb. 102; AKat. „*Aurea Roma*", 2000, Abb.: S. 368.

28 GRABAR, Frühes Christentum, 1967, Abb. 78.

29 LThK 10, Sp. 423, cf.: Lemma „Typos".

30 HELD, Treffpunkt, 1990, S. 248.

31 cf.: Botanik: Tropismus = Hinwendung von Pflanzen zu einer Energiequelle; cf.: Geographie: Tropenländer = Länder zwischen den beiden Wendekreisen (Krebs, Steinbock).

32 KITZINGER, Byzantine Art, 1976, Abb. 33.

33 Ebd., Abb. 30.

34 Ebd., Abb. 34; AKat. „*Aurea Roma*", 2000, Abb.: S. 397.

35 MASER, Bildnis, 1990, S. 26.

36 cf.: Pompeij etc.; KRAUS, Weltreich, 1967, Abb. 117, 127 usf.

37 GRABAR, Frühes Christentum, 1967, Abb. 60–63.

38 Ebd., Abb. 76, 80; BIANCHI BANDINELLI, Rom, 1971, Abb. 80; BRENK, Spätantike, 1977, Abb. 45.

39 Ebd., Abb. 70 a und b.

40 HOFFMANN, Geheimnis, 1988, S. 52.

41 cf.: ebd.

42 NOETHLICHS, Christen, 1984, S. 3.

43 AKat. „Spätantike", 1984, S. 52: Abb. 15.

44 BERGMANN, Porträt, 1984, S. 41.

45 AKat. „Spätantike", 1984, S. 55: Abb. 28.

46 Ebd., S. 56: Abb. 29.

47 Ebd., S. 56: Abb. 32; AKat. „*Aurea Roma*", 2000, Abb. 20.

48 cf.: HEINTZE, θεῖος ἀνήρ, 1984, S. 180 ff.

49 Mehrere Fassungen, cf.: BIANCHI BANDINELLI, Rom, 1971, Abb. 15; KITZINGER, Byzantine Art, 1976, Abb. 21; AKat. „Spätantike", 1984, S. 185: Abb. 69; AKat. „*Aurea Roma*", 2000, Abb.: S. 647.

50 HELD, Treffpunkt, 1990, S. 247 ff.

51 Ebd.

52 STRZYGOWSKI, Schicksale, 1905.

53 Cambridge (Mass.), 1976, 1980.

54 HELD, Treffpunkt, 1990, S. 248f.

55 KRAUS, Weltreich, 1967, Abb. 328; AKat. „*Aurea Roma*", 2000, Abb. 16–18.

56 GRABAR, Frühes Christentum, 1967, Abb. 47; BIANCHI BANDINELLI, Rom, 1971, Abb. 256; KITZINGER, Byzantine Art, 1976, Abb. 5; AKat. „*Aurea Roma*", 2000, Abb.: S. 61.

57 KRAUS, Weltreich, 1967, Abb. 100.

58 STEVENSON SMITH, Egypt, 1958, Fig. 50; AKat. „Spätantike", 1984, S. 267: Abb. 97; RODENBECK/ROSSI, Egypt, 1991, Abb.: S. 58–60.

59 AKat. „Spätantike", 1984, S. 268ff.: Abb. 98, 119.

60 BIANCHI BANDINELLI, Rom, 1971, Abb. 266; AKat. „Spätantike", 1984, S. 269f.: Abb. 99, 102, 103; AKat. „*Aurea Roma*", 2000, Abb. 15.

61 BARRAL I ALTET, Mittelalter, 1999, Abb.: S. 21.

62 GRABAR, Frühes Christentum, 1967, Abb. 156; BIANCHI BANDINELLI, Rom, 1971, Abb. 421; BARRAL I ALTET, Mittelalter, 1999, Abb.: S. 20.

63 KRAUS, Weltreich, 1967, Abb. 99, Fig. 34; BIANCHI BANDINELLI, Rom, 1971, Abb. 120; BRENK, Spätantike, 1977, Abb. 370.

64 GRABAR, Frühes Christentum, 1967, Abb. 155; BIANCHI BANDINELLI, Rom, 1971, Abb. 121.

65 KRAUS, Weltreich, 1967, Abb. 250f.; GRABAR, Frühes Christentum, 1967, Abb. 9, 152, 153, Abb. 226–228; BIANCHI BANDINELLI, Rom, 1971, Abb. 280.

66 KRAUS, Weltreich, 1967, Fig. 39; GRABAR, Zeitalter Justinians, 1967, Abb. 81, 461; BIANCHI BANDINELLI, Rom, 1971, Abb. 422; BRENK, Spätantike, 1977, Abb. 153.

67 KRAUS, Weltreich, 1967, Abb. 57, Fig. 15; GRABAR, Frühes Christentum, 1967, Abb. 154; BARRAL I ALTET, Mittelalter, 1999, Abb.: S. 17.

68 KRAUS, Weltreich, 1967, Abb. 74, 352, Fig. 20.

69 BARRAL I ALTET, Mittelalter, 1999, Abb.: S. 21.

70 KRAUS, Weltreich, 1967, Abb. 56.

71 Ebd., Fig. 11; BIANCHI BANDINELLI, Rom, 1971, Abb. 419.

72 AKat. „Bernward", 1993, Bd. 1, Abb. 23.

73 GRABAR, Frühes Christentum, 1967, Abb. 295; AKat. „Spätantike", 1984, S. 274: Abb. 110, S. 328: Abb. 145; AKat. „Aurea Roma", 2000, Abb.: S. 605.

74 KRAUS, Weltreich, 1967, Abb. 58f.; BIANCHI BANDINELLI, Rom, 1971, Abb. 359.

75 GRABAR, Frühes Christentum, 1967, Abb. 150, 151, 223; BIANCHI BANDINELLI, Rom, 1971, Abb. 66.

76 GRABAR, Frühes Christentum, 1967, Abb. 225; BIANCHI BANDINELLI, Rom, 1971, Abb. 68; AKat. „Bernward", 1993, Bd. 1, Abb. 23.

77 KRAUS, Weltreich, 1967, Abb. 253 a; GRABAR, Frühes Christentum, 1967, Abb. 10; BIANCHI BANDINELLI, Rom, 1971, Abb. 70.

78 KRAUS, Weltreich, 1967, Abb. 209.

79 Ebd., Abb. 252.

80 Ebd., S. 243.

81 Ebd. Abb. 253 b.

82 GRABAR, Frühes Christentum, 1967, S. 148.

83 BIANCHI BANDINELLI, Rom, 1971, Abb. 75.

84 AKat. „Aurea Roma", 2000, Abb. 24.

85 PESCHLOW, Kaiserportrait, 1984, S. 61 ff.

86 LThK 6, Sp. 479.

87 Kat. „Altertum", 1958, Abb. 1; AKat. „Spätantike", 1984, S. 660: Abb. 236.

88 KRAUTHEIMER, Architecture, 1965, Fig. 5; R. LUCIANI/S. SETTECASI, San Crisogono, Roma 1996.

89 KRAUTHEIMER, Architecture, Fig. 8; GRABAR, Frühes Christentum, 1967, Abb. 179; BRENK, Spätantike, 1977, Fig. 2; AKat. „Karolingerzeit", 1999, Beiträge, Abb.: S. 110–113, 530; AKat. „Aurea Roma", 2000, Abb.: S. 228.

90 KRAUTHEIMER, Architecture, 1965, Fig. 13, 14; GRABAR, Frühes Christentum, 1967, Abb. 180, 181; BRENK, Spätantike, 1977, Fig. 3; AKat. „Bernward", 1993, Bd. 2, Abb.: S. 119f.; BARRAL I ALTET, Mittelalter, 1999, Abb.: S. 28f.; AKat. „Karolingerzeit", 1999, Beiträge, Abb.: S. 531; AKat. „Otto der Große", 2001, Bd. 2, Abb.: S. 433.

91 KRAUS, Weltreich, 1967, Abb. 105; GRABAR, Frühes Christentum, 1967, Abb. 174; AKat. „Aurea Roma", 2000, Abb.: S. 211.

92 BRENK, Spätantike, 1977, Fig. 5.

93 GRABAR, Frühes Christentum, 1967, Abb. 173; BIANCHI BANDINELLI, Rom, 1971, Abb. 369.

94 KRAUTHEIMER, Architecture, 1965, Fig. 16, 17; GRABAR, Frühes Christentum, 1967, Abb. 170; BRENK, Spätantike, 1977, Fig. 42.

95 KRAUTHEIMER, Architecture, 1965, S. 38.

96 Ebd., Fig. 15.

97 Ebd., Fig. 75; BRENK, Spätantike, 1977, Abb. 174, 175.

98 KRAUTHEIMER, Architecture, 1969, S. 69f.

99 LTHK 6, Sp. 480.

100 KRAUTHEIMER, Architecture, 1965, Tf. 6A; GRABAR, Frühes Christentum, 1967, Abb. 182.

101 KRAUTHEIMER, Architecture, 1965, Fig. 12; AKat. „Aurea Roma", 2000, Abb.: S. 207.

102 GRABAR, Frühes Christentum, 1967, Abb. 183; BRENK, Spätantike, 1977, Abb. 1, Fig. 6; AKat. „Aurea Roma", 2000, Abb.: S. 206.

103 KRAUS, Weltreich, 1967, Fig. 38; BIANCHI BANDINELLI, Rom, 1971, Abb. 424; BRENK, Spätantike, 1977, Fig. 5; AKat. „Aurea Roma", 2000, Abb.: S. 205.

104 KRAUS, Weltreich, 1967, Abb. 107, Fig. 40, 41; GRABAR, Frühes Christentum, 1967, Abb. 171, 172; BIANCHI BANDINELLI, Rom, 1971, Abb. 425; BRENK, Spätantike, 1977, Abb. 1, Fig. 6 (S. 122); BARRAL I ALTET, Mittelalter, 1999, Abb.: S. 35.

105 KRAUS, Weltreich, 1967, Abb. 254; GRABAR, Frühes Christentum, 1967, Abb. 149, 175; OAKSHOTT, Mosaiken, 1967, Abb. 28; BIANCHI BANDINELLI, Rom, 1971, Abb. 370.

106 cf.: AKat. „Spätantike", 1984, S. 254: Abb. 86.

107 KRAUS, Weltreich, 1967, Abb. 356; OAKSHOTT, Mosaiken, 1967, Tf. I, Tf. VII, Abb. 34–39; GRABAR, Frühes Christentum, 1967, Abb. 202–206; HUBERT U. A., Frühzeit, 1968, Abb. 130; BRENK, Spätantike, 1977, Abb. 14; BARRAL I ALTET, Mittelalter, 1999, Abb.: S. 37–39.

108 GRABAR, Frühes Christentum, 1967, Abb. 207; OAKSHOTT, Mosaiken, 1967, Abb. 40; AKat. „Spätantike", 1984, S. 274: Abb. 110.

109 OAKSHOTT, Mosaiken, 1967, Abb. 41; AKat. „Spätantike", 1984, S. 274, Abb. 111.

110 GRABAR, Frühes Christentum, 1967, Abb. 257; BRENK, Spätantike, 1977, Abb. 56; FERRUA, Via Latina, 1990; SCHUBERT/SCHRECKENBERG, Jewish Historiography, 1992, Abb. 38–45.

111 GRABAR, Frühes Christentum, 1967, Abb. 41, 264, 273–275; BRENK, Spätantike, 1977, Abb. 76; AKat. „Aurea Roma", 2000, Abb.: S. 606.

112 KRAUS, Weltreich, 1967, Abb. 216–217.

113 Der Brockhaus multimedial premium 2005.

114 LThK 5, Sp. 1195 f.

115 AKat. „Aurea Roma", 2000, S. 502.

116 AKat. „Spätantike", 1984, S. 530ff.: Abb. 138.

117 POLLITT, Hellenistic Age, 1986, Abb. 279.

118 SMIRNOV, Atlas, 1909.

119 AKat. „Spätantike", 1984, S. 481ff.: Abb. 84,1–84,4; AKat. „Aurea Roma", 2000, Abb.: S. 492.

120 KRAUS, Weltreich, 1967, Abb. 62.

121 Zit. nach: ANDRESEN (Hg.), Augustinus, 1977, S. V.

122 KRAUS, Weltreich, 1967, Abb. 381 a und b; GRABAR, Frühes Christentum, 1967, Abb.157; AKat. „Spätantike", 1984, S. 535: Abb. 141 und Cover; AKat. „Aurea Roma", 2000, Abb.: S. 264.

123 PAOLUCCI, Ravenna, 1971, Abb. auf S. 28.

124 KITZINGER, Byzantine Art, 1976, Abb. 64.

125 cf.: AKat. „Spätantike", 1984, Nr. 141.

126 Ebd.

127 GRABAR, Zeitalter Justinians, 1967, Abb. 327, 328; AKat. „Spätantike", 1984, S. 672: Abb. 248.

128 GRABAR, Zeitalter Justinians, 1967, Abb. 145; OAKSHOTT, Mosaiken, 1967, Abb. 6, 42–45; BRENK, Spätantike, 1977, Abb. 15; AKat. „Karolingerzeit" 1999, Bd. 2, Abb.: S. 633.

129 LThK 8, Sp. 896 f.

130 GRABAR, Zeitalter Justinians, 1967, Abb. 2; BRENK, Spätantike, 1977, Abb. 4; AKat. „Karolingerzeit", 1999, Beiträge, Abb.: S. 533; AKat. „Aurea Roma", 2000, Abb.: S. 645.

131 KRAUS, Weltreich, 1967, Abb. 36, Fig. 10,5.

132 cf.: KRAUTHEIMER, Architecture, 1965, Abb. 14.

133 GRABAR, Zeitalter Justinians, 1967, Abb. 332; HUTTER, Byzantinische Kunst, 1978, Abb. 37; AKat. „Karolingerzeit" 1999, Bd. 2, Abb.: S. 689; AKat. „Aurea Roma", 2000, Abb.: S. 611.

134 GRABAR, Zeitalter Justinians, 1967, Abb. 348–351; AKat. „Spätantike", 1984, S. 646: Abb. 228; AKat. „Karolingerzeit", 1999, Beiträge, Abb.: S. 38.

135 cf. z. B. KRAUS, Weltreich, 1967, Abb. 125–127 usf.

136 KOEHLER, Tours, 1933, S. 22f., 39ff.

137 BIANCHI BANDINELLI, Rom, 1971, Abb. 365; BRENK, Spätantike, 1977, Abb. 109, Fig. 23 (S. 153).

138 cf.: AKat. „Aurea Roma", 2000, Abb.: S. 32.

139 STEVENSON SMITH, Egypt, 1958, Fig. 49, Abb. 88; RODENBECK/ROSSI, Egypt, 1991, Abb.: S. 56f.

140 KRAUS, Weltreich, 1967, Abb. 255; GRABAR, Zeitalter Justinians, 1967, Abb. 245, 246; BIANCHI BANDINELLI, Rom, 1971, Abb. 335, 336; BRENK, Spätantike, 1977, Abb. 108 a und b; BARRAL I ALTET, Mittelalter, 1999, Abb.: S. 24.

141 KRAUTHEIMER, Architecture, 1965, Fig. 20; GRABAR, Zeitalter Justinians, 1967, Abb. 397; HUBERT U. A., Frühzeit, 1968, Abb. 7–10; BRENK, Spätantike, 1977, Abb. 8; BARRAL I ALTET, Mittelalter, 1999, Abb.: S. 44.

142 BRENK, Spätantike, 1977, Abb. 24; BARRAL I ALTET, Mittelalter, 1999, Abb.: S. 45.

143 GRABAR, Frühes Christentum, 1967, Abb. 290, 291, 293, 294; BRENK, Spätantike, 1977, Abb. 83.

144 BRENK, Spätantike, 1977, Abb. 87; AKat. „Bernward", 1993, Bd. 2, Abb.: S. 273–276.

145 KRAUTHEIMER, Architecture, 1965, S. 132.

146 GRABAR, Frühes Christentum, 1967, Abb. 44; ders., Zeitalter Justinians, 1967, Abb. 4; BRENK, Spätantike, 1977, Abb. 6; AKat. „Karolingerzeit", 1999, Beiträge, Abb.: S. 533.

147 KITZINGER, Byzantine Art, 1976, Abb. 115.

148 Ebd., Abb. 116.

149 GRABAR, Zeitalter Justinians, 1967, Abb. 155–160; OAKSHOTT, Mosaiken, 1967, Tf. II, IV, Abb. 7, 8, 46–54.

150 KOGMAN-APPEL, Szenen, 1990/91, S. 27 ff.

151 KRAUS, Weltreich, 1967, Abb. 359; HUBERT U. A., Frühzeit, 1968, Abb. 123, 124; GRABAR, Zeitalter Justinians, 1967, Abb. 161, 162; OAKSHOTT, Mosaiken, 1967, Abb. 12, 14, 22, 24, Abb. 55–61, Tf. IX, X; BRENK, Spätantike, 1977, Abb. 17a.

152 KRAUS, Weltreich, 1967, Tf. XXIV.

153 Nicht erst bei Nicolas Poussin; cf. BIAŁOSTOCKI, Modusproblem, 1961.

154 1. Buch, 11. Kapitel.

155 WAETZOLD, Kopien 1964; AKat. „Karolingerzeit", 1999, Beiträge, Abb.: S. 543.

156 LexMa, Lemma „Manichäismus, Manichäer".

157 WAETZOLD, Kopien 1964; AKat. „Spätantike", 1984, S. 272: Abb. 106; AKat. „Karolingerzeit", 1999, Beiträge, Abb.: S. 532.

158 GRABAR, Zeitalter Justinians, 1967, Abb. 8; BRENK, Spätantike, 1977, Abb. 9; BARRAL I ALTET, Mittelalter, 1999, Abb.: S. 50f.

159 OAKSHOTT, Mosaiken, 1967, Abb. 70–72; BRENK, Spätantike, 1977, Abb. 16.

160 KRAUTHEIMER, Architecture, 1965, S. 65.

161 KRAUS, Weltreich, 1967, Tf. XXVI.; GRABAR, Zeitalter Justinians, 1967, Abb. 212; HUBERT U. A., Frühzeit, 1968, Abb. 137.

162 GRABAR, Zeitalter Justinians, 1967, Abb. 210, 211; HUBERT U. A., Frühzeit, 1968, Abb. 126.

163 GRABAR, Zeitalter Justinians, 1967, Abb. 210; HUTTER, Byzantinische Kunst, 1978, Abb. 31.

164 cf.: KRAUS, Weltreich, 1967, Abb. 116ff.

165 Ebd., Tf. XIX.

166 GRABAR, Zeitalter Justinians, 1967, Abb. 17; BARRAL I ALTET, Mittelalter, 1999, Abb.: S. 30.

167 GRABAR, Zeitalter Justinians, 1967, Abb. 13; BARRAL I ALTET, Mittelalter, 1999, Abb.: S. 80f.

168 KRAUTHEIMER, Architecture, 1965, Fig. 57.

169 KRAUS, Weltreich, 1967, Tf. XXV; GRABAR, Zeitalter Justinians, 1967, Abb. 133–136; BRENK, Spätantike, 1977, Abb. 29; BARRAL I ALTET, Mittelalter, 1999, Abb.: S. 82f.

170 GRABAR, Zeitalter Justinians, 1967, Abb. 136; PAOLUCCI, Ravenna, 1971, S. 33.

171 GRABAR, Zeitalter Justinians, 1967, Abb. 125; PAOLUCCI, Ravenna, 1971, S. 34.

172 GRABAR, Zeitalter Justinians, 1967, Abb. 19, 131, 132; KITZINGER, Byzantine Art, 1976, Abb. 102, 103; BRENK, Spätantike, 1977, Abb. 28.

173 KRAUS, Weltreich, 1967, Abb. 100, Tf. III, Fig. 35, 36.

174 Kat. „Altertum", 1958, Abb. 8f.

175 Ebd. Abb. 4; KRAUS, Weltreich, 1967, Abb. 336; GRABAR, Zeitalter Justinians, 1967, Abb. 244.

176 Enneade 6, 7, 22; zit. nach: HEINTZE, θεῖος ἀνήϱ, 1984, S. 185.

177 KRAUTHEIMER, Architecture, 1965, Fig. 26; GRABAR, Zeitalter Justinians, 1967, Abb. 74, 75.

178 KRAUTHEIMER, Architecture, 1965, Fig. 43, 44; GRABAR, Zeitalter Justinians, 1967, Abb. 49–56, 423; BRENK, Spätantike, 1977, Abb. 231–236, Fig. 57; AKat. „Spätantike", 1984, S. 219: Abb. 78.

179 GRABAR, Zeitalter Justinians, 1967, Abb. 51.

180 Ebd., Abb. 18.

181 BRENK, Spätantike, 1977, Abb. 31; BARRAL I ALTET, Mittelalter, 1999, Abb.: S. 31.

182 Ebd., Abb.: S. 76f.

183 GRABAR, Zeitalter Justinians, 1967, Abb. 14, 163–165.

184 BRENK, Spätantike, 1977, Abb. 32, 33.

185 GRABAR, Zeitalter Justinians, 1967, Abb. 15; BARRAL I ALTET, Mittelalter, 1999, Abb.: S. 75, 95.

186 OAKSHOTT, Mosaiken, 1967, 128; PAOLUCCI, Ravenna, 1971, Abb. S. 80, 83; BRENK, Spätantike, 1977, Abb. 30.

187 GRABAR, Zeitalter Justinians, 1967, Abb. 146, 149; OAKSHOTT, Mosaiken, 1967, Tf. XI–XIII; BRENK, Spätantike, 1977, Abb. 37; AKat. „Karolingerzeit" 1999, Bd. 2, Abb.: S. 634f.

188 BRENK, Spätantike, 1977, Abb. 153.

189 Ebd., Abb. 154b–155b.

190 Ebd., Fig. bei Nr. 152., Abb. 152.

191 LAWRENCE, Architecture, 1957, Fig. 89, 90.

192 GRABAR, Zeitalter Justinians, 1967, Abb. 321.

193 Ebd., Abb. 255; BRENK, Spätantike, 1977, Abb. 112a.

194 GRABAR, Zeitalter Justinians, 1967, Abb. 213.

195 KRAUS, Weltreich, 1967, Tf. XXVII; GRABAR, Zeitalter Justinians, 1967, Abb. 214, 215; BRENK, Spätantike, 1977, Abb. 54a.

196 GRABAR, Zeitalter Justinians, 1967, Abb. 215.

197 VOLBACH/LAFONTAINE-DOSOGNE, Byzanz, 1984, Abb. 88; AKat. „Aurea Roma", 2000, Abb. 39.

198 AKat. „Aurea Roma", 2000, Abb.: S. 581.

199 GRABAR, Zeitalter Justinians, 1967, Abb. 318; VOLBACH/LAFONTAINE-DOSOGNE, Byzanz, 1984, Abb. 89.

200 KRAUS, Weltreich, 1967, Abb. 106, 363; GRABAR, Zeitalter Justinians, 1967, Abb. 82, 83, 137–139; OAKSHOTT, Mosaiken, 1967, 15, 16; BIANCHI BANDINELLI, Rom, 1971, Abb. 354; KITZINGER, Byzantine Art, 1976, Abb. 99; BRENK, Spätantike, 1977, Abb. 155 a und b, 158.

201 FLASCH, Strahl 1992.

202 GERKE, Spätantike, 1980, S. 171.

203 STEVENSON SMITH, Egypt, 1958, Abb. 188; RODENBECK, M./G. A. ROSSI, Egypt, 1991, Abb.: S. 64f.

204 GRABAR, Zeitalter Justinians, 1967, Abb. 1, 91–103; BRENK, Spätantike, 1977, Abb. 99, 100, 102.

205 GRABAR, Zeitalter Justinians, 1967, Abb. 98.

206 KRAUTHEIMER, Architecture, 1965, Fig. 63; GRABAR, Zeitalter Justinians, 1967, Abb. 84, 467; BRENK, Spätantike, 1977, Abb. 98.

207 KRAUS, Weltreich, 1967, Abb. 197.

208 Ebd., Abb. 384b.

209 GRABAR, Zeitalter Justinians, 1967, Abb. 319, 322; VOLBACH/LAFONTAINE-DOSOGNE, Byzanz, 1984, Abb. 91; AKat. „Karolingerzeit", 1999, Beiträge, Abb.: S. 654.

210 LASSUS, Frühchristliche Welt, 1967, Abb.: S. 7.

211 cf.: ROQUES DE MAUMONT, Reiterstandbilder, 1958, Abb. 36a.

212 GRABAR, Zeitalter Justinians, 1967, Abb. 20, 400; BRENK, Spätantike, 1977, Abb. 11, Fig. 14a und b; BARRAL I ALTET, Mittelalter, 1999, Abb.: S. 135f.; AKat. „Karolingerzeit", 1999, Beiträge, Abb.: S. 651.

213 KRAUTHEIMER, Architecture, 1965, S. 169.

214 HUTTER, Byzantinische Kunst, 1978, Abb. 71.

215 BECK, Theodora, 1986, S. 22.

216 KRAUTHEIMER, Architecture, 1965, Fig. 67, 68; GRABAR, Zeitalter Justinians, 1967, Abb. 85, 86, 462; BRENK, Spätantike, 1977, Fig. 26 a und b.

217 TOMAN (Hg.), Romanik, 1996, Abb.: S. 76f., 158.

218 BECK, Theodora, 1986, S. 55.

219 ROTH, Völkerwanderungszeit, 1979, Abb. 71 a; 76, 77; AKat. „I Goti", 1994, Abb. III.25, III. 64., III.65, III.71, III.74 usf.

220 GRABAR, Zeitalter Justinians, 1967, Abb. 166, 167; BARRAL I ALTET, Mittelalter, 1999, Abb.: S. 77–79.

221 GRABAR, Zeitalter Justinians, 1967, Abb. 171–173.

222 Ebd., Abb. 21, 169; BRENK, Spätantike, 1977, Abb. 34.

223 GRABAR, Zeitalter Justinians, 1967, Abb. 168.

224 Ebd., Abb. 21.

225 Ebd., Abb. 123; BRENK, Spätantike, 1977, Abb. 35.

226 GRABAR, Zeitalter Justinians, 1967, Abb. 12; BRENK, Spätantike, 1977, Abb. 12.

227 GRABAR, Zeitalter Justinians, 1967, Abb. 11, 148, 151, 152–154; BRENK, Spätantike, 1977, Abb. 36.

228 GRABAR, Zeitalter Justinians, 1967, Abb. 86, 462.

229 Ebd., Abb. 85.

230 BRENK, Spätantike, 1977, Abb. 132 a–b.

231 KRAUTHEIMER, Architecture, 1965, S. 189; GRABAR, Frühes Christentum, 1967, Abb. 176; BRENK, Spätantike, 1977, Fig. 41.

232 GRABAR, Zeitalter Justinians, 1967, Abb. 142; BRENK, Spätantike, 1977, Abb. 184–185.

233 FUCHS (Hg.), „Anekdota" (o. J.).

234 KRAUS, Weltreich, 1967, Abb. 152–155.

235 BANCK, Byzantine Art, 1966, Abb. 110–115.

236 GRABAR, Zeitalter Justinians, 1967, Abb. 202; BRENK, Spätantike, 1977, Abb. 197; BELTING, Bild, 1990, Abb. 62; AKat. „Aurea Roma", 2000, Abb.: S. 223–225.

237 GRABAR, Zeitalter Justinians, 1967, Abb. 232.

238 Ebd., Abb. 203; HUTTER, Byzantinische Kunst, 1978, Abb. 102.

239 GRABAR, Zeitalter Justinians, 1967, Abb. 143; CUTLER/SPEISER, Byzanz, 1996, Abb. 3.

240 HUBERT U. A., Frühzeit, 1968, Abb. 129.

241 cf.: BELTING, Bild, 1990, S. 52ff., S. 546 ff.

242 GRABAR, Zeitalter Justinians, 1967, Abb. 216–223.

243 PÄCHT, Buchmalerei, 1984, Tf. I.

244 GRABAR, Zeitalter Justinians, 1967, Abb. 223.

245 Ebd., Abb. 228–232.

246 GRABAR, Zeitalter Justinians, 1967, Abb. 233– 237; HUTTER, Byzantinische Kunst, 1978, Abb. 99; BRENK, Spätantike, 1977, Abb. 258–259.

247 HUTTER, Byzantinische Kunst, 1978, Abb. 99.

248 GRABAR, Zeitalter Justinians, 1967, Abb. 233.

249 Ebd., Abb. 204; BOURGUET, Kopten, 1967, Abb.: S. 40.

250 GRABAR, Zeitalter Justinians, 1967, Abb. 186, 187; BOURGUET, Kopten, 1967, Abb. S. 42.

251 ZALOSCHER, Koptische Kunst, 1991, S. 107 f.

252 Ebd., S. 110.

253 HUBERT U. A., Frühzeit, 1968, Abb. 327; BRENK, Spätantike, 1977, Abb. 353.

254 Ebd., Abb. 357a–b.

255 HUBERT U. A., Frühzeit, 1968, Abb. 45–50, 52, 53, 325; BRENK, Spätantike, 1977, Abb. 355 etc.; BARRAL I ALTET, Mittelalter, 1999, Abb.: S. 86–89.

256 cf.: HUBERT U. A., Karolinger, 1969, Abb. 243.

257 cf.: HUBERT U. A., Frühzeit, 1968, Abb. 77, 80, 82, 84–91, 341; BARRAL I ALTET, Mittelalter, 1999, Abb.: S. 92–94.

258 BRENK, Spätantike, 1977, Abb. 365.

259 Ebd., Abb. 364.

260 KRAUTHEIMER, Architecture, 1965, Fig. 38; BRENK, Spätantike, 1977, Abb. 167 b.

261 Ebd., Abb. 194 b.

262 Ebd., Abb. 304 b und c.

263 GRABAR, Zeitalter Justinians, 1967, Abb. 323.

264 AKat. „I goti", 1994, Abb. IV.28.

265 HUBERT U. A., Frühzeit, 1968, Abb. 228.

266 Ebd., Abb. 248; BRENK, Spätantike, 1977, Abb. 327; AKat. „I goti", 1994, Fig. IV.83, IV.84.

267 HUBERT U. A., Frühzeit, 1968, Abb. 98, 99; BRENK, Spätantike, 1977, Abb. 335, 337; BARRAL I ALTET, Mittelalter, 1999, Abb.: S. 104–107.

268 HUBERT U. A., Frühzeit, 1968, Abb. 100; BRENK, Spätantike, 1977, Abb. 338 a; BARRAL I ALTET, Mittelalter, 1999, Abb.: S. 107.

269 HUBERT U. A., Frühzeit, 1968, Abb. 101; BRENK, Spätantike, 1977, Abb. 338 b; BARRAL I ALTET, Mittelalter, 1999, Abb.: S. 98.

270 HUBERT U. A., Frühzeit, 1968, Abb. 102; BRENK, Spätantike, 1977, Abb. 341–345; BARRAL I ALTET, Mittelalter, 1999, Abb.: S. 114f.

271 GRABAR, Zeitalter Justinians, 1967, Abb. 207, 242, 243; HUBERT U. A., Frühzeit, 1968, Abb. 141; FILLITZ, Mittelalter, 1969, Tf. I; AKat. „I goti", 1994, Abb. IV.92; TOMAN (Hg.), Romanik, 1996, Abb.: S. 405.

272 PIPPAL, Distanzierung, 1994, Abb.: S. 67.

273 SCHUBERT, Judentum, 1974; SCHUBERT, Wurzeln, 1990/91; SCHUBERT/SCHRECKENBERG, Jewish Historiography, 1992, S. 235ff.

274 KRAUTHEIMER, Profile, 1980, Fig. 70; AKat. „Karolingerzeit", 1999, Beiträge, Abb.: S. 538.

275 Z. B. Gurk (Kärnten): FILLITZ (Hg.), Hochmittelalter, 1998, Abb. S. 50.

276 KÜNG, Christentum, 1994, S. 394.

277 GRABAR, Zeitalter Justinians, 1967, Abb. 178–182; HUBERT U. A., Frühzeit, 1968, Abb. 131–133, 137, 140.

278 HUBERT U. A., Frühzeit, 1968, Abb. 122; FILLITZ, Mittelalter, 1969, Abb. 1.

279 BELTING, Bild, 1990, Abb. 8.

280 Ebd., Tf. I (S. 145); AKat. „Aurea Roma", 2000, Abb.: S. 418.

281 AKat. „I Longobardi", S. 35, Nr. I.14a.

282 Ebd., S. 77, Kasten 5, Nr. 5.

283 Ebd., S. 200, Nr. IV.81.

284 Ebd., S. 199, Nr. IV.80.

285 Ebd., S. 205, Nr. IV.89.

286 Ebd., S. 223, Nr. V.1.

287 Ebd., S. 355, Nr. IX.25.

288 HUBERT U. A., Frühzeit, 1968, Abb. 241. AKat. „I Longobardi", S. 334, Nr. IX.24.

289 AKat. „I Longobardi", S. 100, Nr. II.2.

290 HUBERT U. A., Frühzeit, 1968, Abb. 270; AKat. „I Longobardi", S. 234, Nr. V.17.

291 LThK5, Sp. 760.

292 HUBERT U. A., Frühzeit, 1968, Abb. 146, 147; GRABAR, Zeitalter Justinians, 1967, Abb. 239–241; FILLITZ, Mittelalter, 1969, Abb. 3; WILSON, Anglo-Saxon Art, 1984, Abb. 15.

293 GRABAR, Frühes Christentum, 1967, Abb. 14 (Nachzeichnung von N. F. de Peiresc, Anf. 18. Jh.); AKat. „Aurea Roma", 2000, Abb.: S. 575.

294 KRAUS, Weltreich, 1967, Abb. 46; BIANCHI BANDINELLI, Rom, 1971, Abb. 356.

295 HERITY, Irish monasteries, 1995.

296 AKat. "The Work of Angels", 1989, Abb. S. 77; AKat. „Karolingerzeit", 1999, Beiträge, Abb.: S. 459.

297 FILLITZ, Mittelalter, 1969, Abb. 7; AKat. „Karolingerzeit", 1999, Beiträge, Abb.: S. 457.

298 HUBERT U. A., Frühzeit, 1968, Abb. 170.

299 AKat. "The Work of Angels", 1989, Abb.: S. 37.

300 Ebd., Abb.: S. 39; AKat. „Karolingerzeit", 1999, Beiträge, Abb.: S. 455.

301 HUBERT U. A., Frühzeit, 1968, Abb. 170.

302 AKat. "The Work of Angels", 1989, Abb.: S. 38.

303 Ebd., Abb.: S. 38.

304 WILSON, Anglo-Saxon Art, 1984, Abb. 38; AKat. "Making of England", 1991, Abb. 80; FILLITZ, Mittelalter, 1969, Tf. III.

305 WILSON, Anglo-Saxon Art, 1984, Abb. 33; AKat. "Making of England", 1991, Abb. 184.

306 WILSON, Anglo-Saxon Art, 1984, Abb. 30.

307 Ebd., Abb. 7; AKat. "Making of England", 1991, Abb.: S. 29–33.

308 PÄCHT, Buchmalerei, 1984, 1984, Abb. 91.

309 HUBERT U. A., Frühzeit, 1968, Abb. 171; PÄCHT, Buchmalerei, 1984, Tf. III.

310 PÄCHT, Buchmalerei, 1984, S. 68 f.

311 HUBERT U. A., Frühzeit, 1968, Abb. 173; WILSON, Anglo-Saxon Art, 1984, Abb. 38.

312 FILLITZ, Mittelalter, 1969, Abb. 10; WILSON, Anglo-Saxon Art, 1984, Abb. 39.

313 cf.: BARRAL I ALTET, Mittelalter, 1999, Abb.: S. 118–120.

314   FILLITZ, Mittelalter, 1969, Abb. 11; AKat. "Making of England", 1991, Abb. 154.

315   BISCHOFF, Wendepunkt, 1954, S. 189 ff.

316   GUMBLEY/REDHEAD, Pillars, 1990.

317   SCHWEER (Vorw.) Koran, 1992.

318   BANCK, Byzantine Art, 1966, Abb. 94; AKat. „Silbergefäße", 1978, Abb. 74.

319   Z. B.: Ara Pacis (13/9 v. Chr.); KRAUS, Weltreich, 1967, Abb. 185 a.; Silberpatera mit der Darstellung des Eleusinischen Opfers (2. Viertel 1. Jh. n. Chr); Wien KHM; KRAUS, Weltreich, 1967, Abb. 370 b.; Kaiser Hadrian auf der Löwenjagd, Relieftondo am Konstantinsbogen (128/138 n. Chr.); KRAUS, Weltreich, 1967, Abb. 209.

320   MATZULEWITSCH, Antike, 1929.

321   Paraphrasiert in: AKat. „Silbergefäße", 1978, Nr. 12.

322   KÜNG, Christentum, 1994, S. 297.

323   HUBERT U. A., Karolinger, 1969, Abb. 366; AKat. „I Longobardi", S. 137ff., Nr. III.1; AKat. „Karolingerzeit", 1999, Beiträge, Abb.: S. 98.

324   HUBERT U. A., Frühzeit, 1968, Abb. 273; AKat. „I Longobardi", S. 239ff., Nr. VI.1; BARRAL I ALTET, Mittelalter, 1999, Abb.: S. 189–191.

325   HUBERT U. A., Frühzeit, 1968, Abb. 138, 139.

326   Ebd., Abb. 274; FILLITZ, Mittelalter, 1969, Nr. 80.

327   HUBERT U. A., Frühzeit, 1968, Abb. 276; AKat. „I Longobardi", S. 241, Nr. VI.1.

328   FILLITZ, Mittelalter, 1969, Abb. 79b.

329   AKat. „I Longobardi", S. 311, Nr. VII.16, VII.17.

330   FILLITZ, Spätphase, 1958.

331   „Enciclopedia" II, 1991, Abb.: S. 206.

332   FILLITZ (Hg.), Hochmittelalter, 1998, Abb.: S. 347.

333   KÜNG, Christentum, 1994, S. 408.

334   FLASCH, Einführung 1989, S. 19.

335   KÜNG, Christentum, 1994, S. 409ff.

336   AKat. „Karolingerzeit", 1999, Beiträge, Abb.: S. 138f.

337   FILLITZ, Mittelalter, 1969, Abb. 14.

338   FLASCH, Einführung 1989, S. 19.

339   HUBERT U. A., Karolinger, 1969, Abb. 4, 33, 55, 56, 244, 336–338; FILLITZ, Mittelalter, 1969, Tf. XXIX; BARRAL I ALTET, Mittelalter, 1999, Abb.: S. 150f.

340   HUBERT U. A., Karolinger, 1969, Abb. 35–39, 354, 355; FILLITZ, Mittelalter, 1969, Fig. 5; AKat. „Rhein und Maas", 1973, Bd. 1, Abb.: S. 111; BARRAL I ALTET, Mittelalter, 1999, Abb.: S. 128–134; AKat. „Karolingerzeit" 1999, Bd. 1, Abb.: S. 107–114, Beiträge, Abb.: S. 153–166.

341   AKat. „Karolingerzeit", 1999, Beiträge, Abb.: S. 67.

342   Ebd., Beiträge, Abb.: S. 124–126.

343   HUBERT U. A., Karolinger, 1969, Abb. 364; FILLITZ, Mittelalter, 1969, Abb. 139.

344   AKat. „Otto der Große", 2001, Bd. 2, Abb.: S. 163.

345   HUBERT U. A., Frühzeit, 1968, Abb. 1, 168, 174; FILLITZ, Mittelalter, 1969, Abb. 8; WILSON, Anglo-Saxon Art, 1984, Abb. 14; BARRAL I ALTET, Mittelalter, 1999, Abb.: S. 123.

346	Fillitz, Mittelalter, 1969, Abb. 9.

347	Wilson, Anglo-Saxon Art, 1984, Abb. 158; Fillitz/Pippal, Schatzkunst, 1987, Abb. 1.1–1.9; AKat. „Karolingerzeit", 1999, Beiträge, Abb.: S. 454.

348	AKat. „Virgil", 1984, Plan: S. 297.

349	Fillitz, Mittelalter, 1969, Abb. 84; AKat. "Making of England", 1991, Abb. 134.

350	Fillitz (Hg.), Hochmittelalter, 1998, Abb.: S. 37, 203f.

351	Wilson, Anglo-Saxon Art, 1984, Abb. 31, 53; AKat. "Making of England", 1991, Abb. 89.

352	Ebd., Abb. 103.

353	Ebd., Abb. 161–164; Fillitz/Pippal, Schatzkunst, 1987, Tf. 1, Abb. 2.2–2.9.

354	Flasch, Einführung, 1989, S. 2.

355	Ebd., S. 16.

356	Ebd., S. 2.

357	Ebd., S. 4.

358	Hubert u. a., Karolinger, 1969, Abb. 64, 65, 276–279; Fillitz, Mittelalter, 1969, Abb. 16; AKat. „Karolingerzeit", 1999, Beiträge, Abb.: S. 572–575.

359	Pächt, Buchmalerei, 1984, Tfn. VIII, IX; AKat. „Karolingischer Handschriften" 1993, Nr. 9; AKat. „Karolingerzeit", 1999, Beiträge, Abb.: S. 580f.

360	Ebd. Abb.: S. 682f.

361	Knapp nach 700, Belege ab ca. 800.

362	Hubert u. a., Karolinger, 1969, Abb. 208; AKat. „Karolingerzeit", 1999, Beiträge, Abb.: S. 611.

363	AKat. „Karolingerzeit", 1999, Bd. 2, Abb.: S. 791.

364	Flasch, Einführung 1989, S. 20–24.

365	Schnitzler, Kuppelmosaik, 1964.

366	Hubert u. a., Karolinger, 1969, Abb. 36; Barral i Altet, Mittelalter, 1999, Abb.: S. 6, 132.

367	Legner, Romanik, 1982, Abb. 452, 453.

368	Hubert u. a., Karolinger, 1969, Abb. 120, 137–139; Fillitz, Mittelalter, 1969, Tf. X.

369	Hubert u. a., Karolinger, 1969, Abb. 138.

370	Ebd., Abb. 2, 340–342.

371	Ebd., Abb. 204; Fillitz, Mittelalter, 1969, Abb. 86 a.

372	Elbern, Jahrtausend, 1962, Abb. 629, 193.

373	Hubert u. a., Karolinger, 1969, Abb. 30.

374	Mende, Bronzetüren, 1994, Abb. 1–5.

375	Hubert u. a., Frühzeit, 1968, Abb. 154, 155; Fillitz, Mittelalter, 1969, Abb. 22.

376	Hubert u. a., Frühzeit, 1968, Abb. 155.

377	Ebd., Abb. 164–166, 275, 350, 360; Hubert u. a., Karolinger, 1969, Abb. 20–23; Rasmo, Südtirol, 1981, Tf. XXI–XXVIII; Abb. 46–57.

378	Hubert u. a., Frühzeit, 1968, Abb. 167; Hubert u. a., Karolinger, 1969, Abb. 18, 19; Fillitz, Mittelalter, 1969, Tf. IV; Rasmo, Südtirol, 1981, Tf. IX–XVII, Abb. 21–44; Spada Pintarelli, Südtirol, 1997, Abb. 42–49; AKat. „Karolingerzeit" 1999, Bd. 2, Abb.: S. 580f.

379	Demus, Wandmalerei, 1964, Abb. 17; Toman (Hg.), Romanik, 1996, Abb.: S. 417.

380	Gnudi, Giotto, 1959, Abb. 124.

381 RASMO, Südtirol, 1981, Tf. I–VIII, Abb. 1–15; TOMAN (Hg.), Romanik, 1996, Abb.: S. 385;
     SPADA PINTARELLI, Südtirol, 1997, Abb.: S. 34–41.

382 HUBERT U. A., Karolinger, 1969, Abb. 207; AKat. „Karolingerzeit" 1999, Bd. 2, Abb.: S. 697.

383 KITZINGER, Byzantine Art, 1976, Abb. 84; AKat. „Karolingerzeit" 1999, Bd. 2, Abb.: S. 694f.

384 GOLDSCHMIDT, Elfenbeinskulpturen, Bd. I, 1918, ²1960, Abb. 3–23.

385 HUBERT U. A., Karolinger, 1969, Abb. 66–68; AKat. „Karolingerzeit", 1999, Beiträge, Abb.:
     S. 592f.

386 HUBERT U. A., Karolinger, 1969, Abb. 77.

387 Ebd., Abb. 79–81; PÄCHT, Buchmalerei, 1984, Tfn. VI., VII; FILLITZ, Schatzkammer, 1986,
     Tfn. 27–31; AKat. „Karolingerzeit", 1999, Beiträge, Abb.: S. 600f.

388 HUBERT U. A., Karolinger, 1969, Abb. 210; 211, FILLITZ, Mittelalter, 1969, Abb. 91; AKat. „Ka-
     rolingerzeit", 1999, Bd. 2, Abb.: S. 734f.

389 HUBERT U. A., Karolinger, 1969, Abb. 78; AKat. „Vaticana", 1993, Abb.: S. 75–77; AKat. „Ka-
     rolingerzeit", 1999, Bd. 2, Abb.: S. 728–732, Beiträge, Abb.: S. 594–599; AKat. „Otto der
     Große", 2001, Bd. 1, Abb.: S. 14.

390 GRABAR, Zeitalter Justinians, 1967, Abb. 321.

391 LexMa, Lemma: „Zweikaiserproblem".

392 FILLITZ (Hg.), Hochmittelalter, 1998, Abb.: S. 8, 38, 205.

393 Ebd., Abb.: S. 37f.

394 cf.: ebd., Abb.: S. 39–43, 209–218.

395 HUBERT U. A., Karolinger, 1969, Abb. 40–43, 367, 372, 373; FILLITZ, Mittelalter, 1969, Abb.
     138; Fig. 4; BARRAL I ALTET, Mittelalter, 1999, Abb.: S. 140–142.

396 HUBERT U. A., Karolinger, 1969, Abb. 10, 11; BARRAL I ALTET, Mittelalter, 1999, Abb.: S. 143.

397 Zitiert nach: FELD, Ikonoklasmus, S. 20.

398 HUBERT U. A., Karolinger, 1969, Abb. 179; FILLITZ, Mittelalter, 1969, Abb. 25.

399 FELD, Ikonoklasmus, S. 20.

400 BARRAL I ALTET, Mittelalter, 1999, Abb.: S. 196ff.

401 HUBERT U. A., Frühzeit, 1968, Abb. 103–105; BARRAL I ALTET, Mittelalter, 1999, Abb.:
     S. 198f.

402 TOMAN (Hg.), Romanik, 1996, Abb.: S. 179; BARRAL I ALTET, Mittelalter, 1999, Abb.: S. 205.

403 BANCK, Byzantine Art, 1966, Abb. 37–39.

404 OAKSHOTT, Mosaiken, 1967, Abb. 121–124; AKat. „Karolingerzeit", 1999, Beiträge, Abb.:
     S. 639f.

405 OAKSHOTT, Mosaiken, 1967, Abb. 9, 129–133.

406 Ebd., Abb. 127, Tf. XIX, XXI, XXII, Abb. 125, 127.

407 Ebd., Abb. 128.

408 LexMa, Lemma: „Theologie. Ostkirche".

409 KOEHLER, Tours, 1933, S. 22f., 39ff.

410 HUBERT U. A., Karolinger, 1969, Abb. 29; AKat. „Karolingerzeit" 1999, Bd. 2, Abb.: S. 701.

411 Eigentlich ein Pleonasmus: Siegeszeichen des ewigen Sieges …

412 HUBERT U. A., Karolinger, 1969, Abb. 84–88; FILLITZ, Mittelalter, 1969, Abb. 26 a–c.

413 HUBERT U. A., Karolinger, 1969, Abb. 92–97, 242, 285–289; FILLITZ, Mittelalter, 1969, Tf. VII.

414 LThK 3, Sp. 621 f.

415 HUBERT U. A., Karolinger, 1969, Abb. 145–148, 298–301; FILLITZ, Mittelalter, 1969, Abb. 35; PÄCHT, Buchmalerei, 1984, Tf. XII.

416 GOLDSCHMIDT, Elfenbeinskulpturen, Bd. I, 1918, ²1960, Abb. 72, 73; HUBERT U. A., Karolinger, 1969, Abb. 216; FILLITZ, Mittelalter, 1969, Abb. 92.

417 HUBERT U. A., Karolinger, 1969, Abb. 328; AKat. „Karolingerzeit", 1999, Beiträge, Abb.: S. 502, 630.

418 HUBERT U. A., Karolinger, 1969, Abb. 178; AKat. „Karolingerzeit", 1999, Abb.: S. 57f.

419 FILLITZ, Mittelalter, 1969, Abb. 29.

420 HUBERT U. A., Karolinger, 1969, Abb. 177.

421 „Heliand" (GENZMER Hg.), 1982, S. 51.

422 HUBERT U. A., Karolinger, 1969, Abb. 123–125; FILLITZ, Mittelalter, 1969, Abb. 31; PÄCHT, Buchmalerei, 1984, Tf. XI; PIPPAL, Distanzierung, 1994, Abb.: S. 64.

423 HUBERT U. A., Karolinger, 1969, Abb. 126–129; FILLITZ, Mittelalter, 1969, Abb. 32; PIPPAL, Distanzierung, 1994, Abb.: S. 65.

424 KESSLER, *Facies*, 1994, 534ff.

425 FLASCH, Strahl, 1992.

426 COPLESTON, Philosophie, 1976, S. 62–66.

427 Zitiert nach: FLASCH, Einführung, 1989, S. 32.

428 PIPPAL, Distanzierung, 1994, Abb.: S. 64; PIPPAL, Relations, 1997/98, Abb.: S. 68.

429 PIPPAL, Distanzierung, 1994, Abb.: S. 65; PIPPAL, Relations, 1997/98, Abb.: S. 69.

430 cf.: ebd., Abb.: S. 77.

431 GOLDSCHMIDT, Elfenbeinskulpturen, Bd. I, 1918, ²1960, Abb. 81ff.

432 Ebd., Abb. 72ff.

433 Ebd., Abb. 83, 85–88, 89 etc.; FILLITZ, Mittelalter, 1969, Abb. 93.

434 COPLESTON, Philosophie, 1976, S. 33, 63.

435 HUBERT U. A., Karolinger, 1969, Abb. 137.

436 Ebd., Abb. 131, 294, 295; FILLITZ, Mittelalter, 1969, Abb. 37.

437 „Enciclopedia", Bd. IV, 1993, Abb.: S. 271.

438 HUBALA, 17. Jahrhundert, 1970, Abb. 220, 221.

439 HUBERT U. A., Karolinger, 1969, Abb. 149, 150; FILLITZ, Mittelalter, 1969, Abb. 39.

440 HUBERT U. A., Karolinger, 1969, Abb. 152.

441 Ebd., Abb. 51, 347; BARRAL I ALTET, Mittelalter, 1999, Abb.: S. 145–147; AKat. „Karolingerzeit", 1999, Bd. 2, Abb.: S. 558f., 567–571, 574–577.

442 HUBERT U. A., Karolinger, 1969, Abb. 52–54; FILLITZ, Mittelalter, 1969, Abb. 144; BARRAL I ALTET, Mittelalter, 1999, Abb.: S. 148–149.

443 LThK 3, Sp. 882.

444 GRODECKI U. A., Ottonen, 1973, Abb. 231, 233; FILLITZ, Mittelalter, 1969, Tf. XXI; WILSON, Anglo-Saxon Art, 1984, Abb. 216–219; AKat. "Golden Age", 1984, Abb. 37.

445 GRODECKI U. A., Ottonen, 1973, Abb. 230, 242, 243; PÄCHT, Buchmalerei, 1984, Tf. XIX; WILSON, Anglo-Saxon Art, 1984, Abb. 265; AKat. „Theophanu", 1991, Abb. 121; AKat. "Golden Age", 1984, Abb. 40, 50.

446 GRODECKI U. A., Ottonen, 1973, Abb. 250; FILLITZ, Mittelalter, 1969, Abb. 74 a; AKat. "Golden Age", 1984, Abb. 46.

447 AKat. „Theophanu", 1991, Abb. 120.

448 GRODECKI U. A., Ottonen, 1973, Abb. 237; FILLITZ, Mittelalter, 1969, Abb. 74 b; PÄCHT, Buchmalerei, 1984, Tf. XVIII; AKat. "Golden Age", 1984, Abb. 59.

449 AKat. „Otto der Große", 2001, Bd. 1, Abb.: S. 393–401.

450 AKat. „Bernward", 1993, Bd. 2, Abb.: S. 35f., 38; AKat. „Otto der Große", 2001, Bd. 1, Abb.: S. 354, 356f., 362f., 368–372, Bd. 2, Abb.: S. 354f.

451 GRODECKI U. A., Ottonen, 1973, Abb. 325, 329, AKat. „Bernward", 1993, Bd. 2, 40–44; AKat. „Otto der Große", 2001, Bd. 2, Abb.: S. 364–379; FILLITZ, Elfenbeintafeln, 2001.

452 Ebd.

453 GRODECKI U. A., Ottonen, 1973, Abb. 325 ; FILLITZ/PIPPAL, Schatzkunst, 1987, Abb. 5.1.

454 AKat. „Theophanu", 1991, Abb. 43, 44; AKat. „Bernward", 1993, Bd. 2, Abb.: S. 384f.; AKat. „Otto der Große", 2001, Bd. 2, Abb.: S. 180f.

455 GRODECKI U. A., Ottonen, 1973, Abb. 102; FILLITZ, Mittelalter, 1969, Tf., XI; AKat. „Otto der Große", 2001, Bd. 1, Abb.: S. 239, Bd. 2, Abb.: vor S. 1, S. 202–204.

456 HUBERT U. A., Karolinger, 1969, Abb. 177.

457 GRODECKI U. A., Ottonen, 1973, Abb. 103; AKat. „Theophanu", 1991, Abb. 61–66; AKat. „Bernward", 1993, Bd. 2, Abb.: S. 317; AKat. „Otto der Große", 2001, Bd. 2, Abb.: S. 209f.

458 GRODECKI U. A., Ottonen, 1973, Abb. 264; FILLITZ, Schatzkammer, 1986, Tf. 1–4.

459 SCHULZE-DÖRRLAMM, Kaiserkrone, 1992.

460 cf.: BANCK, Byzantine Art, 1966, Abb. 180–192; CUTLER/SPEISER, Byzanz, 1996, Abb. 124, 125, 264–267, 274, 275, 294, 295.

461 DELSENBACH, Abbildung, 1790; AKat. „Bernward", 1993, Bd. 2, Abb.: S. 73.

462 AKat. „Bernward", 1993, Bd. 2, Abb.: S. 63–65; AKat. „Otto der Große", 2001, Bd. 1, S. 127, Bd. 2, Abb.: S. 127f.

463 GRODECKI U. A., Ottonen, 1973, Abb. 278.

464 Ebd., Abb. 146, 147; AKat. „Theophanu", 1991, Abb.: S. 41–45.

465 AKat. „Theophanu", 1991, Bd. 1, Abb. 17; AKat. „Vaticana ", 1993, Abb.: S. 109–113; CUTLER/SPEISER, Byzanz, 1996, Abb. 155.

466 GRODECKI U. A., Ottonen, 1973, Abb. 88; AKat. „Theophanu", 1991, Abb. 92–96; AKat. „Otto der Große", 2001, Bd. 1, Abb.: S. 245; Bd. 2, Abb.: S. 233–236.

467 GRODECKI U. A., Ottonen, 1973, Abb. 109, 120; FRANZ/RONIG, Codex Egberti, 1983.

468 NORDENFALK, Meister, 1950.

469 GRODECKI U. A., Ottonen, 1973, Abb. 118; AKat. „Bernward", 1993, Bd. 1, Abb. 80.

470 GRODECKI U. A., Ottonen, 1973, Abb. 78; FILLITZ, Mittelalter, 1969, Tf. XII.

471 AKat. „Bernward", 1993, Bd. 1, Abb. 4; AKat. „Otto der Große", 2001, Bd. 1, Abb.: S. 216.

472 DEMUS, Wandmalerei, 1964, Tf. LXXXI, Abb. 193.; GODECKI U. A., Ottonen, 1973, Abb. 18, 19, 108; FILLITZ, Mittelalter, 1969, Abb. 48 a und b, Tf. XIV; TOMAN (Hg.), Romanik, 1996, Abb.: S. 450f.; KOSHI, Oberzell, 1999; AKat. „Otto der Große", 2001, Bd. 1, Abb.: S. 331–335.

473 GRODECKI U. A., Ottonen, 1973, Abb. 127; AKat. „Bernward", 1993, Bd. 2, Abb.: S. 84f.

474 Ebd. S. 83f.

475 GRODECKI U. A., Ottonen, 1973, Abb. 129, 130; PÄCHT, Buchmalerei, 1984, Tf. XIII.

476 GRODECKI U. A., Ottonen, 1973, Abb. 278.

477 AKat. „Otto der Große", 2001, Bd. 1, Abb. 50 (S. 280).

478 GRODECKI U. A., Ottonen, 1973, Abb. 139, 140; SUCKALE-REDLEFSEN/SCHEMMEL (Hg.), Apo-
     kalypse, 2000.

479 GRODECKI U. A., Ottonen, 1973, Abb. 136–138.

480 Ebd., Abb. 149–151; AKat. „Bernward", Bd. 2, Abb.: S. 99–101.

481 GRODECKI U. A., Ottonen, 1973, Abb. 149; AKat. „Buchmalerei", 1987, Tf. 7.

482 HUBERT U. A., Karolinger, 1969, Abb. 137.

483 GRODECKI U. A., Ottonen, 1973, Abb. 150; AKat. „Buchmalerei", 1987, Tf. 6.

484 CUTLER/SPEISER, Byzanz, 1996, Abb. 254.

485 FILLITZ, Schatzkammer, 1986, Abb.: S. 168; AKat. „Otto der Große", 2001, Bd. 1, Abb.: S.
     510.

486 LexMa, Lemma „Zweikaiserproblem".

487 AKat. „Buchmalerei", 1987, Tfn. 10–12.

488 GRODECKI U. A., Ottonen, 1973, Abb. 152; AKat. „Buchmalerei", 1987, Tf. 10.

489 GRODECKI U. A., Ottonen, 1973, Abb. 148; AKat. „Buchmalerei", 1987, Tf. 11.

490 HUBERT U. A., Karolinger, 1969, Abb. 238, 239; FILLITZ, Mittelalter, 1969, Abb. 96; AKat. „Ka-
     rolingerzeit", 1999, Beiträge, Abb.: S. 698.

491 GRODECKI U. A., Ottonen, 1973, Abb. 2, 9–12, 390; FILLITZ, Mittelalter, 1969, Abb. 150, 151;
     AKat. „Salier", 1992, Abb.: S. 208; AKat. „Bernward", 1993, Bd. 1, Abb. 187–194; BARRAL
     I ALTET, Mittelalter, 1999, Abb.: S. 154–159.

492 SIMSON, Mittelalter, 1972, Abb. 165.

493 AKat. „Bernward", 1993, Bd. 1, Abb. 209–212; AKat. „Otto der Große", 2001, Bd. 1, Abb.
     41 (S. 276), Abb.: S. 279.

494 HUBERT U. A., Karolinger, 1969, Abb. 346; LEGNER, Romanik, 1982, Abb. 75; AKat. „Karo-
     lingerzeit", 1999, Beiträge, Abb.: S. 504.

495 GRODECKI U. A., Ottonen, 1973, Abb. 13, 314, 366, 368; AKat. „Bernward", 1993, Bd. 2, Abb.:
     S. 505, 508f.; MENDE, Bronzetüren, 1994, Abb. 9–27; TOMAN (Hg.), Romanik, 1996, Abb.: S.
     354.

496 GRODECKI U. A., Ottonen, 1973, Abb. 100, 292, 314; AKat. „Bernward", 1993, Bd. 2, Abb.:
     S. 541–548.

497 KRAUS, Weltreich, 1967, Abb. 36.

498 GRODECKI U. A., Ottonen, 1973, Abb. 99, 101; BRANDT (Hg.), „Evangeliar", 1993.

499 AKat. „Bernward", 1993, Bd. 2, Abb.: S. 569.

500 GRODECKI U. A., Ottonen, 1973, Abb. 87; FILLITZ, Mittelalter, 1969, Abb. 53.

501 GRODECKI U. A., Ottonen, 1973, Abb. 143–145; FILLITZ, Mittelalter, 1969, Abb. 52.

502 GRODECKI U. A., Ottonen, 1973, Abb. 365; FILLITZ, Mittelalter, 1969, Tf. XXV; AKat. „Otto
     der Große", 2001, Bd. 1, Abb.: S. 323.

503 GRODECKI U. A., Ottonen, 1973, Abb. 262; FILLITZ, Mittelalter, 1969, Abb. 108; AKat. „Bern-
     ward", 1993, Bd. 1, Abb. 63.

504 GRODECKI U. A., Ottonen, 1973, Abb. 311.

505 WIBIRAL, *Augustus*, 1994.

506 GRODECKI U. A., Ottonen, 1973, Abb. 408.

507 AKat. „Bernward", 1993, Bd. 2, Abb.: S. 224.

508 Ebd., Abb.: S. 222f.

509 GRODECKI U. A., Ottonen, 1973, Abb. 370; FILLITZ, Mittelalter, 1969, Abb. 103; AKat. „Otto der Große", 2001, Bd. 1, Abb.: S. 294.

510 GRODECKI U. A., Ottonen, 1973, Abb. 158, 160; FILLITZ, Mittelalter, 1969, Abb. 55b.

511 GRODECKI U. A., Ottonen, 1973, Abb. 170, 171.

512 FILLITZ, Mittelalter, 1969, Abb. 56, Tf. XVI.

513 GRODECKI U. A., Ottonen, 1973, Abb. 30, 410; FILLITZ, Mittelalter, 1969, Abb. 157; AKat. „Salier", 1992, Abb.: S. 207.

514 GRODECKI U. A., Ottonen, 1973, Abb. 29, 409; FILLITZ, Mittelalter, 1969, Nr. 157.

515 BOECKLER, Evangelienbuch, 1933; FILLITZ, Mittelalter, 1969, Abb. 57.

516 GRODECKI U. A., Ottonen, 1973, Abb. 172.

517 Ebd., Abb. 173.

518 Ebd., Abb. 22, 23, 398, 399; FILLITZ, Mittelalter, 1969, Abb. 146; AKat. „Rhein und Maas", 1973, Bd. 1, Abb.: S. 110.

519 AKat. „Otto der Große", 2001, Bd. 1, Abb.: S. 292.

520 AKat. „Buchmalerei", 1987, Tfn. 19–21.

521 LORENZ, Doppelnischenportal, 1984, Abb. 7.

522 Ebd., Abb. 14, 16.

523 Ebd., 18, 20.

524 BUDDE, Skulptur, 1979, Abb. 14; LEGNER, Romanik, 1982, Abb. 171.

525 MÜLLER-CHRISTENSEN, Gunthertuch, 1984.

526 FILLITZ, Mittelalter, 1969, Abb. 157, 159; LEGNER, Romanik, 1982, Tf. 15, 49–52, 78.

527 HUBERT U. A., Karolinger, 1969, Abb. 129.

528 LexMa, Lemma: „Theologie. Ostkirche".

529 FLASCH, Denken, 1986, S. 185.

530 cf.: TELESKO, W., Riesenbibeln, 2002 (im Druck).

531 cf.: GRODECKI U. A., Ottonen, 1973, Abb. 206–208; TOMAN (Hg.), Romanik, 1996, Abb.: S. 445–447.

532 FILLITZ, Mittelalter, 1969, Abb. 372.

533 CAHN, Bibel, 1982, Abb. 62.

534 Vgl. FILLITZ, Mittelalter, 1969, Tf. XLVI.

535 KÜNG, Christentum, 1994, S. 449.

536 Ebd.

537 WIBIRAL, Bemerkungen, 1987.

538 GRODECKI U. A., Ottonen, 1973, Abb. 260; FILLITZ, Schatzkammer, 1986, Tf. 5–6.

539 Sog. Adelheidkreuz; FILLITZ/PIPPAL, Schatzkunst, 1987, Abb. 112.1–112.7.

540 KÜNG, Christentum, 1994, S. 450.

541 FILLITZ, Mittelalter, 1969, Abb. 122; LEGNER, Romanik, 1982, Abb. 291, 292.

542 RUPPRECHT, Skulptur, 1984, Abb. 10, 11.

543 Ursprünglich: Mausoleum Kaiser Hadrians: KRAUS, Weltreich, 1967, Abb. 110.

544 CAHN, Bibel, 1982, S. 104; hier zweimal irrtümlich als „Kaiser" bezeichnet.

545 Vgl. FILLITZ (Hg.), Hochmittelalter, 1998, Abb.: S. 148–151, 497–502.

546 GRODECKI U. A., Ottonen, 1973, Abb. 371; FILLITZ, Mittelalter, 1969, Abb. 123.

547 BOECKLER, Buchmalerei, 1959, Tf. 39; GODECKI U. A., Ottonen, 1973, Abb. 180, 181.

548 WILSON, Teppich, 1985.

549 AKat. "Medieval Spain", 1993, Abb.: S. 139.

550 FLASCH, Denken, 1986, S. 183.

551 TOMAN (Hg.), Romanik, 1996, Plan: S. 146.

552 BREDEKAMP, Wallfahrt, 1989, Abb. 1–3; TOMAN (Hg.), Romanik, 1996, Abb.: S. 192f.

553 BREDEKAMP, Wallfahrt, Abb. 4, 10, 11, 13, 15, 16, 18, 19, 21–24, 26, 27; TOMAN (Hg.), Romanik, 1996, Abb.: S. 257, 343.

554 BREDEKAMP, Wallfahrt, 1989, S. 223,

555 Ebd., S. 236.

556 STOLL/ROUBIER, *Britannia*, 1966, Abb. 103–107; BREDEKAMP, Wallfahrt, Abb. 17; TOMAN (Hg.), Romanik, 1996, Abb.: S. 434.

557 RUPPRECHT, Skulptur, 1984, Abb. 138.

558 Ebd., Abb. 109.

559 BUSCHHAUSEN, Bauplastik, 1978.

560 Ebd.

561 CUTLER/SPEISER, Byzanz, 1996, Abb. 270.

562 BERTELLI, S. Michele, 1987, Abb. 16.

563 DEMUS, Wandmalerei, 1964, Abb. 17–32, Tfn. V–X.

564 VOLBACH/LAFONTAINE-DOSOGNE, Byzanz, 1984, Abb. 147, Fig. 8.

565 cf.: CUTLER/SPEISER, Byzanz, 1996, Abb. 161, 162.

566 DEMUS, San Marco, 1984, II, Abb. 9–14.

567 DEMUS, Wandmalerei, 1964, Tfn. II–IV, Abb. 13–15; TOMAN (Hg.), Romanik, 1996, Abb.: S. 431.

568 FILLITZ (Hg.), Hochmittelalter, 1998, Abb.: S. 143.

569 Ebd., Abb.: S. 144f., S. 491.

570 Ebd., Abb.: S. 141, 482f.; FILLITZ (Hg.), Perikopenbuch, 1997.

571 DEMUS, Wandmalerei, 1964, Tf. XCIII–XCVI, Tfn. 225–230.; LEGNER, Romanik, 1982, Abb. 117–121; WIBIRAL, Lambach, 1998, Abb. 1–5, Tfn. I–V.

572 Ebd.

573 FILLITZ, Mittelalter, 1969, Abb. 387.

574 DEMUS, Wandmalerei, 1964, Abb. 84–94, Tfn. XI–XIII; FILLITZ, Mittelalter, 1969, Abb. 384 und Tf. L; TOMAN (Hg.), Romanik, 1996, Abb.: S. 411.

575 FILLITZ, Mittelalter, 1969, Abb. 402a und b, 403; CAHN, Bibel, 1982, Abb. 85.

576 AKat. „Rhein und Maas", 1973, Bd. 1, Abb.: S. 234.

577 GRODECKI U. A., Ottonen, 1973, Abb. 73, 74, 447, 448; FILLITZ, Mittelalter, 1969, Abb. 160; TOMAN (Hg.), Romanik, 1996, Abb.: S. 128.

578 FILLITZ, Mittelalter, 1969, Abb. 161; TOMAN (Hg.), Romanik, 1996, Abb.: S. 140.

579 GRODECKI U. A., Ottonen, 1973, Abb. 443, 445; FILLITZ, Mittelalter, 1969, Abb. 167; TOMAN (Hg.), Romanik, 1996, Abb.: S. 141f.

580 FILLITZ, Mittelalter, 1969, Abb. 166; TOMAN (Hg.), Romanik, 1996, Abb.: S. 130.

581 GRODECKI U. A., Ottonen, 1973, Abb. 439–441; FILLITZ, Mittelalter, 1969, Abb. 170; TOMAN (Hg.), Romanik, 1996, Abb.: S. 125.

582 FILLITZ, Mittelalter, 1969, Abb. 183.

583 Ebd., Abb. 182; TOMAN (Hg.), Romanik, 1996, Abb.: S. 156.

584 FILLITZ, Mittelalter, 1969, Abb. 168, 177; TOMAN (Hg.), Romanik, 1996, Abb.: S. 145.

585 FILLITZ, Mittelalter, 1969, Abb. 179; TOMAN (Hg.), Romanik, 1996, Abb.: S. 148.

586 FILLITZ, Mittelalter, 1969, Fig. 32; TOMAN (Hg.), Romanik, 1996, Abb.: S. 189f.

587 FILLITZ, Mittelalter, 1969, Abb. 173; TOMAN (Hg.), Romanik, 1996, Abb.: S. 128f.

588 Zu Cluny II cf.: GODECKI U. A., Ottonen, 1973, Abb. 62, 435, 436.

589 CRAMER/KOOB, Cluny, 1993.

590 FILLITZ, Mittelalter, 1969, Abb. 178; TOMAN (Hg.), Romanik, 1996, Abb.: S. 133.

591 FILLITZ, Mittelalter, 1969, Abb. 174; TOMAN (Hg.), Romanik, 1996, Abb.: S. 132f.

592 FILLITZ, Mittelalter, 1969, Abb. 277; RUPPRECHT, Skulptur, 1984, Abb. 17ff.

593 Ebd., Abb. 32ff.

594 FILLITZ, Mittelalter, 1969, Abb. 279 a und b; TOMAN (Hg.), Romanik, 1996, Abb.: S. 260f.

595 RUPPRECHT, Skulptur, 1984, Abb. 40ff.

596 FILLITZ, Mittelalter, 1969, Abb. 286; TOMAN (Hg.), Romanik, 1996, Abb.: S. 270.

597 RUPPRECHT, Skulptur, 1984, Abb. 78ff.

598 FILLITZ, Mittelalter, 1969, Abb. 287; RUPPRECHT, Skulptur, 1984, Abb. 76f.

599 FILLITZ, Mittelalter, 1969, Abb. 294; AKat. "Medieval Spain", 1993, Abb.: S. 174ff.; TOMAN (Hg.), Romanik, 1996, Abb.: S. 288.

600 FILLITZ, Mittelalter, 1969, Abb. 303 b; TOMAN (Hg.), Romanik, 1996, Abb.: S. 304.

601 FILLITZ, Mittelalter, 1969, Abb. 302; TOMAN (Hg.), Romanik, 1996, Abb.: S. 87.

602 FILLITZ, Mittelalter, 1969, Abb. 220, 301.

603 Ebd., Abb. 238.

604 TOMAN (Hg.), Romanik, 1996, Abb.: S. 332f.

605 RUPPRECHT, Skulptur, 1984, Abb. 175.

606 Ebd., Abb. 173.

607 Ebd., Abb. 149–151.

608 Ebd., Abb. 170–175.

609 VILAR, Denkverbote, 1998, S. 25.

610 Benediktiner: schwarze Tunika und schwarzes Scapulier (= Schürze); Zisterzienser: weiße Tunika und schwarzes Scapulier.

611 Eigenbezeichnung: *Christiani, Boni homines*; Bezeichnungen der Gegner: *Manichaei, Patarer, Albigenser, Neumanichäer.* Vgl. LThK 6, Sp. 58.

612 Ebd., Sp. 59.

613 Ebd.

614 cf. AKat. *„Ornamenta"*, 1985.

615 Gesprächsweise.

616 Zitiert nach: ASSUNTO, Theorie, 1982, S. 196 f.

617 cf.: GRODECKI, Glasmalerei, 1977, Abb. 24, 26.

618 FILLITZ, Mittelalter, 1969, Abb. 180; TOMAN (Hg.), Romanik, 1996, Abb.: S. 134f.

619 FILLITZ (Hg.), Hochmittelalter, 1998, Abb. S. 52, 256f.

620 FILLITZ, Mittelalter, 1969, Abb. 388a–c.

621 Ebd., Abb. 388a; PÄCHT, Buchmalerei, 1984, Tf. XXII.

622 FILLITZ, Mittelalter, 1969, Abb. 388c.

623 Ebd., Abb. 402a.

624 GRABAR, Zeitalter Justinians, 1967, Abb. 211; HUBERT U. A., Frühzeit, 1968, Abb. 126; AKat. *„Aurea Roma"*, 2000, Abb.: S. 642.

625 FILLITZ, Mittelalter, 1969, Abb. 344; AKat. „Rhein und Maas", 1973, Bd. 1, Abb.: S. 239f., 245, Bd. 2, S. 237–249, Tf. 11; TOMAN (Hg.), Romanik, 1996, Abb.: S. 355.

626 AKat. „Rhein und Maas", 1973, Bd. 2, Abb.: 239.

627 DEMUS, Wandmalerei, 1964, Abb. 38, Tfn. XV–XVII.

628 KRAUS, Weltreich, 1967, Abb. 119, 121, 124, Tf. VI, Abb. 130, 131, Tf. VIII, Abb. 134.

629 OAKSHOTT, Mosaiken, 1967, Abb. 73, 148–159, Tf. XXIV.

630 cf.: AKat. *„Ornamenta"*, 1985.

631 GRODECKI U. A., Ottonen, 1973, Abb. 288; AKat. „Rhein und Maas", 1973, Bd. 1, Abb.: S. 177; AKat. „Otto der Große", 2001, Bd. 1, Abb.: S. 312.

632 cf.: sog. Heinrichskreuz; AKat. „Salier", 1992, Abb.: S. 367.

633 FILLITZ, Mittelalter, 1969, Abb. 345; AKat. „Rhein und Maas", 1973, Bd. 1, Abb. S. 242.

634 FILLITZ, Mittelalter, 1969, Abb. 357; AKat. „Rhein und Maas", 1973, Bd. 1, Abb. S. 277f., Bd. 2, Abb.: S. 222f.; LEGNER, Romanik, 1982, Abb. 402.

635 cf.: AKat. "Medieval Spain", 1994, Abb.: S. 273ff.; TOMAN (Hg.), Romanik, 1996, Abb.: S. 364f., 367, 370–373.

636 FILLITZ, Mittelalter, 1969, Abb. 346; AKat. „Rhein und Maas", 1973, Bd. 1, Abb. S. 255.

637 FILLITZ, Mittelalter, 1969, Tf. XXXIX; AKat. „Rhein und Maas", 1973, Bd. 1, Abb.: S. 252, 260; AKat. „Staufer" II, 1977, Abb. 336.

638 PIPPAL, St. Erentrud, 1997.

639 DEMUS, Wandmalerei, 1964, Abb. 233–236, Tf. XCVIII; LEGNER, Romanik, 1982, Abb. 135; FILLITZ (Hg.), Hochmittelalter, 1998, Abb.: S. 108f.

640 Ebd., Abb.: S. 150f., 499–501.

641 DEMUS, Mosaic Decoration, 1976, Abb.: 5; FILLITZ, Mittelalter, 1969, Abb. 244; TOMAN (Hg.), Romanik, 1996, Abb.: S. 110.

642 FILLITZ, Schatzkammer, 1986, Abb. 9–12.

643 DEMUS, Wandmalerei, 1964, Tf. LXXIX; TOMAN (Hg.), Romanik, 1996, Abb.: S. 390f.

644 DEMUS, Antiphonar, 1974, S. 267.

645 FILLITZ, Mittelalter, 1969, Abb. 399; AKat. "Romanesque Art", 1984, Abb. 53.

646 FILLITZ, Mittelalter, 1969, Abb. 401c; PÄCHT, Buchmalerei, 1984, Tf. XXIII; AKat. "Romanesque Art", 1984, Abb. 64a.

647 DEMUS, Wandmalerei, 1964, Abb. 64–65; LEGNER, Romanik, 1982, Abb. 142; SPADA PINTARELLI, Südtirol, 1997, Abb.: S. 50–59.

648 HUBERT U. A., Karolinger, 1969, Abb. 375; SIMSON, Mittelalter, 1972, Abb. 2–3.

649 Epist. 394 p. 368, 15.; cf. auch: *O quanta vis amoris! … Quid manifestius, quam quod perfecta caritas foras mittit timorem?* (serm. super Cantica Canticorum 7, 3 p. 32, 23).

650 Zum Wortspiel cf.: Carmina Burana, Nr. 42, Beginn von Strophe 4: *Roma caput mundi est, sed nihil capit mundum;/quod pendet a capite, totum est inmundum* (Rom ist das Haupt der Welt, doch es hat nichts Reines an sich, was immer mit diesem Haupt zusammenhängt, ist gänzlich unrein) *[Walter von Chantillon].*

651 PIPPAL, Schöngrabern, 1991; FILLITZ (Hg.), Hochmittelalter, 1998, Abb.: S. 31, 98ff., 283ff. usf.

652 Ebd., S. 310ff.; SCHWARZ, Capella Speciosa (im Druck).

653 SAUERLÄNDER, Skulptur, 1970, Abb. 42–45, 76–127; SIMSON, Mittelalter, 1972, Abb. 47, 48, 55–61.

654 SAUERLÄNDER, Skulptur, 1970, Abb. 190–265; SIMSON, Mittelalter, 1972, Abb. 73.

655 Ebd., Abb. 217.

656 FILLITZ, Mittelalter, 1969, Abb. 354; AKat. „Staufer", 1977, Abb. 324, 325; LEGNER, Romanik, 1982, Abb. 334; TOMAN (Hg.), Romanik, 1996, Abb.: S. 378.

657 FILLITZ, Barbarossakopf, 1963.

658 AKat. „Heinrich der Löwe", 1995, Bd. 1, Abb.: S. 169.

659 Zu den Gegenpäpsten vgl. LThK 10, Sp. 770.

660 AKat. „Rhein und Maas", 1973, , Abb.: S. 244; AKat. „Staufer" II, 1977, Abb. 328.

661 Ebd., Abb. 326–328.

662 FILLITZ, Mittelalter, 1969, Abb. 360; BUDDE, Skulptur, 1979, Abb. 78, 79; LEGNER, Romanik, 1982, Abb. 259; TOMAN (Hg.), Romanik, 1996, Abb.: S. 350.

663 FILLITZ (Hg.), Hochmittelalter, 1998, Abb.: S. 401, 403.

664 Ebd., Abb.: S. 94.

665 AKat. "Golden Age", 1984, Fig. 3; TOMAN (Hg.), Romanik, 1996, Abb.: S. 217.

666 FILLITZ/PIPPAL, Schatzkunst, 1987, Tf. 26f., Abb. 47.1–47.53.

667 PIPPAL, Inhalt, 1994, Abb. 7.

668 cf. Weltgerichtstafel der Meister Nicolò und Giovanni; BERTELLI, Pittura, 1994, Abb. 296.

669 cf. FILLITZ/PIPPAL, Schatzkunst, 1987, Abb. 47.1; BRUCHER, Gotik, 2000, Abb.: S. 189.

670 PIPPAL, Beobachtungen, 1982; PIPPAL, Similitudo, 1987; PIPPAL, Inhalt 1994.

671 FILLITZ/PIPPAL, Schatzkunst, 1987, Abb. 47.3–47.8.

672 Ebd., Abb. 47.14.

673 Ebd., Abb. Tf. 26.

674 Ebd., Abb. 47.50.

675 Ebd., Abb. 47.19.

676 Ebd., Abb. 47.18.

677 Ebd., Abb. 47.27.

678 Ebd., Abb. 47.17; LEGNER, Romanik, 1982, Abb. 421.

679 FILLITZ/PIPPAL, Schatzkunst, 1987, Abb. 47.20.

680 FILLITZ, Mittelalter, 1969, Abb. 359–360; LEGNER, Romanik, 1982, Abb. 422–435; TOMAN (Hg.), Romanik, 1996, Abb.: S. 375.

681 AKat. „Rhein und Maas", 1973, Bd. 1, Abb.: S. 315f; LEGNER, Romanik, 1982, Abb. 430–
     433.
682 "The Metropolitan Museum of Art Bulletin", Fall 1996, Abb.: S. 14.
683 Vgl. KRAUS, Weltreich, 1967, Abb. 276–281b.
684 cf.: SAUERLÄNDER, Skulptur, 1970, Abb. 203, 256, 257.
685 SIMSON, Mittelalter, 1972, Abb. 259b.
686 DEMUS, Wandmalerei, 1964, Abb. 224.
687 SIMSON, Mittelalter, 1972, Abb. 262, 271.
688 DEMUS, Wandmalerei, 1964, Abb. 218–19, Tf. XC, XCI.
689 Ebd., 1964, Tf. C, Abb. 241 ff.; LEGNER, Romanik, 1982, Abb. 149, 150; BRUCHER, Gotik,
     2000, Abb. S. 118, 436.
690 Ebd., Abb.: S. 120f.
691 Ebd., Abb.: S. 190.
692 AKat. „Staufer" II, 1977, Abb. 623–672.
693 Vgl. KRAUS, Weltreich, 1967, Abb. 286–288.
694 AKat. „Staufer", 1977, Abb. 657, 658.
695 DEMUS, Wandmalerei, 1964, Abb. 55–57.

Literatur (Überblickswerke)

Literatur zu übergreifenden Fragestellungen

„Enciclopedia dell'arte medievale" (Istituto della Enciclopedia Italiana Hg.), Roma 1991–2000.

„Atlas zur Kirchengeschichte. Die christlichen Kirchen in Geschichte und Gegenwart" (H. Jedin u.a. Hg.), Freiburg i. Br./Basel/Rom/Wien 1987.

„Das Mittelalter in Daten. Literatur, Kunst, Geschichte 750 bis 1250" (J. Heinzle Hg.), München 1993.

Alexander, J. J. G., Medieval Illuminators and their methods of work, New Haven/London 1992.

Assunto, R., Die Theorie des Schönen im Mittelalter, Köln 1963, 1982.

Binding, G., Der früh- und hochmittelalterliche Bauherr als *sapiens architectus*, Darmstadt [2]1908.

Buchowiecki, W., Handbuch der Kirchen Roms, Wien 1967–74.

Copleston, F. C., Geschichte der Philosophie im Mittelalter, München 1976.

Eberlein, J. K./Chr. Jakobi-Mirwald, Grundlagen der mittelalterlichen Kunst. Eine Quellenkunde, Berlin 1996.

Eco, U., Kunst und Schönheit im Mittelalter, München/Wien 1991.

Esmeijer, *Divina Quaternitas*. A Priliminary Study in Method and Application of Visual Exegesis, Amsterdam 1978.

Flasch, K., Einführung in die Philosophie des Mittelalters, Darmstadt 1989.

Krautheimer, R., Rome. Profile of a city 312–1308; Princeton N.J. 1980.

Küng, H., Das Christentum, Wesen und Geschichte, München/Zürich 1994.

Lexikon des Mittelalters, München/Zürich 1980 ff.

Lexikon für Theologie und Kirche, (Josef Höfer/K. Rahner Hg.), Freiburg/Br. [3]1993 ff.

Mohnhaupt, B., Beziehungsgeflechte. Typologische Kunst des Mittelalters (Vestigia Bibliae 22), Berlin etc. 2000.

Oakshott, W., Die Mosaiken von Rom vom dritten zum vierzehnten Jahrhundert, Wien/München 1967.

Pächt, O., Buchmalerei des Mittelalters, München 1984.

Stokstad, M., History of Art, New York 1995, 1999 (rev. ed.).

Wessel, K., Die byzantinische Emailkunst vom 5. bis 13. Jahrhundert, Recklinghausen 1967.

Wolf, G., *Salus populi Romani*. Die Geschichte römischer Kultbilder im Mittelalter, Weinheim 1990.

1. Die Ausgangssituation (1. Jh. n. Chr.)

AKat. „*Aurea Roma*. Della Città pagana alla città cristiana", Roma 2000.

Bianchi Bandinelli, R., Rom, Das Ende der Antike (Universum der Kunst), München 1971.

Kraus, Th., Das römische Weltreich (Propyläen Kunstgeschichte, Bd. 2), Berlin 1967.

NARKISS, B. (Hg.), „Geschichte der jüdischen Kultur in Bildern", Zürich 1973.

RIEGL, A., Die spätrömische Kunstindustrie nach ihren Funden in Österreich-Ungarn, Wien 1901.

2. Die Anfänge der christlichen Kunst (2./3. Jh.)

AKat. „Spätantike und frühes Christentum", Frankfurt a. M. 1984.

BRENK, B., Spätantike und Frühchristentum (Propyläen Kunstgeschichte), Berlin 1977.

DELLA PORTELLA, Das unterirdische Rom. Katakomben, Bäder, Tempel, Köln 2000.

GERKE, F., Spätantike und frühes Christentum (Kunst der Welt), Baden-Baden 1967, [2]1980.

GRABAR, A., Die Kunst des frühen Christentums (Universum der Kunst), München 1967.

KEMP, W., Christliche Kunst. Ihre Anfänge. Ihre Strukturen, München 1994.

KITZINGER, E., Byzantine Art in the Making, Cambridge (Mass.), 1976, [2]1980.

LASSUS, J., Frühchristliche und byzantinische Welt (Schätze der Weltkunst), München 1974.

MANCINELLI, F., Römische Katakomben und Urchristentum, Firenze 1999.

SCHUBERT, K./H. SCHRECKENBERG, Jewish Historiography and Iconography in Early and Medieval Christianity, Assen (Maastricht)/Minneapolis, 1992.

SCHUBERT, U., Spätantikes Judentum und frühchristliche Kunst (Studia Judaica Austriaca II), Wien 1974.

3. und 4. Rom als absolute Monarchie (um 300), Konstantinische Wende und „Verstaatlichung" des Christentums (1. Hälfte 4. Jh.)

FERRUA, A., Catacombe sconosciute. Una pinacoteca del IV secolo sotto la Via Latina, Firenze 1990.

KRAUTHEIMER, R., Early Christian and Byzantine Architecture (Pelican History of Art), Harmondsworth 1965.

TSAFRIR, Y. (Hg.), Ancient Churches Revealed (Israel Exploration Society), Jerusalem 1993.

5. Klassizismen von Kaiser Julianos Apostata bis Papst Sixtus III. (361–Mitte 5. Jh.)

DEICHMANN, F. W., Ravenna, Hauptstadt des spätantiken Abendlandes, Stuttgart/Wiesbaden 1969–1989.

SMIRNOV, Ja. I. (Смпрнов, Я. И.), Vostoãnoe serebro. Atlas drevnej serebrjanoj i zolotoj posudy vostoãnogo proizchoĬdenija, Sanktpetersburg 1909 (Восточное серебро. Атлас древней серебряной и эолотой посуды восточного проихождения, спб 1909).

WAETZOLDT, St., Die Kopien des 17. Jahrhunderts nach Mosaiken und Wandmalerein in Rom, München 1964.

6. Methexis statt Mimesis – Die Teilhabe am Göttlichen (5./6. Jh.)

AKat. „I Goti", Milano 1994.

BANCK, A., Byzantine Art in the collections of the USSR, Leningrad/Moscow 1966.

BECKWITH, J., Early Christian and Byzantine Art (The Pelican History of Art), Harmondsworth 1970.

BELTING, H., Bild und Kult. Eine Geschichte des Bildes vor dem Zeitalter der Kunst, München 1990.

BOURGUET SJ, P. du, Die Kopten, Baden-Baden 1967.

DIEHL, CH., Monuments de l'art byzantin. Justinien et la civilisation byzantine au VIème Siècle, Paris 1901.

GRABAR, A., Die Kunst im Zeitalter Justinians (Universum der Kunst), München 1967.

HUTTER, I., Byzantinische Kunst, Frühchristliche Kunst, Stuttgart/Zürich 1968, ^{2}1978.

VOLBACH, W. F./J. LAFONTAINE-DOSOGNE, Byzanz (Propyläen Kunstgeschichte), Berlin 1984.

7. Neue Machstrukturen im Westen (5. – 8. Jh.)

AKat. "'The Work of Angels'. Masterpieces of Celtic Metalwork, 6th–9th centuries AD", London 1989.

AKat. „I Longobardi", Milano 1990.

AKat. "The Making of England. Anglo-Saxon Art and Culture AD 600–900", London 1991.

AKat. „Die Franken. Wegbereiter Europas", Mainz 1996.

AKat. „Reitervölker aus dem Osten. Hunnen + Awaren" (Schloß Halbturn), Bad Vöslau 1996.

BARRAL I ALTET, X., Frühes Mittelalter. Von der Spätantike bis zum Jahr 1000, Köln etc. 1997.

CORBOZ, A., Frühes Mittelalter, München 1971.

FILLITZ, H., Das Mittelalter I (Propyläen Kunstgeschichte), Berlin 1969.

HERITY, M., Studies in the layout, buildings and art in stone of early Irish monasteries, London 1995.

HUBERT J./J. PORCHER/W. F. VOLBACH, Frühzeit des Mittelalters (Universum der Kunst), München 1968.

RICKERT, M., Painting in Britain. The Middle Ages (The Pelican History of Art), Harmondsworth 1954, ^{2}1965.

ROTH, H., Kunst der Völkerwanderungszeit, Berlin 1979.

VENZONE, P., Werdendes Abendland (Kunst der Welt), Baden-Baden 1967.

WEBB, G., Architecture in Britain. The Middle Ages (The Pelican History of Art), Harmondsworth 1956, ^{2}1965.

WILSON, D. M., Anglo-Saxon Art from the seventh century to the norman conquest, New York 1984.

8. Das Verbot der Bilder (7./8. Jh.)

AKat. „Spätantike und frühbyzantinische Silbergefäße aus der Staatlichen Eremitage Leningrad",
Berlin 1978.

MATZULEWITSCH, L. A., Byzantinische Antike. Berlin/Leipzig 1929.

SOURDEL-THOMINE, J./B. SPULER, Die Kunst des Islam (Propyläen Kunstgeschichte), Berlin 1973.

9. und 11. Die Renovatio Imperii unter den Karolingern (Mitte 8. Jh.– 814), Die „Verkirchlichung" des Staates in der spätkarolingischen Zeit (814–um 900)

AKat. „Karl der Große und die Wissenschaft", Wien 1993.

AKat. „Karolingische Handschriften", Wien 1993.

AKat. „Kunst und Kultur der Karolingerzeit", Mainz 1999.

BISCHOFF, B., Die Südostdeutschen Schreibschulen und Bibliotheken in der Karolingerzeit II, Wiesbaden 1980.

CONANT, K. J., Carolingian and Romanesque Architecture 800–1200 (The Pelican History of Art), Harmondsworth 1959.

DODWELL, C. R., Painting in Europe 800–1200 (The Pelican History of Art), Harmondsworth 1971.

ELBERN, V. H., Das Erste Jahrtausend. Kultur und Kunst im werdenden Abendland an Rhein und Ruhr, Tafelbd., Düsseldorf 1962.

FELD, H., Der Ikonoklasmus des Westens, Leiden/New York/Kobenhaven/Köln 1990.

FILLITZ, H. (Hg.), Früh- und Hochmittelalter (Geschichte der bildenden Kunst in Österreich, Bd. 1), München 1998.

FILLITZ, H./M. PIPPAL, Schatzkunst. Die Goldschmiede- und Elfenbeinarbeiten aus österreichischen Schatzkammern des Hochmittelalters, Salzburg/Wien 1987.

GOLDSCHMIDT, A., Die Elfenbeinskulpturen, Bd. 1–4, Berlin 1918, 1926; ^{2}1960, ^{2}1970, ^{2}1972, ^{2}1975.

HUBERT, J./J. PORCHER/W. F. VOLBACH, Die Kunst der Karolinger von Karl dem Großen bis zum Ausgang des 9. Jahrhunderts (Universum der Kunst), München 1969.

KUBACH, E./V. H. ELBERN, Das frühmittelalterliche Imperium, Baden-Baden, 1968.

LASKO, P., Ars Sacra 800–1200 (The Pelican History of Art), Harmondsworth 1972.

MENDE, U./A. u. I. HIRMER, Die Bronzetüren des Mittelalters 800–1200, München 1984.

RASMO, N., Karolingische Kunst in Südtirol, Bozen 1981.

SPADA PINTARELLI, S., Fresken in Südtirol, München 1997.

STONE, L., Sculpture in Britain. The Middle Ages (Pelican History of Art), Harmondsworth 1955.

10. „Renaissancen" in Asturien, Rom und Byzanz (8.–10. Jh.)

GRABAR, A., Byzanz. Die byzantinische Kunst des Mittelalters. Vom 8. bis zum 15. Jahrhundert (Kunst der Welt), Baden-Baden 1964.

CUTLER, A./J. M. SPEISER, Das mittelalterliche Byzanz. 725–1204 (Universum der Kunst), München 1996.

AKat. "Medieval Spain. A.D. 500–1200", New York, 1994.

12. Restauration: England unter dem Hause Wessex und das Römisch-Deutsche Reich unter den Ottonen (um 920–1024)

AKat. „Bernward von Hildesheim und das Zeitalter der Ottonen", Hildesheim 1993.

AKat. „Europas Mitte um 1000", Stuttgart 2000.

AKat. „Kaiser Heinrich II. 1002–1024", Bamberg.

AKat. „Otto der Große. Magdeburg und Europa", Magdeburg 2001.

AKat. „Regensburger Buchmalerei", München 1987.

AKat. "The Golden Age of Anglo-Saxon Art 966–1066", London 1984.

AKat. „Vor dem Jahr 1000. Abendländische Buchkunst zur Zeit der Kaiserin Theophanu", Köln 1991.

ALTHOF, G./E. SCHUBERT (Hg.), Herrscherrepräsentation im ottonischen Sachsen, Sigmaringen 1998.

GRODECKI, L./F. MÜTHERICH/J. TARALON/F. WORMALD, Die Zeit der Ottonen und Salier (Universum der Kunst), München 1973.

SWARZENSKI, G., Die Regensburger Malerei des X. und XI. Jahrhunderts. Studien zur Geschichte der Deutschen Malerei des Frühen Mittelalters, Leipzig 1901.

Ders., Die Salzburger Malerei von den Anfängen bis zur Blütezeit des romanischen Stils. Studien zur Geschichte der deutschen Malerei und Handschriftenkunde des Mittelalters, Leipzig 1908, 1913.

13. Imperium und Sacerdotium im Kampf (1024–1250)

AKat. "The Art of Medieval Spain. ad 500–1200", New York 1993.

AKat. „Das Reich der Salier", Sigmaringen 1992.

AKat. „Die Zeit der Staufer", Stuttgart 1977.

AKat. "English Romanesque Art 1066–1200", London 1984.

AKat. „Heinrich der Löwe und seine Zeit", München 1995.

AKat. „I Normanni, polopo d'Europa 1030–1200", Venezia 1994.

AKat. „Milano e la Lombardia in età comunale, secoli XI–XIII", Milano 1993.

AKat. „Ornamenta Ecclesiae. Kunst und Künstler der Romanik", Köln 1985.

AKat. „Rhein und Maas. Kunst und Kultur 800–1400", Köln 1973.

AKat. „Santiago de Compostela. 1000 ans de Pèlerinage Européen" (Centrum voor en Kultuur/ Abbey Saint-Pierre-Gand Hg.), Gand 1985.

BERTELLI, C., La pittura in Italia. L'Altomedioevo, Milano 1994.

BOECKLER, A., Deutsche Buchmalerei vorgotischer Zeit, Königstein/T. 1959.

BÖHLER, B., Die Miniaturen der Custos-Perhtolt-Gruppe: ihr stilistischer Aspekt. Probleme des Byzantinismus in der Salzburger Malerei des 11. Jahrhunderts (Diplomarbeit am Institut für Kunstgeschichte der Universität Wien), 1995.

BUDDE, R./A. UND I. HIRMER, Deutsche Romanische Skulptur 1050–1250, München 1979.

BUSCHHAUSEN, H., Die süditalienische Bauplastik im Königreich Jerusalem, Wien 1978.

CAHN, W., Die Bibel in der Romanik, München 1982.

DEMUS, O., Byzantine Mosaic Decoration. Aspects of Monumental Art in Byzantium, New York 1974.

Ders., Romanische Wandmalerei, München 1964.

FRANZ, H. G., Spätromanik und Frühgotik, Baden-Baden 1969.

GRODECKI, L., Romanische Glasmalerei, Mainz 1977.

HÜLSEN-ESCH, A. V., Romanische Skulptur in Oberitalien als Reflex der kommunalen Entwicklung im 12. Jahrhundert. Untersuchungen zu Mailand und Verona, Göttingen 1991.

KEMP, W., *Sermo corporeus.* Die Erzählung der mittelalterlichen Glasfenster, München 1987.

KUBACH, E./P. BLOCH, Früh- und Hochromanik (Kunst der Welt), Baden-Baden 1964.

KÜHNEL, B., Crusader Art of the Twelfth Century, Berlin 1994.

LEGNER, A./A. UND I. HIRMER, Deutsche Kunst der Romanik, München 1982.

MERHAUTOVÁ, A., Romanische Kunst in Polen, der Tschechoslowakei, Ungarn, Rumänien, Jugoslawien, Wien/München 1974.

RUPPRECHT, B., Romanische Skulptur in Frankreich, München 1975, 1984.

SIMSON, O. V., Das Mittelalter II (Propyläen Kunstgeschichte), Berlin 1972.

STOLL, R. TH./J. ROUBIER, *Britannia romanica.* Die hohe Kunst der romanischen Epoche in England, Schottland und Irland, Wien/München 1966.

TOMAN, R. (Hg.), Die Kunst der Romanik. Architektur. Skulptur. Malerei, Köln 1996.

VAN OS, H., Der Weg zum Himmel. Reliquienverehrung im Mittelalter (Deutschsprachige Ausgabe der Begleitpublikation zur Ausstellung „De Weg naar de Hemel, Reliekverering in de Middeleeuwen" in der Nieuwe Kerk zu Amsterdam und dem Museum Catharijneconvent zu Utrecht 2000/2001), Regensburg 2000.

Abgekürzte zitierte Literatur
AKat. = Ausstellungskatalog

AKat. "Work of Angels", 1989 — AKat. "'The Work of Angels'. Masterpieces of Celtic Metalwork, 6th–9th centuries AD", London 1989

AKat. „Apostolica", 1993 — AKat. „Biblioteca Apostolica Vaticana. Liturgie und Andacht im Mittelalter", Köln 1993

AKat. „I Goti", 1994 — AKat. „I Goti", Milano 1994

AKat. „I Longobardi", 1990 — AKat. „I Longobardi", Milano 1990

AKat. "Medieval Spain", 1993 — AKat. "The Art of Medieval Spain. ad 500–1200", New York 1993

AKat. "Making of England", 1991 — AKat. "The Making of England. Anglo-Saxon Art and Culture AD 600–900", London 1991

AKat. *„Aurea Roma "*, 2000 — AKat. *„Aurea Roma.* Della Città pagana alla città cristiana", Roma 2000

AKat. „Bernward", 1993 — AKat. „Bernward von Hildesheim und das Zeitalter der Ottonen", Hildesheim 1993

AKat. „Salier", 1992 — AKat. „Das Reich der Salier", Sigmaringen 1992

AKat. „Franken", 1996 — AKat. „Die Franken. Wegbereiter Europas", Mainz 1996

AKat. „Staufer", 1977 — AKat. „Die Zeit der Staufer", Stuttgart 1977

AKat. "Romanesque Art", 1984 — AKat. "English Romanesque Art 1066–1200", London 1984

AKat. „Heinrich der Löwe", 1995 — AKat. „Heinrich der Löwe und seine Zeit", München 1995

AKat. „Karolingerzeit", 1999 — AKat. „Kunst und Kultur der Karolingerzeit", Mainz 1999

AKat. "Medieval Spain",1994 — AKat. "Medieval Spain. A.D. 500–1200", New York, 1994

AKat. *„Ornamenta "*, 1985 — AKat. *„Ornamenta Ecclesiae.* Kunst und Künstler der Romanik", Köln 1985

AKat. „Buchmalerei", 1987 — AKat. „Regensburger Buchmalerei", München 1987

AKat. „Rhein und Maas", 1973 — AKat. „Rhein und Maas. Kunst und Kultur 800–1400", Köln 1973

AKat. „Silbergefäße", 1978 — AKat. „Spätantike und frühbyzantinische Silbergefäße aus der Staatlichen Eremitage Leningrad", Berlin 1978

AKat. „Spätantike", 1984 — AKat. „Spätantike und frühes Christentum", Frankfurt a. M. 1984

AKat. „Virgil", 1984 — AKat. „Virgil von Salzburg. Missionar und Gelehrter", Salzburg 1984

AKat. „Theophanu", 1991 — AKat. „Vor dem Jahr 1000. Abendländische Buchkunst zur Zeit der Kaiserin Theophanu", Köln 1991

AKat.: "Golden Age",1984 — AKat.: "The Golden Age of Anglo-Saxon Art 966–1066", London 1984

ANDRESEN (Hg.), Augustinus, 1977 — ANDRESEN, C. (Hg.), Aurelius Augustinus, Vom Gottesstaat *(De civitate dei),* München 1977

ASSUNTO, Theorie, 1982 — ASSUNTO, R., Die Theorie des Schönen im Mittelalter, Köln 1963, 1982

BANCK, Byzantine Art, 1966 — BANCK, A., Byzantine Art in the collections of the USSR, Leningrad/Moscow 1966

BARRAL I ALTET, Mittelalter, 1997 — BARRAL I ALTET, X., Frühes Mittelalter. Von der Spätantike bis zum Jahr 1000, Köln etc. 1997

BECK, Theodora, 1986 — BECK, H.-G., Kaiserin Theodora und Prokop, München/ Zürich 1986

BELTING, Bild, 1990 — BELTING, H., Bild und Kult. Eine Geschichte des Bildes vor dem Zeitalter der Kunst, München 1990

BERGMANN, Porträt, 1984 — BERGMANN, M., Zum römischen Porträt des 3. Jahrhunderts n. Chr., in: Kat. „Spätantike und frühes Christentum", Frankfurt a. M. 1984, S. 41–60.

BERTELLI, S. Michele, 1987 — BERTELLI, C. La porta del santuario di S. Michele a Monte Sant'Angelo: aspetti e problemi, in: „Le porte di bronzo dall'antichità al secolo XIII" (S. Salomi Hg.; Akten eines Kolloquiums: Triest 13.–18. April 1987), Roma o.J., S. 293–306.

BERTELLI, Pittura, 1994 — BERTELLI, C., La pittura in Italia. L'Altomedioevo, Milano 1994

BIAŁOSTOCKI, Modusproblem, 1961 — BIAŁOSTOCKI, J., Das Modusproblem in den bildenden Künsten. Zur Vorgeschichte und zum Nachleben des „Modusbriefes" von Nicolaus Poussin, in: Zeitschrift für Kunstgeschichte 24 (1961), S. 128–141.

BIANCHI BANDINELLI, Rom, 1971 — BIANCHI BANDINELLI, R., Rom, Das Ende der Antike (Universum der Kunst), München 1971

BISCHOFF, Wendepunkt, 1954 — BISCHOFF, B., Wendepunkt in der Geschichte der lateinischen Exegese im Frühmittelalter, in: Sacris Erudiri VI/2 (1954), S. 189 ff.

BOECKLER, Buchmalerei, 1959 — BOECKLER, A., Deutsche Buchmalerei vorgotischer Zeit, Königstein/T. 1959

BOURGUET, Kopten, 1967 — BOURGUET SJ, P. du, Die Kopten, Baden-Baden 1967

BREDEKAMP, Wallfahrt, 1989 — BREDEKAMP, H., Wallfahrt als Versuchung. San Martín in Frómista, in: „Kunstgeschichte – aber wie? Zehn Themen und Beispiele" (Fachschaft Kunstgeschichte München Hg.), Berlin 1989, S. 221–258.

BRENK, Spätantike, 1977 — BRENK, B., Spätantike und Frühchristentum (Propyläen Kunstgeschichte), Berlin 1977

BRUCHER (Hg.), Gotik, 2000 — BRUCHER, G. (Hg.), Geschichte der bildenden Kunst in Österreich, Bd. 2: Gotik, München/London/New York 2000

BUDDE, Skulptur, 1979 — BUDDE, R./A. UND I. HIRMER, Deutsche Romanische Skulptur 1050–1250, München 1979

BUSCHHAUSEN, Bauplastik, 1978 — BUSCHHAUSEN, H., Die süditalienische Bauplastik im Königreich Jerusalem, Wien 1978

CAHN, Bibel, 1982 — CAHN, W., Die Bibel in der Romanik, München 1982

COPLESTON, Philosophie, 1976 — COPLESTON, F. C., Geschichte der Philosophie im Mittelalter, München 1976

CRAMER/KOOB, Cluny, 1993 — CRAMER, H./M. KOOB, Cluny, Architektur als Vision, Heidelberg 1993

CUTLER/SPEISER, Byzanz, 1996 — CUTLER, A./J. M. SPEISER, Das mittelalterliche Byzanz. 725–1204 (Universum der Kunst), München 1996

DELLA PORTELLA, Rom, 2000 — DELLA PORTELLA, Das unterirdische Rom. Katakomben, Bäder, Tempel, Köln 2000

DELSENBACH, Abbildung, 1790 — DELSENBACH, J. A., „Wahre Abbildung der sämtlichen Reichs-Kleinodien, welche in der des heil. röm. Reichs Freyen Stadt Nürnberg aufbewahrt werden … in Kupfer gestochen von Johann Adam Delsenbach, Nürnberg 1790“

DEMUS, Mosaic Decoration, 1974 — DEMUS, O., Byzantine Mosaic Decoration. Aspects of Monumental Art in Byzantium, New York 1974

DEMUS, Antiphonar, 1974 — DEMUS, O., Kunstgeschichtliche Analyse, in: F. UNTERKIRCHER/O. DEMUS, Kommentarband. Das Antiphonar von St. Peter (Wien, Österreichische Nationalbibliothek, Cod. ser. Nov. 2700 [Codices Selecti XXI*], Graz 1974. S. 191–295.

DEMUS, Wandmalerei, 1964 — DEMUS, O., Romanische Wandmalerei, München 1964

DEMUS, O., San Marco, 1984 — DEMUS, O., The Mosaics of San Marco in Venice, Bd. 1–4, Chicago/London 1984

ELBERN, Jahrtausend, 1962 — ELBERN, V. H., Das Erste Jahrtausend. Kultur und Kunst im werdenden Abendland an Rhein und Ruhr, Tafelbd., Düsseldorf 1962

„Enciclopedia“ — „Enciclopedia dell'arte medievale“ (Istituto della Enciclopedia Italiana Hg.), Roma 1991–2000

FELD, Ikonoklasmus, 1990 — FELD, H., Der Ikonoklasmus des Westens, Leiden/New York/Kobenhaven/Köln 1990

FERRUA, Via Latina, 1990 — FERRUA, A., Catacombe sconosciute. Una pinacoteca del IV secolo sotto la Via Latina, Firenze 1990

FILLITZ, Spätphase, 1958 — FILLITZ, H., Die Spätphase des „langobardischen Stils" – Studien zum oberitalienischen Relief des 10. Jahrhunderts, in: Jahrbucg der kunsthistorischen Sammlungen in Wien 54 (1958), S. 7–72.

FILLITZ, (Hg.), Perikopenbuch, 1997 — FILLITZ, H. (Hg.), Das Salzburger Perikopenbuch. Faksimile-Ausgabe der Handschrift Clm 15713 der Bayerischen Staatsbibliothek München, Luzern 1997

FILLITZ, (Hg.), Hochmittelalter, 1998 — FILLITZ, H. (Hg.), Früh- und Hochmittelalter (Geschichte der bildenden Kunst in Österreich, Bd. 1), München 1998

FILLITZ/PIPPAL, Schatzkunst, 1987 — FILLITZ, H./M. PIPPAL, Schatzkunst. Die Goldschmiede- und Elfenbeinarbeiten aus österreichischen Schatzkammern des Hochmittelalters, Salzburg/Wien 1987

FILLITZ, Mittelalter, 1969 — FILLITZ, H., Das Mittelalter I (Propyläen Kunstgeschichte), Berlin 1969

FILLITZ, Barbarossakopf, 1963 — FILLITZ, H., Der Cappenberger Barbarossakopf, in: Münchener Jahrbuch für Kunstgeschichte 3.F.14 (1963), S. 39–50.

FILLITZ, Elfenbeintafeln, 2001 — FILLITZ, H., Die Gruppe der Magdeburger Elfenbeintafeln, Mainz 2001

FILLITZ, Schatzkammer, 1986 — FILLITZ, H., Die Schatzkammer in Wien. Symbole abendländischen Kaisertums, Salzburg/Wien 1986

FLASCH, Einführung, 1989 — FLASCH, K., Einführung in die Philosophie des Mittelalters, Darmstadt 1989

FLASCH, Strahl, 1992 — FLASCH, K., Strahl des göttlichen Dunkel. Die Enlarvung des Pseudo-Dionysius Areopagita ist ein wissenschaftliches Unikum, in: Frankfurter Allgemeine Zeitung, 8. Feb. 1992, Nr. 3, Beilage.

FRANZ/RONIG, *Codex Egberti,* 1983 — FRANZ, F./J. RONIG, *Codex Egberti.* Teilfaksimile-Ausgabe des Ms. 24 der Stadtbibliothek Trier, Wiesbaden 1983

FUCHS (Hg.), Anekdota (o. J.) — FUCHS, E. (Hg.), „Die Anekdota des Prokopius. Geheimgeschichte einer Tyrannis", Wien o. J.

GENZMER (Hg.), Heliand, 1982 — GENZMER, F. (Hg.), „Heliand und die Bruchstücke der Genesis", Stuttgart (Reclam Nr. 3324 [3]), 1982

GERKE, Spätantike, 1980 — GERKE, F., Spätantike und frühes Christentum (Kunst der Welt), Baden-Baden 1967, [2]1980

GNUDI, Giotto, 1959 — GNUDI, C., Giotto, Milano 1959

GOLDSCHMIDT, Elfenbeinskulpturen — GOLDSCHMIDT, A., Die Elfenbeinskulpturen, Bd. 1–4, Berlin 1918, 1926; ²1960, ²1970, ²1972, ²1975

GRABAR, Frühes Christentum, 1967 — GRABAR, A., Die Kunst des frühen Christentums (Universum der Kunst), München 1967

GRABAR, Zeitalter Justinians, 1967 — GRABAR, A., Die Kunst im Zeitalter Justinians (Universum der Kunst), München 1967

GRODECKI u. a., Ottonen 1973 — GRODECKI, L./F. MÜTHERICH/J. TARALON/F. WORMALD, Die Zeit der Ottonen und Salier (Universum der Kunst), München 1973.

GRODECKI, Glasmalerei, 1977 — GRODECKI, L., Romanische Glasmalerei, Mainz 1977

GRÜNEISEN, Marie Antique, 1911 — GRÜNEISEN, W. de, Sainte Marie Antique, Rom 1911

GUMBLEY/REDHEAD, Pillars, 1990 — GUMBLEY F./B. REDHEAD, The Pillars of Islam. An introduction to the islamic faith, London 1990

HEINTZE, θεῖος ἀνήρ, 1984 — HEINTZE, H. v., θεῖος ἀνήρ – Homo spiritualis; in: Kat. „Spätantike und frühes Christentum“, Frankfurt a. M. 1984, S. 180 ff.

HELD, Treffpunkt, 1990 — HELD, K., Treffpunkt Platon. Philosophischer Reiseführer durch die Länder des Mittelmeers, Stuttgart 1990

HERITY, Irish monasteries, 1995 — HERITY, M., Studies in the layout, buildings and art in stone of early Irish monasteries, London 1995

HOFFMANN, Geheimnis, 1988 — HOFFMANN, K, Das Geheimnis des Kruges von Nag Hammadi, in: Die Zeit, Nr. 14 (1. April 1988), S. 52.

HUBALA, 17. Jahrhundert, 1970 — HUBALA, E., Die Kunst des 17. Jahrhunderts (Propyläen Kunstgeschichte), Berlin 1970

HUBERT u.a., Frühzeit, 1968 — HUBERT J./J. PORCHER/W. F. VOLBACH, Frühzeit des Mittelalters (Universum der Kunst), München 1968

HUBERT u.a., Karolinger, 1969 — HUBERT, J./J. PORCHER/W. F. VOLBACH, Die Kunst der Karolinger von Karl dem Großen bis zum Ausgang des 9. Jahrhunderts (Universum der Kunst), München 1969

HUTTER, Byzantinische Kunst, 1978 — HUTTER, I., Byzantinische Kunst, Frühchristliche Kunst, Stuttgart/Zürich 1968, ²1978

Kat. „Altertum“, 1958 — Kat. „Vom Altertum zum Mittelalter“ (R. NOLL), Wien 1958

KESSLER, Facies, 1994 — KESSLER, H. L., Facies Bibliotecae Revelata, Carolingian Art as Spiritual Seeing, in: „Testo e imagine nell'alto medioevo“, Spoleto 1993, Spoleto 1994, S. 543ff.

KITZINGER, Byzantine Art, 1980 — KITZINGER, E., Byzantine Art in the Making, Cambridge (Mass.), 1976, ²1980

KOGMAN-APPEL, Szenen, 1990/91 — KOGMAN-APPEL, K., Die alttestamentlichen Szenen im Langhaus von Santa Maria Maggiore und ihr Verhältnis zu jüdischen Vorlagen, in: Kairos. Zeitschrift für Judaistik und Religionswissenschaft, N.F. XXXII/XXXIII. Jg. (1990/91), S. 27 ff.

KOSHI, Oberzell, 1999 — KOSHI, K., Die frühmittelalterlichen Wandmalereien der St. Georgskirche zu Oberzell auf der Bodenseeinsel Reichenau, 2 Bde., Berlin 1999

KRAUS, Weltreich, 1967 — KRAUS, Th., Das römische Weltreich (Propyläen Kunstgeschichte), Berlin 1967

KRAUTHEIMER, Architecture, 1965 — KRAUTHEIMER, R., Early Christian and Byzantine Architecture (Pelican History of Art), Harmondsworth 1965

KRAUTHEIMER, Profile, 1980 — KRAUTHEIMER, R., Rome. Profile of a city 312–1308; Princeton, N.J. 1980

KÜNG, Christentum, 1994 — KÜNG, H., Das Christentum, Wesen und Geschichte, München/Zürich 1994

LASSUS, Frühchristliche Welt, 1974 — LASSUS, J., Frühchristliche und byzantinische Welt (Schätze der Weltkunst), München 1974

LAWRENCE, Architecture, 1957 — LAWRENCE, A. W., Greek Architecture (Pelican History of Art), Harmondsworth 1957

LEGNER, Romanik, 1982 — LEGNER, A./A. und I. HIRMER, Deutsche Kunst der Romanik, München 1982

LexMa — Lexikon des Mittelalters, München/Zürich 1980 ff. (auch auf CD-ROM)

LORENZ, Doppelnischenportal, 1984 — LORENZ, G., Das Doppelnischenportal von St. Emmeram in Regensburg. Studie zu den Anfängen des Kirchenportals im 8. bis 11. Jahrhundert, Frankfurt a. M. 1984

LThK — Lexikon für Theologie und Kirche (J. HÖFER/K. RAHNER), Freiburg/Br., ³1993 ff.

MASER, Bildnis, 1990 — MASER, P., „Du soll dir kein Bildnis machen!". Judentum, Christentum und Islam in der Auseinandersetzung um die Bilder, in: Blätter für württembergische Kirchengeschichte 90 (1990), S. 22ff.

MATZULEWITSCH, Antike, 1929 — MATZULEWITSCH, Byzantinische Antike, Berlin/Leipzig 1929

MENDE, Bronzetüren, 1984 — MENDE, U./A. u. I. HIRMER, Die Bronzetüren des Mittelalters 800–1200, München 1984

MÜLLER-CHRISTENSEN, Gunthertuch, 1984 — MÜLLER-CHRISTENSEN, S., Das Gunthertuch im Bamberger Domschatz, Bamberg 1984

NARKISS (Hg.), Geschichte, 1973 — NARKISS, B. (Hg.), „Geschichte der jüdischen Kultur in Bildern", Zürich 1973

NOETHLICHS, Christen, 1984 — NOETHLICHS, K. L., Die Christen und der Staat, in: Kat. „Spätantike und Frühes Christentum", Frankfurt a. M. 1984, S. 1–8.

NORDENFALK, Meister, 1950 — NORDENFALK, C., Der Meister des Registrum Gregorii, in: Münchener Jahrbuch der bildenden Kunst 3. Folge, Bd. 1 (1950), S. 61–77.

OAKSHOTT, Mosaiken, 1967 — OAKSHOTT, W., Die Mosaiken von Rom vom dritten zum vierzehnten Jahrhundert, Wien/München 1967

PÄCHT, Buchmalerei, 1984 — PÄCHT, O., Buchmalerei des Mittelalters, München 1984

PAOLUCCI, Ravenna, 1971 — PAOLUCCI, A., Ravenna, Königstein i. T. 1971

PESCHLOW, Kaiserportrait, 1984 — PESCHLOW, U., Zum Kaiserportrait des 4. bis 6. Jh. n. Chr., in: Kat. „Spätantike und Frühes Christentum", Frankfurt a. M. 1984, S. 61 ff.

PIPPAL, Beobachtungen, 1982 — PIPPAL, M., Beobachtungen zur „zweiten" Ostermorgenplatte am Klosterneuburger Ambo des Nicolaus von Verdun, in: Wiener Jahrbuch für Kunstgeschichte XXXV (1982), S. 107–119.

PIPPAL, Perikopenbuch, 1997 — PIPPAL, M., Das Perikopenbuch von St. Erentrud. Theologie und Tagespolitik, Wien 1997

PIPPAL, Schöngrabern, 1996 — PIPPAL, M., Die Pfarrkirche von Schöngrabern. Eine ikonologische Untersuchung ihrer Apsisreliefs (Schriftenreihe der Kommission für Kunstgeschichte der Österreichischen Akademie der Wissenschaften, Bd. 1; H. Fillitz Hg.), Wien 1991, ²1996

PIPPAL, Distanzierung, 1994 — PIPPAL, M., Distanzierung und Aktualisierung in der Vivianbibel. Zur Struktur der touronischen Miniaturen in den 40er Jahren des 9. Jahrhunderts, in: Festschrift für Hermann Fillitz (Aachener Kunstblätter 60), Aachen 1994, S. 61–78.

PIPPAL, Inhalt, 1994 — PIPPAL, M., Inhalt und Form bei Nicolaus von Verdun. Bemerkungen zum Klosterneuburger Ambo, in: „Studien zur Geschichte der Europäischen Bildhauerkunst. Skulptur im 12./13. Jahrhundert" (H. HENGEVOSS-DÜRKOP Hg.), Frankfurt/M. 1994, S. 367–380.

PIPPAL, Relations, 1998 — PIPPAL, M., Relations in Time and Space: The Temple of Jerusalem as the Domus Ecclesiae in the Carolingian Period, in: "The Real and Ideal Jerusalem in Jewish, Christian and Islamic Art" (Studies in Honor of Bezalel Narkiss on the Occasion of his Seventieth Birthday, B. KÜHNEL Hg.), Jerusalem 1998, S. 67–78.

PIPPAL, Similitudo, 1987 — PIPPAL, M., Von der gewußten zur geschauten Similitudo. Ein Beitrag zur Entwicklung der typologischen Darstellung bis 1181, in: Der Kunsthistoriker Jg. IV (1987), Nr. 3/4, S. 53–61.

POLLITT, Hellenistic Age, 1986 — POLLITT, J. J., Art in the Hellenistic Age, Cambridge 1986

RASMO, Südtirol, 1981 — RASMO, N., Karolingische Kunst in Südtirol, Bozen 1981

RIEGL, Kunstindustrie, 1901 — RIEGL, A., Die spätrömische Kunstindustrie nach ihren Funden in Österreich-Ungarn, Wien 1901

RODENBECK/ROSSI, Egypt, 1991 — RODENBECK, M./G. A. ROSSI, Egypt from the Air, London 1991

ROQUES DE MAUMONT, Reiterstandbilder, 1958 — ROQUES DE MAUMONT, H. VON, Antike Reiterstandbilder, Berlin 1958

ROTH, Völkerwanderungszeit, 1979 — ROTH, H., Kunst der Völkerwanderungszeit, Berlin 1979

RUPPRECHT, Skulptur, 1984 — RUPPRECHT, B., Romanische Skulptur in Frankreich, München 1975, ^{2}1984

SAUERLÄNDER, Skulptur, 1970 — SAUERLÄNDER, W., Gotische Skulptur in Frankreich 1140–1270, München 1970

SCHNITZLER, Kuppelmosaik, 1964 — SCHNITZLER, H., Das Kuppelmosaik der Aachener Pfalzkapelle, in: Aachener Kunstblätter 29 (1964), S. 17– 44.

SCHUBERT/SCHRECKENBERG, Jewish Historiography, 1992 — SCHUBERT, K./H. SCHRECKENBERG, Jewish Historiography and Iconography in Early and Medieval Christianity, Assen (Maastricht)/Minneapolis 1992

SCHUBERT, Judentum, 1974 — SCHUBERT, U., Spätantikes Judentum und frühchristliche Kunst (Studia Judaica Austriaca, Bd. II), Wien/München 1974, S. 35 ff.

SCHUBERT, Sacra Sinagoga, 1981 — SCHUBERT, K., Sacra Sinagoga – Zur Heiligkeit der Synagoge in der Spätantike, in: Bibel und Liturgie (Festnummer für Johannes H. Emminghaus zum 65. Geburtstag), 54/1 (1981), S. 27–34.

SCHUBERT, Wurzeln, 1990/91 — SCHUBERT, K., Die jüdischen Wurzeln der frühchristlichen Kunst, in: Kairos. Zeitschrift für Judaistik und Religionswissenschaft N.F. XXXII/XXXIII. Jg. (1990/91), S. 1 ff.

SCHULZE-DÖRRLAMM,
Kaiserkrone, 1992   SCHULZE-DÖRRLAMM, M., Die Kaiserkrone Konrads II. (1024–1039). Eine archäologische Untersuchung zu Alter und Herkunft der Reichskrone, Sigmaringen 1992

SCHWARZ, Capella Speciosa   SCHWARZ, M. Capella Speciosa (im Druck).

SCHWEER (Vorw.), Koran, 1992   SCHWEER, Th. (Vorw.), „Der Koran. Vollständige Ausgabe", München 1992

SIMSON, Mittelalter, 1972   SIMSON, O. V., Das Mittelalter II (Propyläen Kunstgeschichte), Berlin 1972

SMIRNOV, Atlas, 1909   SMIRNOV, Ja. I. (Смирнов, Я. И.), Vostoãnoe serebro. Atlas drevnej serebrjanoj i zolotoj posudy vostoãngo proizchoĬdenija, Sanktpetersburg 1909 (Восточное серебро. Атлас древней серебряной и эолотой посуды восточного проихождения, спб 1909)

SPADA PINTARELLI, Südtirol, 1997   SPADA PINTARELLI, S., Fresken in Südtirol, München 1997

STEVENSON SMITH, Egypt, 1958   STEVENSON SMITH, W., The Art and Architecture of Ancient Egypt (Pelican History of Art), Harmondsworth 1958

STOLL/ROUBIER, *Britannia,* 1966   STOLL, R. TH./J. ROUBIER, *Britannia romanica.* Die hohe Kunst der romanischen Epoche in England, Schottland und Irland, Wien/München 1966

STRZYGOWSKI, Schicksale, 1905   STRZYGOWSKI, J., Die Schicksale des Hellenismus in der bildenden Kunst, in: Neue Jahrbücher für das klassische Altertum, Geschichte und deutsche Literatur, 8 (1905), S. 19ff.

SUCKALE-REDLEFSEN/SCHEMMEL (Hg.)
Apokalypse, 2000   SUCKALE-REDLEFSEN, G./B. SCHEMMEL (Hg.), Die Bamberger Apokalypse. Faksimile-Ausgabe der Handschrift Msc.Bibl. 140 der Staatsbibliothek Bamberg, Luzern 2000

TELESKO, Riesenbibeln, 2002   TELESKO, W., Die „Riesenbibeln" – Beobachtungen zu Form und Gebrauch einer hochmittelalterlichen Gattung, in: „Text als Realie", Internationaler Kongress des Instituts für Realienkunde des Mittelalters und der frühen Neuzeit (Oktober 2000), Wien 2002 (im Druck)

TOMAN (Hg.), Romanik, 1996   TOMAN, R. (Hg.), Die Kunst der Romanik. Architektur. Skulptur. Malerei, Köln 1996

VOLBACH/LAFONTAINE-DOSOGNE,
Byzanz, 1984   VOLBACH, W F./J. LAFONTAINE-DOSOGNE, Byzanz (Propyläen Kunstgeschichte), Berlin 1984

WAETZOLDT, Kopien, 1964 — WAETZOLDT, St., Die Kopien des 17. Jahrhunderts nach Mosaiken und Wandmalerein in Rom, München 1964

WEITZMANN, Septuaginta, 1952/53 — WEITZMANN, K., Die Illustration der Septuaginta, in: Münchener Jahrbuch der bildenden Kunst 3. Folge, III/IV (1952/53), S. 96–120.

WESSEL, Emailkunst, 1967 — WESSEL, K., Die byzantinische Emailkunst vom 5. bis 13. Jahrhundert, Recklinghausen 1967

WIBIRAL, *Augustus*, 1994 — WIBIRAL, N., *Augustus patrem figurat.* – Zu den Betrachtungsweisen des Zentralsteines am Lotharkreuz im Domschatz zu Aachen, in: Festschrift für Hermann Fillitz (Aachener Kunstblätter 60), Aachen 1994, S. 105–130.

WIBIRAL, Bemerkungen, 1987 — WIBIRAL, N., Bemerkungen zum neuen Werk über früh- und hochmittelalterliche Schatzkunst aus österreichischen Kirchen und Klöstern, in: Österreichische Zeitschrift für Kunst und Denkmalpflege Jg. XLI (1987), S. 136–150.

WIBIRAL, Lambach, 1998 — WIBIRAL, N., Die romanische Klosterkirche in Lambach und ihre Wandmalereien. Zum Stand der Forschung, Wien 1998

WILSON, Anglo-Saxon Art, 1984 — WILSON, D. M., Anglo-Saxon Art from the seventh century to the norman conquest, New York 1984

WILSON, Teppich, 1985 — WILSON, D. M., Der Teppich von Bayeux, Frankfurt a. M./Berlin 1985. Weinheim 1990

ZALOSCER, Koptischen Kunst, 1991 — ZALOSCER, H., Zur Genese der koptischen Kunst (M. SCHWARZ Hg.), Wien/Köln/Weimar 1991

ABGEKÜRZT ANGEFÜHRTE MUSEEN UND BIBLIOTHEKEN

AACHEN	DSK	Domschatzkammer
ABBEVILLE	BM	Bibliothèque municipale
ADMONT, BENEDIKTINERSTIFT		
	SB	Stiftsbibliothek
AQUILEJA	D	Dom
ALBA IULIA	BB	Biblioteca Battháneum (Filiale der Nationalbibliothek von Bukarest)
AUTUN	BM	Bibliothèque municipale
BAMBERG	DS	Domschatz
BAYEUX	MRM	Musée de la Tapisserie de la Reine Mathilde
BERLIN	KK	Kupferstichkabinett
	SB	Staatsbibliothek zu Berlin – Preußischer Kulturbesitz
	SMPK	Staatliche Museen zu Berlin – Preußischer Kulturbesitz
BERN	BB	Burgerbibliothek
BRAGA	MDDS	Museu Don Diogo de Sousa
BREGENZ	VLM	Vorarlberger Landesmuseum
BRÜSSEL	MAH	Musées royaux d'Art et d'Histoire
CAMBRIDGE	CCC	Corpus Christi College
CHANTILLY	MC	Musée Condé
CHIETI	MN	Museo Nazionale
CITTÀ DEL VATICANO		
	BAV	Biblioteca Apostolica Vaticana
	MPC	Museo Pio Cristiano (Musei Vaticani)
	MV	Musei Vaticani
	TSP	Tesoro di San Pietro

CIVIDALE   MAN   Museo Archeologico Nazionale

CLEVELAND OHIO
                  CMA   The Cleveland Museum of Art

CLUNY   MF   Musée de Farinier

DAMASKUS   NM   Nationalmuseum

DARMSTADT   HLHB Hessische Landes- und Hochschulbibliothek

DUBLIN   NMI   National Museum of Ireland
                  TCL   Trinity College Library

DIJON   BP   Bibliothèque publique

DURHAM   CL   Cathedral Library

EPERNAY   BM   Bibliothèque municipale

ESCORIAL   B   Biblioteca

ESSEN   M   Münster

FLORENZ   BML   Biblioteca Medicea Laurenziana
                  MN   Museo nazionale (Bargello)

GÖTTINGEN   NSUB Niedersächsische Staats- und Universitätsbibliothek

HILDESHEIM   DB   Dombibliothek

INNSBRUCK   TLMF Tiroler Landesmuseum Ferdinandeum

ISTANBUL   AM   Arkeoloji Müzesi

JERUSALEM   IM   Israel-Museum

KAIRO   KM   Koptisches Museum

KOPENHAGEN   NCG   Ny Carlsberg-Glyptothek

KRAKAU   BK   Biblioteka Kapitulna

KREMSMÜNSTER, BENEDIKTINERSTIFT
                SB   Stiftsbibliothek
                SK   Schatzkammer

LONDON   BL   British Library
                BM   British Museum
                VA   Victoria and Albert Museum

MADRID   RAH   Real Academia de la Historia
                MAN   Museo Arqueológico Nacional

MAGEDEBURG   KM   Kulturhistorisches Museum

MAILAND   BA   Biblioteca Ambrosiana
                SAL   Soprintendenza Archeologica per la Lombardia

MARSEILLE   MB   Musée Borély

MONZA   TD   Tesoro del Duomo di Monza

MÜNCHEN   BNM   Bayerisches Nationalmuseum
                BSB   Bayerische Staatsbibliothek
                SKR   Schatzkammer der Residenz

NEAPEL   MAN   Museo Archeologico Nazionale

NEW HAVEN, CONN.
                YUAG   Yale University Art Gallery

NEW YORK   MM   The Metropolitan Museum of Art
                PML   The Pierpont Morgan Library

NÜRNBERG   GNM   Germanisches Nationalmuseum

OSLO   UOS   Universitetets Oldsaksamling

OSTIA   MO   Museo Ostiense

OXFORD   BL   Bodleian Library
                AM   Ashmolean Museum

PARIS	BN	Bibliothèque nationale
	CM	Cabinet des Medailles
	MC	Musée National du Moyen Age, Thermes & Hotel de Cluny
	ML	Musée du Louvre
PAVIA	MC	Museo Civico
RAVENNA	MN	Museo Nazionale
REGGIO EMILIA	MC	Museo Civico
ROM	MAM	Museo del'Alto Medioevo
	MC	Musei Capitolini
	MNR	Museo Nazionale Romano
	SMM	Santa Maria Maggiore
ROSSANO	BA	Biblioteca Arcivescovile
ROUEN	BM	Bibliothèque municipale
SALZBURG	DS	Domschatz
SAINT-OMER	MBA	Musée des beaux-arts
ST. GALLEN	SB	Stiftsbibliothek
SOPRON	LFM	Liszt Ferenc Mùzeum

ST. PAUL IM LAVANTTAL, BENEDIKTINERSTIFT

	SK	Schatzkammer

ST. PETERSBURG

	SSE	Staatliche Sammlung Eremitage
SINAI	KK	Katharinenkloster
STOCKHOLM	KB	Kunigliga Bibliotheket
STUTTGART	WLB	Landesbibliothek
	WLM	Württembergisches Landesmuseum

TOULOUSE   MA   Musée des Augustins

TRIER   DS   Domschatz
              SB   Stadtbibliothek

UTRECHT   BRU   Bibliotheek van de Rijksuniversiteit

VENEDIG   BNM   Biblioteca Nazionale Marciana

VIZÉ   SM   Saint-Martin

WIEN   KHM   Kunsthistorisches Museum
              ÖNB   Österreichische Nationalbibliothek
              WSK   Weltliche Schatzkammer (KHM)

WINCHESTER   CL   Cathedral Library

WOLFENBÜTTEL
              NSA   Niedersächsisches Staatsarchiv

WORCESTER/
MASS.   AM   Art Museum

WÜRZBURG   UB   Universitätsbibliothek

YORK   YM   Yorkshire Museum

ABBILDUNGEN

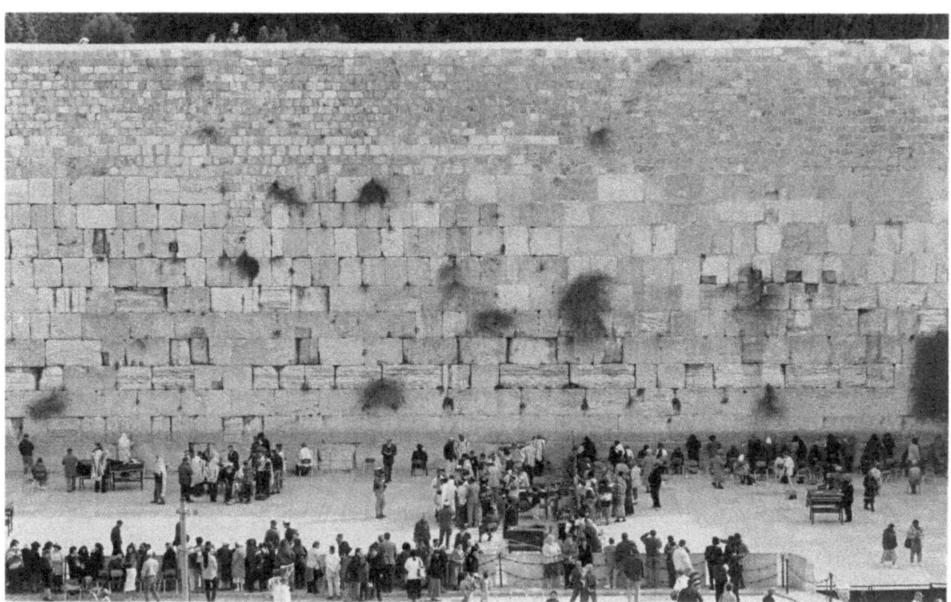

Abb. 1: Jerusalem, Westmauer (sog. Klagemauer) des Salomonischen Tempels, 1. Jh. v. Chr.

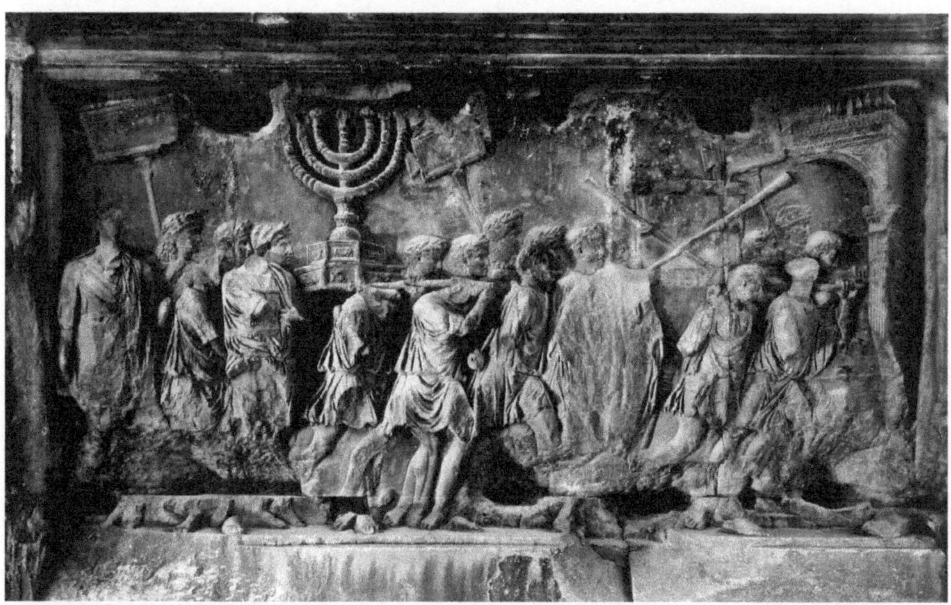

Abb. 2: Rom, Forum Romanum, Titusbogen, Relief im Durchgang: Die Menora aus dem zerstörten Tempel von Jerusalem wird im Triumphzug mitgetragen; nach 81 n. Chr.

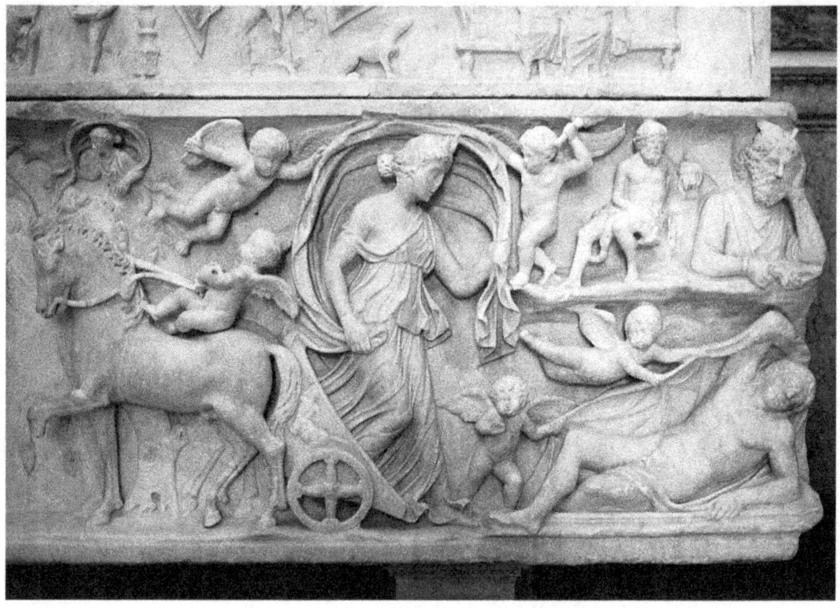

Abb. 3: Sarkophag, Detail: Selene, die Göttin des Mondes, ist herbeigefahren, um den von ihr in Schlaf versenkten Schäfer Endymion zu küssen; Rom, 2. Jh.; Rom (MC)

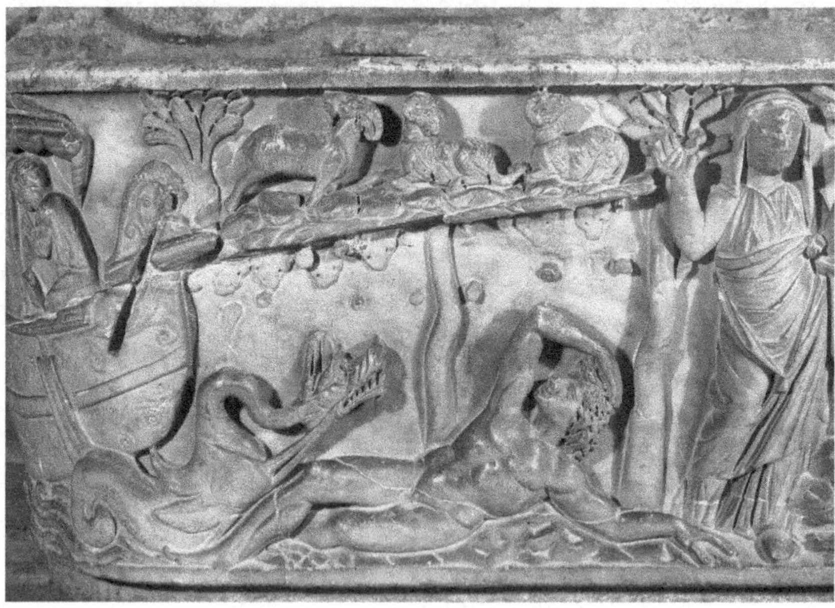

Abb. 4: Jonasarkophag, Detail: Der vom Wal ausgespieene Jona schläft am Strand unter einer Kürbislaube; Rom, 2. Hälfte 3. Jh.; Rom (SMM)

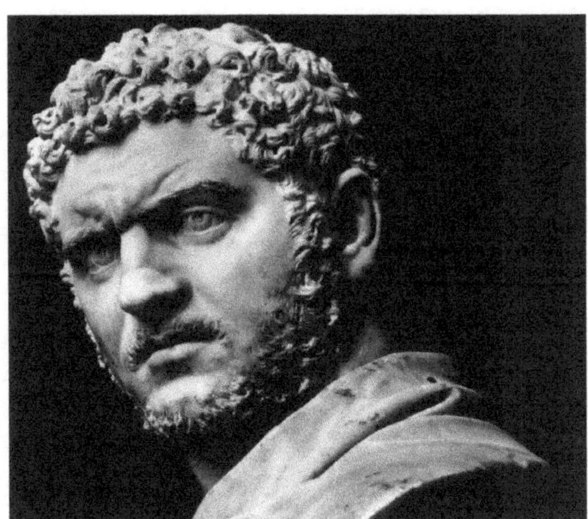

Abb. 5: Porträtbüste Kaiser Caracallas, Detail; Rom, zwischen 211 und 217; Neapel (MAN)

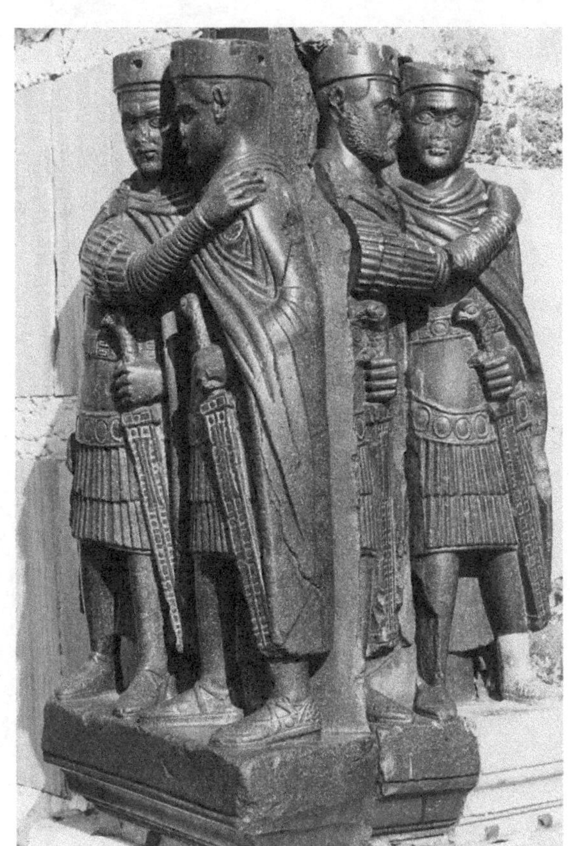

Abb. 6: Die Tetrarchen (Diokletian, Maximian, Galerius, Constantius I. Chlorus), Porphyrgruppe; Ägypten, um 300; Venedig, an San Marco

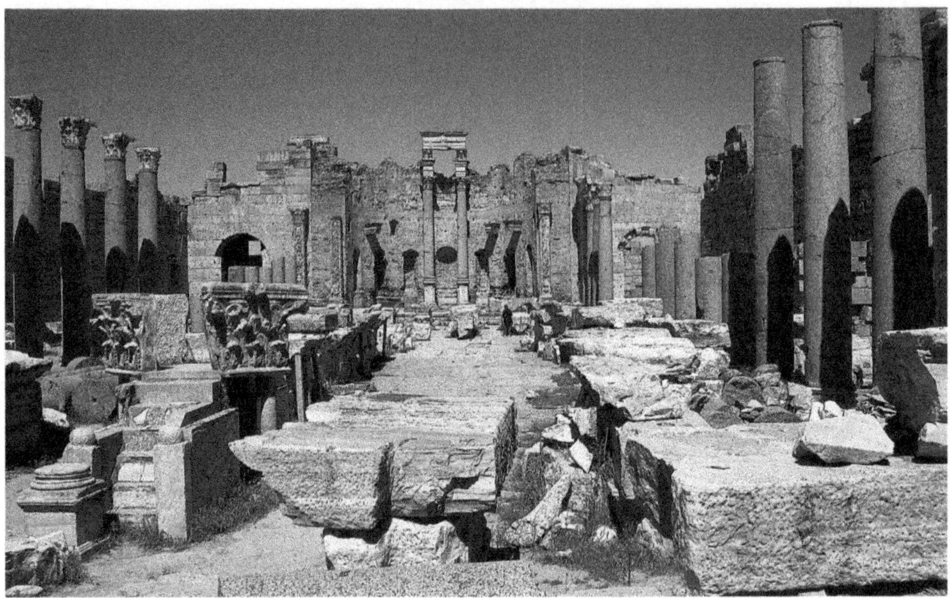

Abb. 7: Leptis Magna (Libyen), Basilika auf dem von Kaiser Septimius Severus gestifteten Forum; zwischen 210 und 216

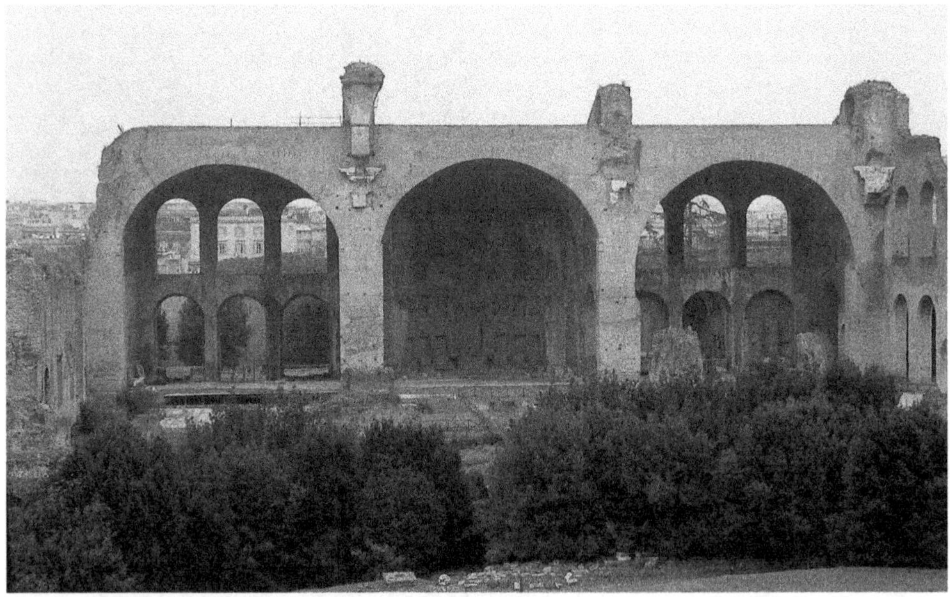

Abb. 8: Rom, Forum Romanum, die durch Kaiser Konstantin I., d. Gr., umgebaute Maxentiusbasilika; ab 307 respektive nach 312

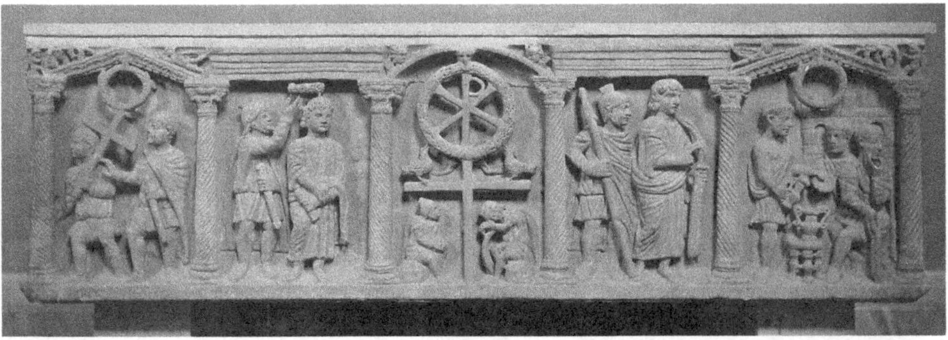

Abb. 9: sog. Passionssarkophag: Christogramm und Szenen aus der Passion Jesu; Rom, Mitte 4. Jh.; Città del Vaticano (MPC)

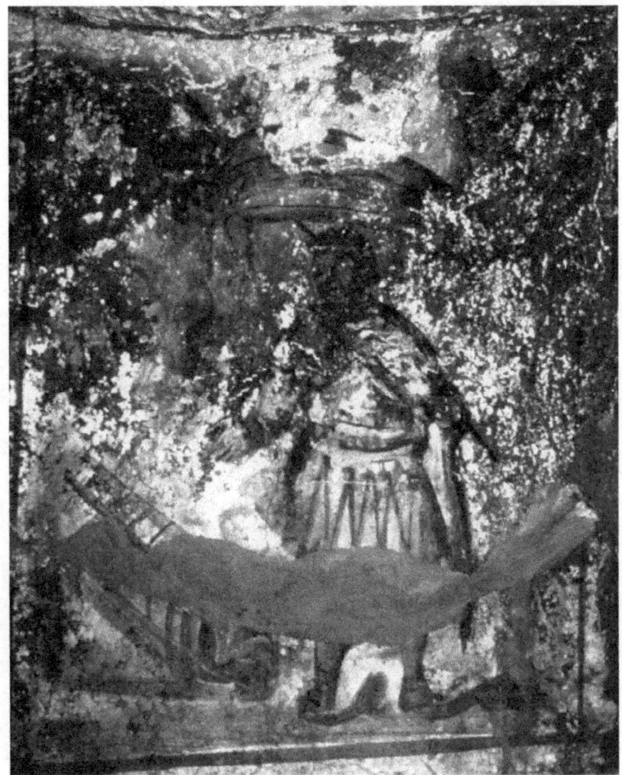

Abb. 10: Rom, Via-Latina-Katakombe, Fresko im sog. Cubiculum B: Der Priester Pinchas trägt Zimri und Kozbi, die er in flagranti ertappte und mit seinem Speer durchbohrte, aufgespießt durchs Lager; 3. Viertel 4. Jh.

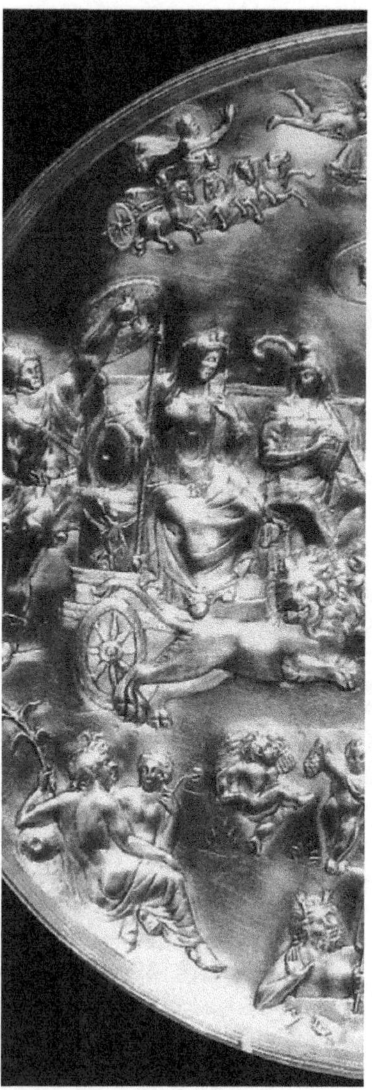

Abb. 11: sog. Parabiagoplatte,
Konstantinopel (?), 2. Hälfte 4. Jh.,
Mailand (SAL)

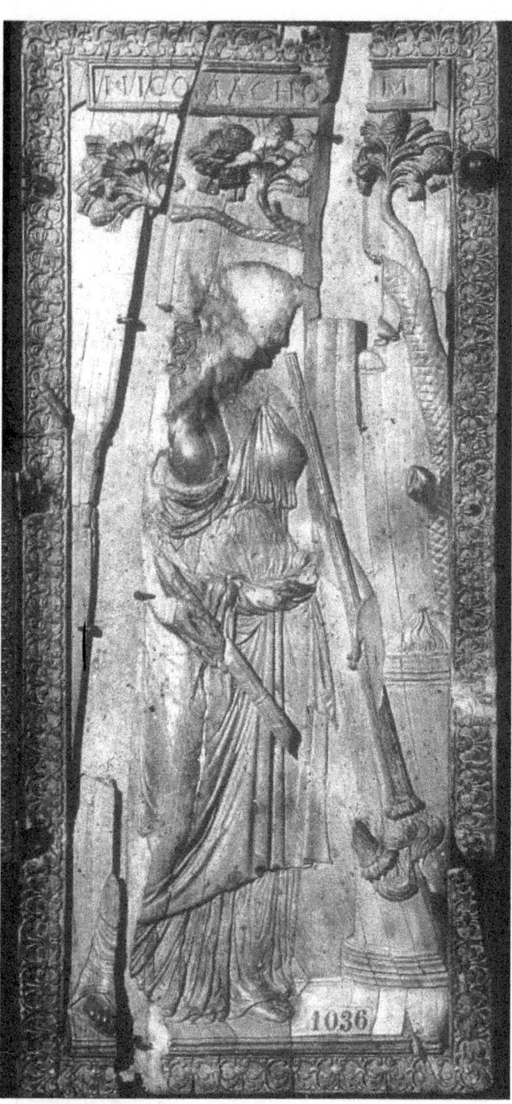

Abb. 12: sog. Symmacher- und Nicomacherdiptychon,
Nicomachertafel: Eine Priesterin der Demeter beim
Opfer vor einem Rundaltar, bei dem der heilige Baum
Kybeles, eine Pinie, aufwächst; Rom, zwischen 388
und 394; Paris (MC)

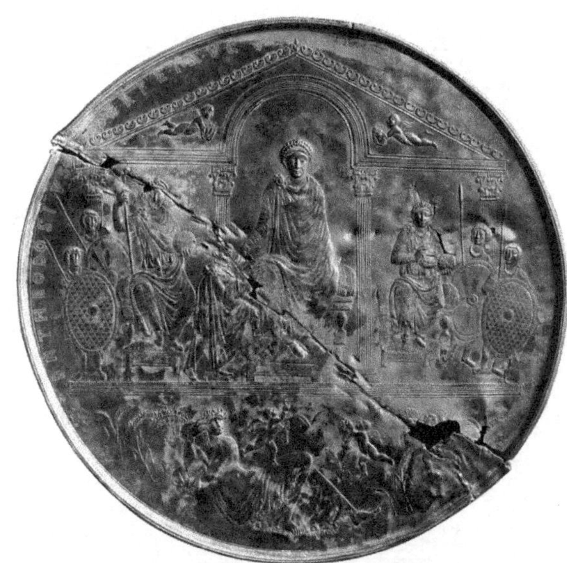

Abb. 13: sog. Theodosiusmissorium: Kaiser Theodosius d. Gr. mit seinen Mitregenten Valentian II. und Arkadios als Garanten eines in Überfluss schwelgenden Reiches; Konstantinopel, 388 (?); Madrid (AH)

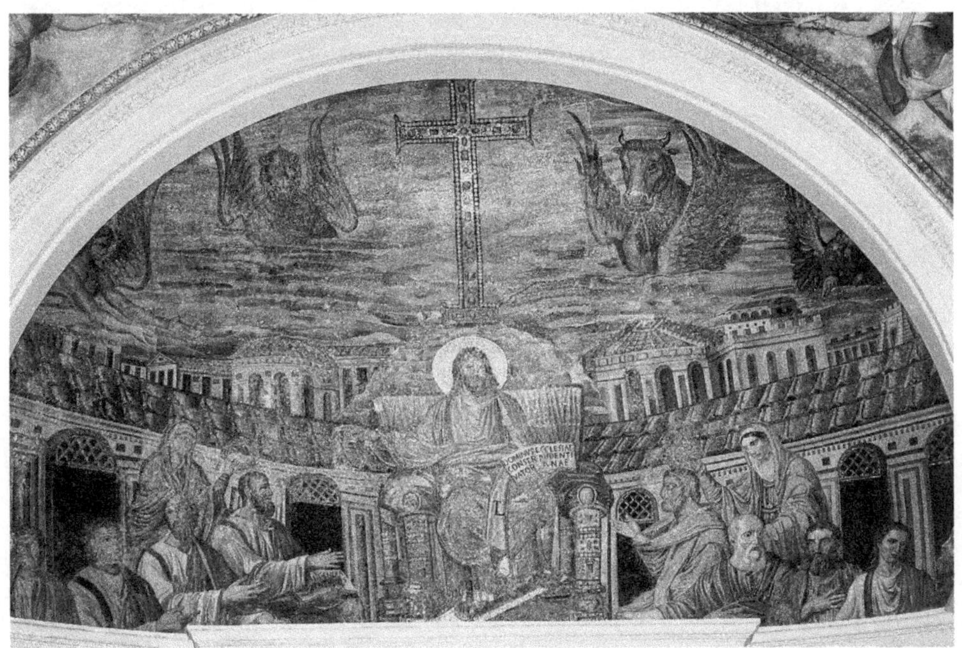

Abb. 14: Rom, Sta. Pudenziana, Apsismoisaik: der thronende Christus vor dem irdischen und dem himmlischen Jerusalem im Kreis seiner Apostel; zwischen 402 und 417

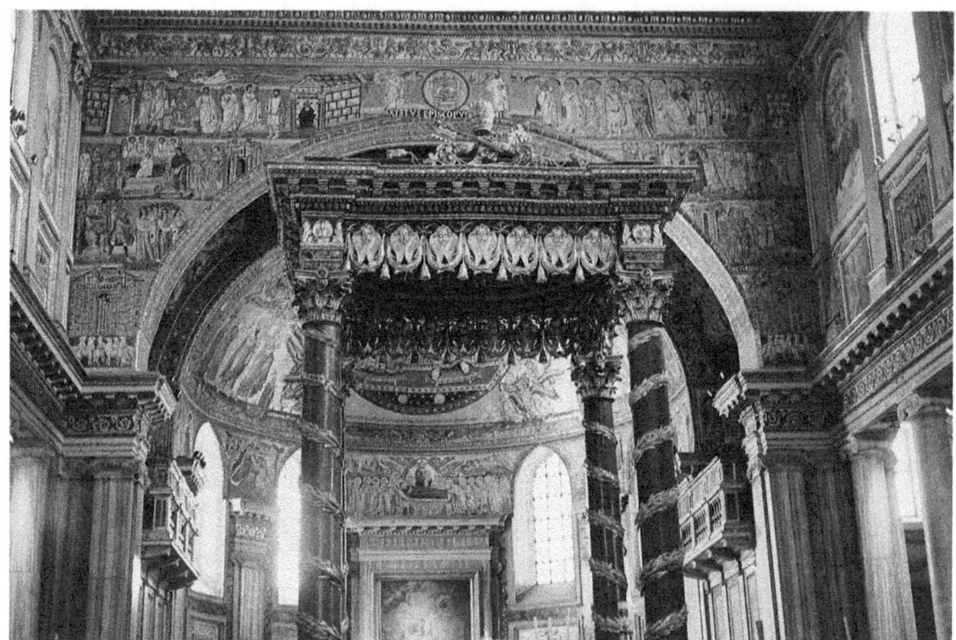

Abb. 15: Rom, Santa Maria Maggiore, Blick zum Triumphbogen (Mosaik mit christologischen Szenen), nach 431

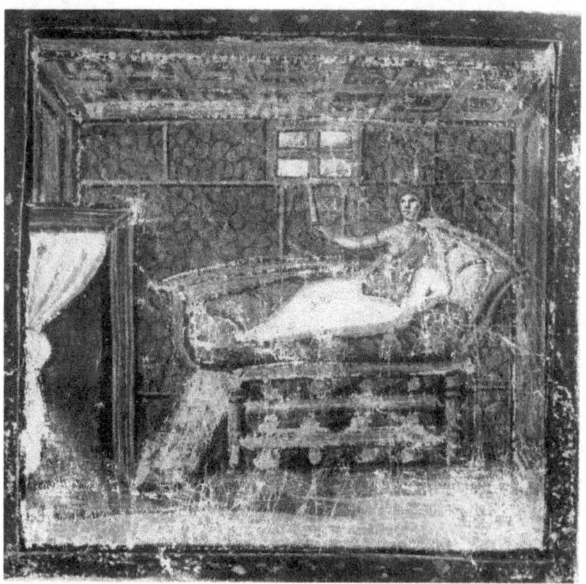

Abb. 16: sog. Vergilius Vaticanus: »Selbstmord Didos«; Rom, frühes 5. Jh.; Città del Vaticano (BAV, Cod. Vat. lat. 3225, fol. 40r)

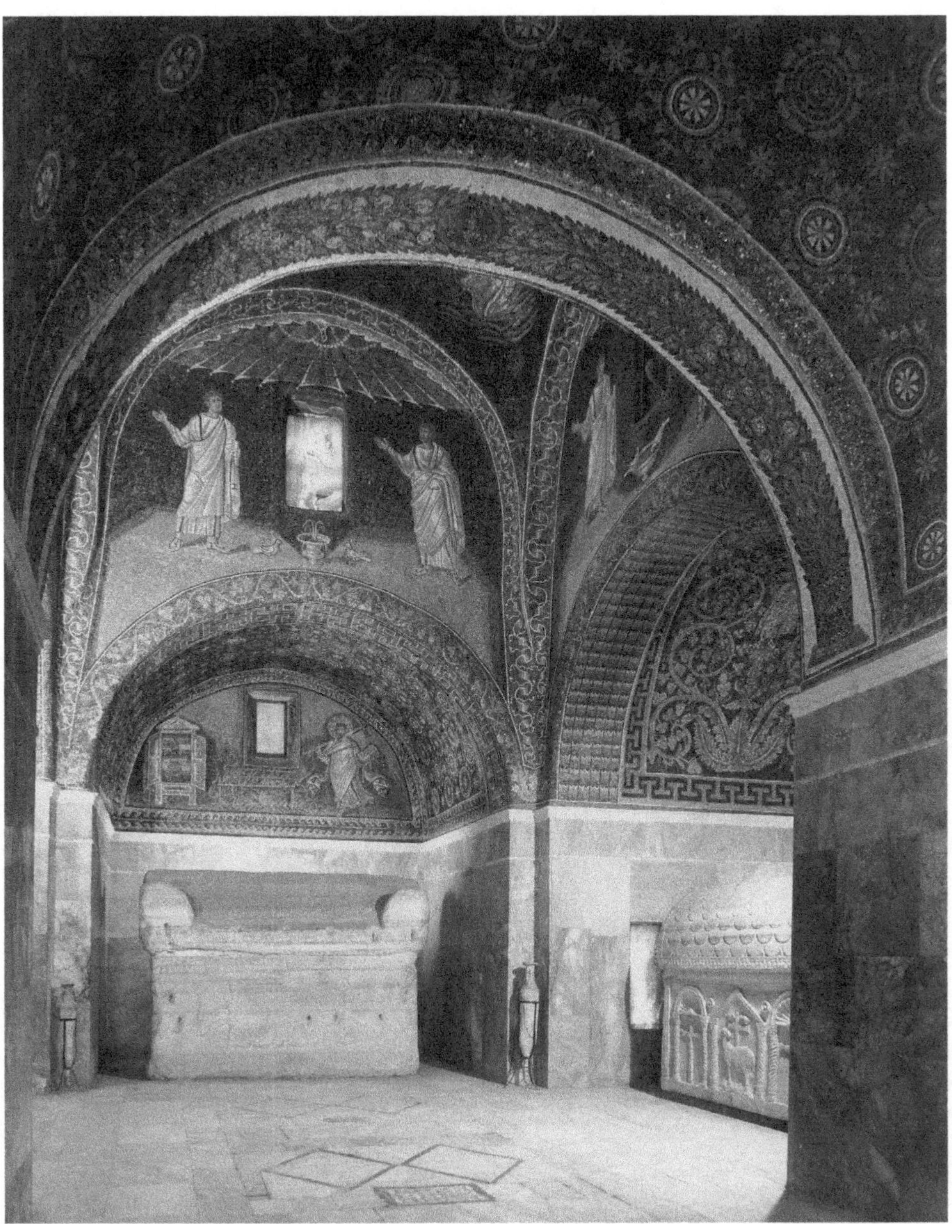

Abb. 17: Ravenna, sog. Mausoleum der Galla Placidia, Einblick; 2. Viertel 5. Jh.

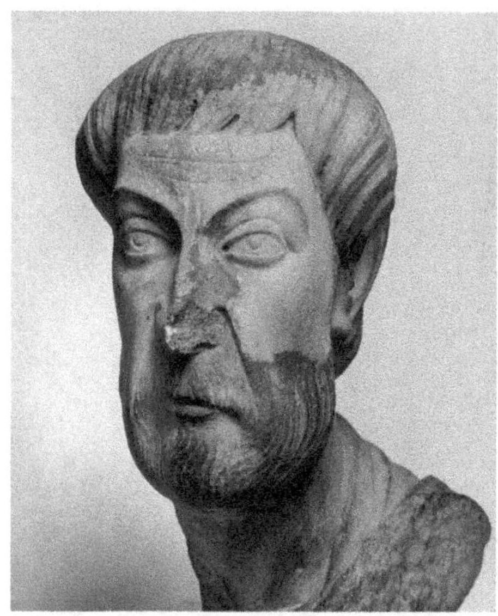

Abb. 18: Porträtkopf des „Sponsors" Eutropios; Ephesos, Mitte 5. Jh.; Wien (KHM)

Abb. 19: Ravenna, sog. Baptisterium der Arianer, Blick in die mosaizierte Kuppel: Die Taufe des – in den Augen der Arianer – dem Vater subordinierten Christus im Jordan; um 500

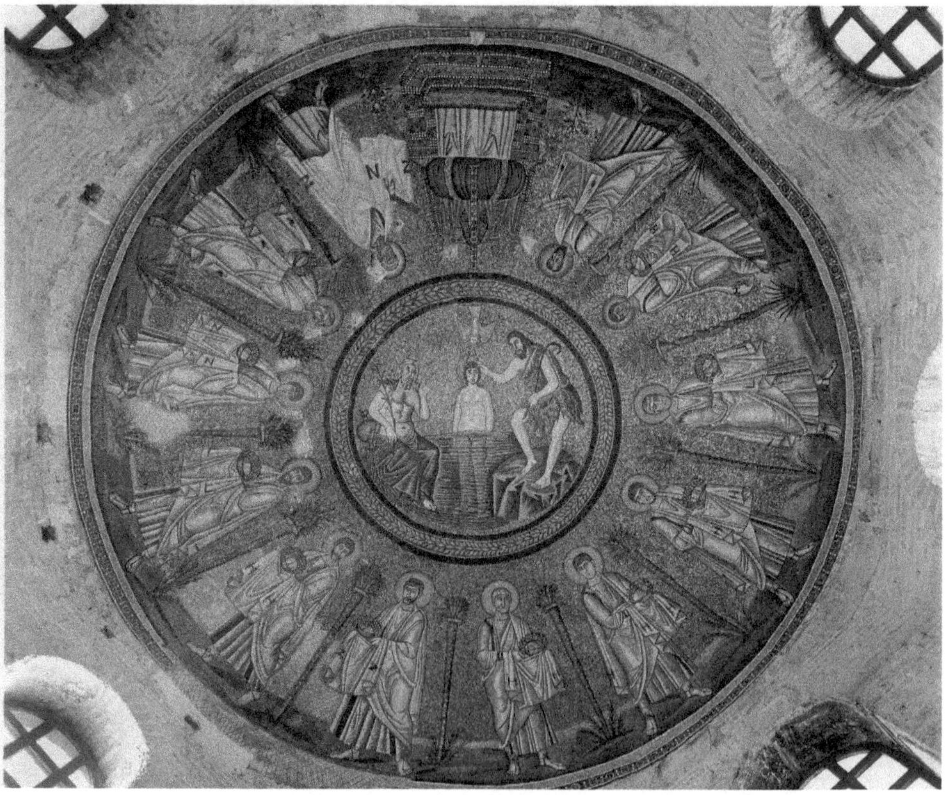

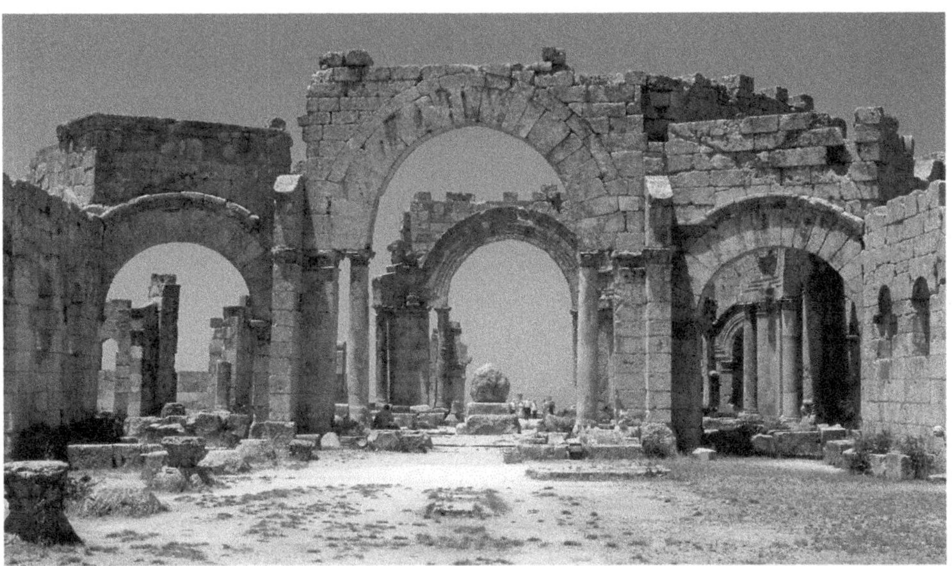

Abb. 20: Kloster St. Simeon/
Qal'at Sam'āt (Syrien), sog.
Martyrium des Asketen und
Eremiten Symeon Stylites mit
dem Säulenstumpf im Zentrum;
ab 470/80

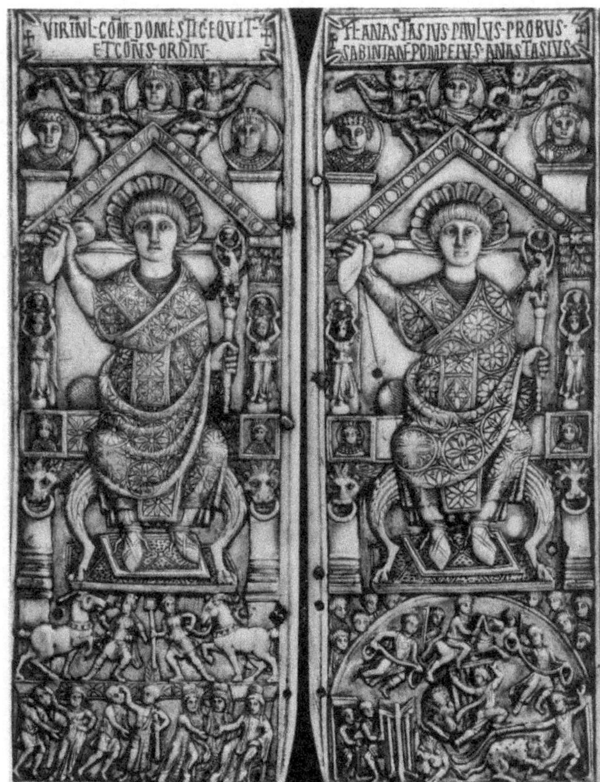

Abb. 21: Elfenbeindiptychon
des Konsuls Anastasios: Der
Höchstbeamte eröffnet die
Zirkusspiele; Konstantinopel,
517; Paris (BN)

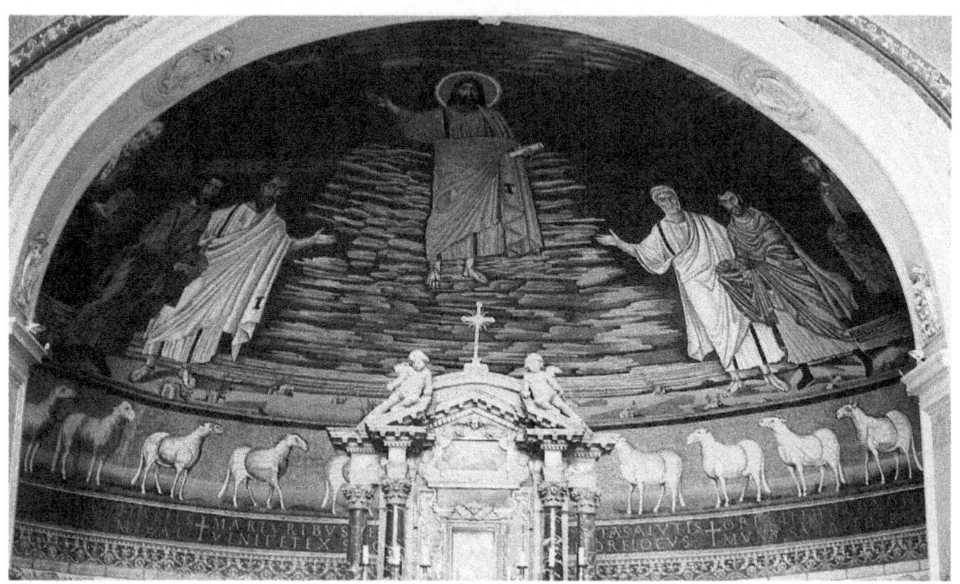

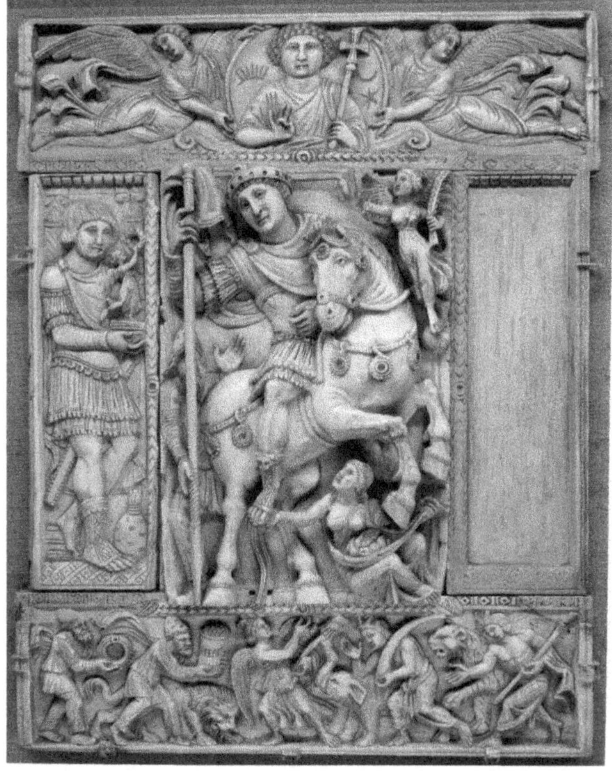

Abb. 22: Rom, Forum Romanum, SS. Cosma e Damiano, Apsismosaik: Die kilikischen Heiligen Kosmas und Damian werden Christus während seines *secundus adventus* durch die „Apostelfürsten" Petrus und Paulus anempfohlen; zwischen 526 und 530

Abb 23: Flügel eines fünfteiligen Elfenbeindiptychons, sog. Barberinidiptychon: Kaiser Justinian d. Gr. als Triumphator über den Erdkreis mit tributpflichtigen Barbaren; Konstantinopel, 530er Jahre; Paris (ML)

Abb. 24: Istanbul, Hagia Sophia, Einblick: Die massiven tragenden Elemente des lichtdurchfluteten Raumes sind im Inneren nicht spürbar; 532–537

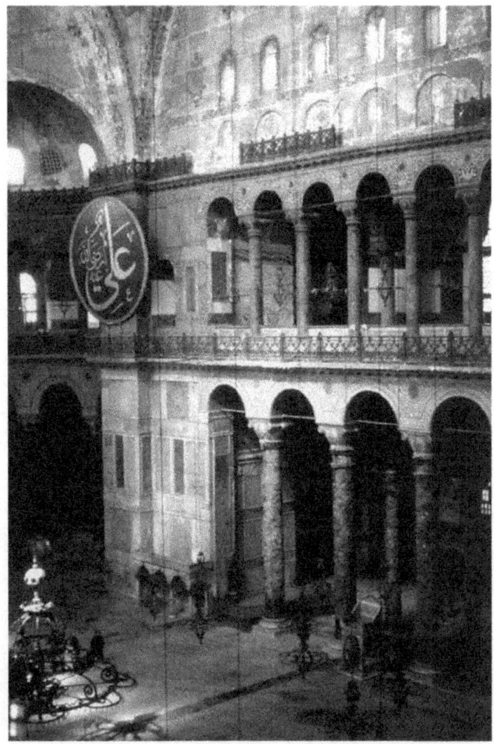

Abb. 25: Ravenna, San Vitale: Die Trennwände respektive Säulenstellungen zwischen den Kuppelpfeilern wölben sich wie geblähte Segel in den Umgang; vor 532 (?), Ausstattung nach 540

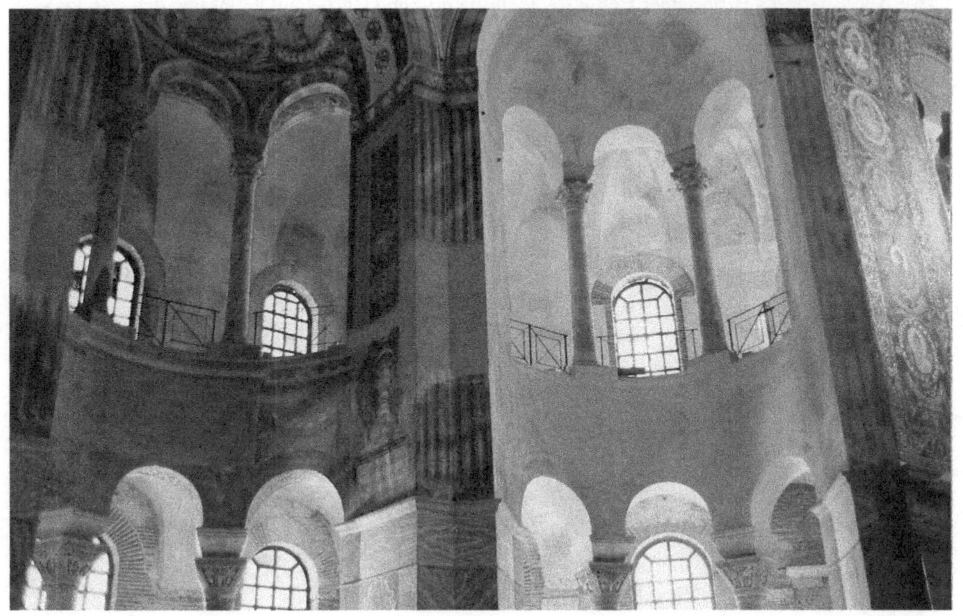

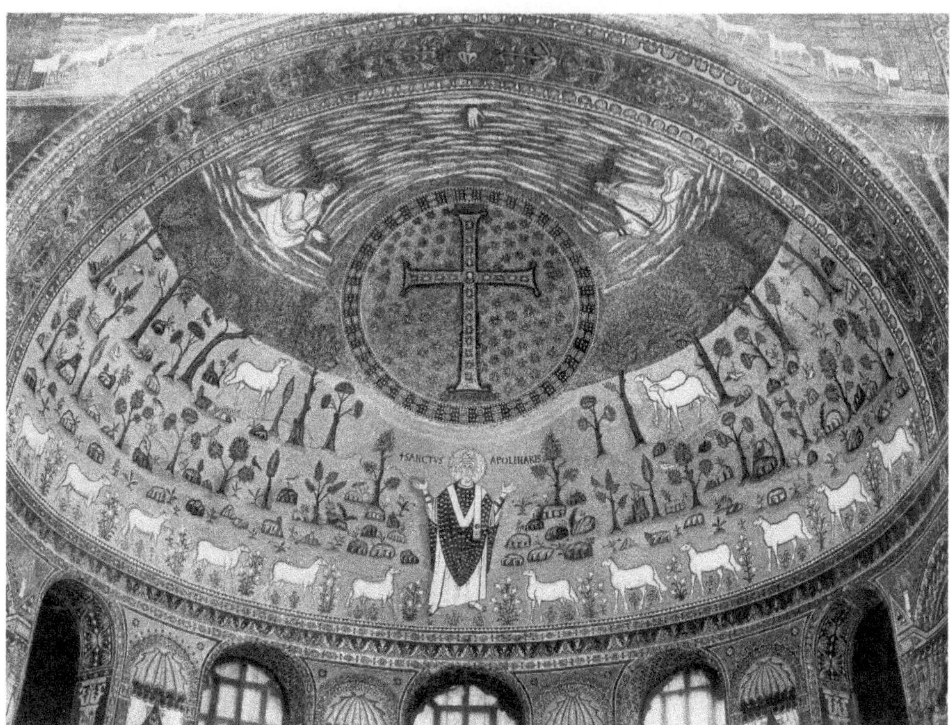

Abb. 26: Ravenna, Sant'Appolinare in Classe, mosaizierte Apsis: Der ravennatische Bischof und *confessor* Apollinaris als Hirte seiner Herde sowie die Verklärung Christi auf Tabor und der *secundus adventus;* nach 540

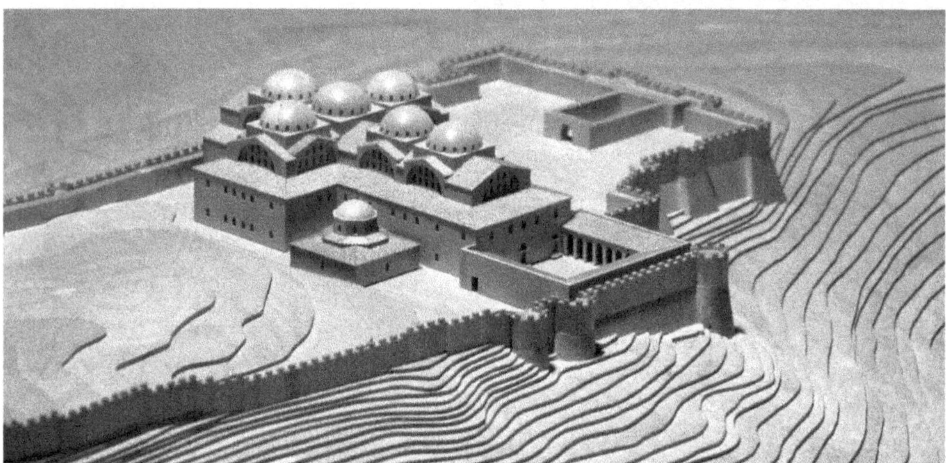

Abb. 27: Die justinianische Johanneskirche von Ephesos: eine Kreuzkuppelkirche von 125 m Länge; vor 548 bis 565; zerstört, Rekonstruktion; Wien (KHM, Ephesosmuseum)

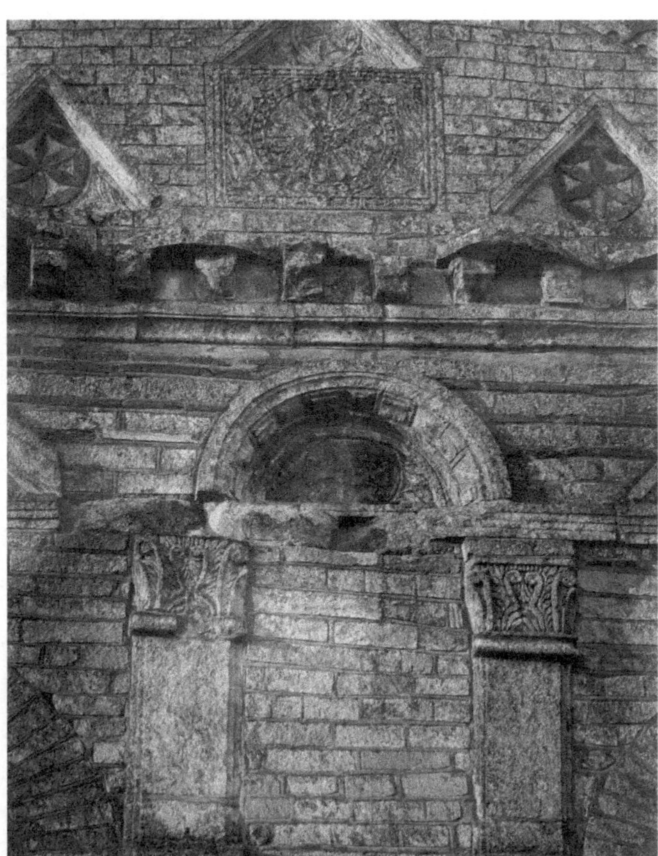

Abb. 28: Poitiers, Baptisterium Saint-Jean, Außenmauer: in dekorativer Weise strukturiertes Aufgehendes unter Verwendung antiker Einzelformen; 6. Jh.

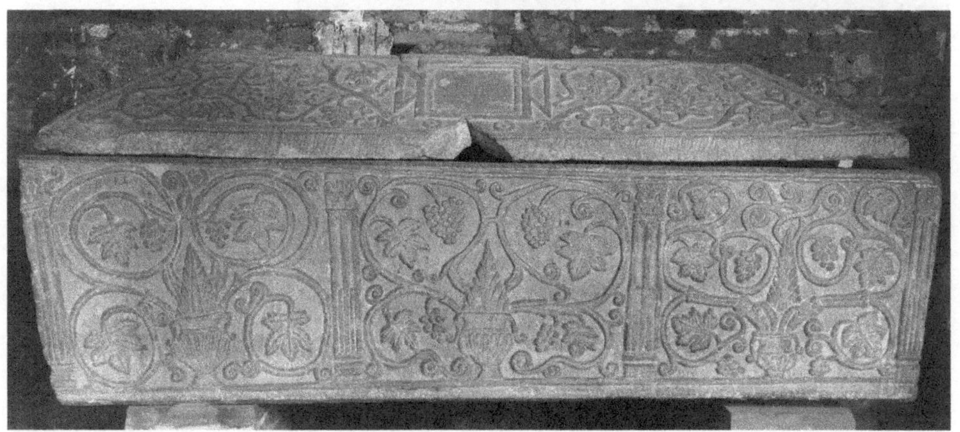

Abb. 29: Sarkophag: Gliederung und Binnenmotive (Lebensbäume) ins Zweidimensionale übersetzt; 2. Hälfte 6. Jh.; Toulouse (MA)

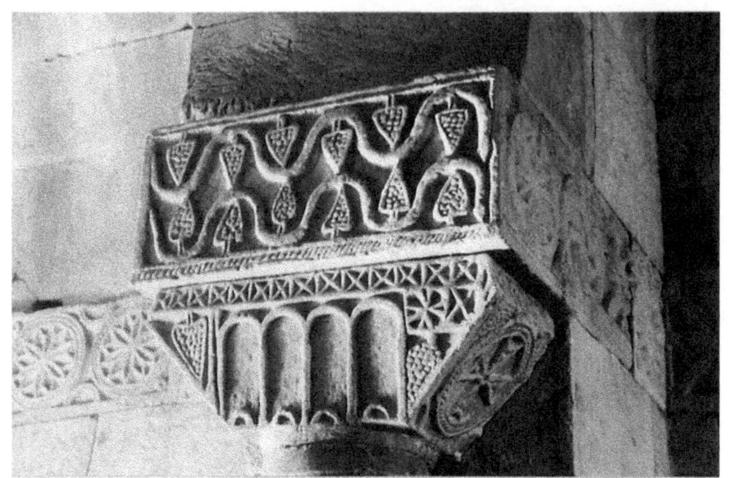

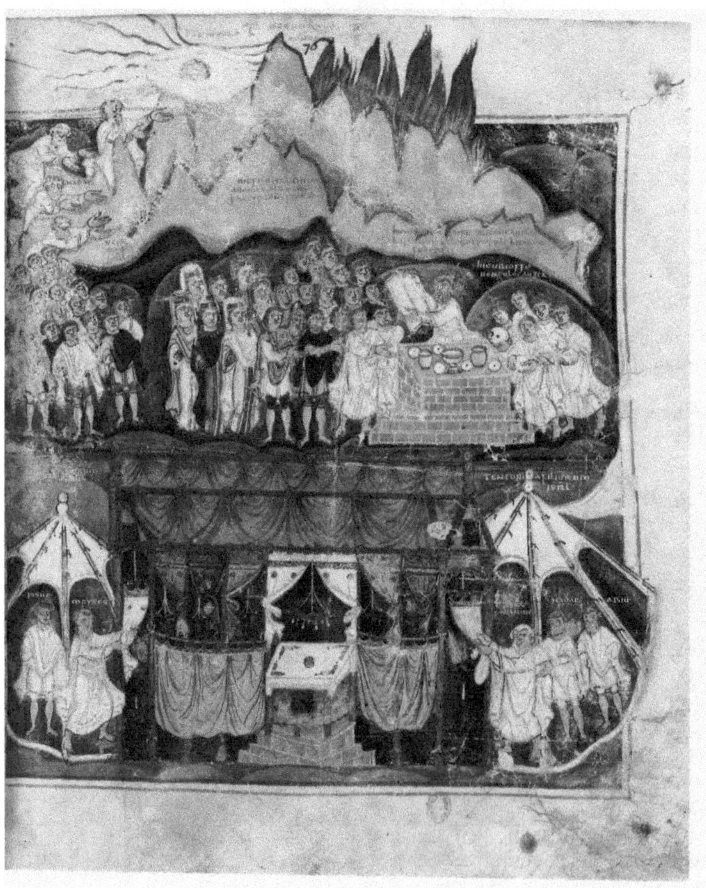

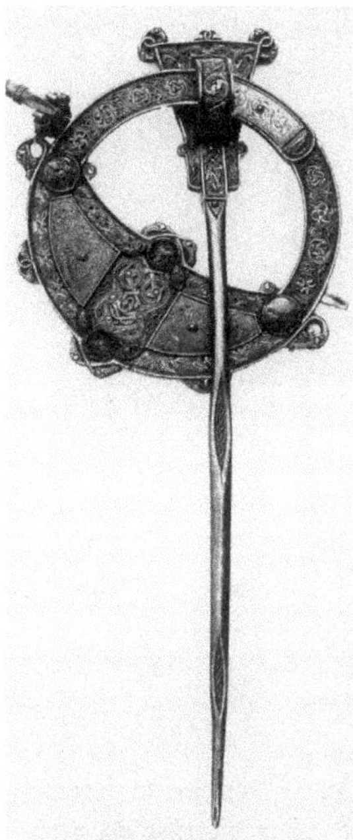

Abb. 32: Fibel, sog. Tara
brooch, Rückseite: Einzelmotive sowie die Farbigkeit
und Wirkung verschiedener
Materialien sind in ein ausgeklügeltes Verhältnis
zueinander gesetzt; irisch, 8.
Jh.; Dublin (NMI)

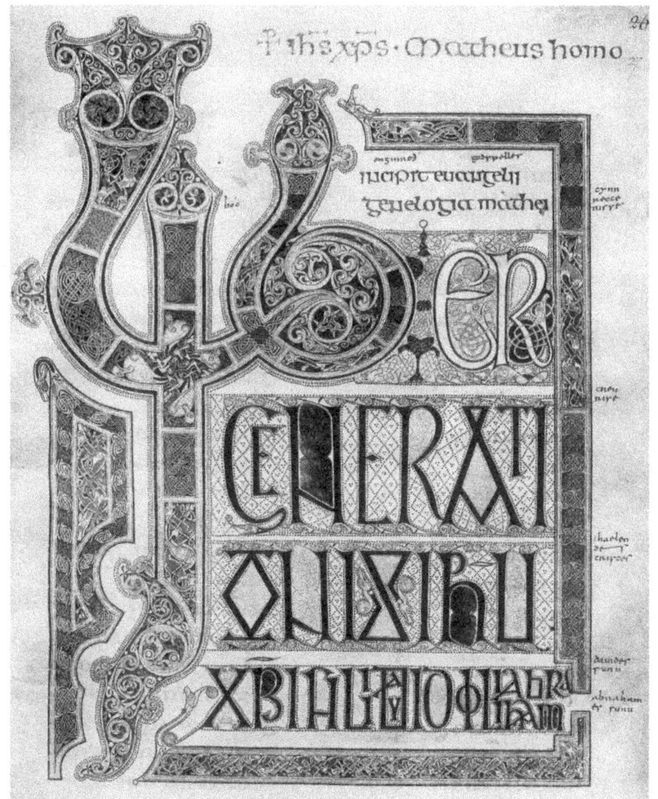

Abb. 33: sog. Lindisfarneevangeliar: Die Initialligatur aus den
Buchstaben „L", „I" und „B" gleicht einer wertvollen Metallarbeit;
Lindisfarne, Ende 7. Jh.; London (BL, Cotton ms. Nero D.IV, fol.
27r)

S. 314 oben, Abb. 30: San Pedro de la Nave, Kapitell im Inneren: Das blockförmige Kapitell tritt durch
seine zarte, zweischichtige Reliefierung in ein Spannungsverhältnis zu den glatten Mauerflächen; Ende
7. Jh.

S. 314 unten, Abb. 31: sog. Ashburnham Pentateuch: Gemäß der talmudischen Auslegung sind »Gesetzgebung auf Sinai« und das »Offenbarungszelt« in einer Miniatur zusammengefasst: Spanien (?), 7. Jh.;
Paris (BN, Nouv. Acq. lat. 2334, fol. 67v)

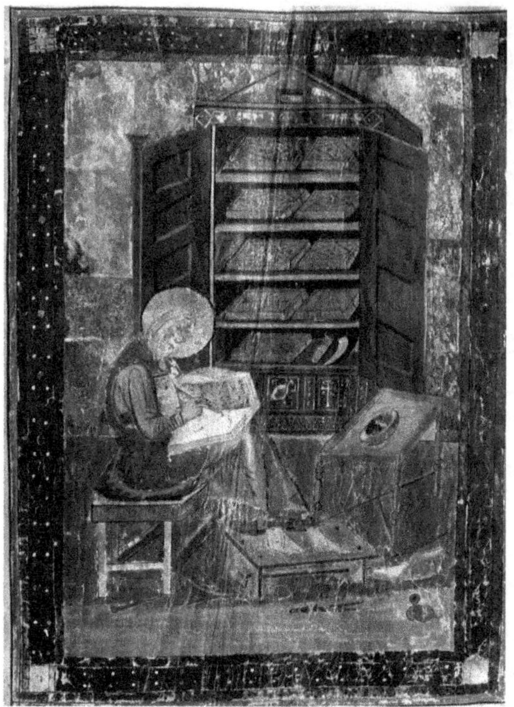

Abb. 34: sog. Codex Amiatinus: Die Miniatur »Schreibender Prophet Ezra« basiert auf einer – verlorenen – italienischen Darstellung des 6. Jahrhunderts; Jarrow-Wearmouth, vor 716; Florenz (BML, Ms. Amiat. 1, fol. 5r)

Abb. 35: Cividale, sog. Tempietto: In Stuck ausgeführte Märtyrerinnen bilden oberhalb von Märtyrern in Freskotechnik eine Prozession; vor 774

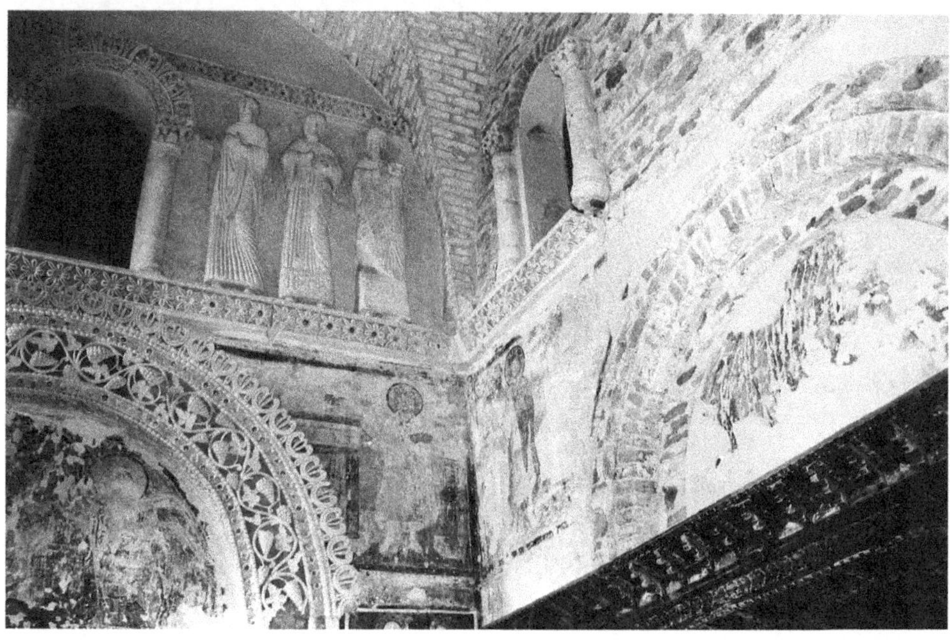

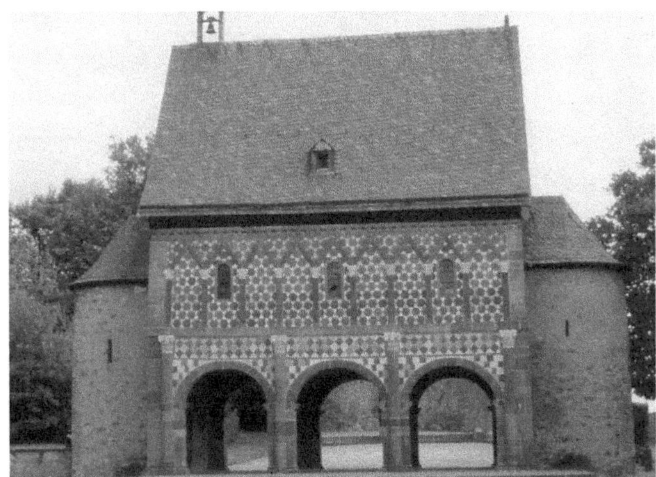

Abb. 36: sog. Lorscher
Torhalle im Atrium des
Klosters Lorsch (dieses weit-
gehend zerstört); vor 774

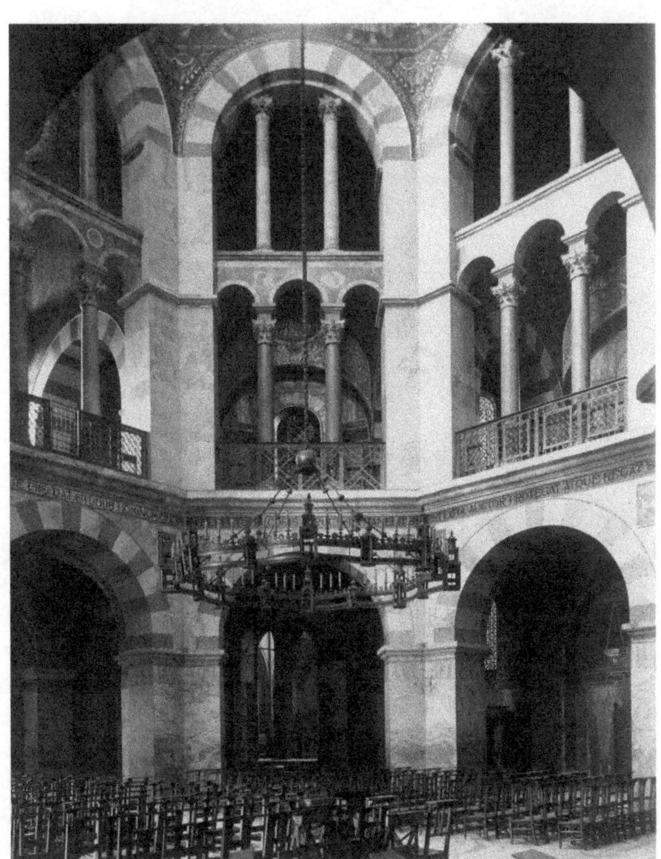

Abb. 37: Aachen, Pfalz-
kapelle Kaiser Karls d. Gr.
mit dem sog. Barbarossa-
leuchter; um 800
respektive um 1166/70

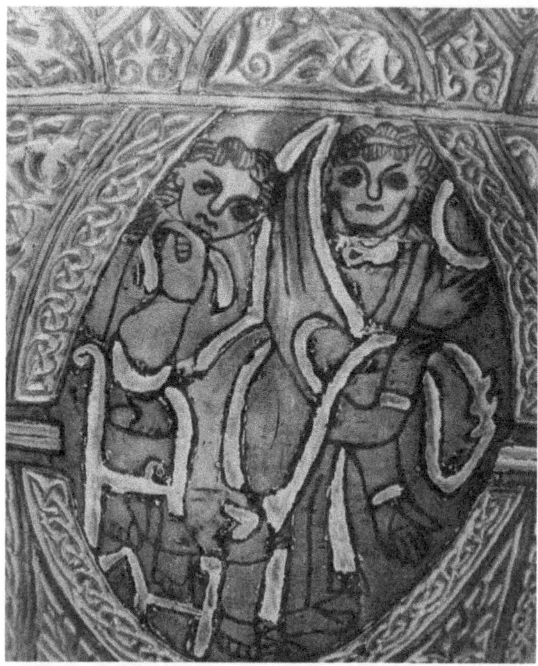

Abb. 38: sog. Tassilokelch: Darstellung des Evangelisten Matthäus mit aufgestütztem Arm; insular bestimmte Werkstatt in Regensburg (?), um 777

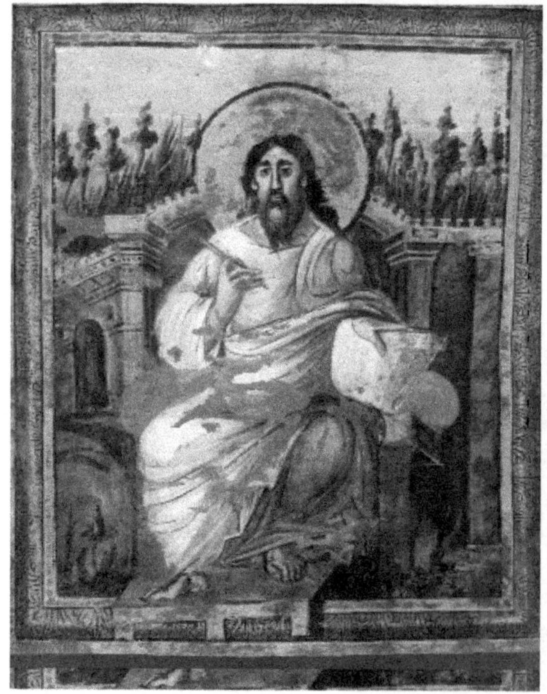

Abb. 39: sog. Wiener Schatzkammer-Evangeliar, Evangelist Johannes: Die mit Purpur gefärbten Blätter sowie der Stil und die Rahmung der Miniatur schließen eng an spätantike Vorbilder an; Aachen, um 800; Wien (WS)

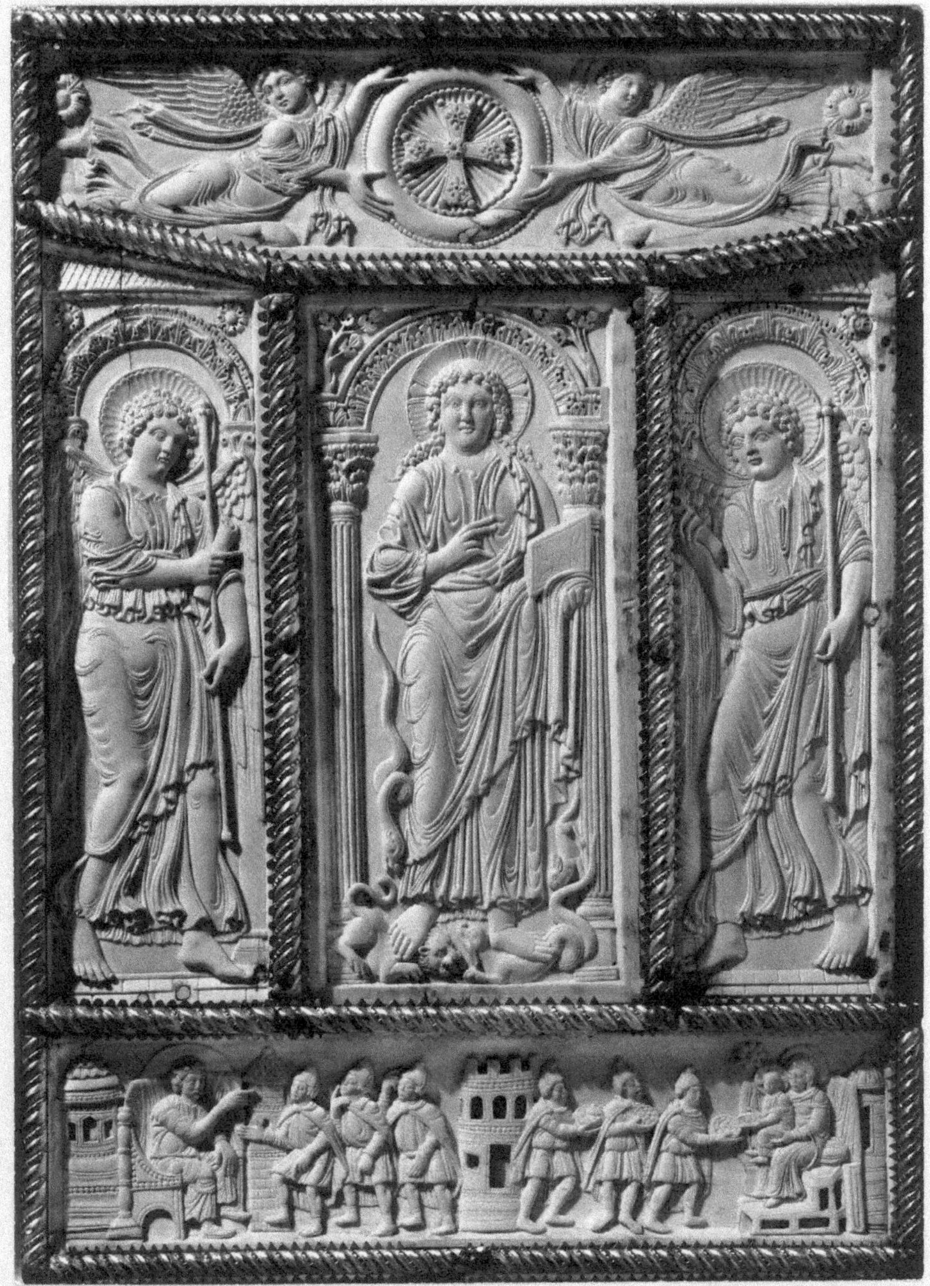

Abb. 40: Deckel des sog. Lorscher Evangeliars, Christusseite: Hinsichtlich der Fünfteiligkeit und des Stils ist hier bei byzantinischen Vorlagen des frühen 6. Jahrhunderts angeknüpft; Aachen, um 810; Città del Vaticano (MV)

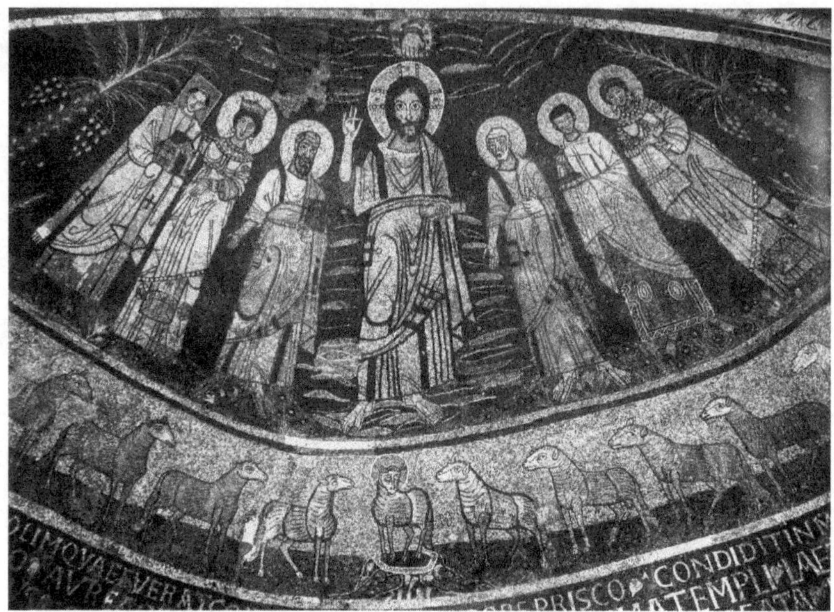

Abb. 41: Rom, Sta. Cecilia in Trastevere: Das Apsismosaik basiert ikonographisch auf
jenem in SS. Cosma e Damiano; zwischen 817 und 824

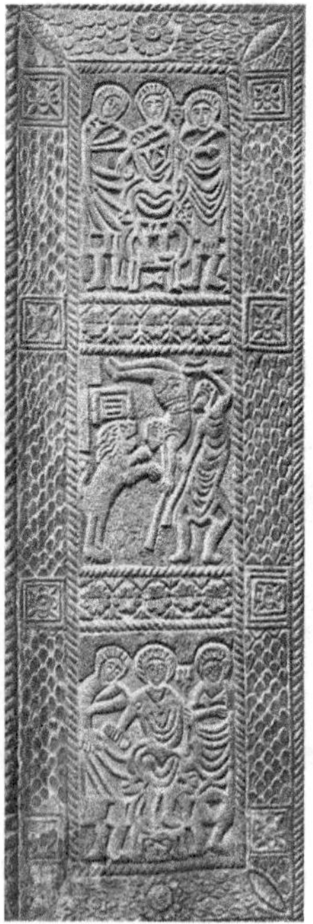

Abb. 42: San Miguel de Liño am Monte Naranco (Oviedo), Relief
am Pfeiler des Portals: Die ikonographische Vorlage bildet das sog.
Aerobindusdiptychon; 857

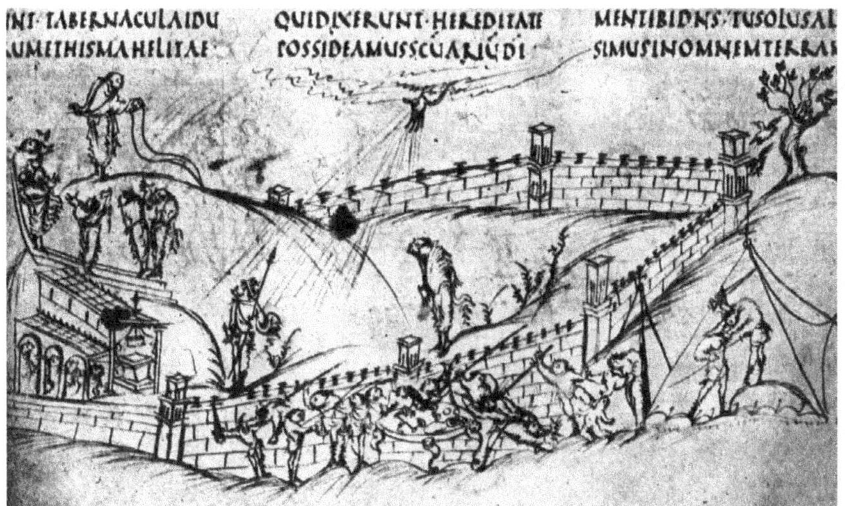

Abb. 43: sog. Utrechter Psalter: Federzeichnung zu Psalm 84(LXXXIII): Die *Dextera Dei* sendet Gnadenstrahlen auf König David, Reims, um 830; Utrecht (BRU, Ms. 32, fol. 49r)

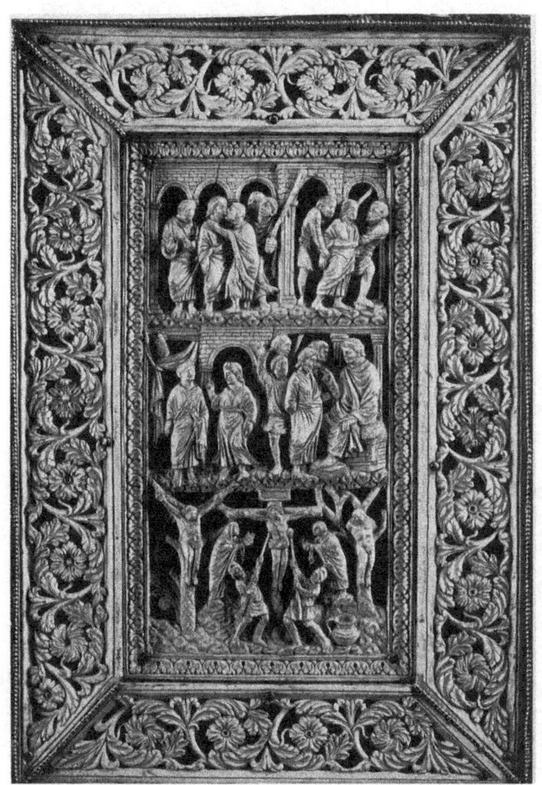

Abb. 44: Elfenbeinrelief vom Rückdeckel eines Codexeinbandes: Die Passion Jesu ist in einem elloquenten, retrospektiven Stil wiedergegeben; Metz (Ältere Metzer Schule), um 850; Paris (BN, Ms. lat. 9388)

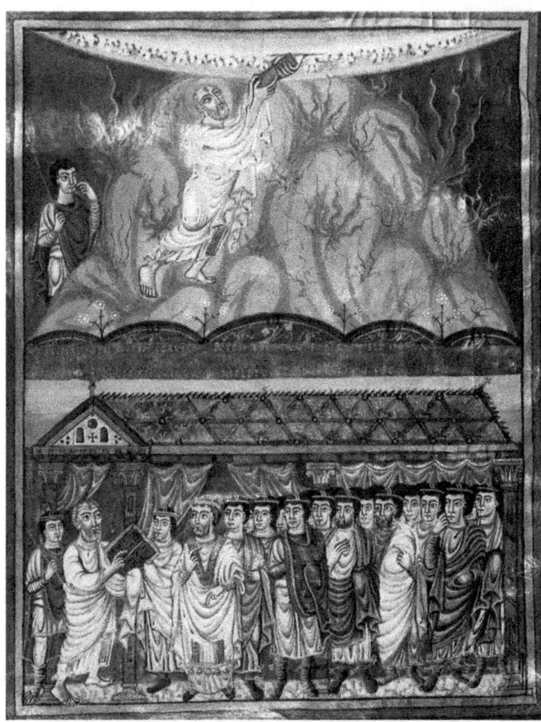

Abb. 45: sog. Vivianbibel, Miniatur zum Buch Exodus: Der fränkische Klerus erklärt sich – verschlüsselt – als Hüter des göttlichen Gesetzes; Tours, um 845; Paris (BN, Ms. Lat. I, fol. 27v)

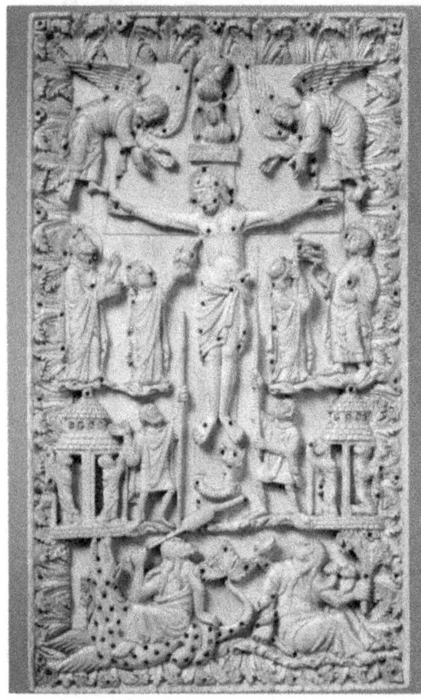

Abb. 46: Elfenbeinplatte von einem Buchdeckel: Der Kreuzestod Jesu als universale Erlösungstat; Metz (sog. Jüngere Metzer Schule), 3. Viertel 9. Jh.; London (VA)

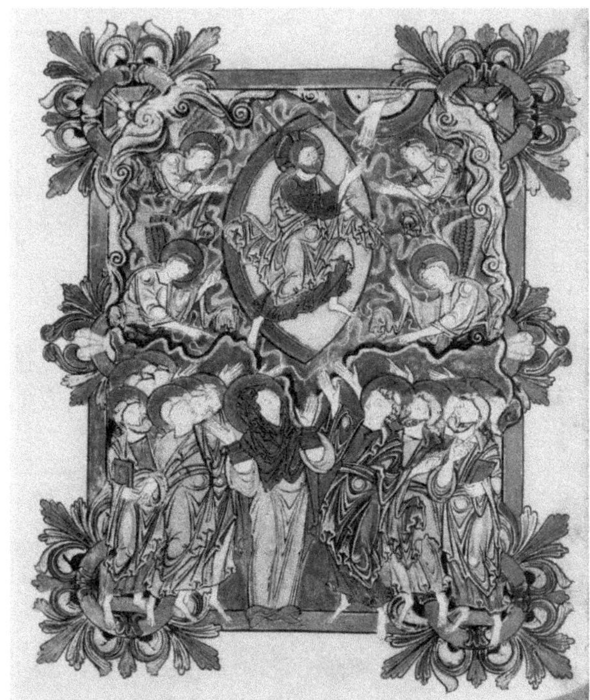

Abb. 47: sog. *Benedictionale pontificale* für Bischof Æthelwold, Himmelfahrt Christi; Winchester, zwischen 963 und 984; London (BL, Add. ms. 49 598, fol. 64v)

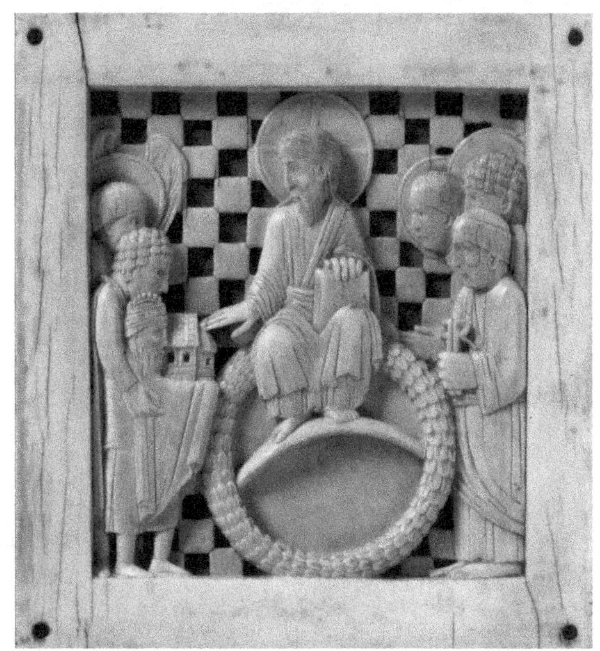

Abb. 48: Elfenbeinplatte von einer – verlorenen – bischöflichen Cathedra oder einem Antependium für den Magdeburger Dom: Kaiser Otto I., d. Gr., dediziert Christus den Dom; oberitalienischer Schnitzer (?), 968 (?); New York (MM)

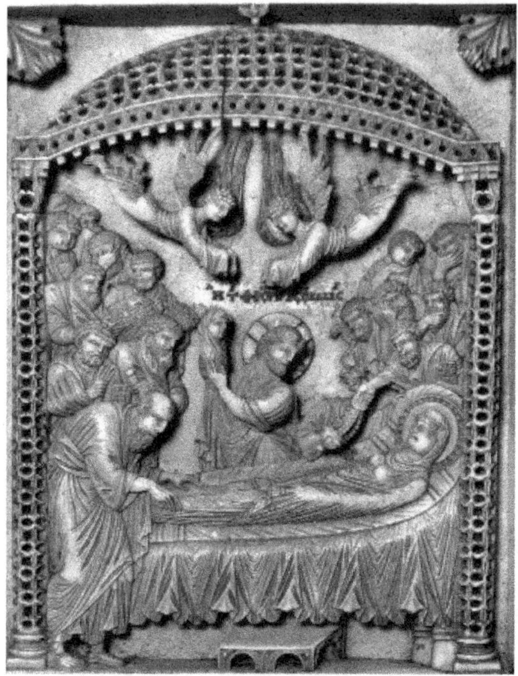

Abb. 49: Elfenbeinrelief, Koimesis: Christus nimmt die Seele seiner Mutter entgegen; Byzanz, spätes 10. Jh., auf dem Buchdeckel des sog. Münchener Evangeliars Ottos III. montiert, München (BSB, Clm 4453)

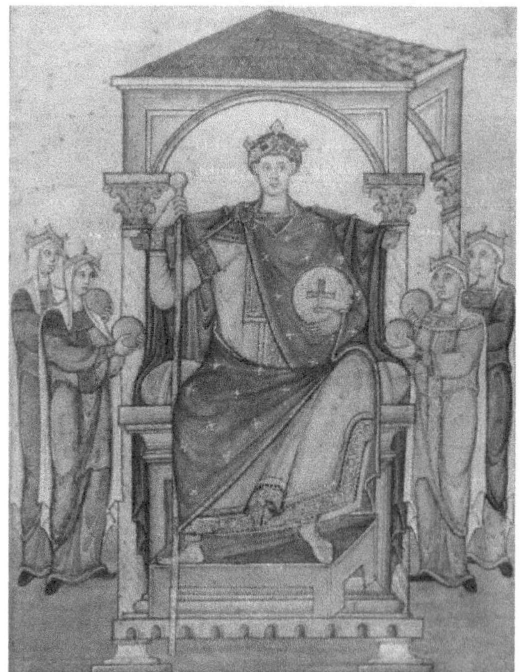

Abb. 50: Einzelblatt: Kaiser Otto II. als Thronender, umstanden von den huldigenden Provinzen; sog. Meister des Registrum Gregorii, Trier, kurz nach 983; Chantilly (MC)

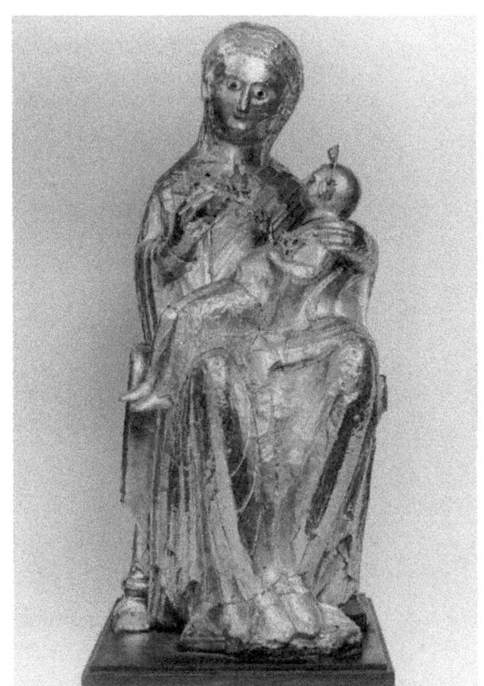

Abb. 51: sog. Essener Goldmadonna; Köln, um 980; Essen (M)

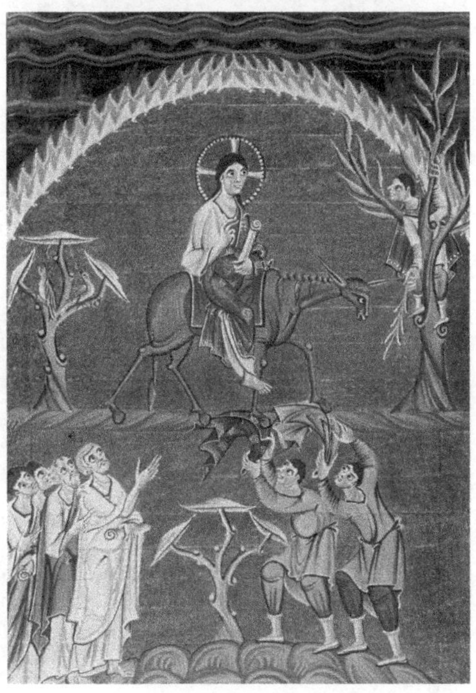

Abb. 52: sog. Münchener Evangeliar Ottos III.: Einzug Christi in Jerusalem; Reichenau, um 1000 (vor 1002); München (BSB, Clm 4453, fol. 234v)

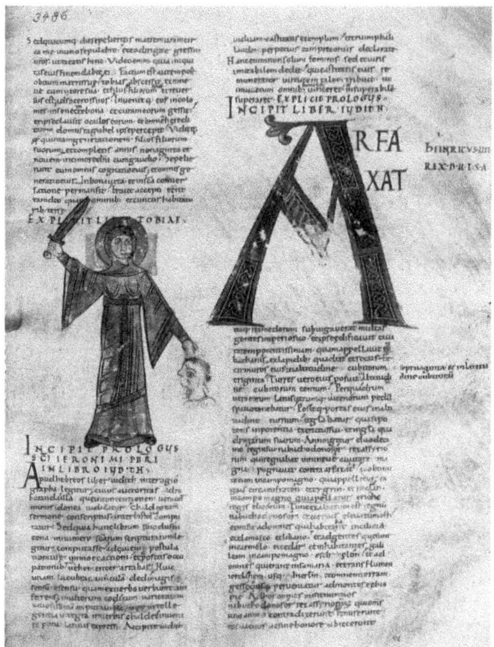

Abb. 53: sog. Bibel Heinrichs IV.: Die Heroine Judith mit dem abgeschlagenen Kopf des Holofernes; Italien, um 1070 (vor 1075); München (BSB, Clm 13001, fol. 88r)

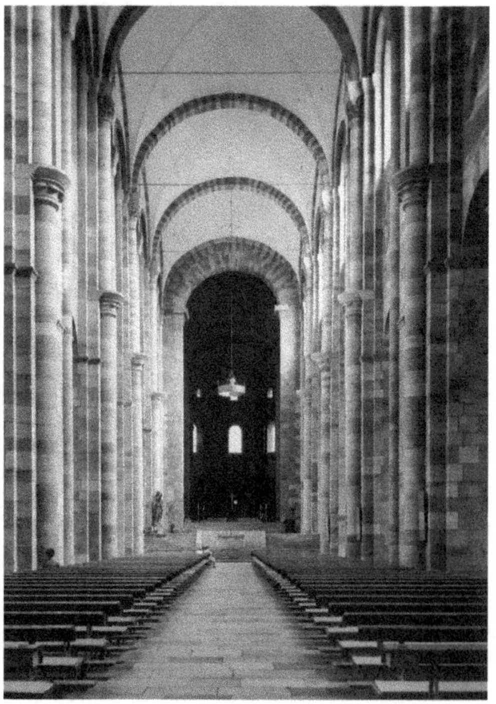

Abb. 54: Speyer, Dom: 1030–1061, beim Umbau unter Kaiser Heinrich IV. wurde das Langhaus gewölbt; ab 1081

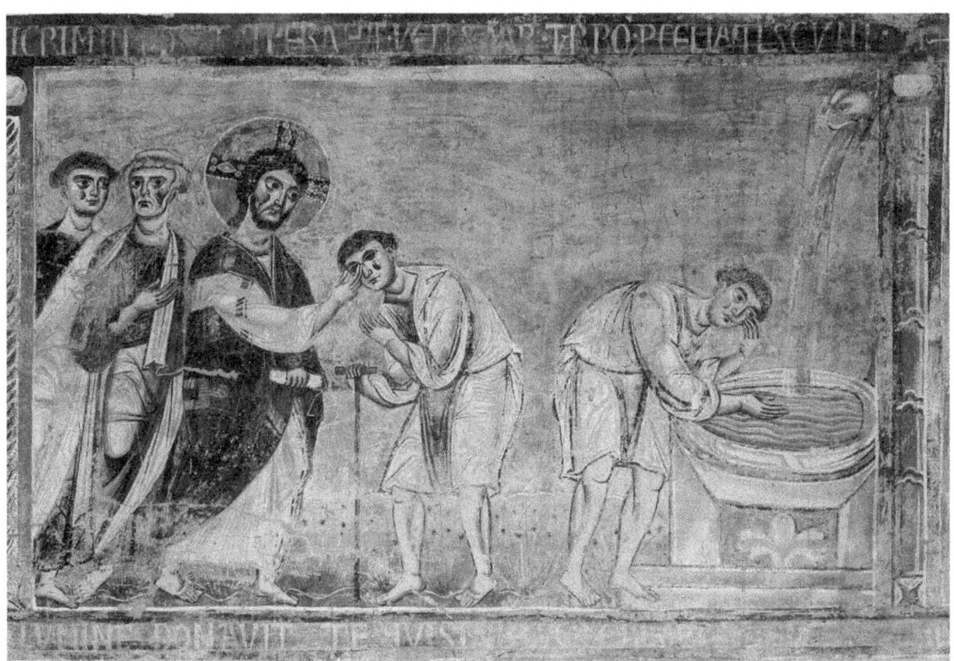

Abb. 55: Klosterkirche Sant'Angelo in Formis, Fresken: die Heilung des Blinden; zwischen 1058 und 1086

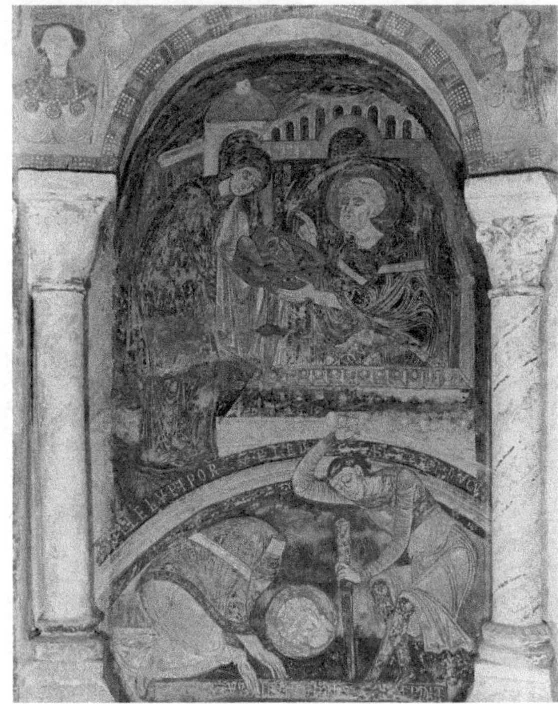

Abb. 56: Berzé-la-Ville, Château des Moines, Fresken: Szene aus dem Leben und Martyrium des hl. Blasius; nach 1109

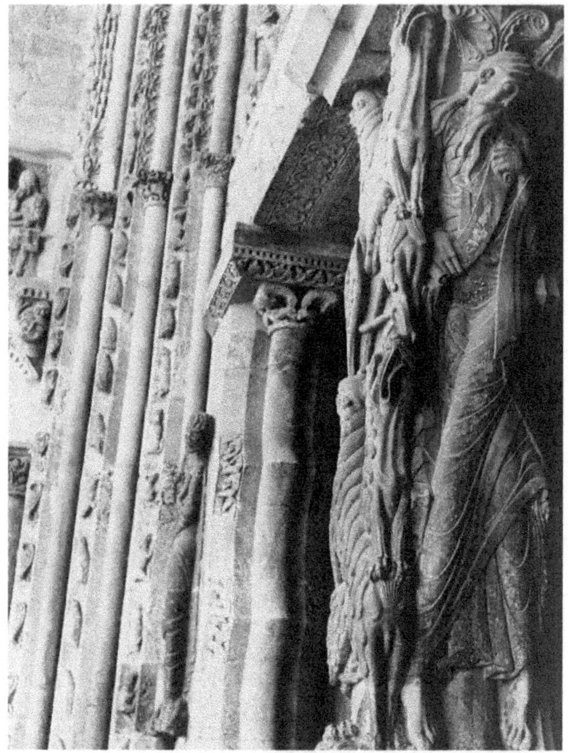

Abb. 57: Moissac, ehemalige
Abteikirche Saint-Pierre, Portal mit
trumeau: Prophet Jeremias, Apostel
Paulus und drei Löwenpaare; um 1130

Abb. 58: Verona, Dom, Portalgewände
mit Gewändefiguren; um 1139

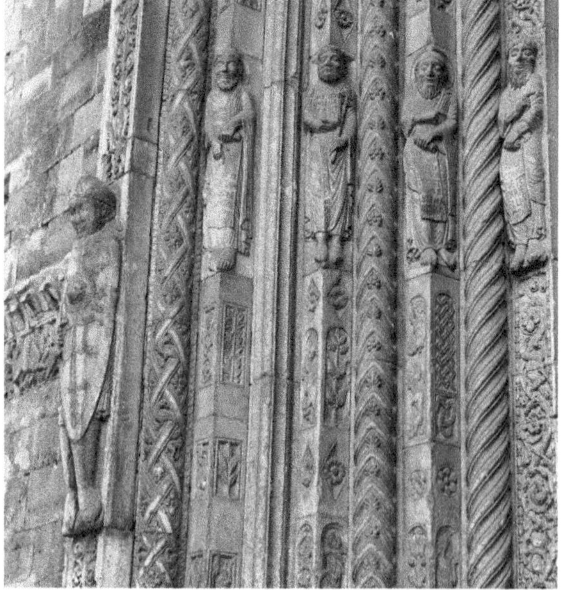

Seite 329 unten, Abb. 60: Rainer von
Huy, Bronzetaufbecken, Detail:
Der hl. Johannes der Täufer tauft am
Jordan; zwischen 1107 und 1118;
Lüttich (Église Saint-Barthélemy)

Abb. 59: Autun, Kathedrale Saint-Lazare, Tympanon des Hauptportals, Detail: Teufelshände erfassen einen Verdammten wie die Zange eines Greifbaggers; um 1130

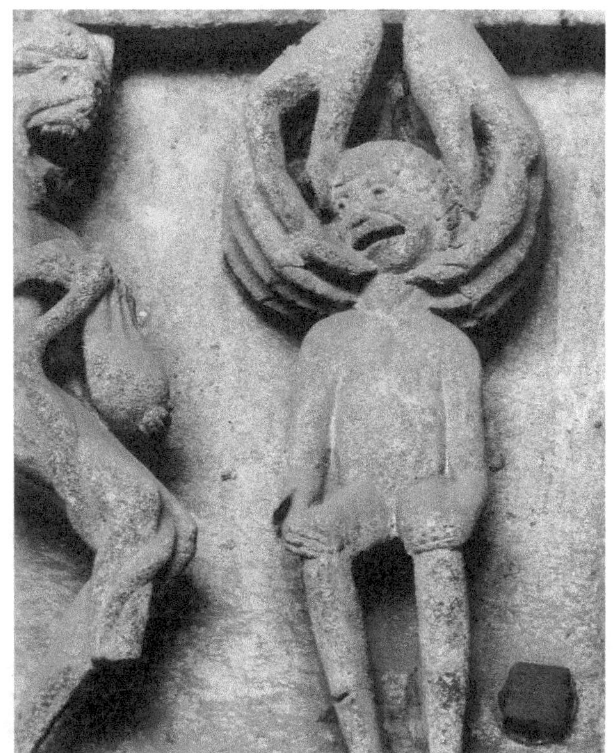

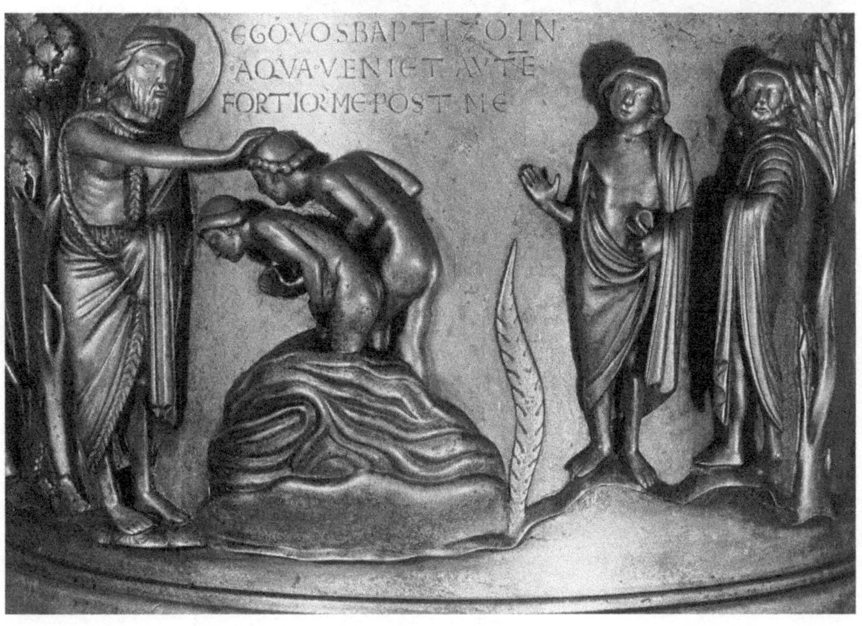

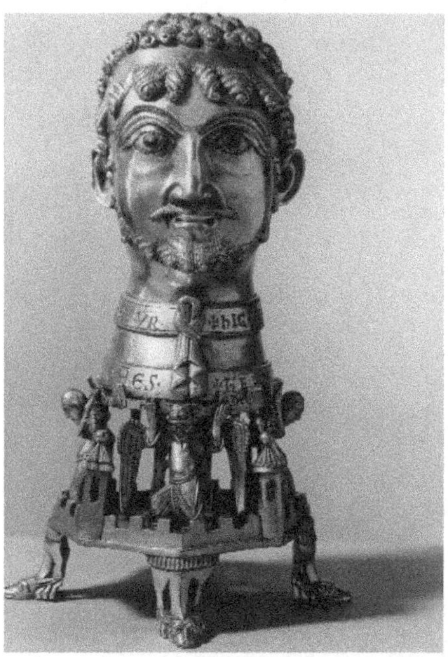

Abb. 61: sog. Barbarossakopf: Kaiser Friedrich I. Barbarossa als Herr über Rom; Westdeutschland, zwischen 1155 und 1160; Schloss Cappenberg

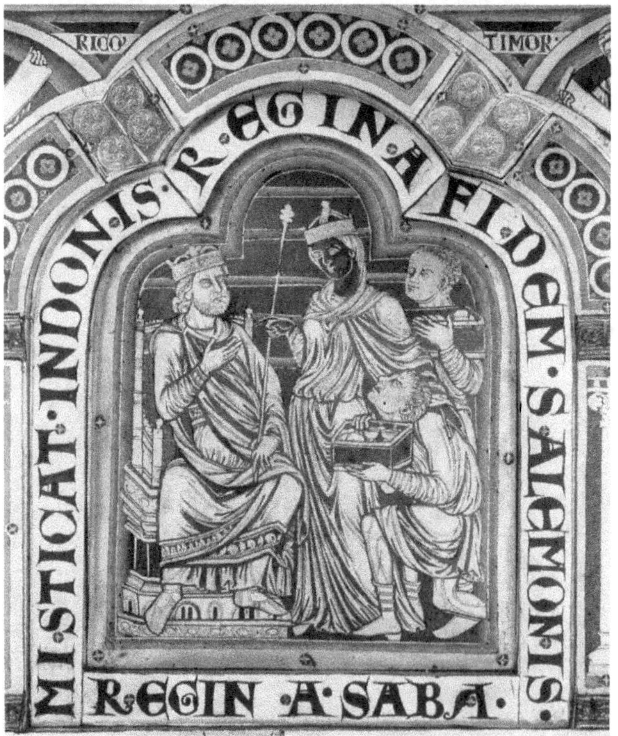

Abb. 62: Nicolaus von Verdun, Ambo für die Propsteikirche Klosterneuburg, Emailplaque »Besuch der Königin von Saba bei König Salomon«; Maasland oder Köln, ab ca. 1070, 1181 vollendet (1330/31 wurde die Kanzel zu einem Flügelaltar umgebaut)

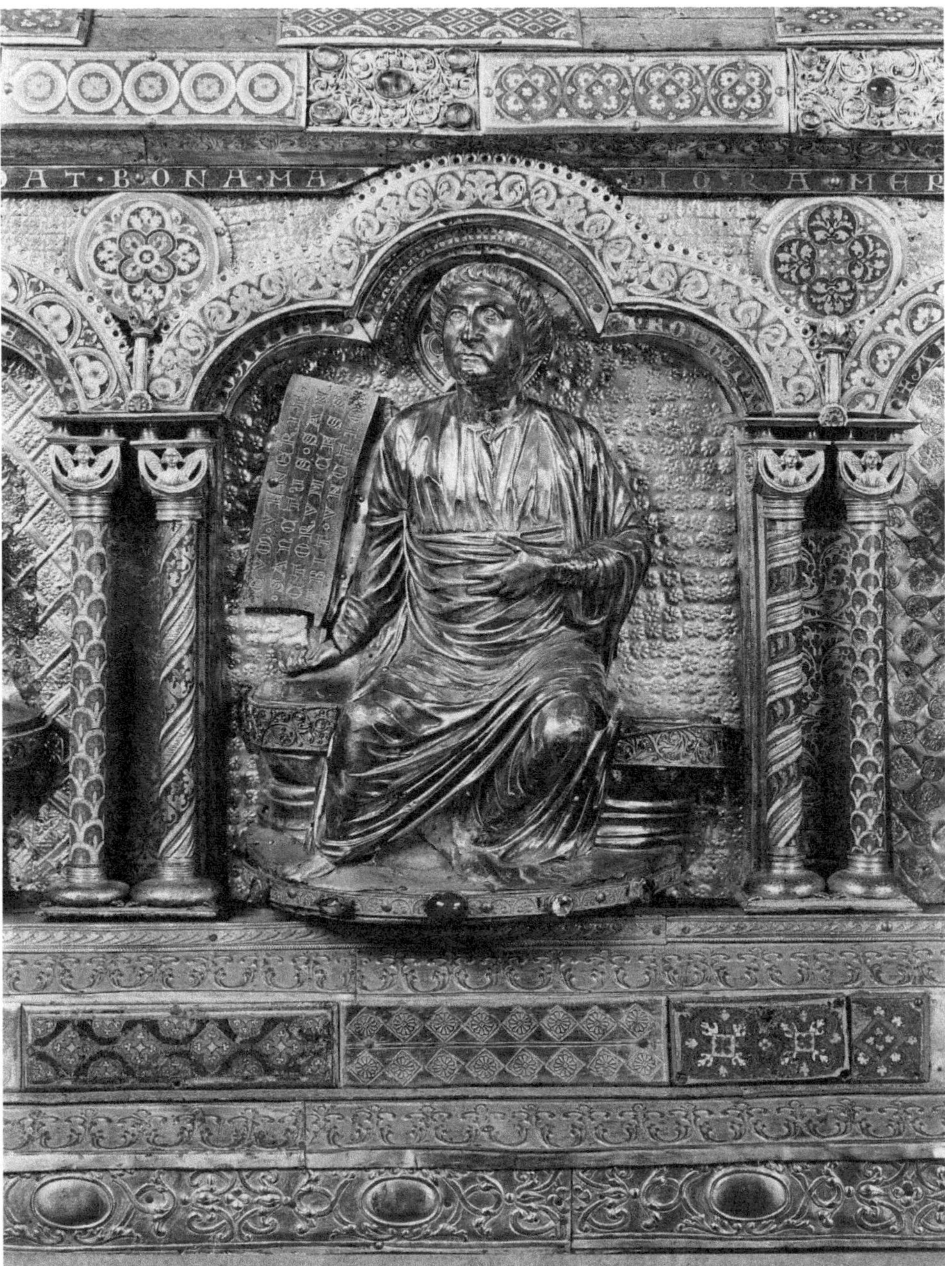

Abb. 63: Nicolaus von Verdun, Figur des Propheten Daniel für den sog. Dreikönigenschrein; Köln, nach 1181; Köln, Dom

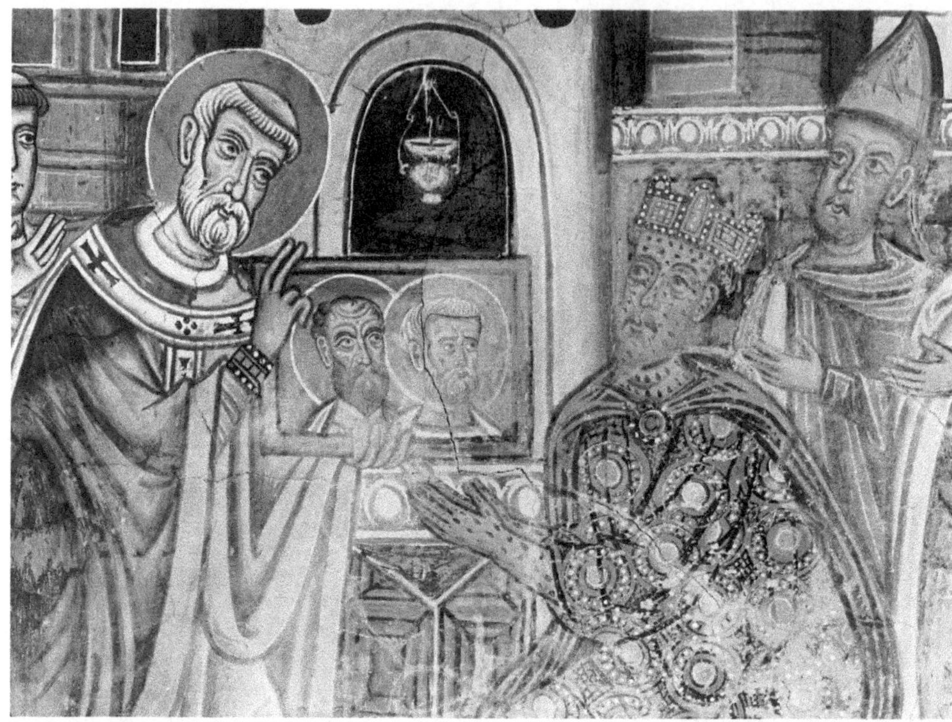

Abb. 64: Rom, dem hl. Papst Silvester gewidmetes Oratorium bei SS. Quattro Coronati, Fresken, das Leben Kaiser Konstantins d. Gr. thematisierend, Detail: Papst Silvester heilt den Herrscher durch eine Petrus- und Paulus-Ikone vom Aussatz; um 1246

GLOSSAR

Abkürzungen:

AT: Altes Testament
C: im Christentum
I: im Islam
IR: im Imperium Romanum (inkl. paganer Kulte)
J: im Judentum
N: Neues Testament

Zu den Personen, Orten und Werken, auf die im Folgenden mit einem Pfeil (→) verwiesen ist, siehe das Register

Zu den im Text verwendeten architektonischen Termini siehe: Günther Binding, Architektonische Formenlehre, Darmstadt 1980

Abt (lat.), *der*	C: Vorsteher eines Klosters
Abtei (lat.), *die*	C: Kloster, dem ein →Abt oder eine Äbtissin vorsteht
Abundantia (lat.) *w.*	Personifikation des Überflusses
admonitio generalis (lat.), *die*	(generelle Ermahnung) Aufforderung König Karls I. (d. Gr.) zum sorgfältigen Schreiben liturgischer Handschriften
Ädikula (lat.), *die*	(kleiner Bau, Tempelchen) Bau oder Rahmung mit einer der Stirnseite eines antiken Tempels ähnelten Front
adventus (lat.), *der*	(Ankunft, Auftritt) IR: des Herrschers, Machtgestus; →auch *secundus adventus*
agnus Dei (lat.), *das*	(Lamm Gottes) C: Symbol Christi (des Gekreuzigten); → Opfertod Christi
Agora (gr.), *die*	Marktplatz von Athen
Akolythen (gr., Mz.)	(Gefolgsleute) C: Kleriker mit niederen Weihen, u.a. Lichtträger und Opferdiener
Akroterion (gr.), *das*	Giebelbekrönung
Alba (lat.), *die*	(die Weiße) C: bei der liturgischen Kleidung des Priesters: weißes Untergewand
Allegorese (gr.), *die*	C: Schriftauslegung bei Anwendung der Methode der → Schule von Alexandria
allochthon (gr.)	nicht am Fundort entstanden, andernorts heimisch
Almadin (lat.), *der*	meist rotes oder violettes Silikat-Mineral aus der Familie der Granate
altare portatile (lat.), *das*	(Tragaltar) C: kleiner Altar zur Eucharistiefeier hoher geistlicher Würdenträger auf Reisen
Altes Testament	J: → Hebräische Bibel; C: übernommen, hier – im Unterschied zu den nach dem Tod Jesu verfassten Schriften (→ Neues Testament) – als „Altes Testament" (Vermächtnis) bezeichnet

Ambo (lat., ital.), *der*	(buckelartige Erhebung, Rand) C: Kanzel, Lesepult
Anagoge (gr.), *die*	(Hinaufführung) C: zu Gott; →anagogischer Sinn
anagogischer Sinn (gr.)	C: eine der drei Ebenen des Spiritualsinns: zu Gott hinaufführend; → Schule von Alexandria
ante legem (lat.)	(vor dem Gesetz) C: Zeit von der Schöpfung bis zur Übergabe der Gesetze an Moses auf dem Berg Sinai
ante portas [stehen] (lat.)	vor den Stadttoren stehen, belagern
Antependium (lat.), *das*	(Vorhang) C: Altarvorhang, -verkleidung
Antichrist (gr., lat.), *der*	C: Gegener Christi, der Teufel
Antitypus (gr., lat.), *der*	(Entsprechung, Bild, Petschaft) C: Ereignis des NT mit inhaltlicher Beziehung zu einem Ereignis des AT; → Typus
Apokalypse (gr., lat.)	(Enthüllung, Offenbarung) C: die „Johannesapokalypse" ist der Ende des 1. Jh.s n. Chr. im Hinblick auf bevorstehende Pogrome gegen Christen in Kleinasien verfasster Serienbrief eines sich „Johannes" nennenden Autors
apokalyptischen Wesen	Löwe, Stier, Adler, Mensch; C: werden der Ezechielvision (Ez 1:1) gemäß mit Christus am Jüngsten Tag erscheinen
apokryphe Schriften (gr.)	(verborgene Schriften) C: nicht als → kanonisch anerkannte Schriften, z.B. über die Kindheit Jesu
Apologetik (r., mlat.), *die*	C: Absicherung/Verteidigung von Glaubenssätzen
apostata (gr.)	(abtrünnig) C: vom Christentum abweichend
Apostel (gr., lat.), *der*	(Bote) C: Jünger Jesu (ursprünglich 12)
Apostelfürsten (gr., lat.)	C: die Apostel Petrus und Paulus
Apotheose (gr.), *die*	Erhebung (zu den Göttern)
apotropäisch (gr.)	(abwendend) C: der Versuch, das Böse durch Böses/Hässliches abzuwehren
Archivolte (lat., ital.), *die*	Bogen des Stufen- respektive Trichterportals (Gotik), meist mit Ornament, Figuren etc. besetzt, die aus dem Steinblock herausgearbeitet sind
Areopag (gr.), *der*	(Areshügel) Felsen nordwestlich der Akropolis in Athen; Sitz des Stadtrates
Arianismus	C: Lehre → Areios' hinsichtlich des Wesens*verschiedenheit* von Christus und Gottvater, wonach Christus ein Geschöpf des Vaters, dieses wandelbar und zur Sünde fähig ist; durch das 1. Konzil von Nikaia 325 als Häresie verurteilt
Aristotelismus	der von Aristoteles ausgehende, über die → Scholastik bis in die heutige Zeit wirksame Philosophie, die u. a. die Welt der sichtbaren Dinge als Realität anerkennt
aspersio (lat.), *die*	Anspritzen; C: des Täuflings
atrium (lat.), *das*	Vorhof
aula palatina (lat.), *die*	IR: kaiserliche (Thron- und Empfangs-)halle
Augustiner-Chorherren, *die*	C: Priester (keine →Mönche; vgl. →Benediktiner), die der Regel des hl. Augustinus (Kirchenlehrer, Bischof von Hippo) folgen, wirken an der gemeinsamen →Liturgie (Feier der Heili-

	gen →Messe, Beten des →Stundengebets) mit, sind primär in der Seelsorge tätig; zu den →Regularkanonikern gehörig
Auserwähltes Volk	J: Bezeichnung des Volkes Israel (Gn 12:1–3; Ex 19:5ff.); C: auf die Christen übertragen
autochthon (gr.)	am Fundort entstanden, eingesessen
Azyma (gr., lat.; Mz.)	C: ungesäuertes Brot, Hostien →Schisma
Baptisterium (lat.), *das*	C: nach der →Konstantinischen Wende aus der typlogischen Fusion von →Caldarium und →Mausoleum entwickelter, in der Regel zentralbauförmiger Taufraum
bar-mizwa (hebr.), *der*	J: Gebotsverpflichteter (Erwachsener)
basileus (gr.), *der*	König, Kaiser
basileus ton Romaion (gr.)	(Kaiser der Römer); vom byzantinischen Kaiser →Michael I. angenommener Titel
Basilika (gr.), *die*	(Königshalle) 1. Longitudinalbau aus drei oder fünf sog. Schiffen, die miteinander durch Säulen- oder Pfeilerstellungen verbunden sind, mit höherem und eigens durch Fenster belichteten Mittelschiff; IR: Ort für Gerichtssitzungen und Handelsgeschäfte (z. B. Markthalle); C: für große Kirchen verwendeter Bautypus. 2. C: an eine →Kirche von herausragender Bedeutung verliehener Titel
Bedeutungsperspektive	auch „Bedeutungsproportion": Größenverhältnis (meist von Figuren zueinander) entsprechend der Wichtigkeit
Benedictionale pontificale (lat.), *das*	(Sammlung bischöflicher Segensgebete) C: die Segensgebete des Bischofs umfassender Codex
Benediktinerorden, *der*	C: Orden, deren Mitglieder (Mönche, Nonnen) der Regel des hl. Benedikt von Nursia folgen. In Gemeinschaft in einem Kloster lebend wirken sie an der gemeinsamen →Liturgie (Feier der Heiligen →Messe, Beten des →Stundengebets) mit
beneficium (lat.), *das*	(Lehen, Wohltat) C: im 12. Jh. die Herrschaft des Kaisers in den Augen des Papstes; →Kaiser Friedrich I.
Bibel (gr. „*biblia*"), *die*	(Schriftrollen, Bücher [Mz., später irrtümlich als Singular eines lat. Femininums verwendet]) Sammlung von Schriften, die im Laufe von 1200 Jahren primär im Vorderen Orient entstanden sind; J, C: Wort Gottes, daher „Heilige Schrift" und Grundlage des Glaubens; →Hebräische Bibel, →Altes Testament, →Neues Testament
biga (lat.), *die*	zweispänniger Wagen
Bischof (gr.), *der*	C: geistlicher Würdenträger, vom →Papst mit der geistlichen und administrativen Aufsicht über mehrere Gemeinden/ein Gebiet betraut
Blachernenpalast, *der*	Kaiserpalast in Konstantinopel
Bukolika (lat.), *die*	Hirtengedichte, literarische Gattung des Hellenismus, sich mit dem Leben der (Rinder-)Hirten befassend
Bulle (lat.), *die*	(Wasserblase) kreisrunde Siegelkapsel aus Metall, oft aus Gold

byzantinisch | vor 1453 in (Konstantinopel, griechischer Name „Byzantion") respektive im Byzantinischen (von Konstantinopel beherrschten, ehem. Oström.) Reich entstanden

Cabochon (fr.), *der* | oben kuppelförmig geschliffener Schmuckstein

caldarium (lat.), *das* | IR: Warmbad (meist Zentralbau)

cardo maximus (lat.), *der* | auch: *via principalis*; IR: im Militärlager die den →*decumanus* kreuzende Hauptstrasse

carmen figuratum (lat.), *das* | Figurengedicht: Teile des über das Blatt verteilten Texts sind durch – diesen hinterfangende – Figuren, Tiere, Gegenstände, Buchstaben etc. hervorgehoben und ergeben so eine zweite Sinnschicht

cathedra Petri (lat.), *die* | (Thron Petri) C: Gold-Elfenbein-Thron aus dem 3. Viertel des 9. Jh.s, wohl als Geschenk Karls d. Kahlen an den Papst nach Rom gelangt, in Berninis Hochaltar von St. Peter (im Bronzethron) aufbewahrt

cauda (lat.), *die* | (Schwanz) Buchmalerei: „Schwanz" der Majuskel Q

cella (lat.), *die* | Tempelzelle

Cherub, *der* (Mz: Cherubim) | J, AT: geflügeltes Fabelwesen/Engel, meist mit Tierleib und Menschengesicht, mit hohen (Wächter-)Funktionen betraut

chlamys (gr.), *die* | IR: (Reitermantel), Bekleidung des Feldherrn; C: Christi als Triumphator

Chor (lat.), *der* | Altarraum der Kirchen, Ort des →Stundengebets

christiani (lat., Mz.) | IR: Bezeichnung der Anhänger Jesu

Christogramm (gr., lat.), *das* | C: Christusmonogramm aus den griechischen Buchstaben „X" und „P" für „*Christos*"

Christo tókos (gr.), *die* | (*Christus*gebärerin) C: Bezeichnung Mariä durch Nestorios (→Nestorianismus), wonach Maria nur den Menschen Christus, nicht aber den Gott Christus geboren hat

Christus (gr., lat.) *m.* | (der Gesalbte) C: der →Messias

Chrysographie (gr.), *die* | Wiedergabe beleuchteter Gewandstege durch das Malen mit Goldtinktur

civitas Dei (lat.), *die* | (Gottesstaat) C: bei →Augustinus das Gegenteil des vom Teufel dominierten Staates

clipeus (lat.), *der* | (Erz-, Rundschild) Brustbild, Medaillon

Codex (lat.), *der* | durch einen Einband geschützter Buchblock, bestehend aus →Lagen

codex aureus (lat.), *der* | (goldener Codex) Handschrift mit reicher Verwendung von Gold in der malerischen Ausstattung

codex purpureus (lat.), *der* | (Purpurcodex) aus mit →Purpur gefärbten Pergamentblättern bestehender →Codex

coemeterium (lat.), *das* | Begräbnisort

compassio (lat.), *die* | Mitgefühl, Mitleid; C: besonders mit dem Leiden Christi

concordia (lat.) *w.* | Eintracht (Tugend)

confessor (lat.), *der*	(Bekenner) C: (für seinen Glauben verfolgter) Heiliger, der nicht Märtyrer ist
congiarium (lat.), *das*	Geschenk, Geldspende
crux gemmata (lat.), *die*	mit Edelsteinen besetztes, von einer Perlenreihe eingefasstes Kreuz; C: Zeichen des auferstandenen respektive wiederkehrenden Christus
crux hastata (lat.), *die*	C: Langkreuz (auf einer Lanze aufgestecktes Kreuz)
cubiculum (lat.), *das*	kleine Kammer, Schlafgemach
decumanus (lat.), *der*	IR: im Militärlager auf das Prätorium (Amtshaus des Provinzstatthalters) zulaufende Hauptstraße
dedicator (lat.), *der*	Schenker, Stifter
Dedikation (lat.), *die*	Widmung
Dekalog (gr.), *der*	(Zehnwort) C: griechische Bezeichnung der Zehn Gebote; → Hebräische Bibel, →AT (Ex 20:2-17)
dextera Dei (lat.), *die*	(Rechte Rottes) C: (segnende) Hand Gottes, meist Gottvaters
Dezennalien (lat., Mz.)	IR: zehnjähriges Regierungsjubiläum
Diaspora (gr.), *die*	Zerstreuung einer Minderheit in eine Mehrheit, *in concreto:* der Juden im Imperium Romanum nach der Zerstörung Jerusalems (70 n. Chr.)
Dienst, *der*	hoher, dünner Rundpfeiler (in seiner Gliederung [Basis, Schaft, Kapitell] einer Säule entsprechend); beim Portalgewände (→ Gewände) zwischen je zwei Gewändepfosten eingestellt oder vor dem aufgehenden Mauerwerk als Wandgliederung und/oder Vorbereitung der Gewölbebögen verwendet
Diakon (gr.), *der*	(Diener, Knecht) C: Träger eines geistlichen Amts; erste von drei Weihestufen (Diakon, Priester, →Bischof)
Diptychon (gr.), *das*	IR: zweiflügelige, klappbare Schreibtafel; an den Innenseiten Vertiefungen für Wachsplatten
divus (lat.) *m.*	IR: göttlich (adj.)
Doge (lat./ital), *der*	Herzog, *in concreto:* politisches Oberhaupt Venedigs
Dogma (gr., lat.), *das*	C: von der Kirche festgesetzte Glaubenswahrheit, starrer Lehrsatz
Doktrin (lat.), *die*	Lehrmeinung von absoluter Gültigkeit; C: unumstößliche Glaubenswahrheit
Dom (lat.), *der*	C: Kirche von besonderer Bedeutung, meist (regional unterschiedlich) Kirche eines Bischofssitzes (→Bischof, →Kathedrale)
Dominat (lat.), *der* oder *das*	IR: absolute Monarchie
donatio Pippini (lat.), *die*	Pippinsche Schenkung; Übergabe des →*patrimoniums Petri* an den Papst (754) durch →Pippin III. nach der Rückgewinnung der Gebiete
Dreifaltigkeit	→Trinität
Ecclesia	→Ekklesia

Ekklesia (griech.), *die* (die „Herausgerufene") C: Gemeinschaft der Christen, die →Kirche

Ekklesiologie (griech.), *die* C: theologische Reflexion über die →Kirche resp. über die Bedeutung eines Ereignisses etc. im Hinblick auf die Kirche (im Sinne von „Gemeinschaft der Gläubigen")

elevatio (lat.), *die* Hochheben; C: die gewandelte Hostie während der Messfeier

Elfenbein
(von althochd. „*helfant[bein]*") Elefantenknochen; Zahnbein der Stoßzähne von Elefant, Mammut, Walross, Narwal und Nilpferd

Elysium (gr., lat.), *das* nach der griech. Sage das Land der Seligen in der Unterwelt

émail champlevé (franz.), *der* (Email im abgehobenem Feld) Grubenschmelz: aus der Metallplatte (meist Kupfer) werden Felder abgehoben, die dadurch entstehenden Gruben mit – oft mehrfärbigem – Schmelz gefüllt

émail cloisonné (franz.), *der* (eingeschlossenes Email) Senk- oder Zellenschmelz; bei einem dünnen Blech (oft Gold) wird ein vertieftes Feld durch angelötete Stege in kleine Zellen unterteilt, die in der Regel monochrome Glasflussflächen einschließen

emendatio (lat.), *die* (Verbesserung) Korrektur der →*Vulgata* in der Karolingerzeit

Enkaustik (gr.), *die* In Wachs gebundene Farbpigmente; IR: u.a. bei Mumienportraits, C: bei den frühen Ikonen angewandt

Epiphanie (gr.), *die* („Erscheinung") C: Anbetung des Christuskindes durch die Weisen (Mt, Kap. 2)

Episkopat (gr.) *der* oder *das* C: Amt des →Bischofs resp. Gemeinschaft aller Bischöfe

Epitaph (gr.), *das* Gedenktafel

epitheton ornans (gr., lat.), *das* schmückender Beiname

Erstes Testament →Altes Testament

Erzbischof (gr.), *der* C: →Bischof mit hervorragender Stellung

Eucharistie (gr., lat.), *die* (Danksagung) C: Feier des heiligen Abendmahls als Mittelpunkt der Messfeier, bei dem die Wandlung von Brot und Wein in Fleisch und Blut Christi stattfindet und damit die →Realpräsenz Christi gegeben ist (seit der Reformation in vollem Umfang nur noch Glaubensgut der röm.-katholischen Kirche)

Eucharistische Gaben C: Brot und Wein; →Eucharistie

Evangeliar (gr., mlat.), *das* C: liturgisches Buch, die Texte der vier →kanonischen →Evangelien umfassend

Evangelien (gr., Mz.) (gute Botschaft[en]) C: die vier ersten Bücher des NT

Evangelist (gr., lat.) C: Verfasser eines der vier ersten Bücher des NT (Matthäus, Markus, Lukas, Johannes)

Evangelistar (gr., mlat.), *das* C: liturgisches Buch, die in der →Messe zu verlesenden →Perikopen aus den →kanonischen →Evangelien umfassend (auch „Perikopenbuch")

Evangelistensymbole C: den vier Evangelienverfassern durch Hieronymus zugeordnete →apokalyptische Wesen; in den Darstellungen den →Evangelisten beigegeben oder diese vertretend

Exarch (gr.), *der*	IR: Oberbefehlshaber einer großen militärischen Einheit, Statthalter des byzantinischen Kaisers in Ravenna resp. Sizilien
Exegese (gr.), *die*	Schriftauslegung; C: der Bibel
exemplum virtutum (lat.), *das*	(Tugendbeispiel) C: Vorbild (z.B.: eines Märtyrers) für den Lebensvollzug des Christen
Exkommunikation (lat.), *die*	C: zeitlich begrenzter oder permanenter Ausschluss aus der Kirchengemeinschaft
Exodus (gr.), *der*	2. Buch der →Genesis, den Auszug der Isrealiten und die Wüstenwanderung beschreibend
Filialkirche (lat.), *die*	C: Nebenkirche einer Hauptkirche (Pfarre)
Fluchtlinien	in der perspektivischen Darstellung die Kanten etc. von im Rechten Winkel auf die Bildebene stehenden Objekten
folium (lat.), *das*	Blatt, *in concreto*: eines Codex
fortitudo (lat.) *w.*	Stärke (Tugend)
Fresko (ital.), *das*	Wandmalerei auf einer feuchten Putzschicht
fünfteiliges Diptychon (gr.), *das*	pro Seite aus fünf Platten zusammengesetztes →Ditpychon; IR: in dieser Form dem Kaiser vorbehalten; C: mit christologischer Thematik (Übertragung des Typus zwecks Definition des →Messianität Christi) auf →Codices (→Evangeliaren) montiert
Gaia (gr.)	Göttin der griechischen Mythologie, Personifikation der Erde
gedolim (hebr., Mz.)	(die Großen) J: zum Gebet in der →Synagoge Versammelte
Geheime Offenbarung	→Apokalypse
geistiger Sinn	gemäß der →Schule von Alexandria der – verborgene – Spiritualsinn der Schriften
Genesis (gr.), *die*	(Entstehen, Werden) J: Erstes Buch der Heiligen Schrift, C: des AT, die Schöpfung beschreibend
Gewände, *das*	beim Stufen- respektive Trichterportal (Gotik) die schräge Einschnittfläche in das aufgehende Mauerwerk
ğihād (arab.), *der*	(Anstrengung) I: Kampf; →Großer und →Kleiner *ğihād*
Glyptik	Steinschneidekunst
gnosis (gr.), *die*	Erkenntnis
Gnostiker (gr.)	IR, C: Anhänger des →Gnostizismus
Gnostizismus (gr., lat.)	alle religiösen Richtungen, die die Erlösung durch (philosophische) Erkenntnis Gottes und der Welt suchen; C: einen Dualismus von AT und NT zugunsten des NT behauptend
Golgotha (aram.)	(Schädel) Hügel in Jerusalem; C: Ort der Kreuzigung Christi; →Jerusalem, Grabeskirche
grisaille, en (franz.)	monochrom, meist in Grautönen ausgeführt
Großer *ğihād* (arab.), *der*	(große Anstrengung, Bemühung) I: Kampf des einzelnen Gläubigen gegen das Böse in seinem Inneren bei der Suche nach seinem persönlichen richtigen Weg
Guter Hirte	IR: schaftragender Hirte; C: Christus
haptisch (gr.)	greifbar, den Tastsinn betreffend

Häresie (gr.), *die*	Lehre im Widerspruch zur anerkannten →kanonischen Lehre
Hebräische Bibel, *die*	J: „Tanach", bestehend aus drei Hauptteilen: Tora (Weisung), Nevi'im (Propheten) und Ketuvim (Schriften), um 100 kanonisiert, C: in Umfang und Aufbau leicht verändert als →„Altes Testament" übernommen
Heide (von althochd. „*heidano*")	([vermutlich:] Waldmensch, -bewohner); C: Nicht-Christ
Heidenkirche	C: (Frühchristentum) Gemeinschaft der nichtjüdischen Christen (spätere, unpassende Bezeichnung; →Heide
Heilige Lanze	→Reichskleinodien, →Wien, WSK
Heilige Schrift	C: Bibel, bestehend aus →AT und →NT
Helios (gr.), *der*	in der griechischen Mythologie Sonnengott, Personifikation der Sonne
Hermeneutik (gr.), *die*	Methode der Schriftauslegung
Heroon (gr.), *das*	IR: Tempel für Halbgötter
heuresis (gr.), *die*	Personifikation der Erfindung
Hexameter (gr.), *der*	aus sechs Versfüßen bestehender epischer Vers
hieratisch (gr., lat.)	heilig, priesterlich
hieratische Borte (gr., lat.)	Borte aus Gold, mit zwei Perlen, einem Edelstein, zwei Perlen usf. besetzt; C: auf Christus bezogen, seine →Messianität bezeichnend
hiǧra (arab.), *die*	(Auswanderung, Emigration) I: Auswanderung Mohammeds im Jahr 622 von Mekka nach Medina; Beginn der muslimischen Zeitrechnung
Himmlisches Jerusalem	J: eine im Himmel schon präexistente Stadt Gottes, die sich auf die Erde herabsenken wird oder zu der, im Himmel befindlich, die Auserwählten hinaufsteigen werden; C: das Reich Gottes am Ende der Zeiten; →*secundus adventus*
hl. Messe	→Eucharistiefeier
Hohepriester	J: Oberpriester im Tempel von Jerusalem
Homiliar (gr., lat., mlat.), *das*	C: Predigtsammlung
Hostie (lat.), *die*	(Opfer, Opfertier) C: Brot der →Eucharistischen Gaben in Form einer runden Oblate (sehr dünnen Weizenmehlscheibe)
horror vacui (lat.), *der*	Angst vor dem Freiraum, dichte Anordnung
Hypokaustanlage (gr./lat.)	Bodenheizung mittels Warmluft
Hypostatische Union (gr., lat.), *die*	C: Verbindung von Gott und Mensch in Christus in einer „Hypostase" (Substanz, Person)
Ikone (gr., mgr., russ.), *die*	(Bild) C: Christi, Mariä und anderer Heiligen, die einem bestimmten Typus folgen, an dem aufgrund des →*methexis*-Gedankens streng festgehalten wird
Ikonodule (gr., Mz.)	(Bilderknechte) C (Byzanz); Befürworter der Ikonen und anderen Darstellungen christlichen Inhalts
Ikonoklasmus (gr.), *der*	(Bildzerstörung) C (Byzanz): Ablehnung und Zerstörung der Ikonen und anderer Darstellungen christlichen Inhalts
Ikonoklast (gr., Mz)	(Bildzerstörer) →Ikonoklasmus

illitterati (lat., Mz.)	des Lesens Unkundige
illuminieren/Illumniation (lat.), *die*	(Erhellen) Ausstatten von →Codices durch Darstellungen; C: Sichtbarmachen des Textinhalts (des – verborgenen – →Spiritualsinns durch Bilder)
Illusionsraum, *der*	in der Antike entwickelte Darstellung (Suggestion) eines Tiefenraums auf einer planen Fläche, meist unter Verwendung der →Parallelperspektive, ab der Renaissance der →Zentralperspektive
imitatio (lat.), *die*	Nachahmung; →*methexis*
immersio (lat.), *die*	(Eintauchen, Versenken) C: Untertauchen des Täuflings im Wasser
imperator (lat.), *der*	Kaiser
imperium (lat.), *das*	(Reich) C: weltliche Macht, Kaisertum
Imperium Romanum (lat.), *das*	Römisches Reich
Indigo (gr., lat., span.) *der/das*	dunkelblauer Farbstoff, aus Blüten eines tropischen Schmetterlingsblütlers gewonnen; IR: dem Kaiser, C: Christus vorbehalten
infusio (lat.), *die*	Übergießen; C: des Täuflings
Initiale (lat.), *die*	oft größen- und gestaltungsmäßig herausgehobener erster Buchstabe eines Wortes am Anfang eines Textes
Inkarnat (gr.), *das*	Fleischton, insbesondere des Gesichts
Insigne (lat.), *das*	(Abzeichen) Zeichen staatlicher, ständischer u.a. Würde
insulare Minuskel (lat.), *die*	auf den Britischen Inseln übliche (ornamentale) Minuskelschrift
insularer Bereich (lat.)	Britische Inseln
intercessio (lat.), *die*	(Dazwischentreten, Einsprache) C: heilbringendes Eingreifen der Blutzeugen (Märtyrer) bei Gott
Investiturstreit	Streit zwischen →*imperium* und →*sacerdotium* (→P. Gregor VII., König Heinrich IV., Kaiser Friedrich I.)
isapostolos (gr.)	apostelgleich, den Aposteln ebenbürtig
islām (arab.), *der*	(Hingabe, Ergebung) I: Glaube an Gott
Isokephalie (gr.), *die*	Anordnung der Köpfe auf einer Höhe
ius divinum (lat.), *das*	(göttliches Gesetz) C: Hl. Schrift
johannäisch	C: vom – durch die griechische Philosophie geprägten – Denken des Ev. Johannes bestimmt
Josephsehe	C: sexuell nicht vollzogene Ehe, als Zeichen der Heiligkeit geltend
Judenkirche	C: (Frühchristentum) Gemeinschaft der jüdischen Christen
Kalîf (arab.), *der*	Stellvertreter
Kameo (it.), *der*	erhabenes, aus einem Schmuckstein geschnittenes Relief, das die unterschiedlichen Farbschichten des Materials nützt
Kanoniker (gr., lat.), *die* (Mz.)	C: auch „Chorherren"; →Kleriker aller Weihestufen, in Gemeinschaft lebende Mitglieder eines Domkapitels (→Dom, →Kapitel) oder eines Stiftskapitels (→Stift, →Kapitel), an ei-

	ner →Kathedrale, →Basilika oder →Ordenskirche (→Regularkanoniker); wirken an der gemeinsamen →Liturgie (Feier der Heiligen →Messe, Beten des →Stundengebets) mit; im Unterschied zu den →Mönchen können Kanoniker privates Eigentum und Einkommen behalten; heute meist in der Seelsorge tätig
kanonisch (sumer., babylon.-, gr., lat.)	als Vorbild dienend; C: den kirchlichen (Rechts-)bestimmungen entsprechend
Kantharos (gr.), *der*	Becher mit zwei hochgezogenen, geschweiften Henkeln
Kapitel (lat.), *das*	C: geistliche Körperschaft (z.B.: Domkapitel, Stiftskapitel; → Dom, →Stift); Versammlung der stimmberechtigten Mitglieder eines →Konvents oder von Mitgliedern des gesamten → Ordens
Kasel (lat., mlat.), *die*	(Mantel) IR: Gebrauchsmantel aller Stände; C: bei der liturgischen Gewandung des Priesters über der →Alba (und der →Tunicella) getragenes Obergewand
Katakombe, *die*	unterirdischer Begräbnisort, Begriff von „*Catacumbas*" (antiker Namen des Ortes des →Coemeteriums von S. Sebastiano/Rom) herkommend
Katharer (gr., Mz.)	(die Reinen) C: Anhänger einer Lehre, die das AT extrem abwertet (→Manichäismus), weiter die Wirkung des Opfertodes Jesu bestreitet sowie die Kirche (inkl. Messfeier) ablehnt und an die Selbsterlösung des Menschen durch Eintritt in die Katharergemeinschaft, mit welchem völlige Weltenthaltung (von Ehe, Geschlechtsverkehr, Fleischgenuss, Eid, Arbeit, Krieg, Mord etc.) verbunden ist, glaubt; von der Kirche als Häresie verurteilt
Kathedrale (gr.), *die*	(Ruhesitz, Lehrstuhl) C: 1. Kirche eines Bischofssitzes (→Bischof). 2: bei Bischofskirchen in Frankreich im 12. Jh. entwickelter Kirchenbautypus (→basilikales Langhaus; Querhaus, →Chor mit Umgang und Kapellenkranz, Westtürme etc.)
katholisch (gr., mlat.)	(das Ganze, alle betreffend) C: zur katholischen Kirche gehörend (im Unterschied zur arianischen, protestantischen usf.)
Kentaur (gr.), *der*	in der gr. Mythologie Mischwesen aus Mensch und Pferd
Kerbschnitt	formal auf die Holzbearbeitung zurückgehende Technik, bei Metall in Gusstechnik ausgeführt
Kirche, *die*	C: Gemeinschaft der Christen, Ort der Versammlung und des Gottesdienste (→Messe, →Eucharistie, →Sakramente)
Kirchenjahr, *das*	C: jährlich wiederkehrende festgelegte Abfolge der – die Lebensgeschichte Jesu Christi nachzeichnenden und deren Bedeutung für die Heilsgeschichte aufzeigenden – Feste und Festzeiten, die sich in der →Liturgie und Gottesdienstpraxis abzeichnen
Kirchenlehrer, *der*	C: Theologe von hervorragendem Einfluss auf die Theologie;

	vier sog. „lateinische Kirchenlehrer"/„Kirchenlehrer des Westens": Hieronymus, Ambrosius von Mailand, Augustinus von Hippo, Papst Gregor der Große; „Kirchenlehrer des Ostens": Johannes Chrysostomos, Basilius von Caesarea, Gregor von Nazianz, Athanasius von Alexandria
Kirchenvater	C: Theologe der Frühzeit, einer der „Erbauer" des christlichen „Lehrgebäudes"
Kleiner *ğihād* (arab.), *der*	(kleine Anstrengung, Bemüghung) I: Kampf der Muslime gegen äußere Feinde
Kleriker (lat.), *die* (Mz.)	→Klerus
Klerus (lat.), *der*	C: Gesamtheit der Angehörigen des Priesterstandes (Kleriker)
koimesis (gr.), *die*	(Schlaf) C: Tod Mariä, ikonographisches Schema aus Byzanz
Kollegiatkirche, *die*	C: Kirche eines Kollegiatstiftes (Gemeinschaft von →Säkularkanonikern [„Weltgeistlichen"])
Konkordat (lat.), *das*	(„Aussöhnung") Abkommen zwischen Papst- und Kaisertum
Konstantinische Schenkung	Falsifikat aus dem frühen 8. Jahrhundert aus der päpstlichen Kanzlei, eine Schenkung des →*patrimoniums Petri* durch →Konstantin d. Gr. behauptend
Konstantinische Wende	IR: (kirchen-)politischer Umschwung aufgrund des →Mailänder „Toleranzedikts" (313), das das Christum als Religion offiziell zuließ; →Konstantin d. Gr.
Konsulardiptychon (lat., gr.), *das*	→Diptychon aus →Elfenbein mit Wachstafeln im Inneren zur Anfertigung von Notizen; Ehrengeschenk u.a. des Konsuls an hochgestellte Persönlichkeiten
Konvent (lat.), *der*	C: Klostergemeinschaft
Konverse (lat.), *der*	C: (im Unterschied zum Priester) Laienbruder im Kloster
Konzil (lat.), *das*	(Versammlung) C: der Bischöfe zur Abklärung wichtiger Angelegenheiten
Kopten (arab., gr.; Mz.)	(von: ägyptisch); C: Christen Ägyptens mit dogmatischem Sonderweg; im Sinne von →Nestorios lehnen sie die →Hypostatische Union ab: Es kommt in Christus zu keiner Verbindung von Gott und Mensch wie zwischen Wasser und Wein, anstelle der menschlichen Seele ist vielmehr der →Logos getreten; im Konzil von →Kalkedon (heute Istanbul – Kardiköy) als Häresie abgelehnt
Koran (arab.), *der*	(Vortrag, Rezitation) I: Von Mohammed verfasste Glaubenslehre
Kreuzaltar	C: Laien- und Pfarraltar im Langhaus einer Kirche
kufische Schrift	nach der Stadt Kufa/Euphrat benannt; eckige Monumentalform der arabischen Schrift
Kulminationsraum	→Schichtenraum
labarum (gr., lat.), *das*	Fahne
Lage	geheftete Pergamentdoppelblätter; →Codex
Laieninvestitur (lat.), *die*	(… einkleidung) C: Betrauen von Laien mit kirchlichen Äm-

	tern
lares (lat., Mz.)	IR: Hausgötter
Lektionar (lat.), *das*	(„Lesebuch") C: liturgisches Buch (→ Liturgie), das alle biblischen (→Bibel) →Lesungen und Predigttexte (→Predigt) sämtlicher Sonn-, Fest- und Gedenktage des →Kirchenjahres enthält
leoninischer Hexameter (gr.), *der*	→Hexameter, bei dem sich die dritte und sechste betonte Silbe reimen
Lesung, *die*	C: von Texten aus dem →Alten und/oder →Neuen Testament während des Gottesdienstes
Liber generationis (lat.), *der*	Anfang des →Evangeliums des Matthäus
Li(t)eralsinn (lat.)	gemäß der →Schule von Alexandria der – offensichtliche – Wortsinn (historischer Sinn)
Liturgie (lat.), *die*	J, C: religiöser Ritus zur Verehrung Gottes und zur Vertiefung des Glaubens; →Eucharistie
logos (gr.), *der*	(Sinn) C: Göttlichkeit Christi
Lunette (lat.), *die*	(Möndchen) halbkreisförmiges Bildfeld
Madonna (ital.), *die*	C: hl. Maria mit dem Christuskind
maġrib (arab.), *der*	(Sonnenuntergang, Westen) I: Algerien und Marokko
Majuskelschrift (lat.)	Großbuchstabenschrift
Mandorla (lat.), *die*	(Mandel) mandelförmiger →Nimbus; C: in der Regel auf Christus bezogen, in Ausnahmefällen auf den weltlichen Herrscher
Manichäismus	aus christlichen, zoroastrischen, buddhistischen und chinesischen Vorstellung geklitterte „Lehre des Lichts" des Persers →Mani, die von „zwei Prinzipien" (Licht/Finsternis, Geist/Körper) und einem dreistufigen Weltprozess bei Abwertung des AT ausgeht: Die vom „Vater der Größe" (Gott) aus Licht- und Finsterniselementen geschaffene Welt wird durch den „Glanz-Jesus" erlöst; der einzelne befreit sich durch Bekenntnis zur manichäischen Kirche, Endziel ist die Befreiung des Lichts (= Geistes) aus der materiellen Schöpfung, die am Weltende als toter „Klumpen" zurückbleibt; von der Kirche als Häresie verurteilt
mappa (lat.), *die*	(Taschentuch, Serviette) IR: Würdezeichen von Höchstbeamten
martyrium (gr., lat.), *das*	C: 1.) Opfertod; 2.: Grabkirche eines Märtyrers
Mausoleum (gr., lat.), *das*	IR: prächtiges Grabmal für Einzelpersonen oder Familien; meist zentralbauförmig
menora (hebr.), *die*	J: siebenarmige Leuchter, ursprünglich im Tempel von Jerusalem
Menschensohn, *der*	J: Begriff aus der →Hebräischen Bibel, einen transzendenten Heilsmittler der Endzeit bezeichnend; NT: Selbstdefinition Jesu
Messe, hl. (lat., mlat.)	(nach der Schlussformel „*ite, missa est*") C: (tägliche) Feier des Kreuzesopfers Christi

Messias (hebr., gr., mlat.), *der*	(der Gesalbte) der im →AT verheißene Heilskönig; J: der erwartete Befreier aus religiöser und sozialer Unterdrückung; C: auf Jesus von Nazareth bezogen; →*secundus adventus*
methexis (gr.), *die*	(Teilhabe) C: Bestreben, am Göttlichen Anteil zu haben
Metropolit (gr., lat.), *der*	C: Erzbischof
miles christianus (lat.),	(christlicher Krieger) C: für Christus sich engagierender Krieger (z.B. Herrscher)
mimesis (gr.), *die*	(Nachahmung) möglichst genaues Abbilden der empirisch wahrnehmbaren Welt, z.B. eines Menschen in einem Porträt
Miniatur (mlat. von „*miniatura*"), *die*	(mit Mennige [Bleioxid, Malerfarbe] gemaltes) Bild in einem →Codex
Minuskelschrift (lat.)	Kleinbuchstabenschrift
Missale (lat., mlat.), *das*	C: Messbuch, Texte für die →Messe umfassend
missorium (lat.), *das*	Schüssel, Teller (von *mittere* im Sinne von „[Speisen] auftragen")
modus (lat.), *der*	Art, Weise
monastisch (lat.)	C: klösterlich, zu einem Kloster gehörig
monastischer Stil, *der*	Stil innerhalb der →byzantinischen Kunst (11. Jh.)
Moralia in Iob (lat.), *die*	moralische Auslegung des Buches Hiob (→Hebräische Bibel, →AT) durch Papst Gregor den Großen
Mosaik (gr., lat., mlat., ital., fr.), *das*	Verkleidung von Mauern, Fußböden und Decken durch ein flächiges Bildwerk aus – in den feuchten Verputz versetzten – kleinen Stein- und Glaskuben
Mumienporträt, *das*	(oftmals sehr realistisches) Porträt des/der mumifizierten Toten, das diesen/diese als Lebenden zeigt; in Ptolemäischer Zeit (3.–1. Jh. v. Chr.) in Ägypten in den Sarkophag, das Gesicht des/der Toten bedeckend, eingesetzt
mundus (lat.), *der*	(Welt) C: die empirisch erfassbare Welt, im Mittelalter oft als von der Gnade unzureichend erfasst angesehen
Muse (lat.), *die*	IR: Personifikation der Inspiration
Musivarbeit (gr., lat.)	→Mosaik
muslim (arab.), *der*	(der sich [Gott] Hingebende) I: der Gläubige
Musterbuch	Vorlagenbuch
Nestorianismus	C: Lehre des →Nestorios, wonach Maria nur den Menschen (nicht den Gott) Christus geboren hat und daher nur *Christo* tókos (Christusgebärerin), nicht aber *Theo* tókos (Gottesgebärerin) genannt wären kann; im Konzil von Ephesos 431 als Häresie verurteilt
Neues Testament	C: hauptsächlich im 1. Jh. n. Chr., teilweise im 2. Jh. verfasste Schriften: die 4 →Evangelien, die Apostelgeschichte, die Briefe und die →Apokalypse: ihr Primärziel ist die Definition Christi als des →Messias; gemeinsam mit dem →Alten Testament die Heilige Schrift (Bibel) bildend

Neuplatonismus	das letzte große System der griechischen Philosophie, seit etwa 200 n. Chr. entwickelt; höchster Begriff ist das über alle Bestimmungen erhabene Eine (= Gott), zu dem der Einzelne zu streben den Drang hat; als Stifter gilt →Ammonios Sakkas, der bedeutendster Systemschöpfer war →Plotin; C: Rezeption ab dem 4. Jh., wird für die gesamte Theologie des Früh- und Hochmittelalters grundlegend
Nicaenum I resp. II, *das*	C: in →Nikaia abgehaltene Konzile
Nike (gr.), *die*	Siegesgöttin
Nikolaitismus	C: Übertretung des Zölibatsgebotes; →Investiturstreit
nimbus (lat.), *der*	(Wolke) C: „Heiligenschein"
Nisan (hebr.), *der*	J: Monat April
nobili (lat., Mz.)	IR: Würdenträger
Nominalismus	unter anderem von →Petrus Abaelard vertretene – dem →Platonismus und →Neuplatonismus widersprechende – Lehre, wonach die allgemeinen Begriffe nicht Realität, sondern nur Namen (*nomina*) sind
Nymphäum (lat.), *das*	IR: den Nymphen geweihtes Quellheiligtum
Obelisk (gr., lat.), *der*	freistehende, im Grundriss rechteckige, oben spitz zulaufende Stele, meist ein Monolith; Altägypten und IR: Sonnenstrahl des Sonnengottes Amun Re; Machtsymbol
Obödienz (lat.), *die*	(Gehorsamspflicht) C: z. B. gegenüber Rom
Okeanos (gr.), *der*	in der griechischen Mythologie der Gott des Meeres; Personifikation des Meeres
opaion (gr.), *das*	(Rauchloch, Öffnung) runde Öffnung im Zenit einer Kuppel
Opfertod Christi	C: Tod Christi am Kreuz, durch den die Sünden aller an ihn und sein Erlösungswerk Glaubenden gesühnt werden, als Vorbedingung für deren Auferweckung am Jüngsten Tag und ein ewiges Leben in der Gegenwart Gottes
Orantin, *die*	IR, C: mit erhobenen Händen Betende
Oratorium (lat.), *das*	Gebetshaus
Orden (lat.), *der*	Lebensgemeinschaft von zölibatär lebenden Männern oder Frauen, die ein gottgeweihtes Leben in Gemeinschaft (meist in einem Kloster) nach einer bestimmten Ordensregel führen; durch Gelübde gebunden
ornamenta ecclesiae (lat., Mz.)	(kirchliche Ausrüstung, Zierde) C: liturgische Geräte und Gefäße
orthodox (gr.)	rechtgläubig, im Unterschied zu arianisch etc.; →katholisch
Ostung	C: Apsisausrichtung nach Osten (Richtung Sonnenaufgang), wo die Wiederkehr Christi erwartet wird
pagan (lat.)	(dörflich) C: heidnisch, nichtchristlich
Palimpsestwand (gr., lat.)	Bezeichnung für übereinander liegende Schichten von Fresken in Anlehnung an jenen Begriff, der das mehrfache Beschreiben von →Parpyri charakterisiert

Pandektenband (gr., lat.)	(allumfassend) C: Zusammenfassung des AT und NT in einem Band
panegyricus (gr., lat.), *der*	Lobgedicht, -rede
panegyrisch (gr.)	lobrednerisch
Papst (gr.), *der*	C: Nachfolger des Apostels Petrus (cf. Mt 16: 18-19); Oberhaupt der römisch-katholischen Kirche); erste nachweisliche Verbindung des Begriffs mit dem Bischof von Rom vor 304; erste amtliche Selbstbezeichnung nachweisbar durch Bischof Siricius von Rom (385–399); als ausschließliche Amtsbezeichnung für den Bischof von Rom gesetzlich festgeschrieben von Gregor I. (590 bis 604)
Papyrus (gr., lat.), *der*	Beschreibstoff; entrindetes Stengelmark der Papyruspflanze, in dünne Streifen zerschnitten, kreuzweise verklebt und getrocknet
Parallelperspektive	Raumdarstellung, bei der die →Fluchtlinien auf einer Achse (nicht in einem Punkt [→Zentralperspektive]) aufeinandertreffen
participatio (lat.), *die*	(Teilhabe) →*methexis*
Patene (gr., lat., mlat.), *die*	(Teller) C: In der Eucharistiefeier: Teller für die Brote/Hostien
Patriarch (gr.), *der*	C: Kirchenoberhaupt mit Jurisdiktionsgewalt
Patricius (lat.), *der*	IR: hoher Würdenträger
patricius Romanorum (lat.), *der*	(Schirmherr der Römer) Titel der fränkischen Könige; →Pippin III.
patrimonium Petri (lat.), *das*	(Erbgut/-vermögen des [hl.] Petrus) die zum Stuhl Petri (= Papst) gehörenden Gebiete = Kirchenstaat
Patrozinium (lat.), *das*	IR: Vertretung durch einen Patron vor Gericht; C: himmlische Schutzherrschaft eines/r Heiligen über eine Kirche
pax Romana (lat.), *die*	(römischer Friede) IR: der globale Frieden im Römischen Imperium (unter Kaiser Augustus)
Pendilien (lat., Mz.)	(Gehänge) seitlich an Kronen befestigt, ursprünglich auch an der Reichskrone (→Wien, WSK) vorhanden
Pentateuch (gr.), *der*	(fünf Gefäße/Behältnisse) C: 5 Bücher Mosis (AT)
Peplos (gr.), *der*	ärmelloses, gegürtetes Gewand
Pergament (gr.), *das*	nach der Stadt Pergamon genannter Beschreibstoff; enthaarte, geglättete, ungegerbte und unter Spannung getrocknete Tierhaut
Perikope (gr.), *die*	(von: ringsherum behauen), kurzer Textabschnitt; C: aus der Bibel, meist aus dem NT
Perikopenbuch (gr.)	→Evangelistar
Peripteros (gr.), *der*	Tempel; Zelle, von *einer* Säulenreihe umstanden
Phallusmann	Figur eines exhibitionierenden Mannes
Piktogramm (gr., lat.), *das*	formelhaftes graphisches Symbol
Plaque (fr.), *die*	Platte
Platonismus	Lehre →Plato(n)s, in deren Zentrum die Ideenlehre („Höhlengleichnis") steht, wonach die Welt der sichtbaren Dinge nur ein

	Abglanz (Schatten) der Wirklichkeit (der Ideen) ist und Realität mit den Begriffen (Ideen) zukommt
pneuma (gr.), *das*	(Hauch, Leben) Seele; im byzantinischen →Koimesis-Schema wird die Seele Mariä als kleines (bandagiertes) Kind dargestellt
polis (gr.), *die*	Stadt, Gemeinschaft
Ponderation (lat.), *die*	Gewichtsverlagerung, Unterscheidung von Stand- und Spielbein bei Personen (Figuren)
pontifex maximus (lat.), *der*	IR: Oberster Priester
porphyrogennetos, -a (gr.) *der/die*	im Porphyrgemach des Kaiserpalastes von Konstantinopel Geborene(r); einen besonders hohen Rang innerhalb der kaiserlichen Familie konstituierend
Prämonstratenserorden, *der*	C: →Orden, dessen Mitglieder („Chorherren"; →Kanoniker), in Kanonien (Klöstern) leben
praetorium (lat.), *das*	IR: Amtshaus des Provinzstatthalters
Predigt (lat.), *die*	C: moralisierende Auslegung einer Schriftstelle des →Alten bzw. →Neuen Testaments innerhalb des Gottesdienstes
Presbyterium	C: Altarraum; →Chor
Primärreliquie (lat.)	C: Leichnam eines Heiligen oder Teile davon
Primat (lat.), *der*	Vorrang, bevorzugte Stellung
Priorat (lat.), *der*	C: von einem Prior oder einer Priorin geleiteter →monastischer →Konvent
propriatorium (lat.)	Deckel; C: der Bundeslade
Propst (lat.), *der*	C: Leiter der äußeren Angelegenheiten eines Dom- oder Stiftskapitels (→Stift, →Kapitel)
propylaioi (gr., Mz.)	(Türhüter) IR: Schutzgötter der Stadt/eines Gebäudes
proseuche (gr.) *die*	(Stätte der Verehrung) J: Bethaus
Proskynese (gr.), *die*	(Anbetung) IR, C: völliges Auf-den-Boden-Werfen vor dem Verehrten; aus dem persischen Großkönigtum stammender Gestus
Psalm (gr., lat.), *der*	J: religiöses Lied, König David zugeschrieben; C: übernommen; →Psalter
Psalter (lat.), *der*	C: Buch der →Psalmen; Teil des AT
Psychomachie (gr.), *die*	(„Seelenkampf") C: →allegorischer Kampf zwischen personifizierten Tugenden und Lastern
pueri (lat., Mz.)	Knaben, Schüler
Purpur (lat.), *der*	roter Farbstoff, gewonnen aus dem Sekret der Purpurschnecken; IR: dem Kaiser, C: Christus vorbehalten
Quadrifrons (lat.), *der*	Triumphbogen, der sich nach vier Seiten öffnet
qodeš ha-qodešim (hebr.), *der*	J: Allerheiligstes, hinterster Raum des Tempels von Jerusalem, Wohnung Gottes
rabbinische Auslegung (hebr., gr., lat.)	J: Auslegung durch einen Gesetzes-/Religionslehrer
Rationale (lat.), *das*	J: bei der liturgischen Gewandung des Hohepriesters die Brust-/Orakel-/Lostasche (Ex 28: 15-30)

Realpräsenz Christi (lat.)	C: Glaube an die Gegenwart Gottes in den gewandelten Eucharistischen Gaben (seit der Reformation in vollem Umfang nur noch Glaubensgut der Röm.-Kath. Kirche
reconquista (span.), *die*	vollständige Rückeroberung der Iberischen Halbinsel durch die Christen (Katholischen Könige) im Jahr 1492
recto-Seite (lat.)	(rechte Seite) bei den →*folia* eines →Codex die Vorderseite (beim aufgeschlagenen Codex die rechte Seite)
regula mixta (lat.), *die*	C: Mischregel, bestehend aus der Regel des hl. Benedikt (von Nursia) und des hl. Augustinus
Regularkanoniker (gr., lat.), *die* (Mz.)	C: auch „Chorherren"; →Kleriker aller Weihestufen, in Gemeinschaft lebende Mitglieder an einer →Ordenskirche; wirken an der gemeinsamen →Liturgie (Feier der Heiligen →Messe, Beten des →Stundengebets) mit; im Unterschied zu den →Mönchen können Kanoniker privates Eigentum und Einkommen behalten; heute meist in der Seelsorge tätig
Reichskleinodien (Mz.)	Insignien des Kaisers des Römisch-Deutschen Reichs; →Wien, WSK
Reichskrone	→Reichskleinodien →Wien, WSK
Reichsschwert	→Reichskleinodien →Wien, WSK
relatio (lat.), *die*	Vortrag, Bericht
renovatio imperii (lat.), *die*	(Erneuerung des Reiches) Reinstallation des Weströmischen Kaiserreiches unter →Karl d. Gr.
Retabel (lat., span., franz.) *das*	Altaraufsatz, mit dem Altar fest verbundene, gestaltete Rückwand
rex (lat.), *der*	König
rex Langobardorum (lat.), *der*	König der Langobarden
Riesenbibeln	C: großformatige und illustrierte →Pandekten
rotulus (lat.), *der*	Schriftrolle
sacerdotium (lat.), *das*	(Priesteramt/-würde) C: Kirche mit dem Papst an der Spitze; →Investiturstreit
Sakrament (lat.), *das*	C: im Ablauf festgelegte liturgische Handlung zwecks Vermittlung der göttlichen Gnade
Sakramentar (lat.), *das*	Buch mit den Gebeten des Zelebranten (Priester, →Bischof) für die Feier der →Sakramente
Säkularkanoniker (gr., lat.), *die* (Mz.)	C: auch „Weltgeistliche"; Priester, die einem →Orden angehören, ohne Mönche (→Benediktiner) oder →Regularkanoniker (→Augustiner-Chorherren, →Prämonstratenser) zu sein
Sanktuar(*ium*) (lat.), *das*	IR: Heiligtum ; C: Ort der Eucharistiefeier
schekhina (hebr.), *die*	J: Gegenwart Gottes; in der →Synagoge bei Anwesenheit von 10 *gedolim*, aber auch auf und an der „Westmauer" des Tempels von Jerusalem (Überrest des 70 n. Chr. zerstörten Tempels, wo Gott bis dahin im →*qodesch haqqodaschim* gewohnt hat) gegeben

Schichtenraum	auch „Kulminationsraum": Strukturprinzip innerhalb des spätantiken und mittelalterlichen Bildes, bei dem die Kategorie „Raum" außer Kraft gesetzt ist; collageartige Schichtung der einzelnen Abbildungsteile (Architektur, Möbel, Figuren etc.) vom Bildträger in Richtung Betrachter
Schisma (gr.), *das*	(Spaltung) C: Trennung der lateinischen und der griechischen Kirche
Scholastik (gr., lat.), *die*	(Schulwissenschaft/Schulbetrieb) auf die antike Philosophie (→ Aristoteles) abgestützte, christliche Dogmen verarbeitende Denkmethode
Schule von Alexandria	in Alexandria (Alexándreia) beheimate Auslegungsmethode; C: auf die Bibel angewandt, zwischen dem wörtlichen/historischen Sinn (*sensus litteralis*/Lit[t]eralsinn) und dem geistigen Sinn/Spiritualsinn (*sensus spiritualis*) unterscheidend; Letzterer wird seinerseits in drei Sinnebenen (die typologische [allegorische], tropologische und anagogische) unterteilt
Schule von Antiocheia	C: in Antiocheia (Antiócheia) beheimatete exegetische Tradition, die sich überwiegend mit dem →Litteralsinn der Hl. Schrift befasst
scroll (engl.), *das*	Schnörkel, Sprialmotiv
secundus adventus (lat.), *der*	C: Wiederkehr Christi am Jüngsten Tag
Sekundärreliquie (lat.)	C: Gegenstand, mit welchen Christus oder Heilige in Kontakt gekommen sind
Selene (gr.), *die*	Göttin des Mondes der griechischen Mythologie, Personifikation des Mondes
sella curulis (lat.), *die*	(Faltstuhl) IR: Amtsstuhl des Statthalters; C: des Bischof, auch Abtes
sensus litteralis (lat.), *der*	(Wort-/Lit[t]eralsinn, historischer Sinn) →Schule von Alexandria
sensus spiritualis (lat.), *der*	(Spiritualsinn, geistiger Sinn) →Schule von Alexandria
Septuaginta (lat.), *die*	(siebzig) C: Übersetzung des AT ins Griechische
Silbertauschierung	Einlegen/-hämmern edlerer Materiale (z.B. Silber) in unedlere Metalle (z.B. Bronze) aus dekorativen Gründen
similitudo (lat.), *die*	(Ähnlichkeit) C: in der →Typologie die Ähnlichkeit von Ereignissen des AT und des NT, was das Eindringen der Gnade in das AT bewirkt
Simonie, *die*	(nach dem Zauberer Simon; Apg 8:9ff.) C: Käuflichkeit kirchlicher Ämter
Sinekure (fr.), *die*	(„ohne Sorge") Pfründe ohne Amtsgeschäfte
Sirene (gr.), *die*	weibliches Fabelwesen (Mischwesen aus ursprünglich Frau und Vogel, später auch Frau und Fisch) in der griechischen Mythologie, das durch seinen betörenden Gesang die vorbeifahrenden Schiffer anlockt, um sie zu töten

Sixtinische Renaissance, *die*	an früheren Phasen der Antike orientierte Stilströmung in der Zeit Papst Sixtus III. (432–440)
Skriptorium, *das*	(Schreibwerkstatt); C: in einem Kloster befindlicher Ort zur Herstellung von →Codices
Sol (lat.), *der*	→Helios
sol invictus (lat.)	IR: unbesiegbare(r) Sonne(ngott)
sostentatio (lat.), *die*	(Unterstützung) C: des Herrschers durch hohe geistliche Würdenträger, unter den Ottonen Teil des Krönungszeremoniells
Soter (gr.), *der*	(Retter, Erhalter) C: Christus
soteriologisch (gr.)	C: heilsgeschichtlich
Sphaira (gr.), *die*	(Ball, Kugel, auch Welt- resp. Himmelskugel) IR: Symbol der Weltherrschaft; C: auf Christus übertragen
Spiritualsinn (lat.)	gemäß der →Schule von Alexandria der – verborgene – geistige Sinn der Schriften
Spolien (lat.; Mz.)	IR: Beutestücke, erbeutete Waffen; C: beweglicher Nachlass eines Geistlichen; Kunstgeschichte: von älteren (Bau-)Werken stammende, wiederverwendete Teile
Stift, *das*	C: Körperschaft innerhalb der Kirche, primär Kloster, das von einem/einer begüterten Stifter/Stifterin (König, Herzog, Angehörige adliger Familien etc.) mit Grundbesitz etc. ausgestattet wird, um dessen Überleben zu gewährleisten; das Stift wird im Gegenzug zum Gebet für das Seelenheil des/der Stifter/Stifterin verpflichtet
Stoa (gr.), *die*	philosophische Schule, die um 300 v. Chr. auf der →Agora ihren Ursprung hatte; ihre Ziele sind eine auf Ganzheitlichkeit ausgerichtete Welterfassung, seinen Platz in dieser Ordnung zu erkennen und ihn durch emotionale Selbstbeherrschung ausfüllen sowie das Streben nach Weisheit mittels Gelassenheit
Stofflichkeit	Material-/Oberflächendefinition
Stuhl Petri, *der*	C: das Papsttum
Stundengebet, *das*	C: mehrfach tägliches gemeinsames Gebet der Mönche, Nonnen, Regularkanoniker etc., früher im →Chor der Kirche
Stylit (gr.), *der*	C: Säulenheiliger
sub gratia (lat.)	(in der [Zeit der] Gnade) C: Zeit seit der Menschwerdung Christi
sub lege (lat.)	(unter dem Gesetz) C: Zeit von der Übergabe der Gesetze an Moses auf dem Berg Sinai bis zur Menschwerdung Christi
Suggestionsraum	→Illusionsraum
superhumerale (lat.), *das*	J: bei der liturgischen Gewandung des Hohepriesters das Obergewand bzw. der Schulterschmuck/liturgische Kragen (Ex 28:6-14)
Suppedaneum (lat.), *das*	Fußschemel des Throns/der Thronbank
Sure (arab.), *die*	(Reihe) I: Kapitel
symbolum apostolicum (lat.), *das*	(apostolisches Beglaubigungszeichen) C: Glaubensbekenntnis

Synagoge (gr.), *die*	(Versammlungsplatz) J: Bethaus
tabula ansata (lat.), *die*	(angeheftete Tafel) Inschriftentafel
Talmud (hebr.), *der*	(Lehre) J: Sammlung der Gesetze und religiösen Überlieferungen des nachbiblischen Judentums
Tellus (lat), *die*	→Gaia
terminus ante quem (lat.), *der*	Zeitpunkt, vor dem …
Tetraevangeliar (gr.), *das*	C: alle vier Evangelien umfassender →Codex
Tetrarch (gr.), *der*	IR: Vierfürst
Theo tókos (gr.), *die*	(*Gottes*gebärerin, Gottesmutter) C: Bezeichnung Mariä durch das Konzil von Ephesos (431), wonach Maria nicht nur den Menschen, sondern auch den Gott Christus geboren hat; →Nestorianismus
tintinnabulum (lat.), *das*	(Glöckchen, Schelle) J: bei der liturgischen Gewandung des Hohepriesters am Saum des Kleides – abwechselnd mit einem Granatapfel – befestigt (Ex 28:33-34)
titulus (lat.), *der*	1.) von einem (früheren) Eigentümer abgeleiteter Name (Titel) eines Gebäudes; C: „Titelkirchen" tragen den Namen des (Vor-)besitzers des Gebäudes; 2.) Unter-, Um- und Beischriften von Bildern, die deren Inhalt erläutern
Toleranzedikt von Mailand	Erlass zur Anerkennung des Christentums (313); →Konstantin d. Gr.
Tondo (lat., ital.), *der*	Rundbild, rundes Relieffeld
topos (gr.), *der*	Gemeinplatz
Toreutik (gr.), *die*	Kunst der Silberbearbeitung
traditio legis (lat.), *die*	(Übergabe der Macht) C: Übergabe der Schlüssel (= Macht) von Christus an den hl. Petrus
Trinität (lat.), *die*	C: Dreifaltigkeit Gottes (Vater, Sohn, Hl. Geist)
tropaion (gr.), *das*	IR: Siegesdenkmal auf dem Schlachtfeld
Trope (gr., lat.), *die*	(Wendung) IR: die Zurückwendung des Feindes im Kampf bedeutet den Sieg der anderen Partei; C: Wende im – moralischen – Leben des Christen; →tropologischer Sinn
tropolgischer (moralischer) Sinn (gr.)	C: eine der drei Ebenen des Spiritualsinns: den Lebensvollzug des Einzelnen betreffend; →Schule von Alexandria
Trumeau (fr.), *der*	beim Portal der den Türsturz stützende Mittelpfeiler
tubulierte Mauern	Wandheizung mittels – durch in Röhren (*tubulus*: Röhre [zum Rauchabzug]) aufsteigende – Warmluft
Tunicella (lat.), *die*	(kleine Tunika) C: liturgisches Gewand, über der →Alba getragen
Tympanon (gr.), *das*	(Trommel) halbkreisförmiges Bogenfeld des Portals
Typologie (gr., lat.), *die*	C: Lehre von der Ähnlichkeit (→*similitudo*) von Ereignissen des AT und NT, wonach das AT dank der Ähnlichkeit Anteil an der Gnade des NT erhält; →Typus

Typus (gr., lat.), *der*	(Gepräge, Bild, Siegelabdruck) C: Ereignis des AT mit inhaltlicher Beziehung zu einem Ereignis des NT (→Antitypus)
Unziale (lat.), *die*	aus der römischen „Kursive" entwickelte Majuskelschrift
urbs aeterna (lat.), *die*	(Ewige Stadt) IR: Beiname Roms
Urinal (lat.), *das*	IR: Bedürfnisanstalt
velierte Hände (lat.)	IR, C: mit einem Tuch (*velum*) bedeckte Hände, Zeichen der Ehrfurcht vor dem heiligen Gegenstand
verso-Seite (lat.)	(Rückseite) bei den →*folia* eines →Codex die Rückseite (beim aufgeschlagenen Codex die linke Seite)
vetus latina (lat.), *die*	(alte lateinische) C: Übersetzung der →Bibel vor →Hieronymus
vexillum (lat.) , *das*	IR: Fahne, Signalflagge
via decumana (lat.), *die*	IR: oberer Abschnitt des →*decumanus*
via sacra (lat.), *die*	IR: heilige Straße, Hauptstraße des Forums in Rom
vicarius Christi (lat.), *der*	(Stellvertreter Christi) im Hochmittelalter vom Herrscher wie vom Papst beanspruchte Funktion
virtus (lat.), *die*	Tugend
Vokalisierung des Koran (lat., arab.)	Erleichterung der Lesbarkeit des – in rein konsonantischer Schrift abgefassten – →Korans durch Vokalisierungszeichen
Vollminiatur	ganzseitige Miniatur
vulgata editio (Vulgata; lat.), die	(verbreitete/bekannte Ausgabe) C: Bibel in der Übersetzung durch →Hieronymus
Vulvafrau	Figur einer exhibtionierenden Frau
Westung	C: Apsisausrichtung nach Westen statt wie üblich nach Osten
wörtlicher Sinn	IR, C: gemäß der →Schule von Alexandria der – offensichtliche – Schriftsinn
Zentralperspektive	Raumdarstellung, bei der die →Fluchtlinien in einem Punkt aufeinandertreffen
Ziborium (gr., lat.), *das*	1.) von Säulen getragener Überbau über einem Altar; 2.) Kelch mit Deckel zur Aufbewahrung der gewandelten Hostien
Zimelie (gr.), *die*	hervorhebende Bezeichnung wertvoller Manuskripte etc.
Zisterzienserorden, *der*	aus Reformen des →Benedikterordens entstandener Orden, dessen Mitglieder (Mönche, Nonnen) in Klöstern leben (meist an entlegenem Ort, in der Regel an einem Wasserlauf)
Zölibat (lat.) *der/das*	C: pflichtmäßige Ehelosigkeit der Priester

REGISTER

Orte, Personen, Themen, Werke (→„Orte")

ABBILDUNGSNACHWEIS

Archiv der Autorin: Abb. 21, 30, 39, 48. – Claudio Alessandri, Wien: Bild der Autorin. – Bibliothèque Nationale de France, Paris: Abb. 31, 45. – Bildarchiv Foto Marburg: Abb. 54. – Bundesdenkmalamt, Wien: Abb. 62. – Falko Daim, Wien: Abb. 20. – Kurt Gschwandtler, Kunsthistorisches Museum, Wien: Abb. 27. – Foto Hirmer, München: Abb. 12, 64. – Hannelore Karl, Wien: Abb. 38. – Institut für Kunstgeschichte, Wien: Abb. 4, 10, 16–19, 26, 28, 29, 33, 37, 41, 42, 44, 46, 47, 50–53, 55–60. – Rainer Keuschnig, Wien: Abb. 3, 14, 15, 22, 25. – Domkapitel Aachen (Foto: Ann Münchhof): Abb. 40, 61. – Musée du Louvre: Abb. 23. – Otto Pächt-Archiv (am Institut für Kunstgeschichte der Universität Wien): Abb. 2, 5, 11, 13, 32, 34, 43, 49. – Martina Pippal: Cover, Abb. 1, 6, 8, 35. – Rheinisches Bildarchiv, Köln: Abb. 63. – Mario Schwarz, Wien: Abb. 24, 36. – Hannsjörg Ubl, Wien: Abb. 7.

Die Autorin

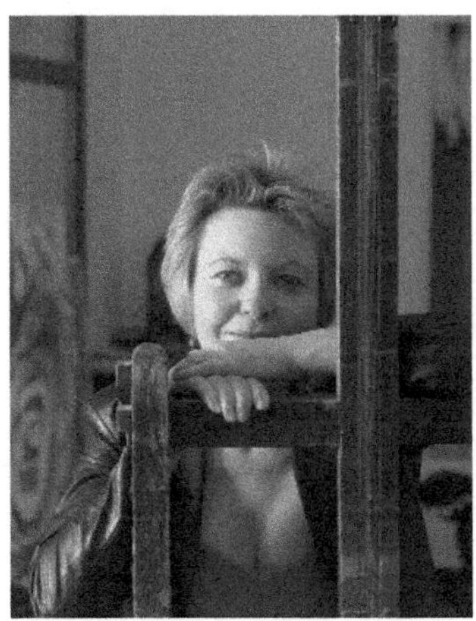

Martina Pippal lehrt als a. o. Professorin Kunst-
geschichte an der Universität Wien und hat zahlreiche
Publikationen, u. a. zur Kunst des Hochmittelalters,
vorgelegt.
Als Tochter des Malers Hans Robert Pippal und der
Architektin Eugenie Pippal-Kottnig von Kind an mit den
Entstehungsumständen von bildender Kunst und
Architektur sowie mit einer Vielzahl von künstlerischen
Techniken vertraut und selbst als Künstlerin tätig, gilt ihr
Interesse stets dem jeweiligen kulturgeschichtlichen
Kontext, in dem das Werk entstanden ist, zugleich dessen
Inhalt und seiner über die formale Evidenz getroffenen
Aussage – dem Logos des Stils.
Martina Pippal ist u. a. Mitglied der Kommission für
Kunstgeschichte der Österreichischen Akademie der
Wissenschaften. Gastprofessuren und Vorträge führten
sie ins europäische Ausland sowie nach Israel, die USA
und nach China. In ihren eigenen künstlerischen
Arbeiten schlägt sie den jetzt hoch im Kurs stehenden
Bogen zwischen Kunst und wissenschaftlichem Diskurs.

http://wissenschaft.martinapippal.at
http://www.martinapippal.at/